미국 의회정치는
여전히
민주주의의 전형인가?

정당정치에 포획된 미국의회

미국 의회정치는
여전히
민주주의의 전형인가?

정당정치에 포획된 미국의회

초판 1쇄 발행 | 2018년 7월 27일
초판 2쇄 발행 | 2019년 12월 9일

지은이 | 손병권
발행인 | 부성옥
발행처 | 도서출판 오름
등록번호 | 제2-1548호 (1993. 5. 11)

주 소 | 서울특별시 중구 퇴계로 180-8 서일빌딩 4층
전 화 | (02) 585-9122, 9123 / 팩 스 | (02) 584-7952
E-mail | oruem9123@naver.com
ISBN 978-89-7778-490-1 93340

이 도서의 국립중앙도서관 출판예정도서목록(CIP)은 서지정보유통지원시스템 홈페이지
(http://seoji.nl.go.kr)와 국가자료공동목록시스템(http://www.nl.go.kr/kolisnet)에서
이용하실 수 있습니다. (CIP제어번호: CIP2018021918)

이 저서는 2014년 정부(교육부)의 재원으로 한국연구재단의 지원을 받아 수행된 연구임
(NRF-2014S1A6A4024854).

미국 의회정치는
여전히
민주주의의 전형인가?

정당정치에 포획된 미국의회

손병권 지음

Is U.S. Congressional Politics Still a Model to Follow?

The U.S. Congress Captured by Partisan Politics

Byoung Kwon Sohn

ORUEM Publishing House
Seoul, Korea
2019

서문

돌이켜보면 이 책을 쓰게 된 동기는 두 가지이다. 첫째는 과거에 배웠고 가르쳤던 미국의회와 최근 20년간 실제로 목격해 왔던 미국의회의 모습이 많이 달랐다는 것이고, 둘째는 의회 민주주의의 전형이라던 미국의회가 국가혁신을 가로막고 있구나 하는 느낌 때문이었다. 필자가 유학하던 1990년에서 1997년의 시기에 미국정치나 미국의회를 공부하면서 읽은 논문이나 책은 대강 멀리는 1950~60년대에 출간된 것에서(굳이 Wilson의 *Congressional Government*까지 치자면 1885년) 가깝게는 1997년에 출간된 것(확인이 필요하지만 개인적으로는 Maltzman의 *Competing Principals*를 미국 출국 직전에 본 것으로 기억한다)을 포함하고 있었다.

정당양극화의 단초가 되는 1994년 의회 중간선거 기간이 필자의 유학시절에 있었지만, 정당이 지배하는 의회에 관한 논문은 당시 출간된 것이 거의 없었고 시사적인 글이 몇 개 있는 정도였다. 그래서 필자가 유학 당시 읽은 책이나 논문들은 대강 '상임위원회를 중심으로 분권화된 효율적인 미국의회'에 관한 것이었다. 필자는 그렇게 배웠고, 그렇게 알았고, 한국의 강단에서 그렇게 가르쳤다. 그런데 정교수로 승진하고 꽤 시간이 지나서 보니 부시와 오바마 행정부를 거치면서 미국의회가 상당히 많은 변화를 겪었던 것으로 보였다. '테러와의 전쟁'을 명분으로 부시 대통령은 공화당 지도부와의 협의만을 통해서 자신이 원하는 법률을 제정했고, 소수당인 민주당은 의사진행과정에서 배제되기 일쑤였다. 이때 미국의회가 '망가지고 있다'는 감을 느꼈고 필자에게 이를 나름 확인해준 책이 2006년 출간된 Mann과 Ornstein의 *The Broken Branch* 였던 것 같다.

그 후 오바마 행정부가 들어서서 의료보험을 무리하게 추진하고 이민에 대해서 유화적 제스처를 취하면서, 티파티 운동이 득세하였고 정당양극화는 더욱 심해졌으며 유권자의 이념적 분열이 가속화된다는 느낌을 받았다. 이런 와중에서 의회는 점점 더 정당과 정당이념에 포획되어 갔다. 그래서 이런 변화를 담아내는 책을 한권 써야겠다는 생각을 갖게 되었다.

또 하나는 미국패권의 쇠퇴를 논의할 때 항상 미국 밖의 변수(예컨대 중국의 부상 등)만을 언급하는 습관화된 방식에 문제가 조금 있다는 생각이었다. 필자가 보기에 국가 흥망성쇠의 단초는 대강 그 국가의 내부에서 비롯되는 경향이 큰 것 같았다. 그리고 미국 민주주의가 부시와 오바마 행정부를 거치면서 작동불능 상태에 빠지게 되었고, 2007~2008년의 금융위기 이후 미국 패권쇠퇴론이 또 등장하였을 때에도 미국의 국력쇠퇴의 근본원인은 '나머지 국가의 부상'이 아니라 '미국 민주주의의 동맥경화' 현상에 있다는 생각이 들었다. 그러면서 미국의 '상대적 쇠퇴'가 아닌 '절대적 쇠퇴'의 국내적 요소를 넓게는 미국 민주주의, 좁게는 미국의회에 포커스를 맞추어서 연구해 보아야 하지 않겠나 하는 생각을 지니게 되었다. 국내 학계에서 필자를 미국 국내외 정책의 연계관계에 주목하는 사람 가운데 하나로 보는 것도 아마 필자의 이런 생각의 소산일 것으로 보인다. 실제로 그런 취지의 글을 꽤 써왔던 것 같다.

이 두 가지 이유에서 이 책이 탄생하였다. 그런데 이 책을 한참 적어 나가고 있을 때 '셀럽(celebrity)' 트럼프가 미국의 대통령으로 선출되는 웃고만 있을 수는 없는 '소극(笑劇)'이 벌어지면서 미국 민주주의가 잘 나가든 못 나가든 문제가 있기는 하구나 하는 생각이 다시금 들었다. 그리고 공화당 내 백인 열혈지지층 사이에서 트럼프의 높은 인기로 인해 공화당 의원들이 트럼프 대통령에 대해 견제구를 날리지 못하는 모습을 보면서(날리려면 은퇴를 해야 하는 상황이 나타나곤 한다!) 대통령 소속 정당을 중심으로 의회가 정파적으로 진행된다는 점을 또 확인할 수 있었다. 전후 자유주의적 국제질서가 뿌리부터 휘청거리고 동아시아가 온통 트럼프 대통령의 한 마디에 출렁거리는 상황에서, 미국의 정치제도와 민주주의를 칭찬할 수만은 없는 상황이 도래했다. 그래서 이 책은 나름 시의성이 있겠구나 하는 생각도 들었다.

이것만 가지고 책은 만들어지지 않는다. 한국연구재단의 연구비 지원에 대해서 우선 고마움을 표하고 싶다. 데드라인이 있어야 역설적으로 학자도 살고 책도 나오는 것 같다. 그리고 도서출판 오름의 부성옥 대표와 최선숙 부장께도 감사한 마음을 전하고자 한다. 필자의 게으름으로 원고를 제때 드리지 못했는데도 양해해 주셔서 고마운 마음뿐이다. 필자가 몸담고 있는 중앙대학교 정치국제학과 석사과정의 김인혁 군에게도 고마운 마음을 전하고 싶다. 김 군의 도움이 없었으면 이 책의 도표와 그림은 깨끗하게 나오지도 못했을 것이고 원고도 오타가 훨씬 많았을 것이다. 이 책의 원고를 보면서 그래도 몇 가지 배운 게 있다면 선생인 내게는 큰 위안이 될 것 같다. 그리고 말할 필요도 없이 책 안에 있는 모든 내용과 오류는 필자의 책임이다.

2018년 5월 26일
흑석동 연구실에서
손병권 씀

차 례

제 **1** 장

서 론

제1장	서 론

Ⅰ. 문제의 제기

미국은 세계 최초의 근대적 연방국가이며 동시에 대통령제 국가로 알려져 있다. 미국은 견제와 균형의 원칙을 구현하는 대통령제를 수립하여 연방정부 수준에서 정부권력을 행정부, 입법부, 사법부로 나누어 놓았다. 또한 미국은 이중주권(dual sovereignty)[1]을 구현하는 연방제도를 창안하여 정부권력을 중앙정부

---

1) 이중주권은 흔히 연방국가에서 헌법상 정부권력이 중앙정부(central government) 와 지역정부(regional government)에 나뉘어져 있는 것을 말한다. 통상적으로 보건, 교육, 치안 등에 관한 권한은 지역정부에, 국방, 외교, 재정, 조세 등에 관한 권한은 중앙정부에 귀속되어 있다. 미국의 경우 중앙정부라 함은 연방정부 (federal government)를 지칭하고 지역정부는 주정부(state government)를 지

인 연방정부와 지역정부인 주정부로 분산하였다. 뿐만 아니라 각 주정부 수준에서도 주지사, 주의회, 주대법원 간의 권력분립과 견제와 균형을 구현하여 권력의 집중을 이중, 삼중으로 방지하였다. 미국 건국의 아버지(Founding Fathers)들은 이러한 권력의 분산을 통해서 미국인들의 자유를 보장하고 정부의 폭정을 방지하고자 하였다.[2] 정부권력의 분립과 분산, 그리고 이러한 권력의 상호견제를 통해서 미국은 1776년 이래 약 240년의 기간 동안 남북전쟁 기간을 제외하고 심각한 국가분열이나 헌정중단 없이 지속적으로 발전해 올 수 있었다.

권력분립과 견제와 균형을 표방하는 미국 대통령제는 행정부의 동반자이자 건전한 경쟁자로서 의회의 발전을 함께 도모해 왔다. 1787년 필라델피아 헌법회의(Philadelphia Convention)의 결과 양원제로 출발한 미국의회는 19세기 초반 이후 상임위원회를 통해서 정책전문성을 배양하면서 행정부의 정책을 보완 혹은 견제하여 왔다. 뉴스테트(Richard Neustadt)가 지적했듯이 행정부 및 대통령과 함께 '권력을 공유한 분립된 기관(separate institutions sharing powers)'(Neustadt 1960)으로서 미국의회는 실질적인 국가 정책결정의 핵심 행위자로서의 역할을 수행할 수 있었다. 이러한 역할을 통해서 미국의회는 미국 대통령제가 '대통령중심제(president-centered system)'가 아닌 견제와 균형을 구현하는 대통령제로 운영되는 데에 일조하였다.[3] 상임위원회 중심의 분권화된 정책결정, 높은 재선율을 토대로 한 의원의 정책

칭한다.

2) 미국 헌법제정 당시 매디슨(James Madison) 등 연방주의자들이 폭정의 연원으로서 '정부의 폭정'과 '사회적 폭정('다수의 폭정')'을 구분한 것과 관련하여서는 손병권(2004a)과 Madison(1787-1788)의 No's 10, 47-50을 참조하기 바란다.

3) 미국의 대통령제가 대통령중심제가 아니라 권력분립 및 견제와 균형에 입각한 대통령제라는 점을 강조한 글로는 Jones(1997)를 참조하기 바란다.

전문성, 전문적인 의회 보좌진과 의회 지원기구의 확보 등을 바탕으로 미국의회는 명실상부하게 국정의 동반자로서 대통령을 견제하기도 하고 대안을 제시하기도 하면서 발전해 올 수 있었다.

　권력분립과 견제와 균형의 논리에 충실한 미국 대통령제에서 이와 같이 미국의회가 정책결정능력을 높일 수 있었던 것은 국민의 의사를 대변하는 의회가 대통령의 정책제안에 일방적으로 끌려가서는 안 된다는 각성이 있었기 때문이었다. 권력분립의 원칙에 따라서 대통령이 국민에 의해서 별도로 선발되어 국가적 권한을 행사하는 상황에서, 의회가 독자적인 정책결정능력을 배양하지 않으면 자칫 대통령의 국정주도권에 휩쓸려 제 기능을 수행할 수 없을지도 모른다는 위기의식이 의회로 하여금 정책전문성을 제고하도록 노력하게 만들었다. 이러한 각성에 따라서 미국의회는 '제퍼슨 민주주의(Jeffersonian democracy)'[4] 시기를 지나면서 19세기 중반 이후 꾸준히 전문성 확보를 위한 제도화에 노력을 기울이게 되었다. 그리고 이러한 노력의 결과 1910년 캐넌(Joseph Cannon) 공화당 하원의장의 몰락 이후 미국의회는 상임위원회를 중심으로 한 분권화체제를 장기간에 걸쳐서 서서히 구축하기에 이른다.[5]

---

4) 미국의회의 경우 정책전문성의 토대가 되는 상임위원회의 등장은 전체 의원이 모두 함께 국사(國事)를 논의해야 한다는 규범이 강했던 제퍼슨적 민주주의 이념이 사라진 이후에야 비로소 가능했다. 공공선에 대한 공약이 강하고 분파(faction)에 대한 거부감이 컸던 19세기 초반 제퍼슨적 민주주의의 이념하에서, 소수의 의원만으로 상임위원회를 구성하여 이를 중심으로 국가의 중대한 사안과 관련된 법안을 작성한다는 것은 반민주주의적인 것으로 비추어졌다. 보다 자세한 논의는 이 책의 제2장 II절 "미국의회의 역사적 개관"을 참조하기 바란다.

5) 캐넌은 보수적인 공화당 출신 하원의장으로서 하원의장 재임시절 막강한 권한을 행사하면서 의회의 입법어젠다와 의사진행권을 장악하여 독재적인 권력을 행사한 인물로 유명하다. 이로 인해 그는 제정 러시아의 황제와 같이 의회에 군림한다고 하여 '짜르(Czar)'라고도 불렸다. 그가 이러한 영향력을 행사할 수 있었던

상임위원회를 중심으로 분권화체제가 구체적으로 모습을 갖추어 나가기 시작한 1930년대 이후의 미국의회는 '전통적인 미국의회'를 떠올릴 경우 연상되는 다양한 의회제도와 조직, 의회의 공식적·비공식적 규범 등을 만들어 왔다. 상임위원회 중심의 분권화체제, 상임위원회 권력의 핵심으로서 상임위원회 위원장, 연공서열제(seniority system)에 따른 자동적인 상임위원회 위원장의 선출, 지역구 중심의 선거정치, 상임위원회 혹은 개별 의원 간 거래와 타협의 관행, 권한이 약한 정당지도부, 의원 간 호혜성(reciprocity)의 규범, 현역의원의 높은 재선율, 초선의원에 대한 도제(徒弟)주의(apprenticeship) 규범 등이 상임위원회 중심의 전통적인 미국의회의 특징을 잘 보여주고 있는 내용들이다. 이와 같은 의회제도 및 규범과 의원의 행태는 미국의회에 관한 '전통적인 교과서'에서 예외 없이 언급되어 온 내용이라고 해도 크게 지나친 말이 아니다.

그러나 과연 상임위원회 중심의 분권화체제, 그리고 이러한 분권화체제 속에서 의원 간의 타협과 거래를 통한 의사진행의 관행은 지금도 미국의회의 의사진행과정의 특징을 적절히 드러내는 내용이라고 단언할 수 있을까? 인디애나(Indiana)주의 6선 상원의원으로 봉직하다가 티파티(Tea Party) 후보에 의해 2012년 공화당 예비선거(primary election)에서 패배한 루거(Richard Lugar) 의원의 발언을 담은 다음의

데에는 재정 및 인사에 관한 권한뿐만 아니라, 하원의 의사일정에 관해서 강력한 영향력을 행사하는 규칙위원회(Rules Committee)의 위원장을 겸직하여 의사진행을 통제할 수 있었기 때문이었다. 1911년 당시 공화당 개혁파 의원들은 민주당 의원들과 연합하여 캐넌의 규칙위원회 위원장 겸직을 금지하는 '반란'을 일으켰고, 이후 하원의장의 권한과 위상은 약화되었다. 1910년의 이러한 사건을 계기로 하원의장을 포함한 하원 정당지도부의 권한이 약화되었고, 1930년대를 거치면서 상임위원회 중심의 의회 분권화체제가 도래하게 되었다. 이러한 과정에 대한 보다 자세한 논의는 이 책의 제2장 II절에 제시되어 있다.

인용문은 이러한 질문에 대한 답변과 관련하여 시사하는 바가 크다.[6]

> "너무나 많은 미국인들이 정치에 대해서 '내가 하는 방식이 아니
> 면 떠나라(my way or the highway)'는 입장을 취하고 있다. 미국인들
> 은 순수히 종교적인 감각을 가지게 되었다. 그리고 자신들이 선출한
> 공직자가 '악마와 함께 저녁을 먹는 것(supping with the devil),' 즉
> 상대편과 이야기를 나누는 것을 원치 않는다 … 뭔가 어떤 대화(con-
> versation), 어떤 경청(listening), — 타협(compromise)이라는 말은 사
> 악한 용어가 되어서 이 말을 사용하지는 않겠지만 — 적어도 어떤 수
> 용(accommodation)에 이를 수 있는 능력이 있어야 한다 … 이것이
> 이 나라를 구할 수 있는 유일한 길이다. 이러한 것이 다시 살아나야
> 한다."

> _ John Aloysius Farrell, "Supping With the Devil?"
> *National Journal*(April 7, 2012), p.35

위의 인용문은 2012년 11월의 의회선거 이전인 동년 5월 공화당
예비선거에서 티파티 성향의 보수적 단체인 성장을 위한 클럽(Club
for Growth), 프리덤워크스(FreedomWorks), 미국총기협회(American
Rifle Association) 등이 지원하는 후보로 인해 고전이 예상되었던 —
그리고 결국 예비선거에서 패배한 — 루거 의원이 당시 미국정치의 현

---

6) 티파티 운동(Tea Party Movement)은 2009년 초 오바마(Barack Obama) 행정
부가 등장한 후 구제금융과 경기부양책 등을 추진하며 연방지출을 빠르게 증가
시키자 이에 대해서 불만을 지닌 보수적인 백인 유권자들이 조직하고 전개하기
시작한 저항운동이다. 티파티 운동은 2009년 여름 미국의회가 의료보험개혁으로
정쟁에 휘말리자 의료보험개혁에 반대하는 백인 보수층의 목소리가 커지기 시작하
면서 전국적으로 확산되기에 이르렀다. 이들은 헌법에 대한 근본주의적 해석에 근
거해서 작은 정부, 재정 건전성 등을 강조하면서 오바마 행정부의 정책에 줄기차게
반대하였다. 보다 자세한 내용을 알아보기 위해서는 Skocpol and Williamson
(2012)과 Rosenthal and Trost(2012) 등을 참조하기 바란다.

황과 의회의 비타협적인 상황을 비판한 내용이다. 이 인용문에서도 알 수 있듯이 미국정치에서 이제 '타협'이라는 용어는 각 정당의 정파적 대립과 이념적 완고함에 밀려서 일종의 금기어(禁忌語)가 되고 말았다.

이와 같이 타협의 미덕이 점점 사라져가는 미국정치의 현실에서 지금도 미국의회는 상임위원회 중심의 분권화체제하에서 실제로 협상과 타협을 통해서 의사를 진행하고 있는가? 정당과 정당지도부의 영향력은 상임위원회 위원장의 의사진행상의 권한에 비해서 여전히 미약한가? 미국 의회선거는 변함없이 지역구의 현안 문제를 중심으로 진행되는 선거이며 현직대통령에 대한 평가 등 전국적인 정치판도의 흐름으로부터 절연되어 작동하는가? 현직의원의 재선율이 고공행진하는 것은 지금도 흔들림 없는 사실이며, 현직의원들은 여전히 높은 '현직의원의 이익(incumbency advantage)'을 누리고 있는가? 초선의원 등 선수가 작은 신임의원들은 아직도 도제주의 규범하에서 발언을 자제하고 입법활동의 학습에만 전념하고 있는가? "잘 지내려면 협조하라("To get along, go along.")"라는 의원 상호간의 협력 및 타협의 규범은 아직도 지켜야 할 금언으로 통하고 있는가? 이 책은 바로 이러한 질문에 대한 대답을 모색하고자 한다.

전통적인 미국의 의회정치상(像)이 제시하는 전형적인 모습과 현재의 미국 의회정치를 비교해 볼 때, 이 질문들에 대한 대답은 적어도 매우 유보적이거나 대체로 부정적일 수밖에 없을 것 같다. 그럼 왜 이러한 유보적, 부정적 답변이 나타나게 되었는가? 상임위원회 중심의 전통적인 분권화체제하에서 미국의회가 원만하게 운영되어 오던 1930년대 이후 1980년대까지와는 달리, 1990년대 중반 이후 미국 의회정치과정에 대한 정당, 정당지도부, 정당이념의 영향력이 강력해지면서 '정당중심의 의회운영'이라는 현상이 더욱 두드러졌기 때문이라는 것이 이 책의 전반적인 답변이자 주장이다.

　현재 미국정치에서 정당, 정당지도부, 정당이념의 영향력이 강화되어 상임위원회 중심의 전통적인 의회정치가 심각한 도전에 직면해 있다는 점을 시사하는 사례는 적지 않다. 먼저 1994년 의회 중간선거에서 40년 만에 민주당을 밀어내고 공화당이 다수당으로 등장한 이후 하원의장을 역임하면서 '공화당 혁명(Republican Revolution)'을 주도한 깅그리치(Newt Gingrich)의 제104대 의회부터 주목할 필요가 있다.[7] 제104대 하원개원 이후 보수적인 정책어젠다의 입법을 위해서 깅그리치 의장은 주요 상임위원회 위원장 선발 및 의원배정에 있어서 서열과 관행을 무시하고 정당의 보수적 이념에 충실한 의원을 배정한 사례가 있다(Aldrich and Rohde 1997-1998: 548-550). 뿐만 아니라 법안의 신속한 제정을 위해서 입법의 수문장(gate-keeper) 역할을 했던 상임위원회를 우회하여 법안심의과정을 대폭 생략하고 대신 자신의 통제하에 움직이는 별도의 작업반(task force)을 구성하여 이들로 하여금 법안의 초안을 작성하게 만든 경우도 있었다.

　상임위원회 위원의 배정과정에서 전통적인 서열과 관행을 무시하는 경향은 2006년 12년 만에 하원 다수당의 자리를 되찾은 민주당의 경우에도 마찬가지였다. 2009년 오바마 대통령의 의료보험개혁안(일명 '오바마케어(Obamacare)')의 하원통과에 결정적인 지도력을 발휘한 펠로시(Nancy Pelosi) 하원의장은 2009년 제111대 하원 개원 이후 오바마 대통령이 추진하는 기후변화 및 에너지 관련 법안을 통과시키기 위해서 당시 온실가스 배출량의 인위적 감축에 반대하는 딘젤(John

---

7) '공화당 혁명'에 관해서는 이 책 제4장의 III절에서 더 자세히 설명될 것이다. 깅그리치 의원 등 공화당 혁명을 주도했던 인물들의 보수적 정책어젠다와 실행전략 등을 개괄적으로 알아보기 위해서는 Gingrich et al.(1994); Gingrich(1995)와 Evans and Oleszek(1997) 등을 참조하기 바란다.

Dingell) 에너지 및 통상위원회 위원장의 연임을 좌절시키고 법안제정에 적극적이었던 왁스만(Henry Waxman) 의원을 신임 위원장으로 임명하였다. 왁스만 위원장의 선정과정이 강력하게 시사하는 것은 상임위원회 내 최다선 다수당 의원의 자동적인 위원장직 승계를 보장하는 연공서열제가 무시되었다는 점과, 다수당의 최고지도자인 하원의장의 의지 및 정당의 주류노선에 대한 충성심이 상임위원장의 선출에 있어서 매우 중요해졌다는 점이다.[8] 상임위원회 위원장 선정뿐만 아니라 일반적으로 의사진행과정에 있어서도 정당의 주류이념에 충실한 정당지도부의 영향력은 현저히 증가하였으며, 이와 함께 입법과정의 정당정치화는 점점 더 강화되는 추세를 보여 왔다.

이외에도 의회 의사진행상 활용되는 다양한 제도와 규칙 역시 매우 정파적으로 사용되는 경우가 늘어났다. 예컨대 하원의장의 통제하에서 주요 법안에 대해서 규칙(rules)을 부여하여 토론시간 및 방식과 법안의 수정여부를 결정하는 규칙위원회는, 소수당을 배제한 채 다수당 주도의 입법을 추진하기 위해서 폐쇄형 규칙(closed rule)을 빈번히 부여함으로써 의사진행이 다수당 주도로 이루어지는 데 일조하였다.[9] 상원의 경우 의사진행과정의 정파성은 다수당 의견에 반대하는 소수당 소속의원의 의사진행 방해발언(filibuster)이 증가한다는 사실에서도 발견된다. 의사진행 방해발언이 증가함에 따라 토론종결 투표

---

8) 미국의 의회정치과정에서 정당과 정당의 이념이 강해지면서 정당지도부의 영향력도 강화되는 경향이 있는 것은 사실이다. 그러나 정당지도부의 영향력은 이들이 당내 주류이념 혹은 주류세력의 의견을 반영하고 있는지의 여부에 따라서 결정되므로, 그렇지 못할 경우 상당한 당내 도전에 직면할 수도 있다. 즉 당내 분파정치가 심해지면 정당지도부의 권력과 영향력은 상대적으로 줄어들 수밖에 없다. 보다 자세한 논의는 이 책의 제2장 II절을 참조하기 바란다.
9) 규칙위원회와 규칙에 대한 보다 자세한 논의는 이 책의 제5장 III절 "정당의 입법과정 지배"를 참고하기 바란다.

(cloture vote)의 빈도 역시 증가하여 미국상원의 정파적 의사진행과정이 입증되고 있다.[10] 또한 양원을 통과한 법안의 차이를 해소하기 위해서 소집되었던 양원협의위원회(conference committee)의 협의과정이 생략되는 경우가 늘어난 것 역시 미국의회 의사진행과정의 정당정치화가 가져온 결과였다.[11] 양원협의위원회의 구성을 통해 소수당을 참여시키는 협의과정을 거쳐 최종적인 법안의 내용을 결정하는 대신, 양원의 다수당 지도부 간에 상호조율을 통해서 법안의 내용을 최종적으로 확정하는 방식이 빈번히 사용되기에 이른 것이다.

위에서 지적된 다양한 사례들이 보여주듯이 1990년대 중반 이후 오늘날에 이르는 미국의회의 실제적 모습은, 1930년대 후반에 등장하

---

10) '의사진행 방해발언'은 한국에서는 흔히 영어발음 그대로 '필리버스터'로 불리며, 미국의회의 경우 상원에 고유한 제도이다. 의사진행 방해발언은 특정 법안이나 사안에 대해서 반대의사를 지닌 상원의원이 본회의 발언권을 얻어 자신이 원하는 만큼의 시간 동안 발언할 수 있는 '합법'적인 제도이다. 상원의 이러한 제도는 주(州)대표로서 상원의원의 권한을 존중한다는 것을 의미하며, 상원이 다수당 주도하에 움직이는 하원에 비해서 소수당이나 상원의원 개인의 권리를 더 보호하고 있다는 것을 보여주고 있다. 그러나 의사진행 방해발언이 무제한 진행되는 것은 의사진행 자체를 불가능하게 하므로, 상원은 토론종결 투표제도도 아울러 구비하고 있다. 토론종결은 전체 상원의원 100명 가운데 60명의 찬성으로 가능하다. 따라서 하원과 달리 상원의 경우 법안이 통과되기 위해서는 사실상 의사진행 방해발언을 중단시켜 토론종결을 이끌어 낼 수 있는 60명 이상 상원의원의 토론종결 지지투표가 필요하다. 의사진행 방해발언제도의 운영과 기원, 상원에서의 문제점 등에 대해서는 김준석(2009, 2010)을 참조하기 바란다.

11) 양원제 의회제도를 채택한 국가의 경우 법안(bill)이 법률(law)로 성립되기 위해서는 동일한 내용을 담은 법안(identical bill)이 양원을 통과해야 하므로 비록 형식은 국가마다 달라도 양원 간에 차이가 있는 법안을 조정하는 절차가 존재한다. 특히 미국과 같이 양원의 법안이 다를 경우 하원의 최종적인 재의결권을 인정하지 않는 국가는 양원 법안의 차이를 해소하기 위한 협의절차를 구비해야 한다. 미국은 이러한 양원 법안의 차이를 해소하기 위해서 양원협의위원회를 두고 있다. 이 협의위원회의 구성은 양원의 소관 상임위원회 위원장이 위원회 소속의원 가운데 협의위원을 선발하여 이루어진다.

여 1960년대에 절정에 이른 후 1980년대까지 대체로 존재했던 상임위원회 중심의 전통적 분권화체제의 작동양식과는 현저히 다르다고 할 수 있다. 1990년대 중반 이후 오늘날에 이르기까지 미국의회는 의회제도와 조직, 그리고 의회규범 등의 측면에서 전통적인 상임위원회 중심의 분권화체제 모델로는 더 이상 적절히 설명될 수 없는 많은 변화를 겪었다. 그리고 이러한 변화의 결과 미국의회는 1980년대 이전의 의회와 비교해 볼 때—입법과정상 상임위원회의 본원적인 중요성은 여전히 유효하다고 하더라도—이념적, 정파적 대립이 격화되면서 입법과정에 대한 '정당'의 영향력이 매우 강화된 모습을 띠게 되었다고 볼 수 있다.

따라서 이제 단순히 상임위원회와 상임위원회를 중심으로 하는 의회구조, 의원행태, 그리고 의회규범만으로는 미국의 입법과정과 의사진행과정을 현실감 있고 적절하게 설명하기 어려운 상황에 이르렀다. 이 책은 이러한 문제의식을 바탕으로 상임위원회가 여전히 입법과정상 중요한 기관임에도 불구하고 미국의회의 의사진행과정이 정당 간 이념대립 및 정파적 갈등으로 인해 정당정치의 수인(囚人)으로 변모된 과정을 설명하고자 한다.[12) 13)]

---

12) 이 책에서 미국의회의 정파적 운영을 이야기할 경우 이러한 '정파적' 대립의 주요 내용은 일단 이념적 양극화의 성격을 띤 것으로 볼 수 있다. 그러나 의회 내 민주당과 공화당 간의 대립이 모두 이념적인 요인에서만 기인한 것은 아닐 수 있으며, 리(Francis E. Lee)가 지적하듯이 상대 정당에게 이익을 줄 수 없다는 '정치적'인 이유에서 기인한 것일 수도 있다(Lee 2009). 이와 마찬가지로 유권자 수준에서의 정파적 양극화 역시 이념적 갈등의 요소가 크기는 하지만 이념적인 요소로만 설명할 수는 없으며, 반대정당에 대한 불만이나 불신 등이 이념적 요인 못지않게 중요할 수 있다는 주장(Hetherington and Rudolph 2015)도 있다. 그러나 유권자나 의원 수준에서 모두 1990년대 이후 서로 다른 정당 소속의원이나 서로 다른 정당을 지지하는 유권자 간에 이념적인 양극화 현상이 매우 강하게 나타나고 있으며, 이러한 현상이 유권자 및 의회의 양극화를 추동

II. 문제의 중요성

미국의회가 상임위원회 중심의 전통적인 분권화체제에 의해서 운영되지 않고 정당에 의해 포획되어 정파적으로 운영되는 양상은 미국의회에 대한 통념을 바꾸어야 할 필요성 이상의 매우 중요한 함의를 지니고 있다. 미국의회의 정당중심적 운영방식과 이에 따른 정파적 대립은 미국정치, 미국 민주주의, 그리고 미국의 국제적 위상에 대한 인식과 관련하여 상당히 중요한 의미를 지니고 있다고 보인다. 미국의회가 미국유권자들의 의사를 대변하고 입법어젠다에 대한 심의를 통해서 양질의 정책을 만들어 내는 것이 아니라 정당의 이념과 이익을 위해서 주로 작동하는 경우, 미국의회는 교착상태를 반복하면서 정당 간 상호 배제와 대결의 논리에 의해서 움직일 수밖에 없다.

이러한 현상이 고착화될 경우 대통령의 정책에 대한 정당 간의 정파적 이해에 따라서 의사(議事)가 진행되어, 미국 의회정치 및 민주주의의 퇴행현상이 나타날 수 있고 그 결과 미국정치의 전반적인 문제해결능력이 상실될 수 있다. 또한 대통령제 국가로서 민주주의를 모범적으로 수행해 온 미국에 대한 세계여론이 부정적으로 바뀌면서 미국의 국제적 위상에도 상당한 손상이 올 수 있다.[14] 더 나아가 중국,

---

하고 있는 것은 분명한 사실이다.

13) 이와 같이 미국의회가 변화하는 모습을 비교의회론적인 각도에서 '제한적 예외주의'로 포착한 논문으로는 Owens and Loomis(2006)를 참조하기 바란다.

14) 2016년 대통령으로 당선된 이후 '미국 우선주의'를 표방하는 트럼프(Donald Trump) 대통령의 2017년 1년 동안의 국내외 행보와 언사는 이러한 우려가 현실화될 수 있다는 점을 잘 보여주고 있다.

러시아 등 도전국가에 신속히 대응해야 할 과제를 의회정치의 정파적 진행으로 인해 적절하게 처리하지 못할 경우, 이 역시 다른 국가로 하여금 패권국가로서 미국의 지위에 대해서 의문을 갖게 만들 수 있다.[15] 이러한 사항을 염두에 두고서 다음에서는 미국의회에 대한 불신의 증폭에 따른 미국 민주주의의 위기라는 관점과 미국 패권쇠퇴론의 국내적 요인에 대해 주목할 필요가 있다는 각도에서, 점점 더 정파적으로 운영되는 미국 의회정치의 문제점을 검토해 보고자 한다.

1. 의회에 대한 불신과 미국 민주주의의 퇴조

미국정치에 대한 유권자의 불신이 2016년 대통령선거만큼 극명하게 드러난 적이 일찍이 없었다. 같은 해 전반기의 공화당과 민주당의 대통령 후보경선은 각각 트럼프와 샌더스(Bernie Sanders)라는 의외의 인물이 초반부터 돌풍을 불러일으키면서 미국은 물론 전 세계의 이목을 집중시킨 바 있었다. 전반적으로 미국경제의 불황이 지속되고 일자리 창출이 여전히 미진한 상황에서 소득양극화가 지속적으로 심화되자 이러한 국외자 후보(outsider candidate)에 대한 미국유권자의 호응이 높았다고 생각된다.

공화당의 경우 1990년대 냉전종식 이후 세계화(globalization)가 급격히 진행되면서 블루칼라 노동자들의 직업 안정성이 극도로 낮아진 상황에서 이들의 불안과 불만이 트럼프 후보에 대한 강력한 지지

---

15) 2013년 10월 인도네시아 발리에서 개최된 APEC(Asia-Pacific Economic Co-eration: 아시아-태평양 경제협력체)에 오바마 대통령이 국내의 정부폐쇄(government shutdown) 문제로 참석할 수 없게 되어 회의의 주역자리를 중국의 시진핑 주석에게 넘겨주게 된 것이 좋은 사례가 될 것이다.

로 나타났다. 남미 불법이민자에 대한 트럼프 후보의 격렬한 비난이나 인종주의적 혐오발언이 오히려 트럼프 지지층에서 열광적 반응을 얻은 것은 이들 남미이민자의 대거유입으로 미국정체성이 훼손된다고 느끼거나 일자리를 빼앗기고 있다고 생각하는 백인 블루칼라 노동자들의 높은 지지가 있었기 때문이다.16)

한편 샌더스 후보는 월가(Wall Street)에 대한 직접적인 공격을 통해서 '부익부, 빈익빈'이라는 미국의 소득양극화 현상을 강력하게 비판하면서 클린턴(Hillary Clinton) 후보와 차별화를 시도하였고 그 결과 젊은 지지자들의 열광적인 호응을 얻을 수 있었다. 월가의 탐욕과 이기심으로 인해서 기업 및 고소득층에게만 경제적 이익이 과도하게 집중되어 소득양극화 현상이 극단적으로 심화되었다는 샌더스의 열변은, 막 사회에 첫발을 내디뎠거나 삶의 전망이 밝지 않은 젊은 유권자에게 매우 호소력 있게 들렸다. 이러한 경제불황과 소득양극화의 상황 속에서 이들 두 후보는 예상을 뒤엎고 선전할 수 있었고, 트럼프 후보는 결국 공화당 후보로 지명되어 마침내 대통령에 당선될 수 있었다.

이들 두 국외자 후보의 돌풍에는 백인 블루칼라 노동자계층의 누적된 경제적 불만이 배경으로 작동하였지만, 이에 못지않게 중요한 원인으로는 워싱턴의 고질적인 정파적 정치에 식상한 미국인들의 깊은 실망도 자리 잡고 있었다. 미국이 경제위기에 처해서 성장이 둔화되고 실업률이 개선되지 않음에도 불구하고, 미국의회가 대립과 반목으로 소일하면서 생산적인 결과를 내어 놓지 못하는 현실에 대한 유

---

16) 미국의 양극화과정과 관련하여 트럼프와 같은 권위주의적 인물에 대한 블루칼라 유권자들의 지지현상에 관해서는 손병권 · 김인혁(2017); Hetherington and Weiler(2009) 등을 참조하기 바란다.

권자들의 불만이 워싱턴 주류정치와는 인연이 먼 트럼프 후보나 샌더스 후보의 경쟁력을 크게 높이는 결과를 가져왔다고 볼 수 있다. 실제로 대통령선거가 있었던 2016년에도 공화당 의회와 오바마 민주당 행정부는 타협을 통한 협력의 모습을 보이지 못하고 있었다. 뿐만 아니라 의회정치 역시 정당 간 반목으로 인해 미국의 급박한 현안 문제를 해결할 방안을 내놓지 못하고 있었다. 예산안이나 부채 상한선(debt ceiling) 증대를 둘러싸고 반복적으로 나타나는 '정부폐쇄' 위기가 바로 이러한 교착상태를 잘 보여주는 사례라고 할 수 있다. 따라서 워싱턴 정가에 대한 미국유권자들의 불만, 특히 경제불황의 직격탄을 맞은 백인 블루칼라 노동자들의 불만은 매우 컸다고 할 수 있다.

'돈이 지배하는 정치'라고 알려져 있을 정도로 지난 수십 년간 미국 의회정치가 대형기업과 노조 등 '조직화된 이익(organized interest)'의 영향력하에서 벗어나지 못하는 상황은 의회에 대해 미국인이 더욱 큰 좌절감을 느끼게 만들었다. 소위 '특별이익(special interest)'이라고 불리는 이런 조직화된 세력들은 미국의 국가적 이익보다는 자신의 기득권을 지키기 위해서 선거자금을 제공하고 로비에 몰두한다는 인식이 광범위하게 확산되어 있어서, 의회에 대한 유권자들의 불만은 점점 더 커져가고 있었다. 이들 사적 이익집단들은 선거기간에는 선거자금을 기부하는 형태로 의회에 대해서 영향력을 행사하려 하고, 선거가 끝나면 로비를 통해서 자신의 이익을 보호하려는 행태를 보여왔다. 그런데 이러한 활동이 간혹 스캔들로 비화되어 언론에 보도될 때마다, 미국유권자들은 의회가 과연 국민들을 위해서 존재하는 기관인지, 아니면 특별이익과 의원들 바로 '그들'만의 이익을 위해서 존재하는 기관인지 의문을 품게 되었다.

워싱턴정가에 대한 이러한 불만과 분노 그리고 좌절감이 커지면서 2016년 공화당 트럼프 후보에 대한 지지가 모멘텀을 얻기 시작했으며, 결코 당내 주류세력이라고는 할 수 없었던 민주당 샌더스 후보가 급부상할 수 있었다. 결국 열악한 경제상황에 대한 불만과 아울러, 미국의회의 비생산성과 정파성에 대한 분노가 이들 두 후보에 대한 '반란'에 가까운 지지와 동원을 불러왔다고 할 수 있다. 이러한 2016년 대통령선거 경선과정에서 잘 알 수 있듯이, 미국의회는 국민의 신뢰를 잃어버리면서 생산적인 기관이 아니라 매우 소모적이고 정파적인 기관으로 인식되기에 이르렀다. 이와 같은 미국유권자들의 의회에 대한 불신과 불만은 다음의 그림에 적절하게 포착되어 있다.

〈그림 1〉에 나타난 그래프는 미국의 대표적인 여론조사기관 가운데 하나인 갤럽(Gallup)이 1972년 이래 2014년에 이르기까지 의회를 포함하여 행정부 및 사법부 등 미국 정부부처에 대한 유권자들의 신뢰도를 조사하여 시계열로 제시한 것이다. 이 그래프는 갤럽이 다양한 기관에 대한 미국인들의 신뢰도를 조사한 항목 가운데, 그림에 있는 세 개의 정부부처에 대해 '매우 신뢰'하거나 혹은 '신뢰하는 편'이라고 응답한 사람들의 비율을 시기별로 표시한 것이다.

그림 1　미국 정부 세 부처에 대한 신뢰도의 역사적 추이

출처: Jones, "Americans' Trust in Executive, Legislative Branches Down"(2014), http://news.gallup.com/poll/175790/americans-trust-executive-legislative-branches-down.aspx?_ga=2.9662908.849572090.1517723315-676535013.1510885827

앞의 그래프에서 알 수 있는 것처럼 1970년대 초반 이후 시간이 지나갈수록 미국의회를 신뢰할 만한 기관으로 평가하고 있는 응답자의 비율은 1990년대 말기와 2000년대 초반을 제외하고는 대체로 꾸준히 하락하고 있는 편이다. 의회에 대한 신뢰도는 1972년 70%를 약간 상회하는 수준에서 시작하여 이후 완만히 하락하다가 1990년대 말에서 2000년대 초반에 이르는 기간 동안 잠시 상승한 후 부시(George W. Bush) 행정부가 출범하면서 뚜렷한 하락세를 보이기 시작했다. 제2기 부시 행정부 이후 오바마 행정부에 들어서면서부터 의회에 대한 미국유권자들의 신뢰도는 거의 바닥세를 보이기 시작하여 2014년에는 불과 28%에 불과한 것으로 나타났다. 흥미로운 점은 사법부나 행정부 등 다른 정부부처도 2000년대 이후 전반적인 신뢰도의 하향세를 보이지만, 의회처럼 급격한 하향세를 보이지는 않는다는 점이다. 대체로 2000년대 이후 미국의회의 정당양극화와 정당 대립상황이 극심해지면서 의회에 대한 미국인의 신뢰도가 가파르게 하락한 것으로 보인다.

2016년 대통령선거에서 나타난 트럼프 후보 및 샌더스 후보의 돌풍은 1990년대 후반과 2000년대를 거치면서 매우 격화된 의회의 정파적 대립과 갈등, 이로 인한 의회의 고질적인 교착상태 및 입법성과 부족과 관련되어 설명되어야 한다. 워싱턴정치가 국민의사로부터 절연된 채 정당의 이익을 중심으로 진행되고, 정당대립이 극단으로 치달아 의회가 '망가진 기관(broken branch)'으로 변질되면서(Mann and Ornstein 2006) 의회에 대한 미국유권자의 불신이 증폭되었다고 볼 수 있다. 의회에 대한 이러한 깊은 불신과 함께 워싱턴정가의 극단적인 정당대립과 이념적 갈등은 대화와 타협의 문화를 특징으로 해 온 미국 대통령제 및 의회제도와 미국 민주주의를 전면적으로 재검토해야 하는 계기를 제공하고 있다고 할 수 있다.

주지하다시피 미국은 대통령과 의회가 서로 권력을 공유하면서 상호 견제를 통해서 균형을 유지해 가는 권력분립형 대통령제 국가이다. 법률제정을 둘러싸고 의회와 대통령은 견제와 균형의 원칙에 따라서 상호 협력할 영역에서는 협력하는 한편, 정당의 원칙과 이념에 따라서 자기 주장을 강하게 펼쳐야 할 부분에서는 대립하는 등 각각 국민이 위임한 권력을 공유한 기관으로서 운영되어 왔다. 전후 냉전 상황 속에서 신속한 외교, 안보정책이 요구되었고 후기산업사회의 특성에 따라서 시민의 정책수요에 대응하는 과정에서 행정부의 권한이 커지는 것이 일반적인 추세이기는 했다. 그러나 의회는 국가정책이 대통령에 의해서 일방적으로 주도되는 것을 막고, 또한 나름대로 정책결정능력을 제고하기 위해서 스스로 노력해 왔다. 이러한 의회의 정책결정능력 제고노력은 노동분화를 통한 정책전문성의 상징인 상임위원회라는 독특한 분권화제도를 발달시키는 동인(動因)이 되었다.

그런데 전통적으로 상임위원회 중심으로 운영되던 미국의회가 분권화체제 속에서 협력과 타협을 통해서 운영되지 않고 정당이익과 정파적 이념에 의해서 작동되면서 대화와 타협을 통한 미국의 의회 민주주의가 상당한 위기에 봉착한 것이다. 의회 정책결정과정이 점점 더 이념적으로 무장된 정당 간의 갈등으로 점철되기 시작했고, 그 결과 민주적 절차가 무시되거나 오용되어 다수당과 소수당 간의 반목으로 인한 교착상태도 빈번해졌다. 하원의 법안심의과정에서 소수당이 배제되거나 상원의 경우 소수당에 의해서 필리버스터가 빈번히 사용되는 것에서도 알 수 있듯이, 민주적 의사결정과 합의를 통한 의사진행은 일상적이기보다는 오히려 예외적인 것으로 변모하였다.

정파적 갈등으로 인해 필요한 법률을 적시에 만들어 내지 못하면서 미국의회는 상임위원회 중심의 분권화체제가 지니는 탄력성과 타협가능성을 잃어가게 되었고, 정당 간 대립과 정책충돌이 빈번해지면서 서서히 '의회제국가의 의회화(parliamentarization)'의 경향을 보여주게 되었다. 분권화된 상임위원회를 중심으로 소수당과 다수당이 서로 대화와 타협을 통해서 양당협조적으로 의사를 진행하는 것이 아니라, 서로 자신의 정파적인 입장에 따라서 대통령의 입장에 서거나 아니면 이를 무조건 반대하는 현상이 등장하였다.[17] 1990년대 중반 이후 서서히 고착화된 이러한 현상에 대한 분석은 21세기 미국의 향후 진로를 예측하는 데 있어서 반드시 한번은 검토하고 넘어가야 할 과제이다. 요컨대 정당 간 대립에 의해서 변질되고 정당에 의해서 포획된 미국 의회정치를 새로운 관점에서 조망해야 할 필요는 이러한 워싱턴정치의 변질과 이것이 미국정치 전반에 대해 지니는 함의를 파악하기 위해서 더욱 필요해졌다.

2. 미국쇠퇴의 국내적 원인

2007~2008년에 시작된 미국 금융위기 이후 새로운 형태의 미국 쇠퇴론이 다시 등장했던 것은 주지의 사실이다. 미국발 금융위기가 세계경제에 암운을 드리우기 시작한 2008년 이후 다시 얼굴을 내민 미국쇠퇴론은 자카리아(Fareed Zakaria)가 언급한 대로 '나머지 국가의 부상(rise of the rest)'이라는 '미국의 상대적 쇠퇴론'이 그 핵심이었다(Zakaria 2009). 제2차 세계대전 이후 서방 자유진영의 패권국가로 군림해 온 미국은 1980년대 말 냉전종식 이후 단극체제하에서 유일한

---

17) 2017년 트럼프 행정부 출범 이후 그의 인종주의적 발언이나 러시아 스캔들과 관련한 일련의 사법방해적 조치들이 국민의 반감과 민주당의 격렬한 비판에 직면했음에도 불구하고, 의회 공화당이 이에 대해서 적절히 대응하지 않고 오히려 대통령의 입장에 동조하는 발언을 하는 상황은 정당대립으로 인한 의회의 변모와 관련된 최근의 사례라고 할 것이다.

초강대국으로서 자신의 위상을 재정립해 왔는데, 2008년 전후의 미국 국내경제의 침체는 패권유지를 위한 국내적 지원과 재원조달에 지장을 초래하는 심각한 문제로 등장하였다. 특히 중국이 자신의 경제적·군사적·외교적 부상에 부합하는 국제적 지위를 더욱 강하게 요구하면서, 경제위기로 인한 미국의 상대적 침체는 한층 부각되는 듯했다. 과거 1980년대에 『'노'라고 말할 수 있는 일본』[18]의 경제성장으로 인한 미국패권의 쇠퇴논의 당시와는 달리, 미국의 핵우산 아래에 있지도 않고 미국의 동맹체제하에서 성장한 것도 아니며 또한 미국과는 전혀 다른 정치시스템에 따라 움직이는 중국의 부상은 미국의 국제적 위상의 상대적 추락을 암시해 주고 있다(Bacevich 2008; Packer 2011).

전반적으로 제2차 세계대전 이후 논의되어 온 미국의 패권쇠퇴론은 미국이 적절히 대처하지 못한 국제적 위기와 이에 따른 미국의 국내적 좌절감이나 혹은 국제정치적 쇠퇴에 그 논의가 집중되어 있었다. 1950년대 말 소련의 스푸트니크(Sputnik) 위성발사에 따른 미국의 위기감, 1960년대와 1970년대 일본과 유럽의 경제회복에 따른 미국의 상대적 위상저하, 1970년대 초반 중동전쟁과 오일쇼크로 인한 미국의 경기침체, 1971년 닉슨 행정부의 금태환 정지선언, 베트남전쟁과 이에 따른 세계적 반미여론으로 인한 미국의 지도력 훼손, 1980년대 무역수지 적자와 감세조치로 인한 만성적인 재정적자의 누적 등이 바로 미국의 '상대적 쇠퇴'와 관련된 논의가 나타나게 한 배경이 되었다.

그러나 이와는 달리 2007년과 2008년을 전후해서 다시 등장한 미

---

18) 『'노'라고 말할 수 있는 일본』은 1989년 당시 운수상이었던 이시하라 신타로와 소니의 창업자였던 모리타 아키오가 공저한 저서(고분샤 출판사)로서 일본이 경제적 부흥과정에서 자주적인 입장을 보여야 함을 갈파한 우익적 저서이다.

국의 패권쇠퇴론은 그 이전의 쇠퇴론에 비해서 국제적인 요인과 함께 국내적인 요인을 동시에 그리고 강하게 부각시키고 있다는 특징을 보인다(Fallows 2010; Packer 2011). 2008년 세계금융위기를 전후해서 논의되었던 미국 패권쇠퇴론은 단순히 미국이 다른 국가에 비해서 상대적으로 경제성장이 더디거나 혹은 군사적으로 도전받고 있다는 위기감에서 기인한 것만은 아니다. 2008년 이후 새로 선보인 미국의 패권쇠퇴론은 미국 국내의 정치, 사회, 문화, 이념 등 각 영역에서 펼쳐지는 극단적 양극화 현상과 이에 따른 정치적 혁신능력의 약화 때문에 더욱 심각하게 받아들여지고 있다.

미국의 패권쇠퇴론과 관련하여 이 책을 통해서 필자가 주장하려는 핵심적 사항은 실제로 국내요인이 미국의 상대적 쇠퇴의 상당부분을 설명해 주고 있다는 점을 강조하고자 하는 것이다. 또한 필자는 미국 패권쇠퇴론을 둘러싼 공방은 미국의 내부분열과 양극화 현상 등 국내정치의 문제를 반드시 검토하면서 진행되어야 한다는 점을 부각시키고자 한다.

2007~2008년 세계금융위기 이후 미국 패권쇠퇴론의 국내적 요인과 관련하여 빈번히 논의되는 내용은 한마디로 '미국 민주주의의 동맥경화(demosclerosis)' 현상이라고 할 수 있다. 미국이 부시 행정부 당시 시작된 두 개의 전쟁(아프가니스탄전쟁과 이라크전쟁)의 여파를 수습하고 2008년 전후 시작된 금융위기에서 벗어나 국제적 위상을 회복하기 위해서는 무엇보다도 워싱턴정치가 이념과 정파성을 초월해서 협력하고 타협을 통해서 성과를 도출해 낼 수 있어야 한다. 그런데 이를 매우 어렵게 만드는 고질적인 '민주주의의 동맥경화' 현상이 심각하게 진행되면서 정치적 합의를 통한 정책혁신과 현안 문제 해결을 매우 어렵게 하고 있다.

정파적 갈등에 따른 대통령과 의회의 지속적인 대립, 민주당과 공화당 간의 이념적 반목과 이로 인한 의회의 교착상태, 특별이익의 영향력 강화로 인한 이익대표체계의 왜곡, 선거자금과 로비를 통해 '돈이 지배하는 정치'의 고착화, 유권자의 이념적 분열과 백인 민족주의의 등장 등 미국정치의 문제해결능력을 약화시키고 미국 민주주의의 활력을 훼손하는 '정치적 동맥경화 현상'이 이제는 워싱턴정가의 일상적인 모습이 되어버린 느낌이다. 미국 민주주의의 이러한 저해요인은 국내외 도전에 대한 미국의 신속한 대응을 어렵게 만들면서 전반적으로 미국정치의 효율성과 미국정치에 대한 신뢰도를 지속적으로 실추시키고 있다.

이러한 전체적인 난맥상 속에서 미국의회의 양당 간 갈등과 이념적 대립은 민주당과 공화당 양당 간의 정파적 양극화라는 양상으로 전개되고 있다. 더욱 복잡한 문제는 이러한 정당양극화 현상이 단순히 특정 쟁점 이슈에 대한 정당 간 이견이나 손익계산에 따른 정치적 갈등일 뿐만 아니라, 매우 이념적 성격을 띠고 있다는 점이다. 정책대립뿐만 아니라 이념적 갈등의 형태로 나타난 의회 내 정당양극화는 미국쇠퇴의 중요한 국내요인으로 작동하면서, 상임위원회 중심의 분권화체제 등 미국의회에 대한 기존의 통념에 대해 상당한 수정을 요구하고 있다.

III. 연구의 방법

　　　　　　　미국 의회정치가 정당에 의해 포획되는 과정과 그 결과에 대해 연구하는 이 책은 한편으로는 상임위원회 중심의 분권화체제를 특징으로 하는 전통적인 미국의회와, 다른 한편으로는 정당갈등과 이념대립을 특징으로 하는 현재의 미국의회를 대조하면서 구성될 것이다. 그리고 이러한 대조를 통해서 정당의 영향력이 지배하고 있는 현재의 미국 의회정치의 특징을 밝혀보고자 하는 것이 이 책의 기본적인 의도이다. 따라서 이 책의 내용은 전반적으로 보면 각 장과 각 장의 절에서 역사적인 내용을 많이 담고 있으며, 따라서 통시적으로 구성되어 있는 부분이 많다. 이와 함께 서로 다른 특징을 지닌 두 유형의 미국의회, 즉 전통적인 상임위원회 중심의 분권화된 의회와 정당영향력의 지배하에 있는 현재의 의회를 비교하는 과정에서 다양한 통계적 데이터를 활용하는 경험적 연구방법도 사용될 것이다. 이와 같이 역사적·통시적이고 경험적인 연구방법을 동시에 활용하는 이 연구는 질적인 자료와 양적인 자료를 모두 필요로 하는데, 이러한 자료들을 설명하면 다음과 같다.

　먼저 질적인 자료와 관련하여 이 책은 미국의 워싱턴정가의 현실정치의 분위기를 그때그때 시사적으로 잘 전달하는 잡지인 '내셔널저널(*National Journal*)'의 기사에서 의원의 발언이나 활동에 관한 자료들을 수집하여 다수 인용하였다. 내셔널저널의 정치 관련 기사들은 실제 의원의 발언이나 의원의 행동을 상당히 세밀하고도 현장감 있게 전달해 주고 있어서 인용의 가치가 높다. 특히 1990년대 이후 2000년대에 이르면서 미국 의회정치가 정당갈등과 이념적 대립으로 대치 국면을 거듭하였기 때문에, 이 시기의 워싱턴정치와 의회 분위기를 담은 내셔널저널의 정치 및 의회 관련 기사는 상당히 흥미있는 자료로서 활용될 수 있다.

이와 함께 이 책은 의회 및 선거와 관련된 통계수치 등 경험적 데이터를 빈번하게 사용하고 있으며, 이러한 경험적 연구를 위해서 다음에 제시된 통계자료를 사용하고자 한다. 이들 통계자료는 역대 미국의회 선거결과 관련 자료, 역대 의회선거 출구조사에 관한 자료, 의원들의 투표행태 분석을 통한 정치이념 관련 자료, 세대별 이념 및 정치성향에 관한 자료 등을 망라하고 있다.

- 역대 미국의회에 대한 미국유권자의 지지도에 관한 갤럽 데이터
- 『의회통계자료집(*Vital Statistics on Congress*)』에 제시되고 있는 다양한 통계 데이터
- 의원들의 이념성향에 관한 로젠탈/푸울(Rosenthal/Poole)의 노미네이트 스코어(Nominate Score)
- 미국의회 양원의 홈페이지에서 찾은 정당 및 상임위원회에 관한 각종 데이터
- 미국의 각종 언론매체, 여론조사기관이 시행한 의회선거 출구조사 데이터
- 미국 인구 구성의 변화와 관련하여 미국 인구조사통계국(US Census Bureau)이 발표한 각종 데이터
- 내셔널저널에서 브라운스틴(Ronald Brownstein) 등 정치담당 전문기자가 작성한 기사의 도표와 그림
- 퓨리서치센터(Pew Research Center)의 세대별 정치성향 분석자료를 포함한 각종 도표와 데이터
- 베스트(Samuel J. Best)와 크루거(Brian S. Krueger)가 2012년

간행한 *Exit Polls: Surveying the American Electorate, 1927-2010* (Washington, DC: CQ Press)

이와 함께 이 책은 미국정치와 미국 의회정치에 관한 다양한 2차 문헌을 통해서 연구를 진행하고자 한다. 이러한 2차 문헌은 다음과 같은 내용과 관련되어 있는 저서, 논문, 기사, 인터넷 기사 등이 될 것이다.

- 미국의 건국이념 및 미국 자유주의 중심의 합의와 변화 등에 관한 문헌
- 미국의회사, 미국의회의 입법과정, 미국의회의 의사절차와 규칙, 의회의 구성 등에 관한 문헌 및 비교의회론에 관한 문헌
- 미국의회 정당 및 정당지도부와 이들의 영향력에 관한 문헌
- 미국의회 상임위원회제도의 역사적 기원, 특징, 권한, 발전, 문제점 등에 관한 문헌
- 미국의회 규범의 등장과 발전에 관한 문헌
- 미국 의회조직에 관한 이론적 문헌
- 미국의회 및 미국사회의 이념적, 정파적 양극화와 관련된 문헌
- 미국 의회선거의 특징 및 의회선거의 변화 등에 관한 문헌
- 1994년 의회선거 이후 미국 남부의 변화현상에 관한 문헌
- 미국의 강대국 등장, 성장 및 쇠퇴논쟁에 관한 문헌 및 미국 패권쇠퇴론과 관련하여 국내적 요인에 관한 문헌

IV. 논의의 순서와 개요

1930년대 후반에 형성되기 시작하여 1960년대에 절정에 이른 의회 '상임위원회정부' 시대로부터 시작하여 정당이 매우 강화된 현재 의회까지의 변화 및 정당에 포획된 미국 의회정치 특징을 설명하고자 하는 이 책이 담을 내용을 개괄적으로 설명하면 다음과 같다.

이 책은 제1장 '서론'에서 시작하여 제6장 '결론'에 이르기까지 전체 6개의 장으로 구성되어 있다. 이 연구의 문제의식과 이러한 문제의 중요성 그리고 연구의 방법을 설명한 제1장에 이어 다음의 제2장에서는 전통적인 미국의회의 모습과 운영에 대해 설명하고자 한다. '교과서적 미국의회(textbook Congress)'의 모습에 해당하는 전통적인 미국의회의 모습을 설명하기 위해서 제2장 '미국의회의 개관'은 미국의회의 주요 정치적·제도적 역할을 미국 대통령제하의 견제와 균형의 측면에서 개략적으로 설명한 후, 미국의회의 역사적 변화와 관련하여 상임위원회와 정당 및 정당지도부의 상대적 위상을 주로 하원을 중심으로 검토할 것이다. 미국건국 초기 전원위원회 중심의 의사운영에서 출발하여 상임위원회가 탄생하게 된 계기, 이후 19세기를 거치면서 나타난 정당중심의 의회운영, 그리고 20세기 초 정당지도부의 권한이 약화되면서 서서히 상임위원회 중심의 분권화체제가 태동하는 과정, 그리고 상임위원회와 역사적으로 경쟁해 온 정당과 정당지도부의 권한의 변화, 마지막으로 정파적·이념적 대립이 심화된 오늘날의 의회에 이르기까지 미국의회의 역사적 전개 및 변화양상이 개괄적으로 논의될 것이다.

이어서 제3장 '전통적인 미국의회의 특징'은 미국의회의 특징을 Ⅰ

절에서 IV절까지 순서대로 각각 상임위원회 중심의 분권화체제, 취약한 정당지도부, 지역구중심의 의회정치와 현직의원의 이익(incumbency advantage), 전통적인 의회규범을 중심으로 논의할 것이다. 전통적인 미국의회가 상임위원회 중심의 분권화체제를 통해서 대통령과 함께 국정의 동반자로서의 역할을 비교적 충실히 수행하면서 미국이 국내적으로 번영을 구가하고 대외적으로 냉전상황에서 패권국가로서 외교·안보정책을 수행하는 데 일조할 당시의 전통적 의회의 모습을 다양한 각도에서 조망해 보고자 한다.

이러한 논의 이후 제4장 '미국 의회정치의 변화 원인'에서는 미국 의회정치가 정당정치에 포획되어 가는 과정에서 나타난 주요한 원인 요인들이 논의될 것이다. 먼저 I절에서는 의회 내 정당양극화의 구조적 배경으로서 1930년대에 시작된 뉴딜자유주의의 점진적인 종식과정을 설명할 것이다. 뉴딜자유주의의 종식과정은 1930년대 이후 1960년대 말에 이르기까지 미국의 전반적인 정치지형과 미국 의회정치의 전체적인 환경을 구성하며, 1930년대 뉴딜정책의 등장 이후 민주당 행정부와 민주당 의회가 주도한 팽창적인 연방정부가 약화되는 과정이었다고 할 수 있다. 이어서 II절에서 미국정치에서 자유주의와 보수주의가 갈등하게 되는 전통적인 쟁점 이슈를 소개할 것이다. 이를 위해서 현대 미국정치에서 자유주의와 보수주의가 어떻게 정의될 것인지에 대한 필자의 소견을 먼저 소개할 것이다. 그리고 이어서 다양한 쟁점을 중심으로 한 민주당과 공화당, 자유주의와 보수주의의 상반된 주장이 소개될 것이다. III절에서는 미국 의회정치에서 정당대립과 갈등의 정치가 본격화되는 계기를 마련한 1994년의 제104대 미국의회 중간선거를 분석할 것이다. 소위 '공화당 혁명'이라고도 불리는 1994년 선거는 공화당이 40년 만에 하원 다수당의 지위를 회복한 '전기(轉機)적 선거(critical election)'라고 불릴 만하다.[19] 특히 주목해야 할 점은 원래 민주당 지지성향이 강했던 지역인 남부지역(the South)이 클린턴 민주당 행정부의 정책에 반발하여 지역 본연의 보수적 이념성향에 따라서 공화당 지지지역으로 변화하였다는 점이다. 이러한 '남부지역의 공화당화(Republicanization of the South)'의 결과, 이 지역에서 공화당 의원들이 다수 당선됨으로써 의회 정당양극화 현상이 더욱 격화되는 계기가 마련되었다. IV절에서는 미국의 인구 구성의 변화, 세대갈등, 소수인종과 교육 등으로 본 정당 지지성향의 '정파적 분기배열(分岐排列)(sorting)현상,[20] 그리고 이에 따른 유권자 수준의 양극화

---

19) '전기적 선거'는 새로운 정당 균열구조의 등장 등의 이유로 인해 유권자의 정당 일체감(party identification)에 변화가 나타난 결과 정당재편(party realignment)을 유도하는 선거를 말한다. 전기적 선거는 의회선거 혹은 대통령선거를 모두 포함하는 포괄적 개념이며, 일반적으로 전기적 선거를 통해서 새로운 정당이 탄생하거나 기존 정당에 상당한 질적 변화가 초래되기도 한다. 또한 전기적 선거를 통해서 정당재편이 일어난 후 입법과정을 통해서 정책적 혁신이 나타나기도 한다. 전기적 선거에 대한 보다 자세한 논의로는 Burnham(1971)과 Key(1955) 등을 참조하기 바란다.

20) 미국정치의 맥락에서 유권자 정당 지지의 '정파적 분기배열' 현상은 어떤 특징을 지닌 유권자 집단이 사안별로 공화당이나 민주당을 모두 지지하다가 시간이 지남에 따라 점점 더 많은 정책영역에서 두 정당 가운데 어느 한 정당만을 지지하는 경향이 강화되는 현상을 말한다. 예컨대 백인 개신교도 유권자들이 과거에는 민주당과 공화당을 골고루 지지하다가 사회적 이슈와 관련하여 민주당의 입장에 불만을 느끼면서 점점 더 공화당을 지지하게 되고, 다른 쟁점 이슈에서도 공화당을 지지하는 경향이 커지면, 공화당에 대한 백인 유권자의 '정파적 분기배열,' 즉 '쏠림' 현상이 나타났다고 볼 수 있다. 또한 히스패닉 유권자가 처음에는 공화당도 어느 정도 지지하는 경향을 보이다가 이민에 대해서 공화당이 강경한 입장을 보이면서 점점 더 민주당을 지지하는 경향을 보이는 현상도 마찬가지로 정파적 분기배열 현상이라고 볼 수 있다. 유권자 수준에서 이와 같은 정파적 분기배열 현상을 정당양극화와 구별하여 사용한 저작으로는 Fiorina et al.(2004); Fiorina(2012, 2017); Levendusky(2009) 등이 있다. 그러나 이 책에서 필자는 이러한 정파적 분기배열과 정당양극화를 애써 구분함으로써 유권자 수준에서 정당양극화가 발생하지 않았고 다만 정파적 분기배열만이 있었다는 피오리나(Morris Fiorina)의 논의에는 공감하지 않으며, 정파적 분기배열도

현상에 대해서 논의할 것이다. 인종, 세대, 교육수준 등 다양한 균열 구조를 통해서 미국의 유권자가 점점 더 정파적 양극화 현상을 경험하면서, 선거과정에 대해 특정 정당에 대한 일괄투표 경향이 중대하였음을 설명할 것이다. 마지막으로 V절에서는 정파적 매체의 등장이 정당양극화에 미친 영향에 대해서 간단히 설명할 것이다.

제5장 '변화된 미국 의회정치의 양상'은 이러한 원인분석에 따른 의회 정당양극화의 다양한 양상을 설명해 보고자 한다. 이를 위해서 먼저 I절에서는 의회선거가 현직대통령에 대한 평가를 중심으로 진행되는 전국적 정당선거화 현상을 보인다는 점이 강조될 것이다. 이어서 II절에서는 의원들의 정당단합도 등 다양한 지표를 통해서 의회 양대정당 간의 정파적 양극화가 강화되고 있다는 점을 설명할 것이다. 이어서 전국적 정당선거화 및 의회 정당양극화 현상과 연동되어 정당과 정당지도부가 입법과정을 지배하는 현상이 나타났음을 설명할 것이다. 그리고 마지막으로 IV절에서는 호혜성, 연공서열제, 도제주의 등 전통적인 의회규범이 약화되거나 소멸되었음을 언급할 것이다.

마지막 장인 제6장 '결론'에서는 먼저 이 책에서 논의한 내용을 정리하고, 이어서 변화된 미국 의회정치가 미국 민주주의에 시사하는 바가 무엇인지 정리해 보고자 한다.

넓은 의미의 정당양극화의 한 모습으로 파악하는 의견에 공감한다. 필자가 보기에 보다 광범위한 설득력을 얻고 있다고 보이는, 피오리나 등에 대한 비판적 견해를 잘 정리한 간단한 글로는 Abramowitz(2013)가 있다.

제 **2** 장

미국의회의 개관

미국의회의 개관

이 장에서는 다음의 제3장에서 전통적인 미국의회의 모습을 다양한 특징을 중심으로 살펴보기 전에 미국의회의 역할과 역사를 개괄적으로 설명하고자 한다. 먼저 I절에서는 미국 대통령제에서 미국의회가 수행해 왔던 역할을 분석할 것이다. 이어서 II절에서는 미국의회의 역사적 변천과정을 상임위원회 중심의 분권화체제의 등장과 변모 등을 중심으로 살펴볼 것이다. 상임위원회 중심으로 미국의회가 변화해 온 과정을 추적하는 것은 미국의회의 상원과 하원에 모두 타당한 것이지만, 글 구성상의 이유 등으로 많은 부분 하원의 중심으로 논의될 것이다.[1]

---

1) 이 장의 II절에서는 하원을 중심으로 상임위원회와 정당 및 정당지도부를 중심으로 미국의회사를 개괄적으로 서술하고자 한다. 이렇게 가능한 한 논의를 하원으로 국한하는 이유는 지면상의 제약이나 필자의 식견의 부족도 이유이겠으나, 이보다는 상원의 경우 상임위원회 설립 등이 하원을 추종하거나 하원보다 상당히

I. 미국의회의 역할

        미국 헌법제정 당시 건국의 아버지들이 신생 연방국가 미국의 최고 권력기관으로 창설하고자 했던 부처는 의회였다. 이러한 의지를 반영하듯이 건국의 아버지들은 국민의 대표이자 의회의 구성원인 의원을 어떠한 방식으로 선발할 것이며, 각 주별로 의원을 어떻게 배정할 것인지, 그리고 의회제도를 단원제로 할 것인지 혹은 양원제로 할 것인지에 대해서 중점적으로 논의하였다.[2] 따라서 헌법제정 당시만 해도 미국의 대통령이 오늘날과 같이 막강한 권력을 행사하리라고 생각한 사람은 아무도 없었다. 이와 같이 의회를 국가권력의 핵심기관으로 함과 동시에 미국헌법은 어느 특정의 부처에 권력이 집중되는 것을 방지하기 위해서 권력분립 및 견제와 균형의 원리를 도입하였다. 이러한 정부구성의 원칙에 따라서 의회는 대통령 및 그가 이끄는 행정부와 상호 견제하면서 발전하게 되었다.

        의회가 비록 헌법상 최고 권력기관으로 등장하였다고 할지라도 미국의 역사적 발전과정에서 실제로 정책을 집행하는 행정부 기능이 점점 더 강화되는 것은 불가피한 일이었다. 국정운영과정에서 행정부는 대

늦게 추진되었기 때문이다. 이는 하원의원에 비해서 상원의원의 숫자가 훨씬 적고 합의를 존중하는 상원의 문화로 인해서 상임위원회를 설립할 이유가 별로 크지 않았기 때문이라고 보인다. 그리고 상임위원회와 정당지도부 간의 협력 혹은 갈등을 통해서 상원을 파악하는 것은 하원의 경우보다 다소 무리가 따른다. 왜냐하면 상원은 정당보다 개별의원의 특권을 중요시하고 자유로운 장기간의 토론을 통한 합의를 존중하므로, 다수당과 상임위원회 간의 대립이 하원만큼 부각되지 않기 때문이다.

2) 그 결과 대통령의 선발방식과 행정부의 구성 등에 대한 논의는 실은 필라델피아 헌법제정회의의 말기에 헌법을 최종적으로 수정하는 과정에서 성사되었다(손병권(2009b); Farrand(1966), Vol.2).

통령이라는 최고 정책집행자를 중심으로 위계적으로 구성되어 있기 때문에, 대통령이 정책주도권을 쥐고서 국정을 운영하는 것이 일반화되었다. 이러한 현상은 특히 미국이 남북전쟁 이후 북부지역을 중심으로 산업화를 추진하면서 더욱 두드러졌고, 이후 미국이 국제무대에 진출하여 영향력을 발휘하기 시작하면서 한층 강화되었다(손병권 2004b, 2006b). 제2차 세계대전 이후 냉전의 와중에서 '제왕적 대통령제(imperial presidency)' 논의가 불거져 나온 것은 행정부의 이러한 역할확대 및 대통령의 권한팽창과 매우 밀접하게 관련되어 있는 현상이라고 하겠다.[3] 21세기인 현재에도 미국은 여전히 대통령제 국가의 원형으로 여겨지고 있으며, 대통령은 행정부의 수반과 국가의 대표자로서 상당한 권한을 행사하여 국정의 주도권을 쥐고 있는 것이 사실이다.[4]

그럼에도 불구하고 미국의회는 건국 이래 헌법에 보장된 기능 및 권한, 의회 자체의 제도적 발전 등을 통해서 다양한 역할을 수행해 왔으며, 이러한 역할 수행은 미국이 대통령이나 행정부 중심으로 일원화된 권위주의로 흐르지 않게 하는 제어장치가 작용해 왔다. 이러한

---

3) '제왕적 대통령제'는 역사학자 슐레진저(Arthur Schlesinger Jr.)가 베트남전이 한참이던 1960년대를 목격하면서 특히 외교정책에 있어서 대통령의 권한이 초헌법적으로 비대해지는 것을 우려하여 자신의 동명(同名)의 저서에서 사용한 개념이다(Schlesinger 1973). 슐레진저는 대통령이 선거를 통해 선출되지 않은 대규모의 보좌진을 백악관 내에 둘 수 있다는 점과, 국가안보를 목적으로 국민이나 의회의 동의 없이 외교정책을 추진하여 위헌적인 행위를 할 소지가 있다는 점을 두고 '제왕적 대통령제'라는 개념을 사용하였다.

4) 연방주의자들이 『연방주의자 논고(The Federalist Papers)』를 작성할 당시인 미국건국 초기와 달리 미국대통령의 위상이 변화하면서 강화된 현재의 모습을 검토한 글로는 손병권(2009b)을 참조하기 바란다. 한편 미국 헌법구조의 권력분립을 지나치게 강조하여 대통령과 의회가 교류가 없이 별개로 작동한다는 인상을 주는 것은 잘못된 것이며, 의회와의 관계에 있어서 대통령의 입법성과가 사실은 의회와의 협력과 의회에 대한 설득을 통해서 이루어진다는 논의에 대해서는 Neustadt(1960); Jones(1997); Peterson(1990) 등을 참조하기 바란다.

장치를 통해서 미국의회는 미국헌법과 미국 민주주의가 요구하는 다양한 기능을 수행할 수 있었다. 구체적으로 보면 1789년 처음 개원한 미국의회는 지난 약 240년의 역사적 발전과정을 겪어 오면서 법률제정과 국가정책 심의, 국민의사 대변, 그리고 행정부 견제 및 감시 등 세 가지 주요한 기능을 통해서 맡은 바 역할을 수행해 왔다. 이러한 세 가지 기능은 대체로 대통령제를 채택하는 국가에서는 헌법상 조문화되어 있는 의회의 주요기능이라고 할 수 있다. 이러한 세 가지 기능을 중심으로 미국의회의 역할을 개략적으로 살펴보면 다음과 같다.

1. 법률제정과 국민의사의 대변

미국의회는 다른 민주주의 국가의 의회와 마찬가지로 국가정책의 수행에 필요한 제도적 기반을 제공하기 위해서 무엇보다도 먼저 법률을 제정하는 입법기관으로 작동해 왔다. 법률제정을 통해서 행정부가 추진하고자 하는 정책의 제도적 기반을 마련하기도 했고, 국회가 독자적으로 자신들이 필요하다고 판단되는 법률을 제정하여 행정부로 하여금 이를 시행하도록 적극적으로 요구하기도 했다. 예컨대 2009년 제1기 임기를 시작한 오바마 대통령이 의료보험개혁의 일환으로 임기 초반 적극적으로 입법을 추진한 적정의료법(Patient Protection and Affordable Care Act)은 제111대 의회 다수당이었던 민주당의 도움이 없이는 불가능한 것이었다.

오바마 대통령 취임 이후 민주당이 의회를 장악한 단점정부(unified government)를 맞이하여, 의회는 펠로시 하원의장과 상원 원내대표 리이드(Harry Reid) 등의 적극적인 지도하에 '오바마케어'라고 불리는 의료보험개혁 법안을 통과시킬 수 있었다. 한편 1996년 제104대 의회 당시 하원 공화당이 주도한 복지개혁은 '미국과의 계약(Contract with America)'을 내걸고 선거에 승리한 후 공화당이 주도한 개인책임법 (Personal Responsibility and Work Opportunity Act)으로 귀결되었다.

이러한 적극적인 법률제정의 기능을 수행하기 위해서 미국의회는 고도로 전문화된 상임위원회제도를 두고 법안을 심사해 왔다. 분권화와 전문성을 구현하기 위해서 소수의 의원으로 구성된 상임위원회는 정책영역별로 법안을 심사하여 의회 자체의 법안을 만들어 내기도 하고, 혹은 행정부가 요구한 법안에 대한 의회의 새로운 대안을 제시하기도 했다. 미국의회는 또한 상임위원회에 충분한 보좌진을 배정하여 의회가 전문적인 논의를 통해서 법안을 만들어낼 수 있도록 지원해왔다. 의원 개인이 보좌진을 적극적으로 활용하여 법률제정을 통해서 정책개발에 노력해 온 것도 사실이다.[5]

한편 미국의회는 건국 이래 매 2년마다 치러진 의회선거를 통해서 지역구 유권자의 의견을 대변하면서 국민의사를 정부의 정책결정과정에 반영하는 역할을 수행하기도 했다.[6] 주기적인 의회선거와 예비선

---

5) 참고로 미국의회의 보좌진(staff)은 상임위원회 보좌진과 의원의 개인 보좌진으로 크게 대별될 수 있다. 한편 의원 개인 보좌진은 워싱턴에 근무하는 의회 보좌진과 지역구의 민원사업 등을 담당하는 지역구 보좌진으로 양분될 수 있다. 상임위원회 보좌진은 상임위원회에 배속되어 상임위원회 위원장의 통제를 받으며, 의원 개인 보좌진은 의원의 명령에 따른다. 의원의 의정활동에서 중요한 것은 개인 보좌진 가운데 의회 보좌진이라 할 수 있다. 의원의 의정활동은 이들 의회 보좌진의 도움이 없이는 거의 불가능하며, 따라서 의원은 이들 보좌진을 거느리는 커다란 '기업(enterprise)'에 비유되기도 한다(Salisbury and Shepsle 1981).
6) 미국의 경우 '정부'는 의회제국가의 '정부(government)'가 대체로 총리를 중심으로 한 내각과 그 명령에 따른 움직이는 관료기구를 지칭하는 것과는 달리, 입법부, 행정부, 사법부를 포함하는 포괄적인 개념으로 사용된다. 이 책에서 미국의 경우 '정부'는 이러한 포괄적인 의미에서 사용되며, 대통령이 이끄는 부처에 국한하여 정부를 지칭할 경우에는 이를 '행정부(administration)'로 부르기로 한다.

거제도를 통해서 국민의사에 따라 의원후보와 의원이 선발되고, 이렇게 선발된 의원들이 지역구 유권자의 의사를 의회에 반영함으로써 의회는 국민의 뜻을 대변하는 역할을 수행해 왔다. 선거과정에서 의원은 자신의 지역구와 관련이 있는 이익집단이나 시민단체 혹은 전국적인 수준에서 영향력이 있는 다양한 이익집단이나 시민단체와 접촉하면서, 이들이 제공하는 정보를 활용하거나 이들이 원하는 정책을 청취하기도 하고, 한편으로는 이들에게 자신의 정책적 의사를 적극적으로 전달하기도 한다(Bauer et al. 1972; Fenno 1978).[7]

예외 없이 의원들은 선거기간에는 이익집단이나 시민단체가 구성한 정치행동위원회(Political Action Committee) 등의 선거기부금을 받아 선거비용을 충당하고 당선 후 이들의 의사를 의정활동에 반영한다. 뿐만 아니라 선거와 다음 선거 사이의 기간에는 이익집단을 대변하는 로비스트와 접촉하거나 및 이들이 주선한 선거자금 모금집회(fund-raiser)에 출석하여 이들의 의견을 청취하고 또한 자신의 의견을 개진하기도 하였다.

---

7) 바우어(Raymond A. Bauer) 등은 단순한 이익집단의 '압력모델(pressure model)'에서 벗어나 지역구나 이익집단이 의원에게 정보를 제공하는 도구(information bureau)로서의 기능을 수행한다는 점을 부각시키고 있다. 한편 페노(Richard Fenno)는 지역구에서 재선을 노리는 현역의원은 지역구 유권자와 신뢰관계(trust)를 구축하는 것이 가장 중요한데, 이 과정에서 의원은 지역구 유권자나 이익집단에 대해서 자신이 유능한 정치인일 뿐만 아니라(자격을 갖춘 정치인, qualification) 이들의 의견을 잘 청취함으로써 지역구 유권자와 일체감을 느끼고 있으며(일체감을 느끼는 정치인, identification) 그들의 심정을 이해한다(정서적으로 교감하는 정치인, empathy)는 점을 충분히 전달해야 한다고 주장하고 있다.

2. 행정부 견제 및 감시

권력분립과 견제와 균형을 표방하는 세계 최초의 근대적 대통령제 국가인 미국에서 의회는 행정부를 견제하는 역할도 수행하였다. 미국 헌법은 의회로 하여금 대통령과 행정부가 수행하는 다양한 행위와 정책을 견제하고 대통령의 권한행사를 제한할 수 있는 장치를 마련해 두고 있다. 의회는 대통령의 인사권에 대해서 인준청문회(confirmation hearing)를 통해서 의회의 입장을 표명할 수 있을 뿐만 아니라, 재정에 관한 권한을 통해서 대통령이 정책수행의 필요에 따라서 요청하는 예산지출의 수준을 결정할 권한을 가지고 있다. 또한 의회는 대통령이 국가를 대표하여 체결한 조약에 대해서 비준권한을 지니고 있으며, 대통령 탄핵을 의결하고 심판할 권한도 지니고 있다.[8] 의회는 대통령과 행정부에 대한 이러한 견제의 권한을 통해서 대통령의 권한행사가 전제적으로 흐르거나 미국 시민의 권리를 침해하지 않도록 주목하고 감시하는 것이다. 이러한 의회의 견제권한을 좀 더 자세히 살펴보면 다음과 같다.

우선 미국의회는 세입 및 세출에 대한 권한을 통해서 대통령의 정책을 견제할 수 있다. 국회가 예산안에 대한 심의권한만을 지닌 우리나라와 달리 미국의 경우 정부의 세입과 세출은 법률을 통해서만 가능하게 되어 있다. 즉 정부수입에 관한 세입법안과 정부지출에 관한

---

8) 의회가 대통령을 견제하기 위해서 이러한 권리를 지니고 있는 것과 마찬가지로 미국헌법은 대통령에 대해서도 의회를 견제할 수 있는 권한을 부여하고 있다. 그중 대표적인 것이 의회가 통과시킨 법률을 대통령이 거부할 수 있는 법률거부권(veto power)이다. 이와 같이 미국의 대통령제는 헌법상 행정부와 입법부가 서로 견제할 수 있는 권한을 제공하고 있기 때문에 미국의 정부형태가 완전히 권력분립만을 지향하는 것은 아니다. 헌법제정 당시의 이러한 관점에 대해서는 Madison(1787-1788), No's 47과 48을 참조하기 바란다.

세출법안이 제정되어야만 정부는 재원을 조달하고 조달된 재원을 지출하여 행정부를 운영하고 정책을 집행할 수 있다. 행정부의 정책집행에 필요한 재정조달과 재원지출에 대해서 의회가 협조하지 않으면, 결국 이러한 정책에 필요한 예산법률이 제정되지 않아 행정부의 정책은 실행 불가능해질 수밖에 없다.[9]

또한 의회는 대통령이 공직에 지명하는 주요인물에 대한 인준권을 통해서 대통령과 행정부를 견제할 수 있다. 상원은 대통령이 지명하는 행정각부의 장관을 포함한 주요한 정치적 임명직 인사에 대한 인준권을 통해서 자신의 호불호를 밝힐 수 있다. 이는 헌법에 보장된 상원의 권한으로서 빈번히 실행되고 있는 인사청문회를 통해서 잘 나타나고 있다. 즉 상원은 대통령이 지명하는 행정 각부의 후보지명자에 대한 인사청문회를 통해서 해당 부서의 향후 정책방향에 대해서 질의하고, 그 부서를 이끌 지명자의 정책능력과 도덕성을 검증한다. 따라서 상원은 대통령의 전반적인 인사권에 대해서 자신의 의견을 개진하고 반론을 표시할 기회를 갖게 되며, 부적절한 인사라고 판단되는 경우 이를 낙마시키기도 한다.

한편 외교정책 영역에서도 의회는 대통령을 견제할 수 있는 역할과 권한을 지니고 있다. 의회는 대통령이 외국이나 국제기구와 체결한 조약에 대해 비준권을 지니고 있어서 이를 통해서 대통령의 외교정책을 견제할 수 있다. 미국헌법상 미국이 체결한 조약은 상원의원 2/3 이상의 동의를 필요로 하는 비준과정을 거쳐야 하는데, 이 과정에서 미국의회는 조약이 국익에 부합하는지 등을 검토하여 비준여부를

---

9) 심심치 않게 보도되는 미국의 정부폐쇄 위기는 행정부와 의회의 대통령 반대당 (out-party) 간에 예산 문제를 둘러싸고 양 부처 간 합의가 없을 경우에 나타나는 교착상태의 결과이다.

결정하게 된다. 이때 의회의 판단은 대통령이 수행하는 외교 및 안보 정책에 있어서 중요한 방향타가 되므로 의회의 권한은 매우 크다고 할 수 있다.[10]

조약비준 권한과 함께 미국의회는 전쟁선포권을 보유하고 있어서, 대통령의 안보정책을 지원하거나 견제하는 역할도 수행하고 있다. 대통령이 군최고통수권자의 지위와 함께 전쟁선포권을 함께 보유한 우리의 헌법규정과는 달리, 미국의 경우 군최고통수권은 대통령이 보유하고 있으나 헌법상 전쟁선포권은 의회가 보유하고 있다. 국가안보상의 이유로 대통령이 외국에 군대를 파견하거나 교전을 선언할 경우 전쟁선포는 의회가 담당하고 군사작전 개시의 최종결정은 대통령이 내리는 형식인데, 이로 인해 의회는 대통령의 외교안보정책 결정과정에 대해 견제 혹은 지원의 역할을 수행할 수 있다.

대통령은 외국과 군사분쟁이 발생할 경우 군대파견을 명령할 수 있으나, 이러한 파병은 의회의 공식적인 전쟁선포나 참전결의안에 의해서 명분을 얻고 국민의 지지를 획득할 수 있다. 대통령의 군대파견 이후에도 의회의 지지가 없을 경우 이는 전쟁명분을 약화시킬 수도 있고, 전쟁수행에 대한 국제사회의 지원획득에 장애를 초래할 수도 있다. 따라서 대통령이 수행하는 군사행동에 대한 의회의 전쟁선포권 발동이나 전쟁결의안 통과는 매우 중요하다고 할 수 있다.

헌법에 명시된 권한 이외에도 미국의회는 다양한 제도적 기능을 통해서 대통령과 행정부의 권한을 견제할 수 있다.[11] 그 가운데 중요

---

10) 국제연맹을 창설하여 집단안보(collective security)를 주창한 윌슨(Woodrow Wilson) 대통령의 구상을 담은 베르사유 조약이 1920년 상원에서 비준되지 못한 사건은 매우 유명하다. 비준실패로 미국은 자신이 주도한 국제연맹에 가입하지 못하여 국제연맹이 제구실을 수행하지 못하는 데 기여하였고, 궁극적으로 제2차 세계대전의 발발을 방관하게 되었다.

한 것은 행정부 감시 및 감독의 일환으로 의회가 수행되는 입법청문회와 조사청문회라고 할 수 있다.

입법청문회(legislative hearing)는 소관 상임위원회가 중심이 되어 행정부관리나 전문가 등을 불러서 특정 법안과 관련된 사실 혹은 인과관계를 확인하는 청문회를 의미한다. 입법청문회과정을 통해서 의회는 법률제정의 필요성, 정책실행 시 소요되는 예산의 규모, 그리고 정책이 실행될 경우 목표달성 여부 등에 대한 판단을 내리기도 하고 여론의 동향도 살필 수 있다.

조사청문회(investigative hearing)는 행정부 혹은 대통령의 정책과 관련된 중대한 과실이나 심각한 문제가 발생할 경우, 소관 상임위원회를 중심으로 의회가 사실관계를 파악한 후 조사보고서를 작성하기 위해 실행된다. 1973년도의 워터게이트(Watergate) 스캔들 관련 청문회, 1987년의 이란-콘트라 스캔들 관련 청문회 등이 유명하며, 최근 미국의회는 트럼프 대통령의 2016년 대통령선거 당시 러시아와의 내통 여부에 관한 조사청문회를 진행한 바 있다.[12]

앞에서 서술한 것과 같은 방식으로 미국의회는 대통령의 국내외 정책집행에 대해서 다양한 방식으로 영향력을 행사하고 있다. 외교 및 안보정책에 있어서 소위 '제왕적 대통령'이 군림하던 냉전 기간 동안 이러한 권한이 위축되기도 했으나, 의회는 대통령의 권한이 지나치

----

11) 의회의 행정부 감시 및 감독에 관한 본문의 내용은 Davidson et al.(2008)의 "Congress and the President"를 참조하여 작성하였음을 밝혀 둔다.

12) 입법 및 조사청문회 외에 의회는 다른 방식을 통해서도 대통령과 행정부를 감시하고 감독하는 기능을 수행하는데, 대표적인 방식은 행정부에 대해 정기적인 보고서 제출의무를 규정해 두는 것이다. 의회는 법률제정 시 법조문 내에서 행정부 정책실행에 대한 주기적인 보고의 의무를 부과하는 경우가 있다. 이러한 보고의 의무를 부여하여 의회는 행정부가 의회의 감시와 감독을 염두에 두고 법률의 규정을 벗어나지 않으면서 정책을 집행하게 하는 효과를 거둘 수 있다.

게 확대될 경우 대통령이 소속된 정당에 대한 여론의 심판을 토대로 대통령 반대당이 의회선거에서 다수당에 등극함으로써 이러한 경향을 억제할 수 있었다.13) 국내정책은 물론 냉전 종식 이후 의회는 안보영역뿐만 아니라 환경, 인권 등 비안보영역에서도 점점 더 영향력을 확대해 가고 있다고 보인다(Ripley and Lindsay 1993).

II. 미국의회의 역사적 개관

1776년 독립선언 이후 1787년 필라델피아 헌법회의 이전까지 미국은 사실상 13개의 개별 정치단위가 독립된 '나라(state)'로 작동하면서 느슨한 형태로 묶여 있는 연맹(confederation)을 형성해 운영되어 왔고, 이러한 연맹의 구심체는 연맹의회(Confederate Congress)였다. 연방의 한 주(州)로 편입되기 이전의 개별 '나라'들이 약한 형태로 결합되어 있었던 이러한 정치단위는 연맹의회의 권한과 기능을 규정한 '연합헌장(the Articles of Confederation)'의 이름을 빌어 '연합헌장체제'로 불려왔다.14)

그러나 연맹의회가 실질적인 중앙권력기관으로 성장하지 못하고 제도화의 수준도 낮아서 나라들에 대해 효과적인 영향력을 발휘할 수

---

13) 닉슨 대통령의 워터게이트 스캔들 이후 1974년 선거에서 민주당이 압승한 것이나, 아프가니스탄과 이라크 침공 이후 부시 대통령의 공화당이 2006년 중간선거에서 패배한 것 등이 적절한 사례가 될 것이다.
14) '연합헌장'을 '연맹규약'으로 부르기도 하므로 이를 '연맹규약체제'로 부를 수도 있다.

없었기 때문에, 이러한 연합헌장체제는 개별 나라의 독립성을 인정할 수밖에 없는 체제였다. 특히 연맹의회는 초다수제(super-majority)를 통해서 의사를 결정했기 때문에, 몇몇 소수의 나라가 연합하여 강하게 주장을 개진하면 의회의 결정을 지연시킬 수도 있었다. 따라서 소수의 나라에 대해서 다수의 나라가 효과적으로 그 권한을 행사할 수 없었으며, 그 결과 연맹의회는 실질적인 권력기관으로서의 위상을 확립할 수 없었다(손병권 2006a).[15]

연맹의회의 제도화 수준도 미약하여 강한 상설지도부도 존재하지 않았고, 명목상 '의사진행자' 정도의 의미로서 '위원장(president)'이 존재하여 의회를 이끌어 가고 있었다. 연맹의회 의원의 임기 역시 오늘날과 달리 1년으로 매우 짧아서 의원 상호 간의 연대나 유대감도 약할 수밖에 없었다. 이는 '단기의회(short parliament)'를 통해서 지역구민에 대한 의원의 책임성을 높이고 의회로 권력이 집중되고 응결되는 것을 막아야 한다는 공화주의적 발상에 기인한 것이었다. 인민이 정치주체로서 정치권력과 유리되어서는 안 된다는 이러한 공화주의 이념은 식민지상태에서 막 벗어난 개별 나라에서 '반연방주의자(anti-federalist)'들을 중심으로 매우 강하게 인정되고 있었다.[16]

그러나 이러한 개별 나라 차원의 반연방주의적 논리에도 불구하고 미국은 국내외적인 도전으로 인해서 강력한 중앙정부를 필요로 하고 있었다. 영국으로부터 독립하여 주권국가로서 새롭게 탄생한 미국은

---

15) 13개의 나라로 구성된 연맹의회는 각 나라별로 2인에서 7인까지의 의원을 배정하고 있었다. 그러나 1인1표제가 아닌 1나라1표제에 따라서 투표를 하되 9개 나라 이상의 찬성으로 의사를 결정하는 초다수제를 채택하여 연맹의회의 정책결정력은 매우 떨어졌다.

16) 이러한 반연방주의자들의 공화주의적 사상에 관해서는 Kenyon(1966)과 Storing(1981) 등을 참조하기 바란다.

우선 외교사절이 도착할 경우 이를 접수해야 할 행정부의 수반이 필요했는데 이는 중앙정부가 없이는 불가능한 것이었다. 또한 과거 식민모국(母國)인 영국이 다시 침략할 경우나 친영(親英)적 성향의 캐나다가 미국에 위협적인 조치를 취할 경우 이에 대한 군사적 대비책도 필요했다. 뿐만 아니라 독립전쟁 당시 미국이 진 전시부채를 개별 나라별로 어떻게 할당하여 상환할 것인가의 문제도 중앙정부의 결정을 요구하는 상황이었다. 한편 대서양을 공유한 동부연안의 경우 나라 간 어로분쟁이 격화되어서 중앙정부의 중재가 필요했다.

이러한 여건 속에서 연방국가로 탄생한 미국은 개별 나라와 인민으로부터 일정수준의 권력을 위임받고 이를 토대로 국내적 안정을 도모하면서 유럽열강으로부터 미국을 보호할 수 있는 강한 중앙정부가 필요했다. 이러한 취지의 주장을 강력하게 제기하면서 개별 나라 중심의 연합헌장체제를 옹호한 반연방주의자들과 대립한 인물들이 해밀턴(Alexander Hamilton), 매디슨(James Madison), 제이(John Jay) 등과 같은 연방주의자(federalist)들이었다. 반연방주의자들과의 논쟁 및 설득을 통해 1787년 연합헌장체제의 문제점을 극복하고 새로운 연방헌법을 만들어내는 과정에서 궁극적으로 승리한 세력은 강력한 중앙정부의 필요성을 주창한 이들 연방주의자들이었다.[17] 연방주의자들은 새로운 중앙정부는 폭정을 구현할지도 모른다는 반연방주의자들의 우려를 덜어주기 위해서 노력했고, 그 과정에서 연합헌장체제에서 존재했던 각 나라의 권한과 자치권이 연방정부하에서 완전히 사라지는 것은

---

17) 연방주의자들의 핵심적 입장과 주장은 1787년과 1788년 사이 필라델피아 헌법회의의 결과 탄생하는 중앙정부의 필요성을 옹호한 매디슨, 해밀턴, 제이 등의 『연방주의자 논고』에 잘 제시되어 있다(Hamilton et al. 1787-1788). 이외에도 매디슨 등 연방주의자들의 생각을 검토하기 위해서는 Meyers(1973); Read(2000); Wood(1969) 등을 참조하기 바란다.

아님을 지속적으로 강조했다(손병권 2004a; Madison 1787-1788: No. 39).
연방국가로서 미국의 출범은 결국 중앙정부의 최고 권력기관인 의회
의 구성을 둘러싸고 연방주의자와 반연방주의자 간의 절충과 타협이
필요한 사항일 수밖에 없었다. 이러한 타협의 과정을 거치면서 등장
한 것이 양원제를 표방하는 미국의회였다.

　미국의회는 1789년 개원한 이래 현재까지 변화 없이 양원제를 유
지하고 있다. 중앙정부의 최고 권력기관인 의회를 하원과 상원이 별
개로 있는 양원제로 구성한다는 구상은 1787년 필라델피아 헌법회의
당시 소규모 나라와 대규모 나라 간의 타협에 따른 결과였다. 나라의
평등을 기반으로 각 나라별로 동수의 의원으로 의회를 구성하자는 소
규모 나라의 주장과, 각 나라의 인구수에 비례하여 선발된 의원으로
의회를 구성하자는 대규모 나라의 주장이 타협점을 찾은 결과 나타난
의회제도가 바로 양원제였다. 하원은 인구비례로 선발하여 '인민'을
대변하고, 상원은 각 '나라(주)'별 인구차이에 관계없이 모두 균등하게
2인의 상원을 선발하여 지역을 대변하도록 하였다. 상원의 구성은 결
국 연합헌장체제 당시 개별 나라들이 보유했던 평등성을 사실상 그대
로 유지하자는 취지를 따르고 있었다.

　이렇게 탄생한 미국의회의 역사적 발전과정을 한 절에 압축적으로
적어내는 것은 다소 무리가 따른다. 따라서 필자는 상임위원회제도의
등장과 발전, 그리고 상임위원회와 정당 및 정당지도부의 상대적인
위상의 변화를 중심으로 미국의회의 역사를 개관해 보고자 한다. 미
국의회사를 개관하면서 상임위원회의 위상을 중심으로 논의하는 이유
는 미국의회에서 상임위원회가 매우 중요한 역할을 해 왔을 뿐만 아
니라, 상임위원회의 위상변화를 통해서 미국의회사의 변화가 시기별
로 구분되어 나타날 수 있다고 판단했기 때문이다.

　현재 정당 간 정파적·이념적 대립으로 상대적 위상이 하락되었음

에도 불구하고 상임위원회는 여전히 입법과정에서 중추적인 기관으로 작동하고 있다. 그러나 건국 이후 미국의회의 발전과정에서 보면 의회 초창기부터 상임위원회가 핵심적인 기관이었던 것은 결코 아니었다. 또한 상임위원회가 의회의 주요 기관으로 등장한 이후에도, 그 권한, 역할, 위상이 항상 동일했던 것도 아니었다. 따라서 상임위원회의 등장, 그리고 상임위원회가 의회의 핵심적 기관으로 부상하는 과정, 그리고 1990년대 중반 이후 상대적으로 권한이 약화되는 과정 등을 통해서 미국의회의 제도적 발전을 살펴보는 방식이 미국의회를 역사적으로 조망하는 적절한 방법이 될 것으로 보인다.[18)]

18) 본문에서 설명한 대로 이 절에서는 미국의회사를 상임위원회와 정당 및 정당지도부 간의 상호관계를 중심으로 설명하였다. 이 절의 연구초점과는 달리 특별히 상임위원회와 정당 혹은 정당지도부와의 관계에 주목하기보다는 상임위원회의 발전에 국한하여 초기 의회부터 제104대 의회(1995~1996)까지 연구한 디어링(Christopher Deering)과 스미스(Steven Smith)는 상임위원회의 발전을 '기원(Origins)'(1789~1810), '제도화(Institutionalization)'(1811~1865), '팽창(Expansion)'(1866~1918), '공고화(Consolidation)'(1919~1946), '상임위원회정부(Committee Government)'(1947~1964), '개혁(Reform)'(1965~1980), '개혁 이후(Postreform)'(1981~1994) 등의 시기로 구분하여 연구를 진행하였다(Deering and Smith 1997). 디어링과 스미스의 경우 시기 구분을 결정하는 요인변수는 대체로 국가적인 중대한 사건의 발생, 의회를 규정하는 주요한 법률의 통과, 상임위원회의 자율성 및 위상과 관련된 중요한 변화, 상임위원회 숫자의 변경, 정당이나 정당지도부의 상대적 위상 등이다. 그런데 이들의 논의에서 정당이나 정당지도부 변수가 특별히 다른 변수를 뛰어넘는 중요한 변수로 설정되지는 않았기 때문에 필자의 시기 구분과 차이가 있다고 보인다. 그리고 이 두 저자도 인정하듯이 시기 구분은 논자의 편의에 따라서 다소 자의성이 있을 수도 있다(Deering and Smith 1997: 26). 또한 이들 저자와 필자의 시기 구분의 차이는 이들 두 저자가 1994년 의회 중간선거 이후 제104대 의회를 종착점으로 했기 때문에 나타난 현상으로도 보인다. 다시 말해서 부시나 오바마 행정부 시기처럼 의회의 정당양극화가 극단적으로 치달았던 시점을 염두에 두고 설명했더라면 이들 두 저자의 시기 구분이 달리 제시될 수도 있었을 것이다. 한편 스미스와 디어링의 경우 상임위원회 발전의 시기 구분에 나타난 '제도화'는 폴스비(Nelson Polsby)가 '의회의 제도화'를 지칭할 때 염두에 두었던 '제도화'의 개념

1. 전원위원회 중심의 의사운영

1789년 미국의회가 처음 개최된 이후 19세기 초반인 1810년까지 미국의회의 의사(議事)는 대체로 의원 전원이 모여서 함께 토론하는 방식으로 진행되었다. 다시 말해서 오늘날과 같이 소관분야별로 소규모 인원이 배정되어 법안심의를 진행하는 전문적인 상임위원회는 매우 소수였다.[19] 건국 초기 의회에는 의원도 많지 않았을 뿐만 아니라,

과는 상당히 다른 것으로 보인다. 폴스비는 의회제도화를 설명하면서 조직 제도화의 기준으로 조직 내부와 외부의 경계확립, 조직의 내적 분화, 보편적인 조직규범의 등장을 제시하고 있다(Polsby 1968). 이러한 기준에 맞추어 볼 때 폴스비는 의원교체율의 감소에 다른 의원과 의회지도부의 안정적인 충원, 상임위원회의 자율성 및 중요성 증대, 의회 내 정당 및 보좌조직의 정비, 그리고 상임위원회 위원장 선발에 있어서 연공서열제 규범의 확립 등이 의회제도화의 조건이며, 이러한 조건은 1910년 즈음에 대부분 만족되어 의회의 제도화가 이루어진다고 보고 있다. 필자의 소견으로는 디어링과 스미스가 상임위원회의 '제도화'라고 명명한 시기는 상임위원회에 국한해 보아도 결코 폴스비가 사용한 의미에서 '제도화'의 시기로 분류될 수는 없다고 보인다. 하원의 경우 디어링과 스미스의 '제도화'의 시기에는 상임위원회 위원이 여전히 하원의장에 의해서 지명되었는데, 이는 조직의 인적, 규범적 자율성을 제도화의 특징으로 보는 폴스비에 의해서 인정받기 어려운 주장일 것이다. 상임위원회의 지속적인 증설과 입법과정상 위상의 확립이 바로 상임위원회의 제도화를 의미하는 것은 아니기 때문이다.

19) 더머스(Nicolas Dumas)와 스튜어트(Charles Stewart III)의 연구에 의하면 1811년 제12대 하원에서 클레이(Henry Clay) 의장이 등극하기 이전의 미국 초기 의회에서 상임위원회의 설립은 매우 미진한 수준에 머물러 있었다. 이들이 조사한 바에 의하면 초대의회(1789~1790)의 경우 상임위원회는 선거위원회(Committee on Elections)뿐이었고, 제3대 의회(1793~1794)의 경우에도 신설 상임위원회는 사적인 성격의 법안이 의사일정에 차질을 주는 것을 막기 위한 분쟁위원회(Committee on Claims)뿐이었다. 그리고 실질적으로 법안을 작성하기 위해서 등장한 상임위원회는 제4대 의회(1795~1796)에서 신설된 통상 및 제조업위원회(Committee on Commerce and Manufactures)와 세입위원회(Ways and Means Committee)가 처음이었다. 이후 제8대 의회(1803~1804)에서 회계위원회(Committee on Accounts), 제9대 의회(1805~1806)에서 공공토지 위원회(Committee on Public Lands), 제10대 의회(1807~1808)에서

국가의 기틀이 아직 완전히 갖추어지지 않은 상태라서 처리해야 할 법안도 그다지 많지 않았다. 또한 극소수의 상임위원회가 만들어져도 이들 신생 상임위원회를 통제하는 것은 행정부 혹은 대통령이었고 의회 혹은 정당지도부는 아니었다. 그리고 필요에 따라서 상임위원회가 만들어졌다고 해도 행정부나 대통령이 실제로 상임위원회를 활용하는 경우도 매우 드물었다(Polsby 1968). 역사적으로 미국이 본격적인 산업화를 추진한 것은 남북전쟁 이후라는 점을 감안해 볼 때, 산업사회로의 이전에 따른 법률적 요구도 많지 않고, 따라서 상임위원회로 대변되는 의회의 기능분화도 요청되지 않았다. 상임위원회에 대한 실질적인 제도적 요구가 아직 강하지 않았던 시기가 바로 건국 초기인 18세기말에서 19세기 초까지 이르는 기간 동안의 미국의회였다.

한편 건국 초기 미국의회에 상임위원회가 많지 않았던 것은 의회 외부의 환경적 요인만큼이나 의회 내부를 지배한 당대의 암묵적 규범에 근거한 바도 있었다. 당시 의회 내부에서 상임위원회 설립에 대한 요구가 크지 않았던 것은 신생공화국의 의사운영이 어떠한 방식으로 진행되는 것이 옳은가에 대한 일종의 불문의 합의가 존재했기 때문이기도 했다. 즉 의회를 구성하는 의원들은 서로 평등하며 국가정책과 관련된 업무는 이들 평등한 의원 전원의 의사가 피력되는 공동의 장소에서 처리되어야 한다는 '제퍼슨적 평등주의 이념'이 건국 초기 미국의회를 지배하고 있었다(Cooper 1970; Gamm and Shepsle 1989).[20]

컬럼비아 특별자치구 위원회(Committee on District of Columbia), 우편국 및 우편로 위원회(Committee on Post Office and Post Roads) 등이 등장하였다. 이 가운데에서 입법목적의 위원회는 공공토지 위원회와 우편국 및 우편로 위원회가 전부였다(Dumas and Stewart III 2017: 43, Table 1).

20) 이러한 제퍼슨적 평등주의 이념에 더하여 초기 의회가 임시위원회를 활용한 이유와 관련하여 갬(Gerald Gamm)과 쉐슬리(Kenneth Shepsle)는, 의회는 기본적으로 전원이 모이는 협의체라는 믿음 그리고 상임위원회를 만들 경우 집권당인

상임위원회를 구성하여 소수의 의원에게 법안심의를 맡긴다는 것은 이러한 평등주의 이념에 위반되는 것이었고 '분파'를 조장할 수 있는 것이었다. 즉 상임위원회 창설을 통해서 소수의원에게 법안의 심의를 위임하는 것은 특정한 분파가 의회 전체의 의견을 잘못 이끌 수 있는 길을 열어주는 것이므로 쉽게 용인되지 않았다.[21]

따라서 이러한 제퍼슨적 평등주의가 지배한 의회에서 일반적인 의사진행방식은 의원 전원이 모여서 논의하는 '전원위원회(committee of the whole)' 방식이었다. 즉 모든 의원들이 참여하여 법안을 순차적으로 축조심사하면서 토론하고 수정하는 방식이 건국 초기 미국의회의 의사운영의 전형적 모습이었다. 그리고 불가피하게 소수의원에게 법안심의를 맡길 경우, 이를 담당할 상임위원회는 가능한 한 그 숫자를 최소화하는 경향이 있었다. 따라서 건국 초기 미국의회에서는 매우 소수의 상임위원회와 함께 반드시 필요할 경우에는 상임위원회 대신 '임시위원회(select committee)'라는 비상설위원회를 구성하여 활용하는 것이 일반적이었다(Cooper 1970; Deering and Smith 1997; Dumas and Stewart III 2017; Gamm and Shepsle 1989; Polsby 1968; Welsh 2008). 그리고 임시위원회를 구성할 경우에도 법안의 작성과 심의보다는 자료와 사실관계 등에 대한 조사작업이 주요 임무였다.[22] 따라

연방당의 행정관리가 이를 통제할지도 모른다는 우려가 작용했다고 보고 있다.

21) '분파'가 지니는 부정적 의미를 잘 보여주고 있는 짧은 글로는 Madison(1787-1788)의 No. 10을 참조하기 바란다. 이 소논문에서 매디슨은 공공이익을 해치는 '분파의 해악(mischiefs of faction)'을 잘 설명하고 있다.

22) 이러한 임시위원회는 전원위원회에서 일반적인 원칙이 수립된 후 전원위원회가 지명하여 구성되었다. 1811년 이후 실질적으로 등장하는 상임위원회와 비교해 볼 때, 이러한 임시위원회는 전원위원회가 제시한 원칙이나 지침에 대해서 거부권을 행사할 수 없었고, 수정안을 제시할 권한도 없었으며, 그 기능을 마친 이후에는 해산되었다(Gamm and Shepsle 1989: 44).

서 실질적인 법안의 심의는 전원위원회를 중심으로 진행되었다고 할
수 있다.

2. 상임위원회의 실질적 등장[23]

이와 같이 전원위원회를 법안에 대한 주요 심의기관으로 삼아 진
행되던 미국의회의 의사진행방식은 1809년 제퍼슨(Thomas Jefferson)
대통령이 퇴임하고 1811년 클레이가 하원의장으로 선출되면서부터
조금씩 변화하기 시작했다. 이러한 변화의 핵심은 1810년대와 1820
년대를 거치면서 ─ 다시 말해서 대체로 클레이의 하원의장 재임기간
을 경과하면서 ─ 하원 내에서 상임위원회가 법안을 심사하는 일차적
기관으로 부상하기 시작했다는 점이다. 과연 어떠한 과정을 거쳐서
이러한 변화가 나타난 것인가? 어떠한 이유로 인해서 제퍼슨적인 평

---

23) 필자는 전원위원회를 중심으로 미국의회의 의사가 운영되던 상황이 사라지기
시작한 이후 클레이가 하원의장으로 등장하는 1811년부터 1820년대를 상임위
원회가 실질적으로 등장한 시기로 보았고, 1830년대 이후 1910년 캐넌 하원의
장의 몰락 시기까지는 의회 내에 정당지도부 및 정당이 강화된 시기로 보았다.
이에 반해서 디어링과 스미스는 이 시기를 대략 '제도화'(1811~1865)와 '팽창'
(1866~1918)의 시기로 나누어서 파악하고 있다(Deering and Smith 1997). 디
어링과 스미스의 경우 이 두 시기의 분기점은 남북전쟁의 종전이며, '팽창' 시기
의 종착점은 제1차 세계대전의 종전이었다. 따라서 디어링과 스미스는 정당을
중심으로 한 시기 구분보다는 국가적으로 중대한 사건의 발생과 종결 등을 시
기 구분에 활용한 것으로 보인다. 그런데 정당 혹은 정당지도부와 상임위원회
의 관계라는 각도에서 볼 때, 이 두 시기는 모두 비록 상임위원회 위원장의 권
한이 부분적으로 신장하고 연공서열제 규범이 서서히 등장하기는 했으나, 하원
상임위원회의 위원이 하원의장에 의해서 임명되거나('제도화' 시기) 하원 규칙
위원회가 하원의장에게 복속되고 하원의장의 의사결정 권한이 커지는 등('팽창'
시기) 정당지도부의 권한이 지속적으로 강했던 시기로 보인다(각주 18도 함께
참조 바람).

등주의 이념이 약화되고, 대신 소수의원에게 법안심의를 맡기는 새로운 방식이 도입되기 시작한 것인가?

이러한 새로운 제도의 도입은 몇 가지 요인이 서로 결합되면서 나타난 결과라고 볼 수 있다. 첫째, 제퍼슨 대통령(1801~1809)의 퇴임으로 인한 행정부 권한의 상대적 약화가 그 요인 가운데 하나였다. 제퍼슨 대통령은 해밀턴과 같은 연방주의자와는 달리 행정부가 의회의 권위를 존중해야 하며, 의회에 대한 행정부의 의견개진이나 정책지침의 제시는 최소화되어야 한다고 믿고 있었다.24) 그러나 이러한 믿음에도 불구하고 제퍼슨 대통령은 실제로 정책집행에 대한 최종적인 책임은 행정부에게 있기 때문에 행정부가 중심이 되어 국가정책을 진행해야 한다고 생각했던 인물이었고, 이로 인해 의회와 대통령 사이에는 갈등과 긴장이 존재했다.25) 이와 같은 생각을 지니고 있던 제퍼슨 대통령이 1800년대 초반의 민주공화당을 지배하면서, 의회가 행정부의 간섭으로부터 벗어나 독자적으로 국정을 주도해 갈 수는 없었다. 민주공화당 내에서 그에 버금가는 새로운 지도자가 존재하지 않는 상황에서 제퍼슨 대통령의 퇴임은 의회가 국정운영의 중추적 역할을 수행할

---

24) 이러한 믿음은 전반적으로 제퍼슨 대통령이 소속해 있었던 민주공화당(Demo-cratic Republicans)의 믿음이기도 한데, 이러한 믿음에 따라서 민주공화당이 다수당이었던 제4대 하원에 이르러 의회는 자신의 독자적인 재정 관련 법률의 작성을 위해서 하원 내에 세입위원회를 창설하기도 하였다.

25) 예컨대 1803년의 미국 연방의 확대에 대한 최종 결정권한이 의회에 있다는 점을 주장하는 연방당(Federalists) 소속의원들은 제퍼슨 대통령의 루이지애나(Louisiana) 구매에 대해서 강하게 반발하였다. 또한 서플로리다(West Florida)의 구매에 필요한 예산을 지불해 달라는 제퍼슨 행정부의 요구에 대해서 랜돌프(John Randoph) 의원이 반발하면서 1807년에는 그가 하원 세입위원장에서 물러나야 하는 상황도 발생하였다. 이러한 갈등이 나타나면서 제퍼슨 대통령이 이끄는 민주공화당 내부에는 대통령의 권한을 견제해야 한다는 분파(the Quids)가 등장하여 제퍼슨 지지파 의원들과 갈등을 노출하기 시작하였다.

수 있는 '기회의 창'을 마련해 주었다.

둘째, 클레이 의원이 하원의장으로 등장한 것도 상임위원회가 의회의 중심기관으로 부상하는 계기를 제공해 주었다. 제퍼슨 대통령의 퇴임으로 행정부 권력이 상대적으로 약화된 상황에서 1811년 제12대 하원은 민주공화당의 유력 정치인인 클레이 의원을 하원의장으로 선발하였는데, 클레이 의장은 제12대 하원(1811~1812)부터 — 제17대 하원(1821~1822)을 제외하고 — 제18대 하원(1823~1824)까지 약 20년간을 하원의장에 봉직하면서 과거에는 대통령이 영향력을 행사했던 상임위원회 위원배정과정을 지배해 나가기 시작하였다. 이러한 방식으로 클레이 의장은 하원의장의 지위를 강화하고 하원을 사실상 국정운영의 중추적인 기관으로 만든 인물로 평가되는데(Polsby 1968: 156), 의회를 지배해 가는 과정에서 클레이 의장은 상임위원회를 적극적으로 활용하여 자신의 권력기반으로 삼고자 했다.[26]

이러한 의도의 결과 클레이 의장에 의해서 상임위원회가 다수 창설되면서 상임위원회가 서서히 의회의 주요기관으로 자리 잡기 시작하였다. 특히 클레이 의장의 재임 기간 가운데 제12대 하원에서 제14대 하원에 이르는 기간(1811~1816)은 이전과 달리 상임위원회가 의회 입법과정의 중심기관으로 부상한 시기가 되었다.[27] 이렇게 상임위원

---

26) 특히 1807년 미국 해군의 체사피크(USS Chesapeake)호가 영국 해군의 레퍼드(Leopard)호에 의해서 공격을 받아 양국 사이에 전운이 감도는 가운데 치러진 1810년 제12대 하원선거 이후, 클레이 의장은 일전불사를 주장하며 당선된 주전파 신진의원(War Hawks)을 주요한 상임위원회의 위원장과 위원에 임명함으로써 상임위원회를 통제하고 자신의 대영전쟁에 대한 의회의 지원을 효과적으로 확보하고자 하였다(Gamm and Shepsle 1989: 49; Remini 2006: 90-92). 한편 이들 주전파 의원들은 출신지역에 있어서 영국의 대륙봉쇄령에 의해서 곡물수출길이 막혀 극심한 피해를 입은 남부와 서부출신의 의원들이 주류를 이루었다.

27) 클레이 의장은 의장의 권한을 강화하고 하원이 행정부를 적극적으로 견제하면

회 등장의 초석이 만들어진 이후 1820년대를 거치면서 미국의회는 하원의장의 지휘하에 상임위원회를 중심으로 법률이 제정되기 시작한 것으로 평가되고 있다(Cooper 1970: 49).[28]

　이와 함께 19세기에 접어들면서 국내외적 필요성에 따라 행정부로부터 지속적으로 법률제정에 대한 요청이 들어오기 시작하면서 의원 전원이 모이는 전원위원회를 중심으로 의회를 운영하는 것은 어렵게 되었다.[29] 행정부 입법요구가 있을 때마다 전원위원회가 소집되는 것이 비효율적인 방식으로 인식되면서, 임시위원회나 상임위원회를 통해서 사실관계나 조사업무를 맡기는 사례가 증가하였다. 이와 함께 임시위원회나 상임위원회는 단순한 사실관계 확인이나 자료조사뿐만 아니라, 점차 법률제정에 관해 자신들의 의견도 개진하기 시작하였다. 이러한 새로운 현상은 임시위원회나 상임위원회의 의도에 따른 변화일 수도 있지만, 사실관계 확인이나 조사업무와 실제 법률제안을 분

　　서 독자적인 권력기관으로 자리매김할 수 있도록 노력했는데, 이 과정에서 그는 상임위원회 의원배정 권한을 확보하였을 뿐만 아니라, 상임위원회의 숫자를 증대시켰다(초대 의회 이후 클레이 의장 시기까지 상임위원회의 숫자 및 증가 등에 관해서는 Gamm and Shepsle(1989: 50-51)의 〈표 1〉과 〈표 2〉 및 Dumas and Stewart III(2017)의 〈표 1〉을 참조하기 바란다).

28) 이와 같이 상임위원회의 구비 등 의회제도의 변화를 다수당의 정파적 혹은 전략적인 견지에서 파악하는 이론은 의회제도 변화에 대한 정파적 가설(partisan hypothesis)이라고 부른다. 갬과 쉡슬리는 정파적 가설이라는 표현보다는 클레이 하원의장 개인의 전략적 의도에 초점을 맞추어 합리적 선택이론(rational choice theory)이라고 부르고 있다(Gamm and Shepsle 1989). 이와는 달리 의회제도의 변화를 사회적 요구의 증대에 따라서 의회가 수행해야 할 과제가 증가한 결과로 보는 시각을 작업부하 가설(workload hypothesis)이라고 부른다.

29) 초대의회에서 59명에 불과했던 하원의원의 숫자는 제2대 의회에서 106명으로 늘어나게 되었고, 1800년 이후에는 142명으로 더욱 늘어나게 되었다. 이와 같이 하원의원의 숫자가 증가하면서 사안이 발생할 때마다 임시위원회를 만드는 것이 사실상 불가능해졌다. 한 예로 제3대 의회의 경우에는 350개 이상의 임시위원회가 만들어진 바 있었다(Welsh 2008: 3).

리하는 것이 어렵게 되었다는 현실을 반영한 것이기도 했다.

임시위원회나 상임위원회를 활용하는 사례가 자주 발생하고 1810년
대에 이르러 행정부에 대한 의회의 적극적인 대처의 필요성이 강조되
면서, 과거와는 달리 전원위원회에 대한 의존도가 현저하게 줄어들었
다. 의회의 자율성 확립에 대한 욕구가 전원위원회로 표상되었던 의
원 평등주의이나 협조적 다자주의를 넘어서기에 이른 것이다.[30] 이에
더하여 의회가 처리해야 할 업무량이 늘어나고 의원의 숫자가 증대하
면서 전원위원회를 통한 법안처리가 사실상 난관에 봉착하였다. 이러
한 상황에 제퍼슨 대통령 퇴임 이후 상임위원회의 활용과 상임위원회
에 대한 의원배정 권한을 전략적으로 활용하고자 한 클레이 의장의
의도가 더해지면서, 상임위원회가 의사진행상 핵심적 위상을 확보하
는 계기가 마련된 것이다.

제퍼슨 대통령이 퇴임하고 클레이 하원의장이 등극한 이후 상임위
원회는 1810~20년대를 거치면서 법안을 심의하여 본회의에 보고하는
중요한 기관으로 변모하였다.[31] 전원위원회보다는 임시위원회나 상

---

30) 미국 행정부와 의회가 상호작용을 하면서 각 부처의 기구가 증가하고 기능이
   확대되었다는 주장을 중심으로 의회와 행정부의 발전을 역사적으로 개관한 저
   서로는 Dodd and Schott(1979)를 참조하기 바란다.
31) 하원 상임위원회 증가의 결과 클레이가 처음 하원의장으로 취임할 당시 11개뿐
   이던 상임위원회가 클레이가 하원의장직을 물러날 때에는 24개로 늘어나 있었
   다(그러나 더머스와 스튜어트의 논문에 나타난 도표에 의하면 이보다 적은 23
   개로 증가한 것으로 나타나 있다(Dumas and Stewart III 2017: 〈표 1〉)). 이
   와 같이 상임위원회가 실질적으로 활용되면서 1825년경에는 하원 법안의 90%
   정도가 모두 상임위원회에서 제출되는 결과가 나타났다. 그리고 상임위원회에
   서 제출된 법안의 숫자는 제10대 하원에서 153개였으나, 제18대 하원에서는
   454개로 늘어났고, 그 결과 "행정부가 더 이상 압도적인 영향력을 지니지 못하
   게 되었다. 하원이 … 나라의 모든 효과적인 힘을 흡수하게 되었다"는 평가가
   가능해졌다(Remini 2006: 102).

임위원회를 통해서 법률을 처리하는 것이 일반화되었으며, 이러한 과정에서 상임위원회의 전문화와 상임위원회의 의견에 대한 존중이라는 미국의회의 전통적인 규범이 서서히 나타나기 시작한 것이다. 의원 간 상호존중, 동등한 대우, 그리고 분파주의 배제라는 건국 초기 미국 의회 규범은 국가업무가 늘어나고 행정부에 대한 견제 및 의회의 대안 마련의 필요성이 대두되면서 서서히 명분을 잃게 되었다. 의회는 원활한 업무수행을 위해서 효율을 중요시하는 기관으로 변모하였으며, 이에 따라 상임위원회의 중요성이 부각되기에 이른 것이다. 1820년대를 거치면서 상임위원회는 의회 법안심의의 주요기관으로 성장하기 시작했고, 행정부 부서와 의견을 교환하면서 법안을 작성하고 대안을 마련할 수 있는 능력을 구비하게 되었다. 그 결과 1820년대에 이르면 전원위원회는 사실상 법률심의의 일차적인 기구로서의 기능을 상실하기에 이른다(Cooper 1970: 49-53).

개괄적으로 보면 1810년 이래 1820년대를 거치는 시기의 미국의회는 하원의장의 권한이 강화되면서 중요한 권력기관으로 부상하기 시작했다. 그 결과 의회, 특히 하원이 대통령과 함께 국정을 운영하는 실질적인 파트너로 성장한 것이다. 또한 의원 평등주의 규범이 서서히 붕괴되면서 전원위원회보다는 임시위원회나 상임위원회를 중심으로 한 법률심의가 이루어지기 시작했다. 중요한 점은 이러한 규범 및 관행의 변화와 함께 하원의장의 권한증대와 상임위원회의 기능과 역할의 확대가 동시에 진행되었다는 점이다. 즉 하원의장이 행정부로부터 하원의 독립성을 지켜내고 동시에 하원 고유의 권한을 확대해가면서 상임위원회를 설립하였고, 이를 통해서 다수당의 정책적 의지를 실현해 가는 과정에서 상임위원회가 적극적으로 활용된 것이다. 이러한 의회의 진화과정에서 상임위원회는 하원의 중요한 기관으로 부상했으나, 상임위원회가 '제도화'를 완성하여 자율적인 기관으로 성장하기까지는 좀 더 시간이 필요했다. 19세기를 거치면서 부침과 강약은 있으나 상임위원회는 전반적으로 하원의장의 영향력에서 크게 벗어나지 못하는 한계 내에서 운영되었다.[32]

3. 정당 및 정당지도부의 지배

앞에서 설명한 대로 1820년대를 거치면서 상임위원회가 법률심의의 일차적 기능을 담당하게 되고, 이와 아울러 하원의장의 권한이 강화되는 현상은 1830년대부터 본격적으로 시작되는 전국적 수준의 정당정치 및 선거정치의 활성화와 관계가 깊다. '잭슨민주주의(Jacksonian Democracy)'라고 불리는 제2차 정당체제가 시작되면서, 미국정치의 발전과정에서 정당과 유권자 간의 본격적인 유대관계가 형성되기 시작했는데, 이는 민주당(Democrats)과 휘그당(Whigs)이라는 양대정당 간의 선거경쟁을 특징으로 하고 있었다.[33] 19세기 전반기에 성인남성을 중심으로 보편선거권이 확립되고 교통, 통신의 발달에 힘입어서 선거정치가 전국적으로 확산되면서, 미국의 정당정치는 제1차 정당체제 당시의 원내 엘리트 중심의 정치에서 대중적 선거정치로 변모하게 되었다. 이러한 변화 속에서 미국정당은 유권자의 지지를 두고 전국적으로 경합을 벌이는 권력쟁취의 기구로 변모되었고, 18세기 말과 1800년대 초반의 미국을 지배했던 공동체정신이나 정치인 사이의 상

---

32) 이러한 현상은 미국의회 발전과정에서 1930년대 이후에 본격적인 모습이 드러나는 상임위원회 위원장의 권한강화라는 현상과는 대조되는 것이어서 주목할 만하다. 1930년대 이후의 의회의 모습은 이 절의 본문에서 설명될 것이다.

33) '잭슨민주주의'를 탄생시킨 제2차 정당체제의 성립과 특징에 관해서는 Dodd and Schott(1979) 제2장과 McCormick(1973) 등을 참조하기 바란다.

호 경의(敬意)의 문화는 사라지게 되었다. 이어서 남북전쟁 직전 노예제도 및 선이주민 중심주의(nativism) 문제를 중심으로 민주당과 공화당이 대립하는 제3차 정당체제가 형성된 후, 본격적으로 유권자와 의회 수준에서 대중정당 중심의 정치가 시작되었다.

1830년대 이후 정당정치가 전국적인 수준으로 확산되면서, 의회 다수당이나 행정부를 장악한 정당은 자기 정당의 정책이 의회를 통해서 입법화되도록 노력하였다. 정당이 정치과정의 핵심으로 부상하면서 의회와 행정부의 관계 역시 정당을 매개로 작동되었고, 대통령 후보 선발 역시 정당 내 유력보스들 간의 타협과 협상과정을 통해서 이루어지는 것이 일반화되었다(손병권 2003b, 2015a; Bibby 1992; Epstein 1986). 이렇게 당선된 대통령은 정당의 유력한 지도자 가운데 선발되어 행정부의 수반이 된 인물로서 평가되었고, 따라서 자신이 속한 정당의 선거정치에서 유리된 채 완전히 독립적이고 자율적인 행정부의 수장으로서 국정을 운영할 수는 없었다. 정당 및 선거정치의 전국화가 이루어지면서 입법과 정책을 통한 정당 간 경쟁이 활발해졌고, 정당의 원내대결의 장소인 의회의 권한이 점점 더 신장되어 갔다. 이러한 정당정치의 발달과 함께 의회는 건국 초기의 상황에서 탈피하여 의회 스스로가 국가적 문제점을 찾아가면서 정책을 만들어내고 이에 필요한 법률을 제정하며 행정부와 함께 국정을 운영하는 모습을 띠게 되었다.

이와 같은 정당정치의 활성화 추세는 잭슨민주주의와 전국적 대중정당 정치가 등장하는 1820년대 후반 이후 19세기 말까지 지속되었는데, 정당정치가 활성화되고 의회가 다수당의 지배하에 움직이게 된 것은 의회 외부환경의 영향도 컸다. 즉 정당정치의 강화는 선거과정에서 유권자와 특정 정당 간의 유대관계, 즉 정당일체감 요인이 차지하는 영향력이 강했기 때문에 가능했다. 대통령의 권한이 선거정치 및 정당정치와 절연되지 않는 등 국정운영 전반에서 정당의 영향력이 강한 상황에서, 유권자의 정당일체감은 선거가 있을 때 대통령 및 의원 선택에 있어서 가장 중요한 투표결정의 기준 가운데 하나가 되었다. 보통선거권의 확대를 통한 정당정치의 전국적 확대와 함께, 유권자가 정당을 중심으로 투표권을 행사하면서 의회는 정당정치를 중심으로 운영되어 나갔다. 이러한 선거환경에서 특히 남북전쟁 이후 19세기 후반부에는 하원 다수당 지도자로서 하원의장의 권한이 점점 더 강화되어 갔으며, 이와 함께 상임위원회의 자율성은 상대적으로 위축될 수밖에 없었다(Deering and Smith 1997: 27).[34]

이와 같이 정당이 중심이 되는 정당정부(party government) 시대의 하원의장은 상임위원회 의원배정 권한 및 기타 의사진행 권한, 그리고 의원에 대한 다양한 혜택의 분배권한 등을 통해서 의회를 지속적으로 통제할 수 있었다. 클레이 하원의장 이후 19세기를 경과하면서 정당정치가 활성화되는 과정에서 하원은 다수당의 대표인 하원의장의 전반적인 통제하에 있었으며, 하원에 대한 대통령과 하원의장의 상대적 권한은 양자 간의 인적인 관계, 소속정당 의원의 지지도 등에 의해서 결정되었다. 양자 간의 권한의 정도와 상관없이 1820년대 이

---

34) 그럼에도 불구하고 19세기 후반부터 상임위원회는 시간이 흐름에 따라서 의회 내에서 제도적 위상을 확립해 가기도 한다. 즉 선거를 통해서 새로운 의회가 구성되어도 의원들은 동일한 상임위원회에 배정되었고, 세입위원회 등 주요 상임위원회의 법안은 본회의 회부에 있어서 특권적 상정권을 부여받았으며, 상임위원회 위원장 선정에 있어서 연공서열제의 적용이 확립되었다. 또한 남북전쟁 이후 양원에 세입위원회와는 별도로 세출위원회(Appropriations Committee)가 설립되어(하원 1865년, 상원 1867년) 세출관련 입법이 독립되어 진행되었고, 이어서 1899년에 이르러 세출법안은 개별 상임위원회의 권한으로 넘어가게 되었다. 여전히 상임위원회에 대한 다수당 지도부의 영향력은 강하지만, 남북전쟁 이후의 시기에는 서서히 양자 사이에 긴장관계가 조성되기도 하였다(Deering and Smith 1997: 27-28; Welsh 2008: 5).

후 하원의장은 하원에 대한 통제권을 바탕으로 의회권력의 핵심으로 등장하였다. 하원의장의 통제권 강화와 관련하여 1880년 하원에 규칙위원회가 창설되면서 하원의장은 법안에 대한 특별 규칙의 부여를 통해서 자신이 원하는 법안을 신속하게 본회의에 상정할 수 있는 권한도 확보하여 자신의 영향력을 더욱 강화할 수 있었다.

이러한 전반적인 정당강화의 분위기 속에서 하원의장은 상임위원회 위원장들을 사실상 자신이 이끄는 일종의 내각(cabinet)의 구성원으로 활용하여 하원을 중앙집권적으로 운영할 수 있었다. 또한 하원의장이 규칙위원회 위원장을 겸직하고 기타 다수당 지도부는 주요한 상임위원회인 세입위원회와 세출위원회 등의 위원장을 맡음으로써 상임위원회제도가 정당지도부와 혼재되고 융합되는 형태로 발달하였다. 결국 정당이 군림하는 의회 속에서 상임위원회만의 고유한 자율권은 상당히 제한될 수밖에 없었다(Cooper and Brady: 1981).[35]

전반적으로 볼 때 대략 클레이 하원의장의 임기 시작 이후 캐넌 하원의장이 몰락하는 1910년에 이르는 기간의 경우 하원의장을 선출한 정당이나 특정 분파의 의도와 영향력에 따라서 상임위원회의 자율성이 결정되는 경향을 보였다. 즉 상임위원회의 의회 내 위상은 결코 독립변수적인 성격을 띨 수 없었으며, 의회 내의 다수당 혹은 다수당

---

35) 쿠퍼(David Cooper)와 브래디(Joseph Brady)는 다수당 지도자로서 하원의장의 권한을 하원이 처해 있는 맥락(context), 특히 정당의 힘(party strength)과 관련하여 설명하고 있다(Cooper and Brady 1981). 즉 이들의 논의에 따르면 의회 내에 다른 조직(상임위원회 위원장 등)에 비해서 정당의 규율이 강하고, 이러한 정당이 중앙집권적일 경우 하원의장 등 정당지도부의 힘은 강화되며 그의 리더십 스타일은 사령관(commander)형으로 변화된다. 그 적절한 사례가 1910년 축출된 캐넌 하원의장이라고 할 수 있다. 반면 정당의 힘이 약하고 정당 내에 분파 간의 갈등이 있을 경우 하원의장의 리더십 스타일은 중재자(bargainer)형으로 변화한다고 보고 있다. 그 적절한 사례로 1940년대에서 1960년대까지 하원의장을 역임한 레이번(Sam Rayburn)을 거론하고 있다.

내 특정 분파의 세력에 따라 결정될 수밖에 없었다. 특히 정당이 특정 분파출신의 하원의장을 중심으로 중앙집권화될 경우 상임위원회에 대한 하원의장의 위원 배정권이나 통제권은 더욱 강화되는 추세를 보였다(Polsby 1968: 156). 특히 남북전쟁 이후 19세기 후반부에서 20세기 초에 이르는 정당정부 시대에는 하원의장의 권한이 지속적으로 확대되고 그를 지지하는 의원총회(party caucus)가 최종적인 결정권을 지니면서 상임위원회의 위상은 하원의장에 예속되는 것이 일반적이었다.

4. 상임위원회 중심주의의 등장 및 발전과 정당지도부의 약화

하원의장으로의 권력집중 현상은 1910년 공화당 하원의장이던 캐넌에 대한 공화당 개혁파와 민주당의 연합반란으로 결국 내리막길로 치닫게 된다. 당시 캐넌 의장은 '짜르 캐넌'이라고 불릴 정도로 하원 조직 및 의사진행에 관해 강력한 권한을 행사하고 있었다. 특히 그는 하원 규칙위원회 위원장을 겸직함으로써 의사일정에 대해서 거의 전횡에 가까운 영향력을 미치고 있었다.[36]

유권자 수준에서 정당투표 성향이 강했기 때문에 의회정치 역시 정당대결을 중심으로 진행된 것은 사실이지만, 문제는 캐넌 의장이 이끌던 공화당이 과거와는 달리 내부적으로 하원의장의 명령에 따라

---

36) 규칙위원회는 상원에는 존재하지 않고 하원에만 존재하는 상임위원회로서 기타 상임위원회에서 제출된 법안에 대해서 '규칙'을 부여하고 본회의 토론과 표결의 시간 및 순서 등을 결정하는 중요한 위원회이다. 특히 규칙위원회가 상임위원회를 통과하여 본회의에서 토론, 표결될 법안에 대해서 부여하는 규칙은 그 규칙의 종류에 따라서 법안의 본회의 수정 가능 여부를 결정하기 때문에 규칙위원회는 의사일정과 법안에 대한 통제력을 행사하려는 하원의장에게는 매우 중요한 위원회였으며 현재도 그렇다.

서 일사분란하게 움직일 만큼 단합적인 모습을 보이지는 않았다는 점에 있었다(Jones 1968). 즉 19세기 말부터 20세기 초반까지 이어진 진보주의 시대(Progressive Era)의 개혁정신 속에서 공화당 내부에는 정당 보스정치를 혁파하고 독과점의 문제 및 기업과 정치권의 유착관계를 타파해야 한다는 소위 '혁신주의자(insurgents)' 세력이 상당수 포진하고 있었다.37)

이들 공화당 개혁파 의원들에게 당시 하원의장이었던 캐넌은 금권정치 및 보스정치의 상징이자 수구세력의 핵심으로 인식되었으며, 따라서 공화당 개혁파가 추진하는 혁신적인 입법을 저지하는 인물로 비추어졌다. 그 결과 캐넌 의장에 대한 불만이 쌓여 가던 중 민주당이 그를 규칙위원회 위원장에서 축출하려고 일종의 반란을 시도하자 여기에 공화당 개혁파가 가세하기에 이르렀다. 결국 캐넌 의장은 규칙위원회 위원장의 자리에서 물러나야만 했고, 이후 하원의장의 권한은 빠르게 위축되어 갔다(Cooper and Brady 1981).38)

---

37) '혁신주의 시대'라고도 불리는 진보주의 시대는 대체로 19세기 말에서 20세기 초반 제1차 세계대전 이전까지의 기간을 지칭하며, 정당 후보 선발에 있어서 예비선거제도 도입, 정당 보스정치 개혁, 독과점 혁파를 위한 반트러스트 운동의 등장, 복지정책의 실시 등이 이루어진 기간을 지칭한다. 이 시기의 진보주의 운동은 주로 공화당계 혁신 정치인과 지식인, 시민사회, 학자 등이 주동이 되어 추진되었다(McCormick 1986b).

38) 1910년 3월 19일 하원은 하원의장을 규칙위원회에서 축출하고 규칙위원회의 위원 숫자를 증가시키며 이들을 하원에서 투표로 선출하는 결의안을 통과시켰다. 이어서 두 달 후에는 상임위원회에 계류 중인 법안에 대해서 개별 의원이 법안의 본회의 회부청원(discharge)을 개시할 수 있도록 하는 결의안도 통과시켰다. 마지막으로 1910년 선거에서 하원의 다수당인 된 민주당은 1911년 하원 규칙 개정을 통해서 모든 상임위원회의 위원장을 선거를 통해서 선출하는 방식을 채택하였다. 이러한 일련의 개혁은 하원의장 등 정당지도부의 권한을 약화시키고 개별 의원과 상임위원회의 상대적 권한을 상대적으로 강화시키는 계기를 마련해 주었다(Cooper and Brady 1981).

20세기 초반 하원의장의 위상 약화는 하원에서 새로운 권력중심의 탄생을 예고하는 것이었는데, 그 결과는 상임위원회를 권력의 핵심기구로 하는 분권화체제의 등장이었다. 하원의장이라는 중앙집권적 권력의 실행자가 사라진 자리에 상임위원회 위원장을 중심으로 하는 새로운 의회 권력구조가 등장하기 시작한 것이다.39) 상임위원회를 중심으로 하는 이러한 의회의 분권화는 상임위원회가 전원위원회를 대체하여 의회의 중추기관이 되었다든지, 혹은 상임위원회가 수적으로 증대하였다는 것과는 질적으로 다른 현상이었다. 상임위원회를 중심으로 하는 분권화체제의 등장이 의미하는 것은 하원의장의 리더십과 영향력 아래에서 상임위원회의 기능이 강화되는 것이 아니라, 상임위원회 자체가 하원의 새로운 권력기관으로 등장하면서 자율적이고 독립적인 권한을 행사하는 변화가 도래했다는 것을 의미하였다.

이러한 상임위원회 중심의 의회제도화과정은 캐넌 하원의장의 몰락이라는 의회사적인 배경 이외에도 의원직에 대한 전업(專業)주의(careerism) 인식의 확대,40) 의원교체율(turnover rate)의 감소, 의원 및 상임위원회 보좌진의 확대, 그리고 상임위원회 위원장 선정에 있어서 연공서열제의 도입 등이 그 원인이 되었다고 볼 수 있다. 20세기에

---

39) 쿠퍼와 브래디는 캐넌이 축출되는 1910년부터 상임위원회정부 시대가 등장하는 1940년까지의 기간을 '이행기간(period of transition)'이라고 부른다. 이들은 이 기간 동안 정당지도부를 대신하여 의원총회나 정당 조정위원회(steering committee)가 새로운 권력의 중심으로 부상하려다가 각 정당 내부의 분파와 갈등으로 결국 실패하게 되고, 마침내 상임위원회가 의회권력의 중심으로 부상하게 되었다고 주장한다(Cooper and Brady 1981).

40) 본문에서 '전업주의'라는 표현은 의원들이 19세기 말에 이르러 의원의 직위를 단순히 공민적인 의무로 생각하지 않고 '직업'으로 생각하게 되었음을 강조하려고 사용하였다. '직업주의'라는 표현도 가능하겠으나 '전문화된 능력발휘' 등을 의미하는 '프로페셔널리즘'이라는 개념을 연상시킬 수 있어서 '전업주의'라는 용어를 사용하였다.

접어들면서 의원교체율이 19세기에 비해서 현저히 줄어들게 되었는데, 이는 의정활동을 전업으로 인식하는 의원의 비율이 증가했음을 의미하는 것이었다.[41] 과거에는 생업이 별도로 있는 유력인사가 지역구민의 이익을 대변한다는 공익봉사의 차원에서 의정활동에 임했던 것이었다면, 20세기에 접어들면서 의원직 수행을 통해서 충분한 급여를 받고 이를 생업으로 삼을 수 있다는 인식이 일반화되기에 이른 것이다. 이와 함께 의원으로 봉직하면서 보좌진을 두고 법률을 제정하며 국가적 사안에 대해서 토론을 하면서 개인적으로 상당한 위신과 지위를 누릴 수 있다는 만족감도 얻을 수 있게 되었다(Polsby 1968).[42]

이러한 요인과 함께 남북전쟁 이후 남부지역 및 남부를 제외한 기타지역에서 상당 기간 일당지배체제(one party system)가 유지되어 현직의원의 재선이 용이해졌다는 점도 이러한 의원교체율을 줄이는 효과를 가져와 상임위원회의 안정성과 의회분권화에 기여하였다.[43] 의

---

41) 폴스비에 따르면 1882년 의회선거를 포함하여 그 이전의 의회선거의 경우 의원교체율(신임의원/전체의원)이 50%를 넘었던 경우는 15번 이상이었으나, 그 후 의원교체율이 현저히 줄어들기 시작하였고 그의 논문이 발표된 당시 기준으로 20세기 최고의 의원교체율은 1932년 선거의 37.2%였다.

42) 의사진행의 핵심적 기관으로서 제도화의 길을 걷게 되는 상임위원회는 19세기 말에서 20세기 초반에 걸쳐서 미국의 산업화에 따른 사회적 요구를 수용하는 과정에서 더욱 발달될 수 있었다. 이민의 증가에 따른 도시화, 북부를 중심으로 한 산업화에 따른 다양한 사회적·경제적 문제의 등장과 이에 대처해야 하는 연방정부의 역할 확대, 사회 전반에 확산된 과학주의와 이에 근거한 전문성 규범의 확대 등으로 인해서 행정부와 의회가 이에 적극적으로 대처해야 하는 상황이 전개된 것이다. 이러한 사회적 요구에 부응하여 행정부가 공무원 선발 및 승진에 관한 규정 등을 대폭적으로 개선하고 과학주의를 근거로 한 전문적인 관료체제를 정비해 나가게 되었고, 의회는 의회 나름대로 미국사회가 안고 있는 다양한 사회 문제 해결의 요구에 부응하고자 상임위원회제도를 확충하고 더욱 전문화하였다. 사회의 변화와 이에 따른 요구의 증가에 의해 의회의 제도화가 이루어진 이와 같은 사례는 작업부하 가설이 적용될 수 있는 적절한 사례라고 보인다(각주 28 참조).

원교체율이 줄어들면서 의원의 봉직기간이 오랜 기간 지속될 수 있었고, 그 결과 상임위원회 내에서 의원들이 영역별로 지속적으로 전문성을 쌓아가고 의원 상호 간에 유대의식을 키울 수 있는 여건이 마련될 수 있었다. 또한 남북전쟁 이후 산업화가 진행되면서 보건 및 복지, 급속한 도시화의 결과 나타난 문제에 대한 정책, 산업화 추진과 관련된 정책 등의 분야에서 다양한 형태로 연방정부의 전국적인 정책 공급의 필요성이 대두되면서, 이에 비례하여 의회의 대응에 대한 국민적 요청도 늘어나게 되었다. 그 결과 의회 내의 상임위원회는 더욱 높은 수준의 노동분화과정을 겪으면서 보다 전문적인 상임위원회체제로 변경하게 되었다.

1910년 캐넌 하원의장의 몰락과 더불어 상임위원회가 의회 내 권력의 핵심기구로 등장한 이후 1930년대에 이르러 민주당의 의회 장기지배가 시작되면서, 19세기의 의회 '정당정부' 시대가 의회 '상임위원회 정부(committee government)' 시대로 대체되기 시작하였다.[44] 1929년 대공황의 결과 1932년 선거에서 경제회복과 사회복지의 구축을 구호로 해서 집권한 민주당은 뉴딜자유주의 연합을 이끌면서 사실상 1960년대 말까지 의회와 행정부를 지배하기에 이르렀다. 이 기간 동안에

---

43) 즉 남북전쟁 이후 남부에서는 노예해방에 반대한 민주당이, 기타 지역에서는 공화당이 해당지역의 선거 및 정당정치를 지배한 현상을 말한다.

44) 필자는 이러한 의회 상임위원회정부 시대가 대강 뉴딜개혁 시기 중 남부 민주당의원들이 루스벨트 행정부에 반발하여 공화당과 연합하는 1930년대 후반에 시작되어 1960년대에 절정에 달한 것으로 보는데, 이는 대강 디어링과 스미스가 보는 상임위원회정부 시기(1947~1964)와 일치한다. 디어링과 스미스는 이 상임위원회정부의 특징을 상임위원회 보좌진과 사무실 공간의 지속적 확보, 상임위원회의 상시적인 행정부 감시기능 확보, 도제주의·전문성·호혜주의 등 의회규범의 등장, 상임위원회의 구성, 어젠다, 절차, 정책결과에 대한 위원장의 통제권 강화, 소위원회의 증대, 상임위원회의 입법거부권 강화 등으로 요약하고 있다(Deering and Smith 1997: 29, 30-33).

의회, 특히 하원 다수당의 지위를 민주당이 거의 독점하면서 상임위원회 위원장의 지위를 지속적으로 보유하게 되었다. 그 결과 상임위원회 위원장을 중심으로 한 민주당의 의회지배체제가 안정적으로 유지되어 1930년대 이후 1960년대에 이르기까지 상임위원회 위원장을 중심으로 한 분권화된 의회정치의 전형적인 모습이 완성되기에 이른 것이다.[45)]

이와 같이 분권화된 상임위원회정부하에서 의회의 모습은 19세기 초반 시작되어 19세기말에 절정에 달했던 '정당정부' 당시의 의회의 모습과는 사뭇 다른 것이었다. 의회 내에서 하원의장 등 정당지도부의 위상은 상대적으로 하락하였고 정당 간 갈등이나 정당 내부의 응집력도 약화되어 가기 시작했다(Collie 1984; Collie and Brady 1985).[46)] 한

---

45) 필자는 정당 및 정당지도부와 비교해 볼 때 상임위원회의 권한이 상대적으로 강화된 시기를 대체로 1910년 캐넌 하원의장의 몰락 이후 1970년대 중반 의회개혁 이전까지의 시기로 보았으나 디어링과 스미스는 대체로 이와 비슷한 기간을 '공고화' 시기(1919~1946)와 '상임위원회정부' 시기(1947~1964)로 나누어 보고 있고, 그 분기점을 방만했던 상임위원회의 숫자를 하원의 경우 19개, 상원의 경우 15개로 줄인 1946년 의회 재조직법(Legislative Reorganization Act)의 통과로 보고 있다(Deering and Smith 1997). 또한 필자는 상임위원회정부가 1930년대 중반에 등장하여 1960년대에 정점에 달한 것으로 보는 반면, 디어링과 스미스는 상임위원회정부 시기를 1947년에서 1964년으로 보고 있다. 이들이 1964년을 그 분기점으로 잡은 것은 존슨(Lyndon Johnson)이 대통령으로 당선된 1964년 이후 민주당을 중심으로 의회개혁에 대한 논의가 강하게 등장했기 때문이다. 이러한 차이는 이미 언급했듯이 필자의 경우 정당과 상임위원회의 상대적 관계에 주목하고, 디어링과 스미스는 이보다는 국가적 중대사, 주요선거, 상임위원회와 관련된 주요입법 및 상위의 구조변경, 의회 내 상위의 위상변경 등에 주목했기 때문이라고 보인다.

46) 상임위원회정부 시대가 도래하면서 의회 내 정당과 정당지도부의 위상이 약화된 것은 의원들의 정당투표 경향이 점점 더 줄어든 사실에서도 발견된다. 이와 관련하여 콜리(Melissa P. Collie)와 브래디(David W. Brady)는 의회 내 정당투표의 증가는 유권자들이 자신들의 정당일체감에 따라서 후보를 선택하는 경향이 커지고, 정당지도부가 강한 제도적 권한을 부여받을 경우라고 보았다(Collie

편 1930년대 이후 상임위원회정부가 모습을 나타내기 시작하여 1960
년대를 거치면서 사실상 기정사실화되자, 이제 의원들은 본격적으로
지역구 유권자를 의식하면서 이들의 이익을 위해 봉사하고 지역구의
반응을 생각하면서 상임위원회에서 법률을 제정하고 정책을 작성하는
것에 집중하였다. 유권자의 투표행태 역시 점점 더 정당 못지않게 현
역의원의 능력과 지역구에 대한 봉사여부에 의해서 결정되는 경향을
보였다. 이와 같이 의회정치의 작동원리가 '정당 중심'에서 '지역구 중
심'으로 옮겨가면서 상임위원회는 지역구 유권자에게 혜택과 이익을
분배해 주는 기관으로 변모해 갔다.

　이와 같이 1930~60년대에 모습을 드러내기 시작한 상임위원회정
부는 교과서적인 미국의회의 전형적인 모습으로 여겨져 왔다.[47] 의원
들이 상임위원회를 중심으로 활동하고 그 결과 지속적으로 당선되면
서 현직의원의 효과가 나타났고, 연공서열제를 통해서 자동적으로 선
출된 위원장이 의회 내 분권화된 권력의 담당자가 되는 순환과정이
만들어지게 된 것이다.[48] 이러한 순환과정은 또한 의회의 정책혁신을

---

and Brady 1985). 이러한 조건이 충족되지 않는 의회 상임위원회정부 시대에
　의원의 정당투표 경향은 약화될 수밖에 없었다.

47) 디어링과 스미스는 1910년과 1922년 사이에 나타난 의회의 모습이 상임위원회,
　의회지도부, 정당조직 등을 구비하고, 정비된 재정정책능력을 보유하며, 본회의
　의사규칙과 보좌진을 갖추었을 뿐만 아니라, 소위원회 조직과 상임위원회별 관
　할권을 확립하여 오늘날 미국의회의 모습과 매우 유사하다고 주장하고 있다
　(Deering and Smith 1997: 30). 그러나 이는 단지 제도적인 측면에서 볼 때
　그렇다는 것으로 보인다. 필자의 소견으로는 실제로 의원들이 지역구를 중심으
　로 활동하면서 지역구 이익을 위해서 상임위원회를 중심으로 이익분배적인 입
　법활동을 수행하고, 상임위원회 위원장의 권한이 매우 강했던 전형적인 상임위
　원회정부의 모습이 이 시기에 특징적으로 나타났다고 보기는 어렵다.

48) 상임위원회 중심의 의회 분권화체제 형성과정에서 무엇보다도 주목해야 할 부
　분은 새로운 권력기구로서 상임위원회의 부상과 관련하여 19세기 후반 확립된
　연공서열제라고 할 수 있다. 연공서열제는 상임위원회 위원장 선출을 의회 정

저해하는 배타적인 정책결정 네트워크를 구축하는 부정적인 양상도 드러내게 되었다. 즉 상임위원회에서 지역구를 위한 법률을 제정하여 지역구 유권자의 지지를 획득하면서 계속 당선되는 현직의원들이, 상임위원회 소관 영역과 관련 있는 행정부의 주무부서 및 유관 이익집단 등과 유대관계를 맺어 '그들만의' 정책결정구조를 만들어 내게 되었다. 소위 '철의 삼각형(iron triangle)'이라고 불리는 이러한 배타적인 정책결정구조는 상임위원회, 행정부서, 이익집단 간의 상호이익을 도모하면서 새로운 정책결정자의 진입을 방해하여 기존정책의 오류에 대한 개혁을 어렵게 만들었다.

의회 상임위원회정부 시대에 이르러 상임위원회가 분권화체제의 핵심기관이 되면서 상임위원회 위원장의 권한도 점점 강화되었다. 상임위원회 위원장은 우선 상임위원회 보좌진을 선발하고 통솔할 권한을 지니고 있었다. 뿐만 아니라 상임위원회 산하의 소위원회 위원장을 임명할 수 있는 권한과 소위원회에 대한 보좌진의 배정권한도 보유하고 있었다. 또한 상임위원회 위원장은 상임위원회 내에서 법률심의를 위한 일정을 결정하는 권한을 지니고 있어서, 법안의 진행여부와 진행과정에 대해서 영향력을 행사할 수 있었다. 이와 같이 상임위원회 위원장은 의사일정과 관련된 권한을 전략적으로 활용하여 자신

당정부 시대처럼 하원의장 등 다수당 지도부의 임명에 의하지 않고, 위원장직을 동일한 상임위원회에 가장 오래 봉직한 다수당 의원이 자동적으로 차지하게 하는 규범이다. 의회 권력분산의 상징이자 노동 분화를 통해서 전문적인 법률심의를 담당하는 상임위원회가 제도화의 길에 들어서면서, 연공서열제는 다수당의 최고참의원을 자동적으로 위원장으로 선출함으로써 상임위원회 권력의 자동적 재생산이 가능하게 만들어주었다. 연공서열제가 등장함으로써 이제 의원들은 여러 상임위원회를 옮겨 다니기보다는 하나 혹은 소수의 상임위원회에서 장기간 봉직하여 자신이 소속된 상임위원회의 지도부 지위에 오를 기회를 노리게 되었다. 이와 같은 제도적 변화와 이에 따른 인센티브의 제공으로 인해서 상임위원회와 의원의 전문화 경로가 마련될 수 있게 되었다.

이 원하는 법안을 신속히 처리하기도 하고, 반대로 자신이 원하지 않는 법안은 지연시킬 수도 있었다. 따라서 상임위원회 위원장은 비록 같은 정당에 속해 있다 하더라도 대통령이나 하원의장 등 정당지도부와 대립각을 세우거나, 이들의 요구에 대해서 자신의 요구를 대안으로 제시할 수도 있었다. 상임위원회 위원장을 정점으로 하는 이러한 의회 상임위원회정부의 전형적인 모습은 1970년대 중반 민주당 주도의 의회개혁이 실시될 때까지 지속되었다.

5. 소위원회의 권한신장과 정당지도부의 권한강화

의회 정당정부 시대 종식 이후 등장한 상임위원회 위원장 중심의 의회 상임위원회정부는 1960년대를 지나면서 부작용을 노출하기 시작하였다. 그리고 이러한 부작용의 근본 원인은 민주당의 상임위원회 위원장직을 다수 점유하고 있었던 남부출신의 다선 고참의원과 비남부지역, 특히 진보적인 동북부지역의 신참의원 간의 이념적, 정책적 갈등에 있었다. 그러나 이러한 고참의원과 신참의원 간의 갈등은 뉴딜연합의 속에서 이미 태동하고 있었다.

1932 뉴딜연합(New Deal Coalition)의 출범과 함께 1932년 이후 의회를 장악한 민주당의 경우 주류세력 가운데 하나는 지역적으로 미국 남부출신의 보수성향 의원들과 이들을 선발한 보수적 유권자들이었다. 남북전쟁 당시 흑인노예를 기반으로 한 대농장 경제체제 유지하고 있던 남부지역은 남부연맹(Southern Confederation)을 구성하여 링컨(Abraham Lincoln) 대통령이 이끄는 북부의 연방(Union)에 저항하였고, 남북전쟁 패배 이후 남부를 유린한 공화당에 대해서 반감을 지닐 수밖에 없었다. 노예제의 존폐여부는 주의 고유한 권한임을 주

장하면서 링컨의 노예해방에 반발했던 남부는 연방정부의 팽창정책을 용납할 수 없었고, 남북전쟁 당시 남부의 여러 주가 연방에서 탈퇴하여 연맹을 구성한 것은 이러한 반발의 표현이었다. 따라서 남북전쟁 패배 이후 남부지역은 공화당에 대한 반감으로 민주당 일당지배지역으로 남게 된 것이었다.

따라서 이러한 주주권(州主權)주의를 고수하는 보수성향을 지닌 남부지역 유권자 및 정치인과 북동부지역 중심의 자유주의 성향 유권자와 정치인이 연합하여 형성된 민주당의 뉴딜연합은 자유주의적 성향과 보수적 성향을 동시에 구비한 채 출발하였다. 그런데 이렇게 출범한 민주당의 뉴딜연합은 1930년대 후반 루스벨트(Frankslin D. Roosevelt) 대통령이 추진한 진보적인 노동정책 등 연방정부의 권한팽창을 둘러싸고 내부균열을 보이기 시작하였다. 남부 민주당 의원들과 민주당 지지자들은 전통적으로 주정부의 자치권을 주장하면서 연방정부의 팽창과 지나친 간섭에 반발해 왔었는데, 이들은 대공황이 위기의 정점을 지나자 루스벨트 대통령의 정책에 불만을 표시하기 시작했다. 그 결과 이들 남부 민주당 의원들은 비록 정당소속은 다르지만 보수적 이념을 공유하고 있던 공화당과 '보수연맹(conservative coalition)'을 형성하여 사안별로 협력하면서 민주당 행정부의 일방독주를 견제하고자 하였다.[49]

그러나 남부지역의 저항에도 불구하고 루스벨트 대통령 이후 트루먼(Harry S. Truman) 행정부를 거쳐 존슨 및 케네디(John F. Kennedy) 행정부에 이르기까지 민주당 행정부의 기본노선은 연방정부의 적극적 규제정책 및 복지정책을 통해서 사회적 약자를 지원하는 것이었다.

---

49) 미국의회 보수연맹의 형성과 역할 등에 대해서는 Manley(1973)를 참조하기 바란다.

민주당의 기본적 이념은 빈곤과 복지 문제에 대해서 사회의 연대적 책임을 강조하는 것이었고, 이러한 문제의 해결을 위해서 적극적인 재정확대 정책을 실시하는 것이었다. 이러한 민주당의 정책은 이에 공감하는 다수의 유권자들, 특히 흑인 등 소수인종, 여성, 이민자, 빈곤층의 정치참여와 지지를 유도할 수 있었고, 이들의 참여와 지지를 통해서 민주당은 1930년대 이후 지속적으로 미국정치를 주도해 갈 수 있었다.

그러나 의회 민주당 내부의 상황은 미국유권자의 이러한 전반적인 경향과는 괴리가 있었다. 민주당 행정부가 추진한 자유주의적 정책은 보수성향 남부출신 의원들, 특히 남부출신의 상임위원회 위원장의 저항에 막혀서 소기의 정책적인 혁신을 거두지 못하거나 지연되는 경우가 많았다. 1930년대 뉴딜연합의 등장 이후 1950년대를 거치면서 남부출신의 민주당 보수성향 의원들이 상임위원회 위원장직을 다수 차지하고 있는 의회권력의 분포는 동북부출신 자유주의 성향의 민주당 의원들의 혁신적인 정책을 좌절시키는 주요한 배경이었다.

이러한 교착상태를 타파하고자 민주당 내 개혁성향 의원들은 1959년에 '민주당 연구집단(Democratic Study Group)'을 구성하여 자유주의적 정책어젠다를 추진하는 한편, 남부출신의 보수주의 세력과 주도권 싸움을 벌이기 시작했다. 민주당 연구집단은 공화당의 제2기 아이젠하워(Dwight Eisenhower) 행정부 기간 중 치러진 1958년의 중간선거에서 민주당 내의 세력판도에 변화가 생기면서 등장한 집단이었다. 1958년 선거 결과 민주당 내 의원분포는 남부출신보다 비남부출신 의원들이 훨씬 더 많아지는 현상을 보였는데,50) 민주당의 이러

---

50) 1958년 중간선거 이전인 제85대 하원의 경우 민주당 내 남부출신 의원의 숫자는 110명, 비남부출신 의원의 숫자는 135명으로 그 비율이 1대1.1 정도였다.

한 지역적 의석분포의 변화로 인해 민주당 연구집단이 만들어지면서 민주당 내에서 민권신장이나 복지확충 등을 위한 자유주의적인 법률 제정 노력이 본격적으로 경주되기 시작하였다. 이와 함께 케네디 및 존슨 행정부를 거치면서 민주당의 남부출신 고참 상임위원장들과 개혁성향 의원 간의 갈등은 점점 더 격화되었다(Rohde 1991: 8).[51]

이러한 민주당 내부의 갈등이 지속되던 중 자유주의 성향 의원들의 세력이 다수세력으로 공고화되면서 등장한 조치가 1970년대 중반의 민주당 주도의 의회개혁이었다. 민주당 내 자유주의적 성향 의원에 의해서 추진된 개혁조치는 상임위원회 위원장의 권한을 제한하고 민주당 의원총회의 권한을 강화하는 한편, 상임위원회 위원장의 선출에 있어서 자동적으로 연공서열제를 적용하는 방식에 제동을 거는 것 등의 내용을 포함하고 있었다. 그리고 이러한 개혁의 결과 등장한 새로운 현상이 바로 1990년대 중반 공화당이 하원의 다수당을 차지할 때까지 유지된 의회 '소위원회정부(subcommittee government)' 체제라고 할 수 있다. 즉 의회권력이 상임위원회 위원장이 주도하는 상임위원회에서 좀 더 하위단위로 내려와서 소위원회 위원장으로 하향 확산되어 내려가는 현상이 나타난 것이다. 이러한 과정을 통해서 상임위원회 소속 소위원회 위원장의 권한이 강화되었고, 이에 반비례해서 상임위원회 위원장의 권한이 제한되기에 이른 것이다(손병권 2002).

그러나 1958년 중간선거 이후 제86대 하원에서는 남부출신 의원의 숫자가 111명으로 사실상 현상을 유지한 반면, 동부출신 의원이 19명, 중서부출신 의원이 21명 증가하여 비남부출신 의원이 172명을 차지하게 되었다. 그 결과 남부 대 비남부 의원의 비율은 1대 1.54로 증가하여 비남부출신 의원들이 민주당의 주류로 성장하기 시작하였다(*Congressional Quarterly Weekly Report* 1958, Nov. 7: 1399-1405).

51) 1958년 의회 중간선거 이후 1970년대 의회개혁 이전까지 민주당 내의 자유주의 세력의 등장과 성장에 대해서는 Stevens et al.(1974)을 참조하기 바란다.

우선 상임위원회 위원장을 연공서열에 따라서 자동적으로 선출하던 방식에 대한 혁신이 일어나게 되었는데, 이러한 도전의 발상지는 바로 의원총회였다. 물론 이러한 도전이 상임위원회 위원장의 선출에 관한 연공서열제를 폐지한 것은 아니었다. 그러나 중요한 것은 의원총회에서 연공서열제에 따른 상임위원회 위원장 선출에 불만을 제기할 경우, 의원총회가 비밀투표를 통해서 상임위원회 위원장을 선출할 수 있다는 새로운 방식이 도입되었다는 점이다. 실제로 1970년대 중반 이러한 의회개혁의 결과 민주당 의원총회를 통해서 소수이기는 하지만 현직 상임위원회 위원장이 위원장 재선에 실패하는 사례가 나타나기도 했다.[52]

이와 같이 의원총회의 문제제기가 있을 경우 연공서열만이 상임위원회 위원장 선임의 기준이 될 수는 없다는 규정이 확립됨과 함께, 민주당 의원총회 주도로 1973년에 '소위원회 권리장전(Subcommittee Bill of Rights)'이라고 불리는 개혁조치가 등장하였다. 이는 상임위원회 위원장이 임의로 지명하던 소위원회 위원장을 전체 상임위원회에서 투표를 통해서 결정하도록 하고, 소위원회도 역시 상임위원회 위원장 임의로 구성할 수 없도록 하였으며, 특별한 경우가 아니면 상임위원회에 회부되는 법안은 소위원회에 먼저 회부되어 심의되도록 한다는 내용 등을 담고 있었다. 소위원회 권한강화를 위한 개혁조치는 또한

---

52) 1975년 1월 제94대 의회 개원 당시 민주당 의원총회에서 패트먼(Wright Patman), 허버트(F. Edward Herbert), 포지(William Poage) 등 세 명의 상임위원회 위원장이 위원장직에서 물러나야 했는데, 그 이유는 대체로 이들이 매우 보수적이었기 때문이었다. 이들 세 명의 위원장은 모두 당시 나이가 70세 이상이었고 남부출신(패트먼과 포지는 텍사스주 출신이며 허버트는 루이지애나주 출신)으로, 이념적으로 자유주의적으로 변화했으며 전반적으로 연령도 하향화되어 가고 있던 민주당의 주류세력과는 매우 거리가 있었다. 민주당 주류세력에게 이들 세 의원이 구가하고 있었던 위원장 지위는 매우 불공정한 것이었다.

상임위원회 위원장이 독점하였던 재원과 인력을 소위원회 및 소위원회 위원장에게도 할당하여 실질적으로 소위원회가 상임위원회와 함께 입법과정의 핵심적인 기관으로 활동할 수 있는 토대를 마련해 주었다. 이러한 변화는 의회권력이 19세기 정당정부 시대 이후 상임위원회정부 시대로 이동되는 분권화과정을 거친 이후, 다시 소위원회정부 시대로 이어지면서 더욱 하향 분권화되었음을 의미했다.

1970년대 중반 민주당 주도의 의회개혁에서 흥미 있는 사실은 소위원회 중심의 분권화 현상이 다른 한편으로는 하원의장의 권한을 강화하는 것과 함께 추진되었다는 점이다. 즉 1930년대 이후 1960년대에 이르는 과정에서 완성된 의회 상임위원회정부는 분권화 현상을 촉진시키면서 하원의장 등 다수당 지도부의 권한을 약화시키는 방향으로 진행되었던 반면, 1970년대 중반 민주당 주도의 의회개혁의 결과로 나타난 의회 소위원회정부의 등장과 상임위원회 위원장 권한의 제한은 하원의장 등 다수당 지도부의 권한을 강화시키는 일견 상반된 현상을 동시에 이루어냈다.

그러나 민주당 정당지도부의 권한강화 현상은 과거 클레이나 캐넌 하원의장의 권한강화와는 근본적으로 성격이 달랐는데, 이는 민주당 주도의 개혁에서는 일반의원의 뜻이 모아져서 다수당 지도부의 권한이 강화되었기 때문이다. 1970년대 민주당 주도의 의회개혁 결과 나타난 소위원회정부와 하원의장의 권한강화는 모두 '민주당 의원총회'라는 일반의원 전체가 모인 집단의 집합적 지지의 결과로 나타난 것이었다. 따라서 하원의장의 권한강화는 19세기처럼 '지도자 추동형'의 현상이라기보다는 의원총회가 중심이 되어 나타난 '추종자 추동형'의 현상이었다. 즉 하원의장 등 다수당 지도부의 권한은 이들이 얼마나 소속 의원의 일반적 의사를 잘 반영하여 상임위원회 위원장의 전횡을 견제하면서 다수당 전체의 희망 정책사항을 원만히 입법화하느냐의

여부에 의해서 결정되기에 이르렀다.53)

즉 일반의원의 집합조직인 의원총회의 중지(衆志)를 잘 대변하는 하원의장의 권한은 강화될 수 있는 반면, 그렇지 못한 하원의장의 권한은 위축될 수밖에 없는 '의원총회 의존형 다수당 지도부'가 등장한 것이다. 따라서 이후 미국의회에서 하원의장 등 정당지도부에 대한 의원총회 지지의 통합성이나 분열의 수준이 이들의 실제적 권한행사에 중대한 영향력을 미치는 변수가 되었다.54)

이러한 새로운 유형의 하원의장은 상임위원회 위원장의 권한을 견제하여 입법과정의 병목현상을 타파하고 개혁법안을 만들어 나가기 위한 노력 가운데 나타난 결과였다. 따라서 과거 캐넌 의장 몰락 이전의 19세기 의회 정당정부 시대처럼 상임위원회 위원장의 권한을 위계적으로 통제하는 형태의 하원의장 권한강화 현상이 나타난 것은 결코 아니었다. 그보다는 분권화된 의회권력의 담당자였던 상임위원회 위원장의 권한을 어느 정도 제한하면서 일반의원들과 협력전선을 구축한 새로운 형태의 하원의장이 선을 보인 것이다.

---

53) 의회 다수당인 민주당이 실제로 의회를 효과적으로 통제할 수 없었던 것은 민주당 다수 세력의 의견이 연공서열제에 의지하여 상임위원회 위원장을 불비례적으로 차지하고 있는 남부의 보수성향 고참의원들에 의해 빈번히 좌절되었기 때문이었다. 이러한 생각에 따라서 1970년대 중반 개혁을 주도하던 볼링(Richard Bolling) 의원은 '의원총회의 통제'하에 하원의장의 권한을 강화하는 방향으로 민주당을 개혁해야 한다는 생각을 굳히게 되었는데, 이는 하원의장의 권한을 강화하되 과거 캐넌 하원의장과 같은 독재적 다수당 지도자가 등장하는 것을 방지하기 위해서였다(Rohde 1991: 7).

54) 2015년 9월 공화당 베이너(John Boehner) 의원의 하원의장 사임발표는 의원총회의 지지가 없거나 혹은 당내 이념적인 분열이 심할 경우 다수당 지도부의 지도력 발휘가 매우 어렵다는 점을 일깨워준 적절한 사례가 되고 있다. 베이너 하원의장은 당시 오바마 대통령과 세제개혁 등에서 협력했다는 공화당 내 티파티 운동 성향의 강경 재정보수주의 세력인 프리덤 코커스(Freedom Caucus) 소속의원들의 집중공격에 직면하여 사임을 결정한 것으로 알려져 있다.

6. 정파적·이념적 대립의 심화

1970년대 중반 의회개혁 이후 소위원회정부로 운영되던 미국 의회정치에 일대 변화가 일어난 것은 1980년대 말 이후 서서히 등장하기 시작한 미국정치의 이념적 양극화 현상과 맥락을 같이 하고 있다. 1970년대 중반 이후 상임위원회 위원장의 권한이 소위원회를 중심으로 다시 하향 분권화의 경향을 보였고, 의원총회의 지지를 받는 하원의장의 권한이 증가된 것은 전술한 바와 같다. 그런데 1980년대 레이건(Ronald Reagan) 공화당 행정부의 등장 이후 상당히 빠른 속도로 미국이 보수화되고, 이와 함께 레이건 행정부의 보수적 정책에 대해서 민주당을 중심으로 한 자유주의 세력이 상당히 반발하면서 미국의 이념적 양극화의 단초가 보이기 시작하였다.

이러한 상황에서 1992년 클린턴(Bill Clinton) 민주당 행정부가 등장하여 의료보험개혁, 군대 동성애자 커밍아웃 허용 등 자유주의적 정책을 펼쳐 나가기 시작하자, 민주당을 지지하지만 보수성향을 보였던 남부지역 유권자들과 의원들이 불만을 품기 시작하였다. 그 결과 남부지역의 유권자들이 자신들의 이념을 좇아 공화당을 지지하기 시작하면서 미국정치의 정파적 양극화와 이념적 대립이 본격적으로 드러나기 시작하였다. 이로 인해 '공화당 혁명'이란 불리는 1994년 의회 중간선거를 분기점으로 하여 미국정치가 본격적으로 정파적 양극화와 이념적 대립의 길로 접어들면서 의회도 정당양극화 및 이념갈등이 격화되는 현상을 경험하게 되었다.[55] 이러한 정당 간 이념적 대립현상

---

55) 1994년 중간선거는 미국하원의 다수당 지위가 40년 만에 바뀐 '전기적 선거'로 인식되고 있다. 남북전쟁 이후 전통적으로 남부지역에서 강세를 보이던 민주당은 남부지역 유권자들의 공화당 지지선회로 인해 지지기반을 상실하게 되었다. 남부지역의 유권자들은 자신들이 전통적으로 지지했던 민주당이 자유주의적 노

은 20세기 말에서 21세기 초의 정당정부 시대가 다시 도래한 듯한 모습을 보이면서, 미국정치가 의회제 국가의 정치처럼 정파적 대립과 정당이념을 중심으로 전개될 것을 예고하는 것이기도 했다. 즉, 정당의 내적 응집력이 강화되면서 의회정치가 다시 정당과 정당지도부를 중심으로 작동하기 시작하였다.

그런데 이러한 정당강화 현상이 19세기 의회 정당정부 시대의 그것과 다른 것은 1970년대 중반 민주당의 의회개혁과 마찬가지로 정당지도부의 권한이 의원총회의 일반적인 의사와 유리되어 독자적으로 행사될 수는 없었다는 점이었다. 정당의 내적 응집력이 강화되고 정당 간 이념적 대립이 심화되면서 나타난 하원의장 등 정당지도부의 강화현상은 어디까지나 이들 정당지도부가 정당구성원의 주류이념을 충실히 따를 경우에 가능한 것이었다. 따라서 정당지도부 강화의 조건이라는 측면에 있어서 1994년 중간선거에 이어서 나타난 정당지도부의 강화현상은 1970년대 중반 이후 등장한 '추종자 추동형' 강화현상과 유사성을 보인다.

그러나 1990년대 중반 이후의 정당강화현상이 1970년대 중반의 의회개혁과 명백히 구별되는 중요한 사실은 이러한 추종자 추동형 정당지도부 강화 및 정당강화 현상이 근본적으로 미국정치의 양극화 및 이의 축소판으로서 의회 내 정당양극화 현상의 부산물이라는 점이다. 즉 정당 내부의 이념적 응집력이 견고해지고, 이와 비례하여 정당 간 정책적 공감대가 사라지면서 의회제와 유사한 정당 중심의 정치가 다시 도래했다는 점에서, 1990년대 중반 이후의 미국의회 정당지도부

선을 지속적으로 견지하는 것에 불만을 표출하면서 공화당을 지지하기에 이르렀다. 그 결과 남부지역에서 공화당 후보들이 대거 의회에 입성하키면서 '남부의 공화당화' 현상이 나타나게 되었다. 보다 자세한 논의는 이 책의 제4장 III절 "제104대 의회선거와 남부의 공화당화"를 참조하기 바란다.

권한강화는 1970년대 중반의 그것과는 또 다른 차이를 보이고 있다.

1970년대 중반의 경우 미국의회는 여전히 초당적 협력이 가능했고, 민주당과 공화당 사이에는 매개적 의원집단으로 보수연맹 내부의 남부 민주당 의원이 존재하고 있었다. 그리고 의회 및 유권자 수준에서 이념 및 정책갈등이 존재하기는 했지만 이를 '양극화'라고 특기(特記)해서 부를 만한 극단적인 대립현상은 목격할 수 없었다. 그리고 당시 다수당 지도부의 강화는 상임위원회 위원장의 권한을 제한하고 소위원회를 강화시키려는 목적에서 민주당 의원총회에 의해서 추진된 것이었다.

그러나 이와 달리 1980년대 말부터 시작해서 1990년대 중반 이후 본격화된 정당지도부의 권한강화 현상은 미국사회의 양극화와 의회의 정파적 대립의 심화에 따라서 정당의 내적 응집력이 강화되고 정당간 공감대가 사라지면서 나타난 결과였다. 따라서 1990년대 중반 이후 미국의회에서는 하원의장을 중심으로 권한이 집중되는 현상을 보이고 또한 의원총회가 더욱 강화되는 현상이 나타나면서도, 다른 한편으로는 상임위원회와 소위원회의 권한약화 현상도 함께 가져왔다. 이와 같이 1994년 중간선거 이후 상임위원회 및 소위원회의 권한이 제한되고 정당이념에 충실한 하원의장 등 정당지도부의 권한이 강화되는 과정에서 상임위원회가 1970년대 중반 의회개혁 이전의 권한을 회복하는 것은 사실상 불가능했다. 즉 다수당 소속 상임위원회 위원장과 소속의원들이 정당의 정책 및 이념에 충실한 법안을 작성해야 한다는 정당지도부와 의원총회의 의사에 저항하면서까지 자율성을 구가할 수는 없었다.

1995년 제104대 의회가 개원한 후 깅그리치 하원의장이 취임한 시기부터 본격화된 정파적 의사진행은 이후 부시 행정부, 오바마 행정부, 그리고 현재의 트럼프 행정부에 이르기까지 지속되고 있는 형편이다. 소수당과 다수당 간의 극단적인 갈등, 심의와 타협의 실종, 소수당을 배제하는 다수당 단독의 하원 의사진행, 개별의원과 소수당의 의사가 존중되는 기관이라고 불리던 상원마저 정파적으로 운영되는 현상 등이 일시에 등장하면서 미국 의회정치는 정당정치에 포획된 채 진행되는 상황이 일상화되기에 이르렀다.

대통령의 소속정당과 의회 다수당이 일치할 경우 다수당은 소수당을 배제한 채 대통령의 선거공약이나 중점정책을 입법화하기 위해 노력했고, 반면에 소수당은 다수당의 이러한 의사진행을 강하게 반대하는 경우가 일반적인 유형으로 굳어지기 시작하였다. 미국정치가 극단적인 정파적·이념적 양극화의 소용돌이에 내몰린 가운데, 소수당의 입장에서 볼 때 다수당 소속 대통령은 '국정 전반을 초당적으로 총괄하는 행정부의 수반'이라기보다는 '행정부를 장악한 다수당의 최고지도자'로 인식되었다. 이미 서론에서 밝힌 대로 이러한 상황을 일컬어 '미국 의회정치의 의회제 국가 의회화' 현상이라고 칭하는데, 이는 미국 대통령제가 표방한 행정부와 입법부 간의 권력분립과 견제와 균형의 원칙이 약화되고, 대통령 소속정당과 대통령 반대정당 간의 이념적·정파적 갈등이 점점 더 보편화되어 가고 있음을 의미하는 것이다.

제 **3** 장

전통적인 미국의회의 특징

제2장에서 설명된 바 미국의회의 역사적 전개과정에 대한 개괄적인 지식을 바탕으로 해서, 제3 장에서는 미국의회가 정당정치에 포획되어 이념적 대립과 정파적 갈등의 장소로 변질되기 이전에 보여주었던 전통적인 모습을 살펴보고 자 한다. 즉 이 장에서는 미국의회가 상임위원회 중심의 분권화체제 를 구축한 상황에서 정당 간 타협을 통해서 작동하여 의회정치의 전형과 모범으로서 운영되던 당시의 모습이 어떠하였는가 하는 점을 집중적으로 살펴볼 것이다. 이러한 소위 '전통적'이고 '교과서적'인 미국의회의 모습을 파악한 후에야 비로소 정파적 대립과 이념적 갈등으로 인해 그 성격이 변모한 미국의회의 현재 모습을 보다 명확하게 분석할 수 있을 것이다.

이러한 목적에 따라서 제3장은 전통적인 미국의회의 모습을 상임위원회 중심의 분권화체제, 취약한 정당지도부의 권한, 지역구 중심의

정치와 현직의원의 높은 재선율, 그리고 호혜성, 연공서열제, 도제주의의 규범 등의 소주제를 중심으로 설명할 것이다. 이러한 논의를 통해서 상임위원회에 소속된 개별 의원과 이들의 지역구 활동을 중심으로 한 분권화된 의회정치, 즉 의회 '상임위원회정부'의 모습을 '미국의회의 전형'으로 파악하고, 이러한 전통적 미국의회의 다양한 제도, 의원행태, 의회규범 등을 분석하고자 한다.

I. 상임위원회 중심의 분권화체제

전통적인 미국의회의 특징 가운데 현재까지도 여전히 유효한 제도적 요소를 지적하라고 한다면, 이는 무엇보다도 미국의회가 상임위원회를 중심으로 운영된다는 점이며 이에 대해서 의문을 제기할 사람은 없을 것이다. 상임위원회의 기원과 기능에 대해서는 다양한 논의와 논쟁이 있지만(Aldrich 1995; Cooper 1970; Cox and McCubbins 1993; Krehbiel 1987, 1990, 1992; Rohde 1995; Shepsle 1978; Shepsle and Weingast 1987), 적어도 미국의회가 전통적으로 분권화된 체제로 운영되어 왔다는 점에 대해서는 미국의회 연구자들이 모두 동의하고 있다. 앞의 제2장에서 설명했듯이 의회 상임위원회정부 시대 및 소위원회정부 시대를 거친 후 1990년대 중반을 지나면서 이러한 분권화체제가 상당히 약화되고 정당이 강화되는 모습을 보여 온 것은 분명한 사실이다. 그러나 여전히 미국의회의 의사진행은 상임위원회를 입법과정의 주요기관으로 하여 진행되고 있다. 비교의회론적인 관점에서 볼 때에도 다른 어느 나라보다도 미국의회가 상임위원회를 중심으로 의사를 진행하고 있다는 점은 부인할 수 없다(Arter 2006; Mezey 1990; Owens and Loomis 2006; Polsby 1990; Shaw 1990). 그리고 상임위원회 중심의 미국의회의 의사진행 방식은 1930 년대에서 1960년대를 거치면서 구축되어 온 전통적인 '상임위원회정부'를 그 원형으로 하고 있다고 말할 수 있다.

미국의회에서 상임위원회 중심의 전통적인 분권화체제란 정당이나 정당지도부가 아니라 상임위원회와 상임위원회 위원장이 의사진행의 중심이 되며, 이들의 권한이 상대적으로 강하다는 점을 의미하는 것이다. 다시 말해서 의회권력이 정당이나 정당지도부에 중앙집권적으로 귀속되어 있는 것이 아니라, 정당지도부와 함께 상임위원회와 상임위원회를 총괄하는 상임위원회 위원장에게도 부여되어 있음을 의미하는 것이다. 분권화된 의회권력의 상징으로서 상임위원회 및 상임위원회 위원장의 권한이 강하다는 것은 이들이 또한 정당지도부로부터 상당한 자율성을 확보하고 있음을 의미하는 것이다. 이와 아울러 이러한 자율성의 기반에는 상임위원회의 독자적인 정책결정 능력과 이를 인정하는 규범이 존재하고 있다는 것을 의미한다.

전통적으로 미국의회 상임위원회의 권력은 상임위원회가 자체 법안의 형태로 독자적인 정책개발과 행정부 제안에 대한 대안을 제시할 수 있다는 사실을 토대로 한다. 권력분립과 견제와 균형의 원리를 특징으로 하는 미국 대통령제에서 의회는 행정부의 정책제안에 일방적으로 끌려 다니지 않고 자신만의 목소리를 제기함으로써 국민을 대변하는 기관으로서의 역할을 수행해 왔다. 이를 위해서는 소관 영역별로 소수의 의원을 배분하여 이들로 하여금 정책개발에 주력하게 하고 이를 토대로 법안을 작성해 내도록 할 필요가 있었는데, 이러한 노동분화와 정책전문성을 위한 노력이 처음에는 '임시위원회' 형태로 나타났고 이어서 '상임위원회'제도로 서서히 굳어졌음은 제2장에서 설명한 바와 같다. 즉 의회의 독자적인 정책결정 능력 배양을 위한 노력이 미국의회 상임위원회 등장의 역사적 배경이라고 볼 수 있다(Cooper 1970; Kriebiel 1987, 1992).

제2장에서 설명한 대로 19세기 이후 정당지도부의 권한이 매우 제한된 상황에서 1920년대를 거쳐 1930년대에 이르러 의회권력의 공백을 메우면서 새로운 권력의 핵심으로 부상한 인물이 상임위원회 위원장이었다. 그 후 1970년대 중반 의회개혁 시기까지, 그리고 더 가까이는 1990년대 중반에 이르기까지 상임위원회 위원장은 의사일정 전반에 대해서 상당한 영향력을 행사할 수 있었다. 상임위원회가 정책 전문성과 이를 위한 노동분화를 특징으로 하고 있다는 점에서도 알 수 있듯이, 1930년대 이후 의회권력은 개별 상임위원회를 중심으로 본격적으로 분권화의 길을 걷기 시작했다. 1970년대 중반 민주당 주도의 상임위원회 개혁은 하원의장 등 정당지도부와 의원총회의 협력을 통해서 이들 두 기관의 위상을 높였고, 다른 한편으로 상임위원회 위원장을 견제하는 소위원회 위원장의 권한을 강화시켜 이러한 분권화 현상을 더욱 촉진시켰다(Peabody 1976; Rieselbach 1978, 1986).

그렇다면 이와 같이 상임위원회가 20세기에 들어와서 의회권력의 핵심기관으로 등장하여 강력한 영향력을 행사할 수 있었던 토대는 무엇인가? 이러한 질문에 대한 답변과 관련하여 상임위원회의 전문성과 이러한 전문성에 대한 존중이라는 의회규범, 그리고 법안진행과 관련된 상임위원회의 의사진행상의 제도적 권한이 중요하다고 볼 수 있다.

상임위원회가 의회 내 권력분권체제의 핵심기관으로 작동할 수 있었던 가장 중요한 이유는 상임위원회의 정책전문성에 기인하는 바가 크다. 먼저 상임위원회제도는 무엇보다도 행정부 독주를 방지하고 의회의 독자적 정책결정 능력을 제고시켜 의회의 자율성을 향상시키기 위해서 도입되고 증설되었다. 특정한 영역에 지속적으로 봉사하는 소수의원으로 하여금 법안에 대한 심의와 연구를 통해 사실에 근접한 정보를 만들어 내고, 이를 의회 전체에 확산하여 의회가 국민대표 기관으로서 양질의 정보를 생산해 내게 하기 위한 기관이 상임위원회인 것이다(Krehbiel 1992). 이러한 전문성을 토대로 하여 상임위원회는 자신들의 고유한 정책을 개발하여 이를 토대로 법안을 작성하고, 행정부가 제시한 입법제안을 비판적으로 검토하며, 자신의 독자적인 대안을 제시하였다. 또한 전문성을 토대로 해서 상임위원회는 동료의원들에게 상임위원회 소관 각종 법안에 대해서 조언을 해 주고, 이를 통해 이들의 존경을 받고 의회 전체의 지원을 획득할 수 있었다. 킹던(John Kingdon)이 지적한 대로 의원의 투표결정에 있어서 가장 중요한 조언자(cue-giver)는 그 법안을 다루는 소관 상임위원회 소속 동료의원이라는 지적이 시사해 주는 것은 상임위원회의 권력이 정책전문성과 이에 대한 의원들의 존중에서 나온다는 점이다(Kingdon 1989: 85-88).

자신의 정책전문성과 이에 대한 동료의원의 존중과 함께 상임위원회가 의회 내에서 권력기관으로 성장할 수 있었던 또 다른 요인으로는 입법과정상 상임위원회가 차지하고 있었던 위치와 이에 따른 권한에 있다. 입법과정의 위치에 따른 상임위원회의 제도적 권한은 상임위원회를 통하지 않고서는 법안이 본회의에 상정될 수 없다는 의사진행방식과 매우 밀접하게 관련되어 있다.1) 어떠한 법안이든 일단 의회에 소개되면 법안심의를 위해서 반드시 거쳐야 하는 관문이 상임위원회이기 때문에 상임위원회의 중요성과 존재감이 부각된다고 할 수 있다. 물론 전통적인 상임위원회정부의 분권화체제하에서도 다수당 지

---

1) 1990년대 중반 이후 의회에서 정당 간 갈등이 심화되면서 다수당 지도부가 상임위원회의 심의과정을 우회하여 자신들이 원하는 법안을 작성하는 경우가 늘어난 것은 사실이다. 이에 관해서는 후술될 제5장 III절을 참조하기 바란다.

도부가 같은 정당소속 상임위원회 위원과 위원장에 대해서 일정 수준 협력을 요구하고 입법의 필요성을 압박할 수는 있었다. 그러나 궁극적으로 법안의 통과와 관련하여 최종적 결정권은 상임위원회와 상임위원회 위원장이 보유하고 있었다고 보는 것이 옳다.

　미국의회의 경우 법안이 소개되면 하원의장과 상원의 다수당 대표는 양원 의회관료의 협조를 얻어서 법안을 소관 상임위원회에 회부하게 된다. 이때 일차적으로 소관사항과 관련된 법률을 심의하고 최종적으로 법안을 작성하여 위원회 보고서와 함께 본회의로 송부하는 역할을 담당하는 기관이 상임위원회이다. 따라서 상임위원회는 법안 작성과정에서 수문장의 역할을 수행하여 법안의 흐름을 지연시키거나 촉진시키기도 하고, 혹은 심지어 법안에 대한 심의를 거부하여 법안이 본회의에 상정조차 되지 못하게 만들 수도 있다.[2] 법안작성과정에서 상임위원회가 차지하는 이러한 수문장 역할 역시 상임위원회가 분권화체제의 권력기관으로 작용할 수 있게 만들어 준 요인이 되었다.

　이러한 수문장 역할 이외에도 상임위원회는 자신이 제출한 법안이 본회의에서 토론될 때 본회의에서 다수의견과 소수의견을 대변하는 의원을 상임위원회 소속의원 가운데에서 지명할 권한이 있다. 또한 상임위원회는 법안이 양원을 통과하여 최종적으로 양원협의위원회를

---

2) 상임위원회 위원장이 상임위원회를 아예 소집하지 않는 방식으로 법안심의를 지연시키는 전술은 의회 상임위원회정부 시대에 흔히 목격될 수 있는 현상이었다. 민권개선, 복지확대, 최저임금 인상 등 자유주의적 법안을 제출한 민주당 케네디 행정부나 존슨 행정부 당시 보수적 상임위원회 위원장의 지연전술이 심심치 않게 목격되었다. 당시 다수당이었던 민주당 소속이기는 하지만 이념적으로 매우 보수적이었던 남부지역출신 민주당 상임위원회 위원장들은 민주당 행정부가 제출하는 법안의 논의를 본원적으로 막기 위해서 고의로 상임위원회 소집을 지연시키는 경우가 많았다. 이에 대한 민주당 개혁과 의원의 불만이 쌓이면서 1970년대 중반에 상임위원회에 대한 대폭적 개혁이 추진되었다.

통해 단일 법안으로 조정되는 단계에서도 이 위원회에 참여할 의원을 선발하는 권한도 가지고 있다.3) 법안의 초기 작성단계에서부터 본회의에서 법안취지를 설명할 의원의 선정에 이어, 최종적으로 양원 간 법안조율과정에 이르기까지 상임위원회와 상임위원회 위원장이 차지하는 권한은 매우 크다고 할 수 있다. 그리고 이러한 의사진행상 상임위원회가 수행하는 독자적 역할이 바로 상임위원회 권한의 토대가 되고 있다.

II. 취약한 정당지도부의 권한

미국의회는 19세기 말 이후 사회분화에 따른 전문화의 요구에 의해 의회제도화가 일정 수준 이루어졌고, 1930년대를 거쳐 1960년에 이르면서 상임위원회가 사실상 의회권력의 중심이 되는 분권화체제를 이룩하게 되었다. 이러한 과정을 거치면서 다른 한편으로 미국의회는 정당지도부의 권한이 약화되는 것을 경험해야 했다. 하원의장, 다수당 및 소수당 원내대표, 그리고 다수당 및 소수당

---

3) 쉡슬리와 와인개스트(Barry Weingast)는 양원협의위원회 단계에서 상임위원회가 발휘하는 영향력에 주목하여 이를 '사후적 상임위원회의 권한(ex post committee power)'이라고 명명하고, 이러한 기능이 상임위원회의 권력의 궁극적인 토대가 된다고 주장한 바 있다(Shepsle and Weingast 1987). 그러나 상임위원회 권한의 원천이 위원회의 전문성이 아니라 법안진행과정에서 상임위원회가 차지하는 최종적 위치에 있다는 주장은 다소 문제가 있어 보인다. 상임위원회의 권한을 전문성에 기반한 정보확산의 기능에서 찾아보는 크레빌(Keith Krehbiel)의 반론을 살펴보기 위해서는 Kriebiel(1987, 1990)을 참조하기 바란다.

원내총무 등 정당지도부는 19세기 의회 정당정부 시대와 달리 1930년대 이후 의회 상임위원회정부 시대에 접어들면서 상임위원회 위원장들의 협력 없이는 의사를 원만하게 진행할 수 없었다.

제2장에서 설명했듯이 1830년대 잭슨민주주의 시대를 경과하면서 미국은 선거정치와 정당정치가 남성 보통선거권의 확립과 함께 전국적으로 활성화되기 시작했다. 선거 및 정당정치가 활성화되면서 미국 정치가 전반적으로 정당을 중심으로 진행되기 시작했는데, 이와 함께 의회에서는 양대정당 간의 본격적 대립이 시작되었고 하원의장 등 정당지도부의 권한이 서서히 강화되어 갔다. 클레이, 리이드(Thomas Reed), 캐넌 등 다수당의 의사진행 권한을 신장시킨 강력한 하원의장들이 등장하였는데, 다수당 지도부의 권한확대의 이면에는 유권자 수준에서 정당을 중심으로 투표하는 경향이 높았다는 사실이 존재하고 있었다.

유권자들이 제2차 정당체제 당시 휘그당과 민주당 혹은 제3차 정당체제 당시 공화당과 민주당 등 양당 간의 대결에서 자신의 정당일체감에 따라서 의회선거에 임하는 정당투표의 경향을 강하게 보이고, 이러한 유권자의 투표성향에 따라서 선출된 의원들의 정당충성도가 높아지면서 정당지도부의 권한 또한 신장될 수 있었다(Cooper and Brady 1981; Cox and McCubbins 1993; Jones 1968).[4] 그러나 19세기 말 이후 유권자 수준에서 정당투표의 경향이 약화되고 의회선거에 대한 유권자의 투표율이 현저히 낮아지면서, 의회 내에서 정당지도부의 영향력이 감소하는 현상이 동반되어 나타났다.[5] 반대로 20세기 초반

---

[4] 미국의 경우 정당재편에 따른 정당체제의 역사적 전개과정과 각 정당체제의 특징에 대해서는 McCormick(1986a)을 참조하기 바란다.

[5] 1896년 제4차 정당체제의 출범 이후 민중주의(populism)가 완전히 퇴조하면서 각급 선거의 투표율이 하락하는 과정을 잘 설명해 놓은 저술로는 McGerr(1986)를 참조하기 바란다.

이후 의원들의 재선율이 높아지고[6] 지역구 중심의 의정활동이 일반화되면서 정당지도부가 차지하던 의회권력의 공백을 상임위원회 위원장들이 대신 채우게 되는 상임위원회정부 시대가 도래한 것이다.

이와 같이 1930년대 이후 미국의회에서는 상임위원회와 위원장을 중심으로 의사가 진행되면서 정당지도부의 권한이 크게 주목받지 못하게 되었다. 이러한 상황에서 하원의장이나 상원 다수당지도자 등 정당지도부는 상임위원회 위원장의 협력이 없이는 의사를 원활하게 추진해 나갈 수 없었다. 오히려 정당지도부는 입법주체가 된 상임위원회 위원장 간에 갈등이 있으면 이를 중재하는 입법조정자의 역할을 수행하는 것에 만족하게 되었다. 하원의장이나 다수당 원내대표 등 다수당 지도부는 상임위원회가 핵심이 되는 의회 권력구조 속에서 상임위원회가 법안을 신속하게 처리될 수 있도록 지원해주는 역할을 수행하였고, 이때 정당지도부는 '명령형 지도자'가 아니라 '조정형 지도자'의 모습을 띠고 나타났다. 미국에서 최장 기간 하원의장을 역임한 민주당의 레이번 의원의 온건하고 원만한 지도력은 의회 상임위원회정부 시대의 권력구조가 만들어 낸 부산물이라고 할 수 있다(Cooper and Brady 1981).

의회 상임위원회정부의 도래와 함께 정당지도부의 권한을 약화시킨 요소는 지역구를 중심으로 전개되는 미국 선거정치의 특징과도 관련되어 있다. 그리고 미국선거의 특징은 유럽 정당정치와 차별화된 현상을 보이면서 미국정당이 상대적으로 약하다는 인식을 심어주는

---

6) 참고로 하원의 경우를 보면 1900년 선거 이후 1918년에 이르기까지 선거에 출마한 현직의원의 재선율이 75% 이하로 떨어진 적이 없으며, 평균적으로 85.2%의 재선율을 보여서 현재 하원의원의 재선율에 5~10%의 격차로 육박했음을 알 수 있다. 그러나 1880년부터 1898년까지의 선거를 보면 재선율이 75% 이하로 떨어지는 경우가 4차례 있었으며 평균 재선율은 76.2%에 불과했다(Huckabee 1995).

데 기여하였다. 유럽의 기율정당은 정당강령을 중심으로 작동하여 정당지도부와 정당의 이념이 전통적으로 강한 것으로 인식되어 왔다. 영국이나 일본과 같은 영국형 의회제 국가나 혹은 독일, 스웨덴, 벨기에 등 대륙형 의회제 국가 모두 정당기율이 강하고, 선거 역시 중앙당이 내건 정강과 정책을 중심으로 진행된다. 따라서 유권자들의 후보선택은 단순다수제하에서 1인 지역구가 있는 경우나 비례대표제에 의한 정당투표 혹은 혼합형 선거제도가 실시되는지의 여부에 상관없이 주로 정당에 대한 유권자의 평가에 따라 결정된다. 따라서 의회선거의 결과는 대체로 전국적인 수준에서 집권당과 내각, 그리고 내각을 이끄는 총리에 대한 유권자의 평가에 따라 결정된다. 지역구가 있는 의회제 국가라고 하더라도 지역구의원의 선발은 상당 부분 지역구 사업보다는 집권당이나 혹은 총리가 이끄는 내각에 대한 평가의 결과라고 볼 수 있다.

이와는 달리 전통적인 미국 의회선거는 개별 현직의원이나 도전자가 자신들이 직접 구성한 선거운동팀을 중심으로 치러진다. 의회선거 때마다 각 주나 카운티별로 정당(지구당)의 지원이 있기는 하나, 이는 대체로 유권자 및 정당 지지자의 선거동원과 이를 위한 당원명부의 제공 등에 국한되어 한계가 있다. 따라서 의회선거는 거의 전적으로 재선에 도전하는 현직의원이나 도전후보 개인이 구성한 선거운동팀에 의해서 관리된다. 이때 현역의원의 경우 재선여부는 자신이 속한 정당에 대한 유권자의 우호적 평가에 의해서 결정되기보다는 자신에 대한 유권자의 지지를 확보하는 데에 있다. 현직의원에 대한 지역구 유권자들의 평가가 미국 의회선거의 핵심이라고 할 수 있으며, 이와 관련하여 "모든 정치는 지역적 정치이다("All politics is local.")"라는 오닐(Tip O'Neill) 전 민주당 하원의장의 정치적 금언이 설득력을 얻을 수 있었다. 미국 의회선거의 이러한 특징이 전국적 수준에서 정당에 대한 일반적 평가에 따라 선거결과가 좌우되는 의회제 국가의 선거와 미국 의회선거를 본질적으로 차별화시키는 점이라고 할 수 있다.[7]

이와 같이 지역구 중심으로 진행되는 선거에서 지역구 유권자의 선택을 통해서 의회에 입성하는 의원들에게 정당지도부가 영향력을 발휘할 여지는 크지 않았다. 의원들은 지역구 유권자의 반응을 생각하면서 의정활동에 임하는 것이 일반적이었고(Fiorina 1989; Mayhew 1974a), 지역구에서의 재선에 가장 유리한 의정활동을 할 수 있도록 상임위원회에 배정받기를 원했다(Shepsle 1978). 그리고 이러한 의회활동의 결과에 대한 지역구 유권자의 평가를 통해서 재선여부가 결정되기 때문에, 이러한 선거와 의정활동의 관련을 두고 볼 때 정당지도부의 권한은 상대적으로 제한되었다.

이러한 지역구 중심의 의정활동과 함께 정당지도부의 권한을 제한하는 또 다른 중요한 요인은 의회선거에 진출할 후보 선발과정에서 정당지도부의 개입이 최소화되는 미국의 예비선거제도라고 할 수 있

---

7) 이러한 주장이 유권자의 후보 선택에 있어서 정당이 중요하지 않았다는 점을 의미하는 것은 아니다. 전통적으로 정당일체감이 강한 유권자나 1994년 중간선거 이전 남부의 많은 지역 등 1당지배의 경향이 강한 지역의 유권자들의 경우, 후보자의 특징이나 성향, 개성에 관계없이 자신이 선호하는 특정 정당의 후보를 지지하는 것이 일반적이었다. 그럼에도 불구하고 지역구 유권자에 대한 현직의원의 대민봉사가 매우 부실하다든지, 혹은 현직의원의 선거팀 구성이나 선거자금 확보와 지출 등에서 심각한 문제가 경우에는, 현직의원이 도전후보에 의해 예비선거에서 패배할 수도 있고 여기서 승리한다고 해도 본선거에서 패배할 수도 있었다. 그리고 지역구에 대한 현직의원의 기여도를 중심으로 선거가 진행되던 의회 상임위원회정부 시기에는 현직의원이 속한 정당과 동일정당 소속 대통령에 대한 전국적 평판이 지역구 중심으로 전개되던 의회선거에 미칠 수 있는 영향력은 정당요소가 강화된 1990년대 중반 이후와 비교해 볼 때 상대적으로 적었다. 오닐 하원의장이 "모든 정치는 지역적 정치이다"라고 말한 것은 이와 같이 중앙정치의 영향력이 제한된 의회 상임위원회정부 시대 당시의 미국 의회정치와 의회선거의 특징을 지적하는 것이다.

다.[8] 미국의 경우 의회선거에 출마할 후보선출은 현직의원이나 도전후보를 막론하고 모두 예비선거를 통해서 지역구 유권자 혹은 정당원에 의해 직접 결정된다. 재선에 도전하는 현직의원이나 도전후보는 모두 예비선거를 통해 지역구 유권자나 정당원의 직접적인 신임을 얻지 못하는 한, 정당 간 후보가 겨루는 의회 본선거에 출마하지 못한다. 즉 후보선발의 최종적인 권한 혹은 상당한 권한을 중앙당이나 정당지도부가 장악하고 있는 한국이나 일본 혹은 유럽의 의회제 국가와는 달리, 미국의 경우 이러한 권한은 지역구의 유권자와 정당원에게 귀속되어 있다. 이와 같이 정당지도부가 개입할 여지가 매우 작은 예비선거제도를 통해서 후보가 선출되기 때문에, 의회 본선거에서 승리한 의원에 대한 정당지도부의 영향력은 자연히 제한적일 수밖에 없는 것이다.

1994년 제104대 의회선거를 거치면서 학계에서 '조건부 정당정부론(conditional party government)'이 등장하는 등 정당지도부, 특히 다수당 지도부의 권한이 다시 강화되는 현상을 보이고 있다.[9] 특히 다

---

8) 미국 예비선거제도의 기원에 대해서는 손병권(2003b)을 참조하기 바란다. 또한 미국 예비선거의 전반적인 운영 등 일반적인 상황에 대해서는 손병권(2015b)을 참조하기 바란다. 한편 미국의회에 초점을 맞추어 예비선거의 기원, 운영, 결과 등을 가장 포괄적으로 분석한 편집서로는 Galderisi et al.(2001)를 참조하기 바란다. 특히 의회예비선거의 역사적 맥락에 대해서는 이 편집서 가운데 Galderisi and Ezra(2001)를 참조하기 바란다.

9) '조건부 정당정부론'의 핵심은 미국의 경우 의회제 국가와 같이 정당이 의회정치를 완전히 지배하는 것은 아니지만, 특정한 조건─예컨대 정당의 내적 응집력이 높아지고 정당 간 이념적 괴리가 큰 경우, 소수당에 대한 다수당의 의석격차가 큰 경우, 의회에서 논의되는 이슈가 매우 정파적인 경우 등─이 충족되는 경우에는 미국의회도 의회제 국가처럼 정당정부의 형태로 운영될 수 있다는 주장이다. 조건부 정당정부론에 대한 보다 자세한 내용에 대해서는 최준영(2004); Aldrich (1995, 2011); Ladewig(2005); Rohde(1991, 1995) 등을 참조하기 바란다.

수주의적 의사결정 양식으로 운영되는 하원의 경우 제104대 의회선거 이후 정당 내부의 이념적 응집력이 강화되면서 이러한 이념과 일치하는 방식으로 의사를 운영하는 하원의장의 권한이 상대적으로 강화되는 경향을 보였다. 또한 부시 대통령과 오바마 대통령 집권기를 경과하면서 다양한 이슈에서 민주당과 공화당 간의 대립이 격화되어 정당이 다시 의회정치에 중요한 변수로 등장하기에 이르렀다. 그러나 1930년대 이후 1960년대에 완성되어 1980년대에 이르는 기간까지 지속되어 온 의회 상임위원회정부의 전형적인 모습은 정당이념, 의원총회, 정당지도부의 영향력이 강화된 현재의 미국 의회정치와는 현저히 다른 것이었다. 이와 같이 현재와 다른 모습을 보이는 전통적 미국의회의 여러 특징들이 정당지도부 권한이 제한되었던 의회 상임위원회정부 시대에 빈번히 목격되었다.

III. 지역구 중심의 정치와 높은 의원재선율

앞의 두 절에서 설명한 것처럼 미국정치학의 교과서에서 일상적으로 언급되는 전통적인 미국의회는 상임위원회 중심의 분권화체제와 정당지도부의 권한이 약하다는 두 가지 요소를 주요한 특징으로 하고 있다. 이러한 미국의회의 특징은 개별의원들의 의정활동의 독립성을 보장해 주는 의회제도적 요인으로 작동했다고도 볼 수 있다. 이와 아울러 II절에서 언급한 대로 의회제 국가와 달리 의회선거 후보선발 권한이 정당지도부에 있는 것이 아니라 지역구 유권자나 지역구 당원에게 있기 때문에, 현직의원들은 지역구 이익의 확보를 위해서 노력하면서 대통령이나 정당지도부로부터 상대적으로 자유롭게 의정활동을 수행할 수 있었다.[10] 다만 이러한 주장은 의원들에 대한 대통령과 정당지도부의 영향력이 매우 미약하거나 거의 없다는 이야기와는 다르다. 미국의회의 경우에도 의원 자신이 속한 정당의 지도부와 같은 정당소속 대통령의 영향력은 클 수밖에 없고, 이들의 지시를 무시한다는 것은 의정활동에서 정당의 의사를 배반하는 것과 마찬가지로 여겨질 수도 있다. 대통령과 정당지도부, 그리고 같은 정당소속 의원이 동일한 정당이름을 공유한다는 것은 의원이 정당 및 정당지도부와 공유해야 할 집합적 이익이 분명히 있음을 의미하는 것이다(Cox and McCubbins 1993, 1995).

그럼에도 불구하고 지역구 이익과 자신이 속한 정당소속 대통령이나 정당지도부의 이익이 충돌할 경우, 의원들은 지역구 유권자의 이익을 좇아서 의정활동을 수행할 수밖에 없었다. 이는 궁극적으로 의원의 의정활동의 지속성 여부가 예비선거와 본선거라는 기제를 통해서 지역구 유권자에 의해서 최종적으로 결정되었기 때문이다.

이와 같은 의원자율성의 요체는 예비선거를 통한 지역구 당원의 공천 및 지역구 유권자의 지지를 통한 당선, 그리고 이들의 이익확보를 위한 의정활동을 통해서 재선될 수 있다는 현실, 즉 '선거적 연계(electoral connection)'의 논리에 근거한 것이다(Mayhew 1974a). 매휴(David Mayhew)가 언급하는 것처럼 의원의 의정활동은 '재선(reelection)', '의회 내 영향력 확보(influence in Congress),' 그리고 '훌륭한 공공정책의 추진(good public policy)' 등 다양한 요소를 목적으로 추

---

10) 미국의 경우 의원과 지역구와의 연계관계를 중심으로 의원의 의정활동이나 의회선거의 특징을 분석한 논저로는 Cain et al.(1984, 1987); Fenno(1978); Fiorina(1989); Mayhew(1974a) 등을 참조하기 바란다.

진될 수 있지만, 이 가운데 가장 중요한 목적은 무엇보다도 재선이라고 할 수 있다. 이는 의회 내 영향력 확보나 국가가 필요로 하는 공공정책의 추진이 중요하지 않다는 것을 의미하는 것이 아니다. 재선이 의원의 제1차적 목적이라는 명제가 의미하는 바는 궁극적으로 의원이 재선되지 않는 이상, 그 의원의 다른 목적의 실현이 보장될 수 없다는 점을 의미하는 것이다. 이렇게 볼 때 의원의 의정활동은 항상 지역구 유권자의 이익과 이들의 반응을 중심으로 전개되는 것이 지극히 당연한 것이었고, 이러한 지역구 중심의 의정활동을 통해서 현직의원의 이익이 확보되었으며, 그 결과 재선에 유리한 현직의원의 이익도 발생했다(Cain et al. 1984, 1987).

방금 앞에서 언급한 대로 도전후보와 비교해서 현직의원의 우월한 지위를 지칭하는 '현직의원의 이익'은 현직의원이 의정활동을 통해서 얻게 되는 다양한 혜택을 의미한다. 그리고 이러한 혜택은 현직의원의 지역구 의정활동의 결과로 나타나는 경우가 많으며, 지역구 중심의 의정활동은 다시 현직의원의 재선 가능성을 높여준다. 이와 같이 현직의원의 이익은 '의원직 유지 → 지역구 중심의 의정활동 → 재선 → 의원직 유지'의 선순환적 연결고리를 이어주는 중요한 자원으로 작동했다.

그럼 이와 같은 현직의원의 이익에는 어떠한 것이 있을까? 우선 현직의원은 선거자금의 측면에서 도전후보에 비해서 훨씬 더 유리하다. 현직의원은 지역구 유권자를 위해서 의정활동을 수행한 결과 지역구에서 높은 인지도를 지속적으로 유지해 올 수 있다. 그리고 현직의원의 이러한 높은 인지도는, 현직의원의 당선 가능성을 면밀히 관찰하면서 이들을 선별적으로 지원하는 이익집단에게는 하나의 긍정적 신호로 받아들여진다. 이익집단은 당선 가능성이 높다고 판단되는 후보들에게 전략적으로 선거자금을 지원하는 경향이 큰데, 전반적으로 현직의원은 지역구 사업을 통해서 높은 인지도를 유지하여 이익집단의 선거행동위원회로부터 선거자금을 지원받을 가능성이 도전후보에 비해서 훨씬 크다.[11]

선거자금상의 우위 이외에도 현직의원은 도전후보에 비해서 전국적 규모의 대중매체나 지역구 언론기관에 노출될 가능성이 더 크다. 현직의원은 입법활동을 통해서 전국적인 대중매체나 지역언론에 노출될 수 있을 뿐만 아니라, 의정활동이 없는 주말에는 빈번히 지역구를 방문하여 지역언론과 접촉할 기회도 많다. 지역구를 방문할 경우 지역언론을 통해서 자신의 업적을 소개하기도 하고 지역의 여론주도층과 접촉하면서 자신의 입법성과를 홍보할 기회도 많다. 또한 현직의원은 지역구 유권자들이 제출하는 다양한 민원을 접수하고 처리하여 자신의 봉사활동을 선전하고 유권자에 대한 호감도를 높일 수 있다. 언론노출 및 민원사업 외에도 현직의원은 지역구에 도움이 되는 다양한 사업을 추진하고 실행함으로써 지역구 유권자들의 지지를 이끌어낼 수 있다. 상임위원회를 통해서 '지역구 이익사업(pork barreling)'을 위한 법안을 추진하여 지역구 유권자들의 지지를 확보하고 차기선거에서 당내외 도전후보에 비해서 유리한 지위를 확보할 수 있게 된다.

---

11) 정치행동위원회는 이익집단이 의회선거나 대통령선거 등에서 자신이 지지하는 후보에게 선거자금을 합법적으로 기부하기 위해서 설립한 별도의 단체이다. 이익집단은 직접 선거자금을 지원하는 것이 아니라 이러한 정치행동위원회를 설립한 이후 이 기관을 통해서 후보나 정당에게 선거자금을 지원한다. 예를 들어서 미국의사협회(AMA: American Medical Association)는 미국의사협회 정치행동위원회(AMPAC: American Medical Association Political Action Committee)를 통해서, 그리고 미국상공회의소(Chamber of Commerce of the United States)는 미국상공회의소 정치행동위원회(Chamber of Commerce of the United States PAC: US Chamber PAC)를 통해서 선거자금을 기부한다. 따라서 정치행동위원회를 이익집단 산하의 선거자금 기부조직이라고 이해해도 무방하다.

현직의원의 지역구 이익사업의 추진은 상임위원회 의원 배정과정에서도 어느 정도 도움을 받고 있다. 지역구 이익을 위한 법률을 제정하는데 도움을 주는 상임위원회에서 활동함으로써 의원은 재선을 위한 선거자본을 축적하게 된다. 즉 소위 '이익-옹호-수용의 가설(interest-advocacy-accommodation hypothesis)'에 의해서 상임위원회 배정이 이루어진다는 쉐슬리의 논의는 이러한 상임위원회 중심의 전통적인 분권화 의회에 적용했을 경우 상당한 설득력이 있다(Shepsle 1978).[12) 이익-옹호-수용의 가설에 의하면 상임위원회의 의원배정은 정당지도부에 의해서 당선된 의원이 '옹호'하고자 하는 지역구 '이익'을 '수용'하는 방식으로 이루어진다는 것인데, 이렇게 구성된 상임위원회는 개별의원의 지역구 사업을 지원하면서 그의 재선에 기여하게 되는 것이다. 이와 같이 지역구 이익을 추진하는 방식으로 구성되는 상임위원회는 의회 '정당정부'라는 위계적 체제보다는 의회 '상임위원회정부'라는 분권화체제와 더 정합성을 지닌다.

지역구 이익을 위한 법률제정에 유리한 상임위원회 배정 외에도, 현직의원은 서로 다른 상임위원회에 속한 의원 상호간의 협력과 거래를 통해서 재선 가능성을 높이고 있다. 서로 다른 상임위원회에서 활동하는 현직의원들은 지역구 이익사업의 입법성공을 위해서 다른 위원회 소속 의원의 법안통과를 지원하는 협력적 의정활동을 수행한다. 개별의원들은 다른 상임위원회에 소속된 동료의원이 제출한 법안에 대해서 투표지원을 약속하면서, 그 반대급부로서 추후 자신의 지역구 이익을 위해서 자신이 속한 상임위원회가 제출된 법안에 대해 다른 의원들의 지원을 보장받는 것이다(Weingast 1979). 이와 같은 의원 간 '상호 법안 공동지원(log-rolling)' 현상은 궁극적으로 "서로 잘 지내려

---

12) 이에 대한 반론은 Krebiel(1990)을 참조하기 바란다.

면, 서로 협력하라"라는 호혜성의 규범을 만들어내면서, 의원 간 암묵적이고 장기적인 협조의 메커니즘을 창출하게 된다.[13]

이와 같은 현직의원의 이익과 상임위원회제도 등으로 인해서 의원은 지역구 이익을 도모하면서 의정활동을 수행하여 지속적으로 지역구에서 재선될 가능성을 높여왔다. 실제로 〈그림 2-1〉에 제시된 것처럼, 하원의 경우 1950년대 이후 1990년대까지, 그리고 상원의 경우 1940년대 이후 1990년대에 이르기까지 60% 이상의 득표율로 당선되는 의원의 비율이 완만하지만 점차 증가하고 있다. 의회선거 제2위 득표자에 비해서 근소한 득표율 격차로 당선되는 '근소격차 당선의원이 사라지는 현상('vanishing marginals')'이 상당 기간 지속되어 왔으며,

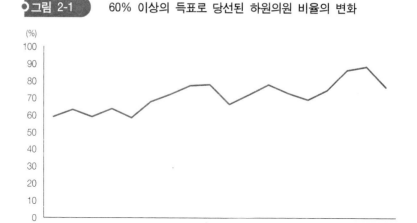

그림 2-1   60% 이상의 득표로 당선된 하원의원 비율의 변화

출처: *Vital Statistics on Congress* (2008); Norman J. Ornstein, Thomas E. Mann, Michael J. Malbin, Washington, DC, USA, Brookings Institution Press(2008), p.63의 도표를 토대로 작성

---

13) 무한반복 게임이론의 각도에서 이러한 규범을 분석적으로 논의한 저작으로는 Axelrod(1981, 1984, 1986)를 참조하기 바란다.

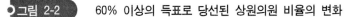

그림 2-2　60% 이상의 득표로 당선된 상원의원 비율의 변화

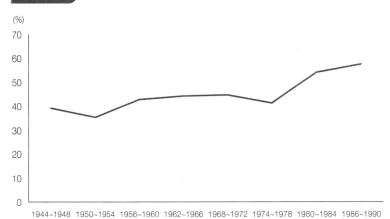

출처: *Vital Statistics on Congress* (2008); Norman J. Ornstein, Thomas E. Mann, Michael
J. Malbin, Washington, DC, USA, Brookings Institution Press(2008), p.64의 도표
를 토대로 작성

이는 현직의원의 이익이 의회선거에서 실질적으로 효과를 발휘하고
있음을 입증하는 것이다(Mayhew 1974b; Cover 1977; Ferejohn 1977).

　하원의 경우를 보면 60% 이상의 득표율로 당선된 의원의 비율이
1950년대 후반부터 1960년대 중반까지는 60%대에 머물렀으나, 이후
1960년대 중반을 지나 1970년대에 이르면서부터는 70%를 상회하기
시작했다. 그리고 1980년대 이후에는 80% 이상을 상회하는 경우도
나타났다. 이러한 현상은 상원도 마찬가지인데, 상원의 경우를 보면
60% 이상의 득표율로 당선된 의원의 비율이 1940년대에서 1980년대
에 이르기까지 대체로 40%를 전후하는 수준에 머물렀으나, 1980년대
에 들어오면서 60%에 육박하거나 넘어서는 수준을 보여주고 있다.
이와 같은 근소격차 당선의원이 서서히 줄어드는 반면에 60% 이상의
득표율로 당선되는 '비근소격차 당선의원'이 증가하고 있는 현상은 현
직의원의 당선 안정성이 높아지고 있음을 의미한다. 그리고 현직의원

의 이러한 당선 안정성의 상승은 지역구 활동과 이에 따른 의원 인지
도의 제고 및 지지기반의 공고화 등에서 기인하는 것이라고 할 수 있
다. 이러한 현직의원의 당선 안정성은 〈표 1-1〉에 나타나 있는 것처

● 표 1-1 하원 현직의원의 재선율

연도	재선추구 의원수	재선당선 의원수	재선율(%)	하원정원 대비 재선된 의원비율(%)
1946	398	328	82	75.4
1948	400	317	79	72.9
1950	400	362	91	83.2
1952	389	354	94	81.4
1954	407	379	93	87.1
1956	411	389	95	89.4
1958	396	356	95	81.8
1960	405	375	63	86.2
1962	402	368	92	84.6
1964	397	344	87	79.1
1966	411	362	88	83.2
1968	409	396	97	91.0
1970	401	379	95	87.1
1972	393	365	94	83.9
1974	391	343	88	78.9
1976	384	368	96	84.6
1978	382	358	94	82.3
1980	398	361	91	83.0
1982	393	354	90	81.4
1984	411	392	95	90.1
1986	394	385	98	88.5
1988	409	402	98	92.4
1990	406	390	96	89.7

출처: *Vital Statistics on Congress* (2008); Norman J. Ornstein, Thomas E. Mann, Michael
     J. Malbin, Washington, DC, Brookings Institution Press(2008), p.57의 도표를 토대
     로 작성

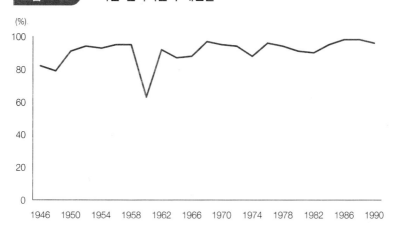

그림 3-1 하원 현직의원의 재선율

표 1-2 상원 현직의원의 재선율

연도	재선추구 의원수	재선당선 의원수	재선율(%)	하원정원 대비 재선된 의원비율(%)
1946	30	17	57	56.7
1948	25	15	60	60.0
1950	32	22	69	68.8
1952	29	18	62	62.1
1954	32	25	78	78.1
1956	30	26	87	86.7
1958	27	17	63	63.0
1960	29	27	93	93.1
1962	35	29	83	82.9
1964	32	28	88	87.5
1966	32	28	88	87.5
1968	27	19	70	70.4
1970	31	24	77	77.4
1972	27	20	74	74.1
1974	27	23	85	85.2

1976	25	16	64	64.0
1978	25	15	60	60.0
1980	29	16	55	55.2
1982	30	28	93	93.3
1984	29	26	90	89.7
1986	28	75	75	75.0
1988	27	85	85	85.2
1990	32	97	97	96.9

출처: *Vital Statistics on Congress* (2008); Norman J. Ornstein, Thomas E. Mann, Michael J. Malbin, Washington, DC, Brookings Institution Press(2008), p.58의 도표를 토대로 작성

● 그림 3-2   상원 현직의원의 재선율

럼 현역의원의 재선율에서도 포착된다.

앞의 두 도표와 두 그림에 제시된 현직의원의 재선율은 재선추구 현직의원 대비 당선 현직의원의 비율을 의미한다. 그리고 도표의 맨 우측 열에 있는 양원의 '정원 대비 재선된 의원비율'은 단지 재선에 나선 현직의원만을 대상으로 한 것이 아니라 전체 하원의원 숫자를 분모로 하여 재선된 의원의 비율을 제시한 것이다. 전체적으로 볼 때

재선율이나 정원 대비 재선율의 경우 모두 상원에 비해서 하원이 좀 더 일관된 패턴을 보여주고 있다. 소규모 지역을 중심으로 집중적인 활동을 통해서 현직의원 이익을 극대화할 수 있는 하원의원의 경우와 달리, 지역구가 주단위로 설정되어 있는 상원의 경우 현직의원의 이익은 지역구의 다양성으로 인해 하원 현직의원의 이익보다 견고하지 못하며 부침이 큰 것으로 나타난다. 상원의원은 선거가 6년마다 실시되기 때문에 지역구 유권자와 현직의원 간의 연계성 효과가 2년마다 선거를 통해서 확인되는 하원선거에 비해서 상대적으로 약할 것으로 추측된다.

앞의 그림과 도표 중 하원의원을 나타낸 〈표 1-1〉을 보면 1968년 의회선거 이후 워터게이트 스캔들의 후폭풍으로 현직의원이 많이 낙선된 1974년의 한 차례를 제외하고는 재선율이 90%대 밑으로 떨어진 경우가 없었다. 1948년에는 79%, 1960년에는 63%의 재선율을 보인 경우도 있어서 지금의 기준으로 보면 재선율이 상당히 낮았던 시기도 있었고 다소 부침이 있었던 시기도 있었다. 그러나 1970년대 중반 이후를 보면 현직의원의 재선율은 거의 95% 수준으로 고공행진을 계속해 왔다. 이러한 높은 재선율은 하원의원 전체정원을 분모로 할 경우에는 다소 변화가 있지만 전반적인 양상은 단순 재선율과 거의 같다. 전체 하원의원 대비 재선율 역시 1964년 의회선거 이후 1974년 중간 선거의 경우 단 한 차례를 제외하면 80% 밑으로 떨어진 적이 없다.

19세기 말 이후 1930~40년대를 거치면서 상임위원회 중심으로 분권화된 의회 권력구조가 확립되기 시작하였고 의원의 지역구 활동이 상임위원회와 본격적으로 연계되어 작동하면서, 지역구 중심의 의회 선거 양상이 정착되었다고 볼 수 있다. 지역구 중심의 의정활동은 현직의원의 이익을 높여주는 효과를 가져와 다시 의원의 재선에 기여하였다. 이렇게 재선된 의원은 현직의원의 우위를 최대한 활용하면서 다음 선거의 안정적 승리를 견고히 하는 방식으로 일종의 '현직의원의 이익 확보-당선과 재선'의 선순환구조가 형성되었다.

IV. 호혜성, 연공서열제, 도제주의의 규범

안정적으로 작동하는 대부분의 조직은 내부 구성원이 동의하는 자체의 규범을 지니고 있다. 그리고 이러한 규범은 조직의 공식적인 강제규정을 보완하고 보충하면서 조직의 작동에 기여하는 것이 일반적이다. 이러한 규범은 구성원 개인에 대한 미시적인 인센티브 구조에 바탕을 둘 수도 있고, 이러한 인센티브 구조와 상관없이 조직의 환경과 분위기에서 자연스럽게 만들어진 것일 수도 있다. 후자의 경우는 조직의 운영원리와 관련된 원칙이나 이념 등이 강하게 작동하면서 하나의 규범으로 고착되는 경우라고 보인다. 그리고 전자의 경우는 구성원의 이해관계를 반영하거나 조정하는 과정에서 만들어지는 것이 일반적이며, 이러한 미시적 의미에서 규범은 조직 구성원의 인센티브 구조를 형성하기도 하며 또한 이러한 인센티브 구조에 따라서 변화하기도 한다.14) 또한 이와 같이 조직내부의 원칙

---

14) 예컨대 미국 건국 초기의 '제퍼슨적 평등주의 규범'은 의원의 인센티브 구조로 인해 만들어졌다기보다는, 의원은 상호 평등하며 이러한 평등을 바탕으로 누구나 애국심에 따라서 의정활동에 임해야 한다는 생각이 의원의 행태를 지배하면서 탄생한 것으로 보인다. 반면에 상임위원회 위원장 선임과정에서 연공서열제의 등장은 이와는 달리 의회에 장기간 봉직하는 의원들이 증가하면서 이들의 이해충돌을 방지하기 위해서 상임위원회 위원장을 선발하는 방법 — 상임위원회 내 다수당 최고참의원을 자동적으로 위원장으로 선발하는 제도 — 으로 등장하

과 이념에 의해서 혹은 개별 의원의 미시적인 동기와 관련하여 규범
이 탄생하는 경우도 있는 반면, 기능주의적 각도에서 조직의 필요성
에 부합하기 때문에 규범이 등장한 경우도 있다.[15]

그렇다면 전통적인 미국의회, 즉 상임위원회 중심으로 분권화되어
입법과정이 진행되고, 상임위원회 위원장에 비해서 의회지도부의 권
한이 약했으며, 오늘날과 같이 정당이 상임위원회의 심의과정을 장악
하지 않았던 시절의 미국의회를 지배했던 중요한 규범들은 어떠한 것
이 있었나?[16] 상임위원회를 중심으로 분권화된 의회구조에서 통용되
던 규범을 지적하라면 호혜성, 연공서열제, 도제주의 등의 규범을 지
적할 수 있을 것이다.[17]

였다고 볼 수 있다.

15) 예컨대 하원의 가장 중요한 상임위원회 가운데 세출위원회나 세입위원회의 1960
  년대 활동상황을 보면, 이 두 위원회에 소속된 의원들 간에 나타났던 초당적
  협력의 규범은 이 두 위원회가 하원에서 차지했던 중요성에 따른 기능인 결
  과물로 보인다. 국가재정과 관련한 수입과 지출을 담당하는 상임위원회의 법안
  은 하원의 모든 구성원이 동감할 수 있을 정도로 신뢰할 수 있는 내용을 담고
  있어야 한다. 이 두 상임위원회의 법안이 초당적인 신뢰성을 확보하기 위해서
  는 위원회를 구성하는 의원들 간의 논의가 정파적으로 흐르지 않고 합의를 도
  모하는 방향으로 진행되어야 한다. 이들 두 위원회가 다루는 소관사항의 이러
  한 특징은 궁극적으로 이 상임위원회 내의 의사진행과정이 초당적인 협력을 토
  대로 진행될 것을 요구했다. 따라서 이 두 위원회를 구성하는 의원들의 성향 역
  시 비교적 온건하고 중도적이라는 특징을 보였으며, 그 결과 위원회 내부의 의
  사진행 역시 신뢰와 합의를 토대로 진행되어 올 수 있었다(Fenno 1962, 1973;
  Manley 1969). 이렇게 볼 때 1960년대 이 두 위원회의 상호합의와 협력의 규
  범은 의회의 기능적 필요에 따라서 나타난 것으로 볼 수 있다.

16) 의회규범의 정의 및 미국 의회규범의 변화에 대한 보다 상세한 논의를 개괄적
  으로 살펴보기 위해서는 이옥연 외(2012)를 참조하기 바란다.

17) 상임위원회를 중심으로 분권화된 의회에서 통용되던 규범으로서 현재의 미국의
  회를 놓고 볼 때 그 유용성이 매우 약화된 규범을 지적하라면 호혜성, 연공서열
  제, 도제주의 등을 지적할 수 있을 것이다. 따라서 현재 미국의회와의 비교를
  위해서 이 책에서는 이 세 규범을 선택해서 논의하고자 한다. 저자에 따라서는

먼저 호혜성의 규범은 상임위원회제도를 중심으로 분권화된 미국 의회의 입법 진행과정과 밀접하게 관련되어 있는 규범이다. 상임위원회는 입법과정에서 일종의 수문장의 역할을 수행하며, 전통적인 분권화체제에서 지역구 중심의 이익배분 입법의 핵심적 기관이었다고 할 수 있다. 특정 상임위원회에 배정된 의원들은 자신을 선출해 준 지역구 유권자의 이익을 보호하고 촉진하기 위해서 법안을 만드는 경향이 크다. 물론 상임위원회의 기능에는 의회 전체가 양질의 법안을 만들도록 지원하는 정보확산의 기능이나 다수당의 이익을 위한 정파적인 입법기능이 모두 존재하는 것이지만, 의회 상임위원회정부 시대 당시 분권화체제의 핵심적인 축은 재선을 연결고리로 한 상임위원회와 지역구의 연계관계라고 할 수 있다. 그리고 이러한 연계관계는 상임위원회가 법안심의 및 입법활동을 통해서 지역구에 대한 이익분배적인 기능을 수행하기 때문에 가능한 것이었다.[18]

이에 더하여 전문성(professionalism) 혹은 전업주의 등 추가적인 규범을 거론할 수도 있겠으나, 전통적인 미국의회의 규범 가운데 현재 미국의회의 정파적인 환경 속에서 그 유용성이 매우 약화된 규범은 위의 세 가지 규범이라고 할 수 있을 것이다. 그리고 이러한 규범 가운데에는 1990년대 중반 이후 의회의 정당 양극화가 심화되기 이전에 이미 약화되기 시작한 규범도 있다.

18) 상임위원회의 구성 및 기능과 관련하여 이를 설명하는 분석틀에는 대체로 세 개의 이론이 존재한다. 지역구이익을 도모하기 위해서 상임위원회가 존재한다는 이익분배이론(distributive theory), 상임위원회는 의회 전체와 국가적 이익을 대변한다는 정보확산이론(informational theory), 상임위원회는 다수당의 정파적 이익을 위해 법안을 작성한다는 정당이익이론(partisan theory) 등이 있다. 의회조직에 대한 이 세 가지 이론을 개괄적으로 설명한 논문이나 저서로는 손병권(1998b); Maltzman(1997); Maltzman and Smith(1995); Shepsle and Weingast(1995a, 1995b) 등을 참조하기 바란다. 이 세 이론은 의회역사의 특정한 시기 혹은 의회가 처한 특정한 국면에 대한 설명으로 각각 유용성이 있다고 판단된다. 특히 전통적인 의회 상임위원회정부 시대의 경우에는 이익분배이론의 유용성이 높다고 보인다.

그렇다면 상임위원회 중심의 분권화된 입법과정에서 중요한 것은 특정한 상임위원회에 소속된 의원이 어떻게 전체 의원들을 설득하여 자신이 지역구를 위해서 상임위원회에서 작성한 법안을 다른 의원들로 하여금 본회의에서 지원하도록 만들 것인가 하는 점이다. 이러한 현실적인 고민 속에서 의원들 간의 장기적인 상호작용을 통해 등장한 규범이 바로 호혜성의 규범이라고 할 수 있다. 그리고 이러한 호혜성의 규범과 밀접하게 관련되어 있는 것으로 의원 간 협력을 지칭하는 용어가 바로 의원 간 '상호 법안 공동지원'이라고 할 수 있다. 위에서 이미 언급한 바 있는 "잘 지내려면, 서로 협력하라"라는 금언은 바로 이와 같은 호혜성의 규범을 지칭하는 것이다. 서로 다른 상임위원회에 소속된 의원들은 자신이 각각 원하는 법안이 통과될 수 있도록 다른 상임위원회에 소속된 의원에게 협조를 요청하여 이들의 지지를 통해서 자신의 원하는 법안을 통과시키고, 자신은 후일 이들이 요청하는 법안을 지지해 주어 이들의 법안이 통과될 수 있도록 서로 협조하는 체제가 바로 상임위원회 간의 그리고 의원 간의 '호혜성'의 규범이다(Axelrod 1981, 1986; Weingast 1979).

호혜성의 규범이 의회 내 의원 상호 간 입법협력을 유도한 규범이라면, 연공서열제의 규범은 분권화된 의회구조의 핵심기구인 상임위원회 내의 권력승계에 관한 규범이라고 할 수 있다. 연공서열제 규범은 상임위원회 내 최고권력자인 상임위원회 위원장의 선발 및 승계에 관한 규범인데, 그 내용은 상임위원회에 가장 장기간 봉직한 다수당 의원 가운데 최고참의원을 자동적으로 상임위원회 위원장으로 선발하는 것이다. 19세기 후반 이후 의원들이 지속적으로 재선에 성공하여 의원의 다수가 고참의원으로 변화하면서 다수당 고참의원 가운데 상임위원회 위원장을 선발한다는 연공서열제 규범은 의원 개인의 인센티브에도 부합하는 것이었다(Hinkley 1976). 연공서열제 규범은 이러한 자동화된 방식을 마련함으로써 상임위원회의 안정성과 전문성에 기여하였고, 상임위원회가 의회 내에서 권위 있는 기관으로 위상을 확립하는 데 공헌했으며, 궁극적으로 상임위원회 중심의 분권화체제를 창출하도록 유도하였다. 또한 상임위원회 위원장 선발과정에서 행정부 혹은 대통령이 자의적으로 영향력을 행사할 수 없게 하는 방편이기도 했다.

1970년대 중반 민주당 주도의 의회개혁에 의해서 상임위원회 위원장의 선발방식인 연공서열제가 도전을 받기도 했지만, 전통적인 미국의회의 규범으로서 연공서열제가 장기간 존재하고 오늘날에도 유지되어 온 이유는 이러한 제도가 의원들의 인센티브 구조와 맞아 떨어지는 부분이 있었기 때문이었다. 의원들이 지속적으로 당선되면서 의회제도화에 기여하게 되고, 의원직에 대한 급여와 위신이 증대하여 의원의 전업주의 의식이 높아지면서 등장한 규범이 연공서열제이다. 또한 반복해서 당선되는 다선의원이 등장하고 이들이 의회에서 얻는 다양한 형태의 이익과 권한이 증대하면서 등장한 규범이 또한 연공서열제라고 할 수 있다(Hinckley 1976; Polsby 1968).[19]

마지막으로 도제주의는 통상 초선의원(freshmen Congressmen)에

---

[19] 한편 프라이스(David Price)는 미국 의회선거와 관련해서 보면 1896년 이후 제4차 정당체제가 시작되면서 특정지역에서 공화당 혹은 민주당 가운데 한 정당이 지배적인 세력으로 등장하여 의원이 안정적으로 재선에 성공할 수 있는 기반이 마련된 것도 이러한 연공서열제가 정착하는 구조적 원인이 될 수 있었다고 주장하고 있다(Price 1975). 안정적인 재선에 의해서 다수의 의원들이 서서히 고참의원으로 변화해감에 따라 상임위원회 위원장의 선임을 다수당 최고참 의원들 가운데 선발한다는 규범은 의원들의 공감을 얻을 수 있었다. 그러나 힝클리가 지적하듯이 의원의 상당수가 신참의원으로 구성되는 경우, 그리고 이들이 이러한 신분으로 인해서 연공서열제에 불만을 품을 경우, 연공서열제는 이들의 인센티브 구조에 부응하지 못하는 것이며 이때 신참의원들은 개혁을 시도하게 된다(Hinckley 1976).

게 적용되는 규범을 지칭한다. 도제주의 규범은 마치 영세 수공업 공장에서 신참의 도제가 장인의 엄한 훈육하에 근면과 성실을 통해서 수련을 쌓아가는 과정과 같이, 초선의원들 역시 선임의원으로부터 의원으로서의 기본적 태도와 입법의 기초를 배우고 익혀야 한다는 규범이다. 또한 초선의원은 의회 내에서 영향력을 추구하거나 의사 진행과정에 지나치게 적극적으로 참여하기보다는, 입법과정을 익히고 정책분야에서 연구하는 데에 집중해야 한다는 규범이 도제주의 규범이다.

이러한 규범은 의원의 사회화과정의 근간으로서 상임위원회 내의 행위준칙이기도 하다. 상임위원회에 배정되는 순간부터 초선의원은 재선을 통해서 어느 정도 영향력을 구비할 때까지 자신의 전문분야에서 입법경험을 쌓고, 상임위원회 활동을 통해서 상임위원회와 의회의 규범을 익힘으로써 전체적으로 의회 전체에서 일탈보다는 협력을 추구하는 의원이 되라는 규범이 이러한 도제주의 규범이라고 할 수 있다.[20]

위에서 간단히 소개된 이러한 미국 의회규범들은 1970년대 중반 의회개혁과정을 거치면서 서서히 약화되어 온 것이 사실이며, 특히 1990년대 이후 최근에 이르기까지 의회의 의사진행과정이 정당에 의해 지배되면서 더욱 약화되는 경향을 보이게 된다. 의원의 정당소속의 차

---

20) 이러한 전통적인 의회규범은 이미 1980년대를 거치면서 상당한 변화를 경험한 것으로 보인다. 1960년대 말 도제주의에 대한 연구를 통해서 애셔(Hebert Asher)는 이러한 규범이 이미 상당히 약화되었다고 주장하고 있었다(Asher 1973). 한편 이와는 달리 슈나이어(Edward Schneier)는 1980년대에 이르기까지 의회규범에 큰 변화가 없다고 주장하고 있는데(Schneier 1988), 이 의견에 대해서 로디(David Rohde)는 1980년대에 이르면 전통적인 의회규범의 유용성이 떨어졌다고 반박하고 있다(Rohde 1988). 전반적으로 상임위원회정부 시대에 유용했던 의회규범 가운데 일부는 1970년대 중반 의회개혁 이후 1980년대에 이르면서 그 내용에 따라서 그 규범성이 상당히 약화된 것으로 보인다. 그럼에도 불구하고 1990년대 중반 이후 미국의회가 정파적으로 양극화되면서 이러한 규범의 효능성이 더욱 약화되는 과정에 대한 검토는 의미가 있을 것이다.

이에도 불구하고 이러한 의회규범을 토대로 하여 상임위원회를 중심으로 협력하고 호혜적 이익을 추구하던 의원들은, 정당 간 이념적 대결이 격화되기 시작하는 1990년대 이후 이러한 전통적 규범의 효용성을 의회 상임위원회정부 시대만큼 현실감 있게 느끼지는 못하게 되었다.

이미 1970년대 중반 민주당 주도의 의회개혁 이후 신진의원의 발언권 강화와 의원총회의 상대적 활성화로 인해서 상임위원회 위원장의 권한에 대한 도전이 심심치 않게 발생하였고, 초선의원이 도제주의 규범을 거부하는 경향이 증가하면서 이러한 규범의 효용성이 약화된 것이 사실이다. 그러나 1990년대 중반 이후 극단적으로 치닫기 시작한 의회의 정당 간 대립은 이러한 전통적 규범의 유효성에 대해서 결정적으로 의문을 제기하게 만드는 계기가 되었다고 할 수 있다.

미국 의회정치의 변화 원인

미국의회사를 개관한 제2장에 이어서 제3장에 서는 분권화된 권력구조를 특징 으로 하는 전통적인 미국의회에서 지역구를 중심으로 한 의원의 의정 활동과 이러한 양상이 가져오는 다양한 특징을 살펴보았다. 제3장은 또한 의원들이 상호 투표지원을 통해서 협력하며 지역구 이익을 위해 서 활동하는 모습과 이를 지원하는 의회의 제도와 규범에 대해서 살 펴보았다. 이제 제4장에서는 이러한 전통적인 미국의회가 어떠한 요 인들로 인해 정당정치에 의해 포획된 현재의 모습으로 변질되었는가 하는 점을 집중적으로 분석해 보고자 한다.

　'미국의회 정치과정의 정당양극화 현상'이라고 명명될 수 있는 새 로운 현상의 분석을 위해서 필자는 구조적 요인, 이념적 대립을 가져 온 이슈의 등장, 그리고 인구사회학적인 요인을 우선적으로 추출하여 분석하고자 한다. 구조적 요인으로는 1930년대에 등장한 뉴딜자유주의의 쇠퇴현상을 지적할 수 있다. 뉴딜자유주의의 호소력과 유권자 동원능력이 1960년대 말 이후 약화된 결과 보수주의 세력이 활성화되었고 공화당의 영향력이 증가하면서 미국의회의 정파적 양극화를 불러올 환경이 마련되었음을 지적하고자 한다. 또한 유권자 수준에서 이념적·정파적 대립을 가져온 쟁점 이슈들이 국내적 합의를 약화시킨 다양한 사회적 사안들을 포함하고 있어서 유권자의 양극화와 분열을 가져오기도 했다. 뉴딜자유주의 등장 이후 사회복지에 대한 연방정부의 개입을 둘러싼 정파적·이념적인 대결은 지속되어 왔는데, 이에 더하여 1960년대부터 현실비판적인 시민운동이 활성화되어 미국사회의 갈등양상이 더욱 심화되었다. 여기에 낙태 문제, 다문화주의(multiculturalism) 등 사회적 이슈가 가세하면서 미국사회는 1960년대 이후 보수주의 세력과 자유주의 세력 간의 대립양상이 더욱 치열해졌다.[1] 이 장에서는 이러한 문제들도 다루어보고자 한다.

이러한 구조적 요인, 이념적 대립을 가져온 쟁점 이슈와 더불어 이 연구는 1994년 실시된 제104대 의회선거가 미국 의회정치의 정당 양극화의 본격적 기원이 되는 전기적 선거임에 주목하면서 이 선거의

---

1) 이 책에서 미국의 '자유주의(liberalism)'는 정파적인 의미로서 사용되는 경우도 있고, 다른 한편으로는 미국정치와 사회에서 통용되는 일반적 합의의 이념으로 사용되는 경우도 있다. 민주당이 '자유주의적(liberal)'이고 공화당이 '보수주의적(conservative)'이라고 할 경우 '자유주의' 혹은 '자유주의적'이라는 표현은 연방정부의 개입과 규제를 옹호하며 낙태, 동성애 등 사회적 이슈에 있어서 전향적·적극적인 입장을 취하는 태도를 의미한다. 일반적으로 미국사회를 자유주의 사회라고 부르는 경우와 차별화하기 위해서 혹자는 미국의 '보수주의'와 대비되는 '자유주의'를 '진보주의'로 표현하기도 한다. 그러나 '자유주의' 대신 '진보주의'를 사용할 경우 그 자체로서 영어의 'liberalism'의 적합한 번역어가 되지 못하는 문제가 발생할 뿐만 아니라, 민주당의 좌익이념인 '진보주의(progressivism)'와 구별되지 않는 경우도 있어서 그렇게 부르지 않기로 하였다. 한편 미국정치의 주류 이념, 일반적 이념으로 통용되는 '자유주의(liberalism)'는 제한정부, 권력분립, 자유와 평등, 시장경제, 개인의 권리 등을 강조하는 이념을 지칭한다.

특징을 집중적으로 분석하고자 한다. 제2차 세계대전 종전 이후 하원 선거에서 공화당이 1954년 이래 40년 만에 다수의석을 차지한 제104 대 선거에 주목하여, '공화당 혁명'이 가능하게 되었던 배경과 이로 인한 미국 의회정치의 양대정당 간 의석분포의 변화를 살펴보고자 한다. 특히 제104대 의회선거를 통해서 남북전쟁 이후 전통적으로 민주당의 텃밭이었던 남부지역이 공화당의 아성으로 변모하게 되었음에 주목하고자 한다.

이어서 이 연구는 인구사회학적 측면에서 남미에서 이주한 히스패닉 인구를 중심으로 한 소수인종의 증가와, 이로 인한 공화당과 민주당의 지역구 지지기반이 점점 더 차별화되어가고 있다는 점을 부각시키고자 한다. 히스패닉 인구의 급속한 증대는 미국의 국가정체성(American national identity)에 대한 논쟁을 유발시키면서 2000년대에 이르러 이민정치를 중심으로 정당 간 대립과 반목을 야기해 왔다.[2] 그 결과 양대정당의 인구사회학적인 기반의 차별화 양상이 서서히 고착화되었고, 의회선거에 있어서 소수인종과 백인의 정당선택과 지지가 뚜렷이 구별되는 '정파적 분기배열 현상(sorting)'을 보이게 되었다는 점을 주장하고자 한다. 이를 통해서 미국사회가 유권자 수준에서 상당한 정파적 양극화 현상을 보이며, 또한 유권자의 정당에 대한 일관된 지지성향이 심화되고 있음을 강조하고자 한다.

계속해서 이 장은 의회정치에 대한 정당 지배현상을 심화시킨 요소로서 대중매체 및 SNS매체의 정파성에 주목하여 이들이 미국정치

---

2) 1990년대 이후 미국의 국가정체성 문제에 관한 분석에 대해서는 Huntington (2004); Kesler(2005); Kinder and Kim(2009); Theiss-Morse(2009) 등을 참조하기 바란다. 한편 미국정체성을 둘러싼 이념적 갈등이 미국사회의 양극화를 가져왔다는 주장에 대한 반론과 이러한 반론에 대한 재반론으로는 Fiorina et al. (2004)와 Abramowitz and Saunders(2008)를 참조하기 바란다.

및 의회정치의 정파적·이념적 양극화에 미친 영향력과 영향력 행사의 양상을 분석하고자 한다. 페이스북, 트위터 등 SNS 매체의 등장이 미국정치의 양극화에 미친 영향뿐만 아니라, 폭스(Fox) 뉴스 등 매우 보수적인 매체와 MSNBC 등 매우 진보적인 매체가 야기하는 정파적 논쟁거리의 범람과 이를 둘러싼 담론 및 프레임 갈등을 분석하고자 한다.

I. 뉴딜자유주의의 쇠퇴

현재 미국의회의 정당양극화 현상을 설명하기 위해서는 거시적·역사적 측면에서 미국정치의 전반적인 구조변화를 설명할 필요가 있다. 이 장의 다른 절들에서 설명될 쟁점 이슈 중심의 이념적 대립이나 제104대 의회선거, 그리고 2000년대 이후 정당 지지의 정파적 분기배열 현상을 가속화한 인구사회학적인 변화 등에 앞서서, 거시적 차원에서 의회의 정파적·이념적 양극화의 환경적 요인이 되는 역사적 배경을 먼저 언급하는 것이 필요하다.

의회정치의 정당양극화 현상은 무엇보다도 거시적으로 볼 때 1930년대 이후 미국사회를 지배했던 뉴딜자유주의의 퇴조라는 역사적 흐름과 맞물려 있다. 그리고 뉴딜자유주의의 퇴조는 연방정부 규제와 시장자율성 간의 대립뿐만 아니라, 1960년대 이후 낙태, 동성애, 민권, 다문화주의 등 다양한 영역에서 양당 간의 이념적 갈등과 양당 지지자 간의 대립을 불러왔다. 그리고 뉴딜자유주의가 1970년대 이후 1980년대를 거치면서 사라져간 이후, 1994년 제104대 의회선거라는 전기적 선거를 계기로 선거정치와 의회정치에서 정당 간 갈등이 더욱 심화되기에 이르렀다. 이런 문제의식하에서 아래에서는 1960년대 이후 뉴딜자유주의의 역사적인 퇴조를 개괄적으로 조망해 보고자 한다.[3]

1. 뉴딜자유주의 등장과 전개과정

뉴딜자유주의의 등장은 1932년 대통령선거에서 루스벨트 민주당 후보의 당선과 함께 시작되었다. 1933년 루스벨트 대통령의 제1기 임기가 시작되면서 등장한 제5차 정당체제는 소위 '1896년 체제(System of 1896)'로 표상되는 금권정치를 종식시키면서 소수인종, 유태인, 노동자계층, 동북부와 남부지역 유권자를 중심으로 뉴딜연합을 구성하기에 이르렀다(McCormick 1986a).[4] 1929년 주식시장의 붕괴와 함께 설비투자 과잉과 수요부진으로 인한 대공황이 시작되면서 등장한 뉴딜연합은 대공황의 피해를 직접적으로 입게 된 노동자, 자유무역을 옹호하는 국제주의적인 산업자본 및 금융자본, 연방정부의 개입을 옹호하는 동북부지역의 자유주의 성향 유권자와 남북전쟁 당시 노예해방에 반대하여 공화당에 대한 적대감이 여전히 컸던 미국 남부지역 유권자, 흑인 등 소수인종과 유태계 미국인, 그리고 가톨릭교도 등을

---

3) 뉴딜자유주의 질서의 등장과 쇠퇴과정에 대한 포괄적 저술로는 Fraser and Gerstle(1989)을 참조하기 바란다.

4) '1896년 체제'는 1896년 공화당 현직대통령이었던 매킨리(William McKinley)가 민중주의적 성향의 브라이언(William Jennings Bryan) 민주당 후보에게 승리하면서 공화당과 산업세력 간의 협력관계를 통해서 형성된 정당체제를 말한다. 이후 대공황으로 뉴딜시대가 열릴 때까지 미국 민중부문의 정치적 참여열정은 식어갔고 대통령선거 투표율도 현저히 떨어지게 되었다. 1896년 선거 이후 금권정치의 도래에 의한 민중부문의 정치적 열정과 역량의 쇠퇴에 관해서는 McCormick (1986b); McGerr(1986) 등을 참조하기 바란다.

중심으로 성립하였다. 이러한 다양한 세력이 민주당을 선택한 1932년의 전기적 선거를 통해서 뉴딜연합을 중심으로 한 제5차 정당체제가 시작된 것이다.

이렇게 형성된 뉴딜자유주의 연합은 이후 뉴딜자유주의의 시대를 열면서 민주당 행정부와 의회가 주도하는 정책어젠다를 법률로 제정하였다. 뉴딜자유주의 연합은 — 현재의 시점에서 — 멀리 보면 1968년 공화당의 닉슨 대통령이 등장할 때까지, 그리고 가깝게는 1994년 의회 중간선거에서 공화당이 압승할 때까지 유지되어 왔다고 할 수 있다. 루스벨트, 트루먼, 케네디, 존슨 대통령 등이 이끌어온 민주당 행정부는 1932년 이후 — 아이젠하워 행정부 시기 8년을 제외하고 — 1960년대 말에 이르는 대략 30여 년의 기간 동안 뉴딜자유주의의 핵심적인 정책들을 재정하였다.

복지국가의 상징인 사회보장제도의 도입, 노동3권을 포함한 노동자의 권익증진, 수혜자자격 프로그램(entitlement program)의 제정, 흑인 등 소수인종을 위한 민권법(Civil Rights Act)과 투표권법(Voting Rights Act)의 제정, 빈곤퇴치 프로그램의 실행, 다문화정책 실시 등 다양한 혁신적 정책이 민주당 행정부와 민주당 의회의 노력으로 이루어진 주요 성과물이라고 할 수 있다. 1930년대 이후 1960년대를 걸쳐서 꾸준히 시행된 뉴딜자유주의 정책은 연방정부 역할의 확대를 통해 이러한 정책의 혜택을 받게 된 유권자들로 하여금 민주당을 계속 지지하게 만들면서 뉴딜자유주의 연합이 1960년대 말까지 지속되는 데 기여했다. 그리고 1960년대는 이러한 뉴딜자유주의의 영향력이 극대화되면서 연방정부의 영향력이 미국사회의 도처에 미치는 절정기였다고 할 수 있다.

익히 알려져 있듯이 미국의 1960년대는 반전운동, 민권운동, 여권운동, 환경운동 등의 시민운동이 맹렬하게 전개되던 시기였다. 백인남성 중심의 전통적 미국사회에서 1960년대는 소수인종과 여성 등 사회적 소수자가 자신의 권리를 본격적으로 주장하기 시작한 시기이자, 사회의 각 부문에서 정치적, 사회적 평등을 추구하려는 노력이 경주되던 시기였다. 킹(Martin Luther King, Jr.) 목사의 등장과 민권운동의 전개, 대학교의 반전시위 등은 인종 간 평등을 추구하려는 노력이었으며 부정한 전쟁을 수행하는 정부에 대한 저항의 표출이었다.

이와 같이 1960년대부터 본격화된 민권운동, 여성운동, 반전운동 등의 사회운동은 미국사회의 기존 정치제도 등을 비판하면서 다양한 변화를 가져왔다.[5] 이러한 시민운동은 전통적인 기득권 세력에 대항하는 다양한 시민단체를 탄생시키는 계기가 되기도 했다.[6] 특히 민권운동은 의회로 하여금 1964년 민권법과 1965년 투표권법을 통과시키도록 압박하여, 남북전쟁 이래 미완의 과제였던 인종 간 법률적 평등을 완성하는 계기를 마련하기도 하였다. 이 시기에 추진된 이러한 자유주의적 시민운동은 1970년대 이후 뉴딜자유주의가 쇠퇴하면서 그 성과를 둘러싸고 공화당과 민주당 간 혹은 보수주의자와 자유주의자들 간의 대립과 갈등이 빚어지는 배경이 되기도 하였다.

한편 케네디 및 존슨 행정부 시절부터 본격적으로 시작된 소수자에 대한 차별적 보상정책(affirmative action)은 인종, 성 등의 측면에

---

5) 미국의 정치제도가 미국정치의 이상과 괴리되면서 '제도(institution)'와 '이상(ideal)' 간의 간격(I vs. I gap)이 커질 때 이에 대한 비판이 개혁운동으로 전개된다는 논지에 대해서는 Huntington(1981)을 참조하기 바란다. 1960년대의 시민운동 역시 정치현실의 제도와 미국정치의 이상과의 괴리에서 나타났다고 볼 수 있다.

6) 참고로 1960년대에 등장한 시민단체의 경우 올슨(Mancur Olson)이 주장하는 선택적 유인(Olson 1965)의 제공 없이도 자유주의적 정책에 공감하는 재단이나 정부에 의한 재정지원에 의해서 시민단체가 등장할 수 있으며, 이러한 시민단체는 사적 이익이 아닌 공적 이익을 추구하면서 회원 상호간의 유대감을 증진시키면서 운영된다는 논지에 대해서는 Walker(1991)를 참조하기 바란다.

서 사회적 소수자에 대한 보상적 우대조치의 필요성을 강조하면서, 남성과 백인 중심의 전통적 사회질서에 대한 변화를 시도하는 자유주의적 노력 가운데 하나였다.[7] 연방정부가 진학, 취업, 주거 등 다양한 분야에서 소수자에 대한 차별적 보상정책을 실행하여 이들에 대한 기존의 차별이 시정될 수 있도록 지원하는 제도가 도입되기 시작되었다. 그리고 이러한 소수자에 대한 차별적 보상정책 역시 뉴딜자유주의가 쇠퇴하면서 그 지속 여부가 보수주의자와 자유주의자 간에 갈등과 대립의 논쟁거리가 되었다.

이와 함께 1960년대는 교육정책이나 사회정책에 있어서 다문화주의가 강화되면서 유럽계 백인 기독교문화를 중심으로 한 전통적인 미국 주류문화가 소수인종이나 비백인 민속집단(ethnic group)의 문화에 의해서 도전받기도 하였다. 미국 건국과정을 중심으로 볼 때 영국계 백인중심의 개신교문화 혹은 보다 넓게는 유럽계 백인중심의 기독교 문화가 미국의 주류문화로 인정받아야 한다는 주장은 1960년대의 자유주의 절정기에 더 이상 통용되기 어려운 편협한 관점으로 비판되기 시작하였다. 실제로 미국은 유럽국가의 이민자뿐만 아니라, 토착 원주민(native Americans), 아프리카(Africa)출신의 노예, 그리고 아시아와 남미에서 이주해 온 이민자 등 다양한 인종과 민속집단에 의해서 구성된 국가라는 주장이 자유주의자들에 의해서 주창되고 확산되기 시작하였다. 미국 주류문화를 둘러싼 자유주의 세력과 보수주의 세력

---

7) 차별적 보상정책의 기원은 루스벨트 행정부 시기까지 추적해 볼 수도 있지만, 이러한 정책이 본격적으로 시행된 것은 민주당의 존슨 행정부부터였다. 존슨 대통령은 1965년 행정명령 11246을 발표하여 정부 및 정부와 계약을 맺은 사업체에서는 인종, 종교, 국적, 피부색깔 등에 관계없이 고용이 이루어져야 하며, 모든 연방정부의 부서는 고용기회의 평등을 실현하는 적극적인 노력을 기울여야 한다고 선언하였다(Finn 1982).

간의 논쟁은 1960년대 이후 이민 문제로 미국이 복잡한 내부 갈등을 겪고 있는 현재에 이르기까지 지속적인 갈등과 대립을 유발하는 이슈가 되어 있다.[8]

단명한 케네디 행정부를 이어 등장한 민주당 존슨 행정부가 주도한 '가난과의 전쟁(War on Poverty)'이나 '위대한 사회(Great Society)' 프로그램 등은 루스벨트 대통령의 뉴딜정책의 연장선상에서 빈곤 문제를 해결하려는 민주당의 노력 가운데 하나였다. 특히 존슨 대통령의 위대한 사회 프로그램은 연방정부 역할의 확대 및 적극적인 재정정책을 통해 빈곤 문제를 해결하려는 노력으로서, 주정부 및 그 이하 지방정부(local government)에 이르기까지 연방정부의 영향력이 극단적으로 팽창하고 확산되는 계기를 마련하기도 했다. 빈민층에 대한 재정지원과 재교육사업, 빈민층에 대한 보육지원 등 복지와 취업 및 재교육 프로그램이 연방정부의의 주도와 감독하에 실시되면서 소득재분배를 통한 사회적 형평성을 추구하려는 노력이 1960년대에도 지속되었다.

이와 같이 1960년대에 이루어진 민주당 행정부 주도의 자유주의적 정책은 연방정부의 개입을 통해서 부의 재분배를 추구하여 뉴딜정책의 자유주의의 정신을 계승하고 민주당의 '적극정부론(positive government)'을 지속적으로 유지하고자 한 것이었다. 냉전과정에서 자유주의 진영의 패권국가로 등장한 미국은 국제적 영향력과 미국 국내경제의 호황에 힘입어 적극적인 재정 확대정책을 통해서 대규모 예산지출이 소요되는 연방정부 프로그램들을 법률로 제정하고 운영할 수 있었다. 1964년 존슨 대통령과 공화당 골드워터(Barry Goldwater) 후보와

---

8) 미국의 다문화주의에 대한 보수주의적 시각의 비판에 대해서는 Bloom(1987); Schlesinger(1998) 등을 참조하기 바란다.

의 대통령선거에서 존슨 대통령이 압승한 이후, 이러한 프로그램은 1960년대 말기에 이르기까지 추진력을 유지할 수 있었다.

　문제는 1960년대 말에 접어들면서 민주당이 주도한 이러한 자유주의적 정책에 대해 백인 중산층이 반발하기 시작하면서 서서히 뉴딜연합이 해체되기 시작했다는 점이다. 뉴딜자유주의 정책의 추진과정에서 나타난 다양한 쟁점 이슈를 둘러싸고 뉴딜연합 내부의 백인 중산층에서도 균열이 생기면서 뉴딜연합이 붕괴의 위기를 맞게 된 것이다.9) 제2차 세계대전 이후 미국경제가 지속적으로 성장하고 자유주의적 합의(liberal consensus)를 중심으로 국내적 통합기반이 흔들리지 않았던 시기에는 뉴딜자유주의가 국민의 광범위한 지지를 획득할 수 있었고 민주당 행정부의 정책에 대한 불만도 크게 분출되지 않았다. 그러나 1960년대 베트남전쟁과 인종차별 문제를 둘러싸고 반전운동과 민권운동이 전개되면서 사회적인 갈등이 증폭되는 등 국내적인 분열이 가속화되자, 민주당 행정부와 민주당 의회에 대한 유권자들의 불만이 터져 나오기 시작하였다. 이에 따라 뉴딜자유주의 연합 내부에도 균열이 생기기 시작했고, 그 결과 공화당을 중심으로 보수주의 세력이 힘을 얻으면서 양대정당 지지자 간에, 그리고 보수주의 세력과 자유주의 세력 간의 갈등이 증폭되기 시작하였다.

2. 닉슨의 당선, 미국 남부의 변화, 그리고 레이건의 등장

　1960년대에 그 절정에 달한 뉴딜자유주의는 1960년대 말에 이르

---

9) 뉴딜연합의 해체과정에 대한 포괄적이고 역사적인 서술로는 Matusow(1986)를 참조하기 바란다.

러 지나친 연방정부의 팽창에 대한 불만과 연방 복지정책의 효과에 대한 의문이 백인 중산층을 중심으로 확산되면서 서서히 종착점으로 치닫게 된다. 이때 뉴딜자유주의가 쇠퇴의 변곡점에 이르렀음을 확인한 사건이 1968년 닉슨 공화당 후보와 1980년 레이건 공화당 후보의 대통령 당선이라고 볼 수 있다. 이 두 선거는 비록 12년이라는 시간적 격차를 두고 실시되었지만, 두 공화당 후보의 당선에는 민주당 주도의 뉴딜자유주의 프로그램이 가져온 부작용에 대한 의문과 연방정부의 지나친 확대에 대한 불만이 자리 잡고 있었다. 1930년대 초반에 시작된 뉴딜자유주의가 1960년대 중반 이후 서서히 쇠퇴의 경로로 접어든 후 1994년 공화당의 중간선거 승리로 완전한 종식에 이르는 기간 동안, 보수주의의 지속적인 반발과 이에 따른 이념적 양극화의 서막은 모두 1968년과 1980년 두 공화당 후보의 대통령 당선이라는 일련의 미국 보수화 현상과 관련되어 있었다.

미국 대통령선거 역사상 1968년은 매우 의미가 있는 해로 평가받고 있다. 1968년은 1932년 대통령선거 이래 수십 년간 지속되어 온 ─아이젠하워 공화당 대통령 시기인 1952년에서 1960년 사이의 기간을 제외하고 보면─ 민주당의 백악관 지배를 종식시키고 새로이 공화당 대통령을 탄생시킨 해였다. 1968년 닉슨의 대통령 당선은 뉴딜정책의 개시 이후 1960년대를 거쳐서 민주당이 주도해 왔던 연방 복지정책과 부의 재분배정책이 반전되는 계기를 마련한 사건으로서, 특히 백인 중산층 유권자 중심의 '조용한 다수(silent majority)'가 공화당을 지지한 결과로 인해 가능했다(Rieder 1989). 미국 백인 유권자의 보수화 및 보수주의 세력의 반발은 1964년 골드워터가 공화당 후보로 부상하면서 이미 4년 전에 예견된 것이었다. 이의 연장선상에서 닉슨 후보의 당선은 뉴딜자유주의의 확산과정에서 민주당이 추진한 공학적인 접근방식과 이에 따른 비효율성에 대한 백인 중산층의 불만이 폭발하면서 나타난 것이었다.

1968년 닉슨 대통령의 등장을 가능하게 한 '조용한 다수'란 대체로 온건성향 혹은 약간 보수적 성향의 백인 중산층 유권자들을 가리킨다. 이들은 뉴딜자유주의의 등장 이후 대공황의 극복을 위한 연방정부의 조치, 노동자의 권익향상, 그리고 소수인종을 위한 민권증진 등 민주당 행정부와 민주당 의회가 취해 온 일련의 조치에 대해서는 나름대로 긍정적인 평가를 내리고 있었다. 그러나 1930년대 이래 1960년대까지 지속되어 왔던 민주당 주도의 복지정책의 비효율성과 반전운동 등 자유주의 성향의 사회운동이 지나치게 극단적으로 흐르는 것에 대해서는 '소리 없는 불만'을 제기해 왔던 세력들이었다. 이들은 1960년대 민주당 자유주의자들이 추진한 다문화주의에 대해서도 불만을 지니고 있었으나, 뉴딜자유주의라는 시대의 대세에 밀려 자신들의 의사를 본격적으로 표현하지는 않았던 '조용한' 유권자들이었다. 1968년 닉슨 대통령의 당선은 바로 '조용한 백인 중산층'의 불만이 공화당 지지로 이어지면서 가능했던 것이다.[10]

---

10) 당시 백인 중산층 유권자들은 뉴딜자유주의의 다양한 프로그램이 그 의도와는 달리 상당한 부작용과 비효율성을 보이고 있다고 불만을 품고 있었다. 자신들이 낸 세금을 재원으로 해서 흑인이나 극빈계층에 대해서 재정적으로 지원해 주는 연방정부의 복지정책이 오히려 이들의 자립의지를 약화시키면서 '종속의 문화(culture of dependency)'를 더욱 가중시킬 수 있다는 것이 이들의 불만 가운데 하나였다. 이들은 민주당이 추진하는 정책이 '의도하지 않은 결과(unintended consequences)'를 가져올 수 있다는 점을 비판하기도 했고, 1960년대 반전운동 등 다양한 시민운동이 미국사회의 안정과 질서를 훼손하고 있다는 일종의 불안감을 느끼면서 1968년 닉슨 공화당 후보를 지지하였다. 전략적 판단의 잘못으로 개입한 전쟁이 베트남전쟁이라고 할지라도, 여전히 냉전이 진행되는 상황에서 미국사회가 지나친 분열과 혼란으로 빠져 들어가는 것은 바람직하지 않다는 생각이 이들을 공화당 지지자로 변모시키면서 닉슨 대통령의 등장을 가능하게 만들었다. 뉴딜자유주의의 퇴조 시기를 포함하여 2000년대에 이르기까지 미국 백인 유권자의 분열과 변화상을 살펴보기 위해서는 Murray(2012)

한편 1968년 닉슨과 이후 1980년 레이건의 대통령 당선으로 공화당 보수주의가 다시 미국정치의 중심으로 회귀할 수 있었던 데에는 1940년대 말부터 미약하지만 서서히 시작된 남부의 보수적 민주당 유권자의 변화가 도사리고 있었다. 전통적으로 미국 남부의 유권자들은 이념적으로 보수주의 성향을 보이고 있어서 공화당에 더 가깝지만, 남부의 노예제도를 폐지한 링컨 대통령의 공화당에 대한 불만으로 각급 선거에서는 민주당을 지지하는 경향이 강했다. 이러한 미국 남부의 보수적 유권자들이 루스벨트 행정부가 추진한 뉴딜정책에 대해서 1930년대 후반부터 서서히 불만을 내비치면서 조금씩 민주당으로부터 이탈하기 시작했다. 민주당이 추진한 민권정책에 대한 불만과 맞물려 이러한 이탈현상이 조금씩 누적되면서, 남부 유권자들은 1968년 공화당의 닉슨 후보를 지지하였고 1980년에는 연방정부의 지속적인 개입에 대한 불만으로 레이건 후보를 지지하였다.[11]

전통적으로 미국 남부는 남북전쟁 이전 노예제도를 찬성하였으며 공화당의 북군에 대항하여 주의 주권을 강조하는 지역이었다. 그리고 노예제도 폐지와 같이 각 지역의 전통적인 경제적·사회적 제도에 대한 고려 없이 연방정부가 일방적으로 추진하는 정책에 대해 반발하면서 주정부의 주권을 내세워온 지역이 미국 남부였다. 남북전쟁 이후 전통적인 반(反)공화당 기류 때문에 미국 남부는 1930년대 뉴딜연합이 구성될 당시 민주당의 루스벨트 후보를 지지하였고, 그 이후 뉴딜 자유주의 연합의 주요한 지역적 지지기반 가운데 하나가 되어 왔다.

를 참조하기 바란다.

[11] 1964년 공화당의 골드워터 후보의 등장 이래 레이건 대통령 당선에 이르기까지 미국대선에서 남부의 인종 문제를 중심으로 공화당선거가 전략적으로 작동한 점과 이와 함께 남부 유권자의 변화를 추적한 논문으로는 최준영(2007)을 참조하기 바란다.

그러나 1930년대 대공황을 해결하고자 집권한 루스벨트 민주당 행정부가 급진적인 친노동정책을 추진하고 연방정부의 역할을 지나치게 팽창시키면서 주정부의 권리를 점차 제한하기 시작하자, 이들 남부 유권자들의 보이지 않는 이탈이 1930년대 후반부터 서서히 진행되기 시작되었다. 사우스캐롤라이나주의 서먼드(Strom Thurmond) 민주당 상원의원이 1948년 '주권리 민주당(States Rights Democratic Party)' 후보로 민주당을 뛰쳐나와서 출마한 것은 이러한 누적된 이탈의 분위기 속에서 나타난 것이었다. 그러나 여전히 남북전쟁에 대한 기억으로 인해서 미국 남부는 자신들의 보수적 정서에도 불구하고 지속적으로 민주당을 지지해 왔다. 그러나 1950년대와 1960년대를 거치면서 민주당의 민권정책 추진에 대한 거부감으로 인해, 남부지역의 유권자들은 특정 선거에서는 민주당에서 이탈하면서 공화당의 보수적인 정책을 지지하는 양상을 보이기 시작했다.

1964년 월러스(George Wallace) 앨라배마 주지사가 민주당 대통령경선에 도전한 것이나 1968년 제3당 후보로 출마한 것 역시 이러한 민주당 이탈 현상과 무관하지 않았다. 특정 선거에서 보수적 남부 유권자들의 탈민주당 경향은 의회선거보다는 민주당의 유력한 대통령 후보가 보이지 않는 상황에서 보수적인 공화당 후보가 등장할 때 더욱 분명하게 드러났다. 1968년 닉슨 대통령의 당선 및 1972년 재선과정에서 남부의 유권자들은 자신들의 정서에 부합하는 연방정부의 축소나 작은 정부론 등에 동조하면서 공화당 후보나 대통령에 대한 지지성향을 보인 것이다. 이러한 현상은 아래에서 설명될 1980년 레이건 공화당 후보의 등장에서도 확인되는 현상이었다.12)

---

12) 이와 같이 남부지역의 보수주의 성향 유권자들이 대통령선거에서 공화당 후보를 지지하는 경향은 남부 유권자가 자신의 이념에 맞추어 정당을 선택하는 것으

그리고 1994년 클린턴 행정부 당시 공화당의 의회 중간선거 압승으로 정점을 찍은 '공화당의 남부화' 혹은 '남부의 공화당화' 현상은 남북전쟁이 시작된 1860년대 이래 공화당 군정기가 끝난 이후 사실상 민주당의 일당지배체제를 이루었던 남부지역의 유권자가 자신의 이념적 성향에 따라서 민주당을 대거 이탈하여 공화당 지지로 정당일체감을 변화시킨 것을 의미하는 것이다. 남부의 공화당화 현상은 대체로 1930년대 후반부터 아주 서서히 시작되어 1960년대에 본격화되고 1994년 선거에서 정점에 도달했는데, 1930년대 뉴딜정책 실시 이래 민주당을 지지했던 남부 유권자들의 공화당 지지현상은 1960년대 말 닉슨 대통령 당선 이후 1980년 레이건 대통령의 등장을 거치면서 1994년 제104대 중간선거에서 공화당의 압승으로 정점을 맞게 되었다.

1968년 닉슨 후보의 대통령 당선에 이어 레이건 공화당 후보가 1980년 대통령선거에서 승리하면서 1960년대 이후 내리막길을 걷기 시작한 뉴딜자유주의는 실질적인 쇠퇴국면에 접어들게 된다. 미국 남부 백인 유권자들이 대통령선거에서 민주당에 대한 전통적인 정당일체감에서 벗어나 자신의 이념에 맞는 공화당 후보를 지지하기 시작했는데, 이러한 현상이 워터게이트 스캔들의 여파로 잠시 카터(Jimmy Carter) 민주당 대통령이 재직했던 4년 동안 정체되어 있다가 레이건 후보의 대통령 당선으로 재현된 것이다.

남부백인의 공화당으로의 이탈에서 보듯이 뉴딜자유주의에 대한 불만으로 민주당에 대한 반발감이 지속되는 가운데, 연방정부의 역할을 줄이고 탈규제정책이 회복되어야 한다는 분위기 속에서 당선된 레이건 대통령은 적극적인 감세정책 등 작은정부론에 부합하는 정책을

로서, 1994년 공화당 중간선거 승리 이후 미국 의회양극화의 주요한 원인 가운데 하나가 된다. 이러한 내용은 이 장의 III절에서 보다 상세히 다루어질 것이다.

펼쳐가기 시작했다. '정부는 해결책이 아니라 문제'라는 레이건 대통령의 국정철학은 유효수요의 증대를 위해서 재정지출을 확대해야 한다는 케인즈주의적 경제정책을 폐기하고 감세를 통해 공급측면을 강조하는 소위 '공급측면의 경제학(supply side economics)'으로 나타났다.

레이건 대통령의 작은정부론은 이미 닉슨 대통령의 당선에서 시작된 '조용한 다수'의 등장을 '적극적 다수'로 바꾸어 나가는 시도로 볼 수 있다. 레이건 대통령은 작은정부론을 구현하는 일련의 보수적인 정책을 통해서 민주당 정당일체감을 포기하지는 않으면서도 연방정부의 개입정책에 반대해 온 남부 백인 유권자의 지지를 이끌어 낼 수 있었다. 그는 소련을 '악의 제국(empire of evil)'으로 부르면서 군사비 증대를 통해서 대외적으로 '신냉전'을 전개하여 베트남전쟁 이래 상처받은 미국인의 자존심을 되살리고 '강한 미국'의 재건을 시도하였다. 그의 작은정부론은 뉴딜자유주의의 붕괴를 재촉하면서 1968년 닉슨 대통령의 등장에서 비롯된 자유주의 세력과 보수주의 세력의 갈등을 더욱 첨예하게 만든 계기가 되었다.

닉슨 공화당 대통령에 이어서 레이건 대통령의 보수주의 정책으로 인해 다시 활성화된 보수주의 세력과, 1930년대 이후 뉴딜자유주의를 중심으로 구축된 자유주의 세력 간의 갈등은 레이건 대통령의 임기 동안 심화되기 시작했다. 그러나 이러한 정당 간 갈등과 대립에도 불구하고 미국의회의 정당정치는 레이건 대통령의 대중적인 인기와 남부지역 출신 민주당 의원의 존재로 인해서 1994년 제104대 중간선거 이후 부시 및 오바마 행정부에 이르면서 극단적으로 나타난 이념적·정파적 양극화와는 상당히 다른 모습을 보였다. 베트남전쟁 패배 이후 미국의 자존심을 회복한 것으로 평가된 레이건 대통령 재임 시기에는 여전히 대통령의 국가적 지도력에 대한 초당적인 협력 분위기가 존재했다. 그리고 레이건 대통령 집권 시기까지만 해도 미국의회는 정당양극화의 심화로 인한 극단적인 이념적 대립의 양상을 보이지는 않았다. 또한 상임위원회 중심의 분권화체제는 미국의회 분석에 있어서 여전히 유효한 모델이었다. 미국의회에서 극단적인 이념적 대결현상이 나타나면서 정당양극화가 심화되는 과정은 위에서 설명한 뉴딜자유주의의 쇠퇴 및 공화당 보수주의의 도래로 인해 사회적 갈등이 심화되는 전반적인 현상에 더하여, 1994년의 제104대 중간선거라는 촉매제를 필요로 했다.

II. 갈등적 이슈의 등장과 이념적 대립의 심화

앞에서 설명한 뉴딜자유주의의 퇴조라는 역사적 배경을 염두에 두고 이 절에서는 1930년대 뉴딜자유주의의 등장 이후 대략 1990년대에 이르기까지 미국정치의 정파적·이념적 갈등을 유도한 다양한 쟁점 이슈를 선별적으로 검토해 보고자 한다. 이들 쟁점 이슈는 대체로 1930년대 뉴딜연합 등장 이후 연방정부의 경제개입을 둘러싼 논쟁에서 발원하여, 1960년대를 거치면서 민권 문제, 그리고 낙태나 동성애 문제 등 사회적 이슈까지를 포함하게 되었다. 특히 사회적·종교적 이슈를 둘러싼 정파적 대립이 유권자 수준에서 심화되면서 1980년대 레이건 행정부를 거쳐 오늘에 이르기까지 미국사회의 전반적인 이념적 양극화의 기저(基底)가 형성되었다고 보인다.

이러한 사항을 염두에 두고 이 절에서는 먼저 미국정치에 있어서 자유주의와 보수주의를 어떻게 정의할 것인가의 문제로부터 출발하여, 연방정부의 시장개입을 중심으로 한 경제적 이슈, 1960년대에 폭발한 민권 및 인종 이슈, 복지 이슈, 그리고 사회적·종교적 이슈를 중심으로 미국사회의 이념적 대립이 진행되어 왔다는 점을 보이고자 한다.

1. 미국정치에서 자유주의와 보수주의에 대한 규정의 문제

뉴딜자유주의의 등장과 쇠퇴, 그리고 이러한 과정에서 닉슨 및 레이건 대통령의 당선이 상징하는 1970년대와 1980년대 미국 보수주의의 활성화는, 1994년 의회선거에서 공화당의 압승을 분기점으로 하여 뉴딜연합이 만들어낸 제5차 정당체제의 소멸을 가져왔다. 뉴딜자유주의의 쇠퇴과정은 뉴딜연합 속에서 작동한 민주당 행정부의 다양한 프로그램을 둘러싸고 민주당과 공화당, 자유주의와 보수주의가 대립과 갈등을 반복한 시기로 규정될 수 있으며, 미국의회가 1990년대 중반 이후 극단적인 정당양극화로 치닫는 구조적인 요인이 되었다. 뉴딜자유주의 프로그램이 가져온 다양한 쟁점 이슈를 중심으로 보수주의와 자유주의 유권자들 간의 대립이 수십 년간 지속되어 오면서 뉴딜자유주의 연합에 소속되어 있던 백인 유권자의 일부가 공화당 지지로 선회한 것이라든지, 혹은 남부의 보수적 백인 유권자들이 자신의 정치적 이념을 좇아서 공화당을 지지하게 된 것도 뉴딜자유주의 프로그램이 야기한 이슈 갈등이 점점 격렬해지면서 나타난 결과라고 할 수 있다.

그렇다면 뉴딜자유주의가 등장하고 쇠퇴하는 과정에서 민주당의 어떠한 프로그램들이나 정책이 1960년대에서 1990년대까지 — 그리고 부분적으로는 현재까지도 — 양당지지자 간의 갈등을 야기해 왔는지를 검토하는 것이 필요할 것이다. 이는 결국 뉴딜자유주의 이후 미국의 '현대 자유주의'가 뉴딜을 비판하면서 등장한 '현대 보수주의'와 어떠한 이슈를 중심으로 대립하게 되었는가 하는 것을 설명하는 것이라고 할 수 있다. 그런데 이에 앞서서 먼저 미국의 경우 뉴딜자유주의 등장 이후 다양한 쟁점 이슈를 중심으로 형성된 '현대 미국의 자유주의와 보수주의'가 우리가 통념상 이해하고 있는 '정치사조로서의 자유주의'와는 어떻게 구별될 수 있을 것인지에 대한 논의가 필요할 것으로 보인다. 이 점에 대한 필자의 생각을 간단히 정리하자면 다음과 같다.

흔히 서유럽 정치사상사에서 바라보면 '자유주의(liberalism)'는 개인의 신체적 자유, 토론과 의사표현의 자유, 집회의 자유, 종교적 관용, 입헌정부 및 제한정부 등을 중심으로 하는 정치 이데올로기라고 할 수 있다. 중세 이후 다양한 지역적·기능적 사회조직의 자치권을 토대로 발전되기 시작해 온 이러한 생각들은 계몽주의 등장 이후 부르주아 세력이 성장하면서 사회계약론에 기초한 국가관을 확립하였다. 그리고 시민혁명 이후 국가의 역할과 기능을 제한하고 개인적 권리를 강조하게 된 자유주의는 영국의 마그나 카르타(Magna Carta), 명예혁명(Glorious Revolution)과 권리장전(Bill of Rights), 미국독립선언(Declaration of Independence), 프랑스혁명 당시 인간과 시민에 관한 권리선언(Declaration of the Rights of Man and of the Citizen) 등을 통해 구현되면서 자유민주주의 국가의 기본적 정치이념으로 자리 잡게 되었다.

이에 반해 역사적으로 볼 때 유럽의 보수주의(conservatism)는 국가와 공동체의 중요성, 사회의 유기체적 질서의 강조, 종교가 부여하는 위계구조에 대한 존중 등을 부각시키면서 개인의 권리보다는 전통과 종교의 권위가 지니는 공동체에 대한 순기능과 이에 근거한 사회적 안정을 강조해 왔다. 유럽적 맥락에서 보면 산업혁명 이후 등장한 신흥부르주아가 자유주의 사상을 흡수하면서 시민혁명의 주체로 등장할 당시, 전통적인 토지귀족은 보수주의적 가치가 사회의 결속과 유대에 기여하는 장점을 주장했다. 프랑스혁명이 초래한 무질서와 사회적 유대의 소멸을 비판하면서 1790년『프랑스혁명에 대한 성찰 (*Reflections on the Revolution in France*)』을 출판한 에드먼드 버크 (Edmund Burke)가 유럽 보수주의의 대표적인 사상가라고 할 수 있다.13)

위에서 소략하게 살펴본 대로 유럽을 중심으로 등장한 자유주의와 보수주의의 주요 내용들은 서유럽 근대정치의 전개과정, 특히 서유럽 시민혁명이라는 현실정치를 통해서 서로 대립하면서 구체적으로 분기된 내용들이다. 그런데 이러한 유럽 근대정치의 역사적 현실과의 밀접한 관련 속에서 등장한 자유주의와 보수주의가 대서양을 건너 미국 정치의 맥락에서 논의될 때에는, 위에서 제시된 자유주의와 보수주의의 내용을 변화 없이 그대로 적용할 수는 없는 상황에 처하게 된다. 이는 미국정치에 있어서 현대 자유주의와 현대 보수주의가 유럽정치에 뿌리를 둔 정치이념과 공통의 요소를 지니면서도, 신대륙 미국이라는 새로운 맥락, 새로운 현실 속에서 논의되어야 이해가 가능한 내용도 포함하고 있기 때문이다.

즉 미국은 식민지시대 이후 미국혁명을 거치면서 본원적으로 '자유주의'를 구현하고 이를 내재화한 사회로 인식되는 측면이 분명히 존재한다. 따라서 미국의 현대 자유주의와 현대 보수주의는 서유럽 '자유주의'가 태평양을 건너온 후 두 갈래로 분기된 미국판 변형으로 다루어져야 한다. 이는 미국사회 내에서 유럽의 전통적인 보수주의 사상이 전무하다는 것을 의미하는 것은 아니다. 이보다는 미국 국가의

---

13) 유럽보수주의 가운데 자유주의적 요소를 흡수한 영국적 보수주의, 즉 자유주의적 보수주의와 대륙의 복고적·낭만적 보수주의를 구별해서 설명해 놓은 글로는 이봉철(1995)을 참조하기 바란다.

탄생은 근본적으로 시민의 자유보호, 폭정의 방지, 이를 위한 제한정부와 대의 민주주의, 권력의 분산, 시장경제 등 유럽적인 자유주의의 근본가치와 분리해서 생각할 수 없다는 점에서 그렇다.

미국의 기본적 정치이념을 자유주의로 보아야 한다는 주장은 하츠(Louis Hartz)의 논의에서 집약적으로 나타나고 있다(Hartz 1955). 즉 하츠는 그의 저서 『미국의 자유주의 전통(*The Liberal Tradition in America*)』에서 미국의 주류 정치사상을 '로크적 자유주의(Lockean liberalism)'로 정의하였다. 이렇게 정의된 미국 국가의 근본이념으로서의 자유주의는 중앙집권적 국가권력을 혐오하고 개인의 자유와 평등을 존중한다는 의미에서 유럽 부르주아의 이데올로기인 자유주의와 사실상 내용 면에서 일치하는 것이었다. 다만 하츠는 미국의 경우 유럽과 같이 부르주와 투쟁의 소산물로서 자유주의가 탄생한 것은 아니라는 의미에서, 미국의 자유주의를 '생래적인 자유주의(natural liberalism)'라고 정의하였다. 즉 미국은 식민지 시대 이후 자치와 자유를 누리면서 독립전쟁을 성공적으로 수행한 결과 로크(John Locke) 없이도 가장 로크적인 정치사회를 구축했다는 것이다. 따라서 미국의 현대 자유주의와 현대 보수주의는 하츠가 논의한 '로크적 자유주의'라는 넓은 틀 안에서 분기된 것으로 규정되어야 한다.

미국이 서유럽 근대정치사상사적인 각도에서 볼 때 제한정부 및 개인의 자유와 평등을 존중하는 자유주의 생래적 전통 속에서 탄생하고 성장한 것이라고 한다면, 미국정치의 맥락에서 현재 민주당과 공화당으로 대변되는 현대 자유주의와 현대 보수주의는 어떻게 정의되어야 하며, 그 단초는 어디에서 찾을 수 있을 것인가? 이에 대한 필자 나름대로의 답변은 이를 연방정부의 본격적인 팽창과 이에 따른 연방 관료기구의 성장, 사회·경제적 문제에 대한 연방정부의 개입이 본격적으로 시작된 1930년대 뉴딜자유주의와 이에 대한 반발에서 발견되어야 한다는 것이다. 즉 연방정부로 상징되는 국가권력의 신장과 이러한 국가권력이 규제정책을 통해 시장과 사회에 개입하면서 '미국의 현대 자유주의와 현대 보수주의'가 분기되기 시작했다고 보인다.[14]

1929년 주식시장의 붕괴와 이에 따른 금융체계의 붕괴로 시작된 1930년대 대공황의 해결을 시도하면서 민주당 행정부와 민주당 의회가 주도했던 뉴딜정책은 기본적으로 사회보장제도의 확립, 복지정책

---

14) 그러나 이러한 필자의 전반적인 취지에도 불구하고 본문에서 이미 언급했고 이봉철(1995)이 주장하듯이 미국의 보수주의가 유럽의 보수주의 사조와 이념적으로 완전히 절연된 채 유지되어 왔다고 보는 것은 무리가 있다. 그 이유는 미국의 경우에도 건국 초기와 그 이후 역사적 발전과정에서 국가의 기능을 강조하는 등 유럽의 보수주의와 일맥상통하는 정책과 이념들이 지속적으로 등장했기 때문이다. 미국의 경우 초창기 해밀턴주의자들은 연방국가의 권한이 강화되는 것을 원했으며, 미국의 조속한 상업국가화를 위해서 연방은행의 창설 등을 추진하였다. 그리고 19세기 말 20세기 초 공화당의 개혁주의 세력은 국가의 역할확대를 통해서 독과점을 금지할 수 있는 규제국가를 건설하고자 시도하였다. 그리고 19세기 후반 미국정치학계에는 유럽대륙의 보수주의와 유사하게 '유기체적 국가론'을 주장하는 경향도 존재하였다(손병권 2013b). 그러나 미국의 보수주의는 정부권력의 집중에 대한 혐오와 불안감, 19세기 말 이후 사회주의적 중앙집중화에 대한 우려, 자본주의 시장경제의 수용 등을 통해서 국가와 연방정부의 확장에 반대하는 자유주의적 보수주의의 경로를 걸어왔다고 보인다. 즉 이봉철(1995)이 지적한 대로 유럽대륙의 복고적·낭만적·반동적인 보수주의는 미국에서 잘 목격되지 않았으며, 미국의 보수주의는 개인의 자율성을 존중하고 시장경제를 옹호하면서 등장하였다. 그런데 이 장의 본문에서 다루는 미국 보수주의의 경우 종교적인 요소는 상대적으로 강하게 남아 있다고 보이는데, 이는 현대의 미국 보수주의가 낙태에 맹렬하게 반대해 왔으며 점점 더 복음주의적 개신교의 주장을 수용해 가는 경향에서 목격될 수 있다. 한편 트럼프 대통령의 등장 이후를 보면 미국 보수주의는 유럽대륙의 혈연적이고 복고적인 보수주의를 수용하는 경향도 보이고 있다. 미국의 보수주의 속에 있는 이러한 다양한 모습에도 불구하고, 미국의 현대 보수주의는 하츠가 지적한 대로 자유주의와 시장경제, 그리고 개인의 권리를 강조하는 넓은 틀 안에서 움직여온 것은 사실이다. 그러나 또한 이러한 넓은 틀 안에서도 미국의 현대 보수주의는 전통적 보수주의의 중요한 요소 가운데 하나인 종교성과 윤리성을 보이고 있었으며, 미국역사의 발전단계와 쟁점사안에 따라서 혈연적이고 백인 민족주의적인 요소도 보여 왔다.

의 확충, 연방정부의 규제강화 등을 표방하면서 미국의 현대 자유주의의 토대가 될 만한 프로젝트들을 진행하였다. 단순화해서 이야기하자면 이러한 프로젝트의 추진을 통해서 연방정부의 개입을 통한 '적극적 자유주의(positive liberalism)'를 주창하면서 현대 자유주의가 형성되었고, 뉴딜정책이 전개되자 이에 대항하여 시장과 사회의 자율성을 강조하는 '소극적 자유주의(negative liberalism)'를 옹호하면서 현대 보수주의가 등장했다고 볼 수 있다. 따라서 뉴딜정책의 도래와 함께 미국의 현대 자유주의와 현대 보수주의는 근본적으로 주정부와 연방정부의 권한의 경계 및 국가와 사회가 각각 처리해야 할 문제의 범위를 설정하면서 구분된 이념이지, 근본적으로 개인의 권리보다 종교적 권위를 앞세운다든지, 제한정부론에 대해서 국가의 유기체적 우월성을 강조한다든지 등의 대립된 입장을 중심으로 구분될 개념은 아닌 것이다.

여기에 더하여 1960년대에 이르러 낙태 문제와 다문화주의가 이슈화되면서 미국의 현대 자유주의와 현대 보수주의가 연방정부의 경제개입 이외의 사회적 영역 등에서 새로운 갈등국면을 맞이했다. 이런 의미에서 미국의 현대 보수주의는 전통적 보수주의가 강조하는 기독교적 윤리성 등 종교적인 요소는 상당 수준 그대로 유지하고 있다. 그러나 어떠한 경우이든지 자유주의적 가치에 대한 공약에 있어서는 미국의 현대 자유주의와 현대 보수주의는 모두 유럽의 근대정치사상사적 의미에서 '자유주의'라고 불릴 수 있는 내용을 수용하고 있다. 그러면 이러한 현대 자유주의와 현대 보수주의를 구별시킨 바 뉴딜정책 도래 이후의 쟁점 이슈는 무엇인지 이를 선별적으로 살펴보기로 한다.

2. 쟁점 이슈

1) 수혜자자격 프로그램

1930년대 대공황을 타개해 나가는 과정에서 민주당 행정부와 민주당 의회는 적극적 재정정책을 통해 대규모 공공사업과 광범위한 사회보장정책을 실시함으로써 연방정부의 역할이 본격적으로 팽창되는 계기를 마련하였다. 이렇게 시작된 연방정부의 팽창은 1960년대 존슨 대통령의 '위대한 사회' 프로그램에 의해서 더욱 가속화되었다. 뉴딜정책의 도입 이후 지속된 연방정부의 확대와 관련하여, 연방정부의 역할에 대한 논쟁이 미국의 자유주의와 보수주의의 입장을 구별시켜주는 중요한 기준 가운데 하나가 되었다.

민주당의 루스벨트 대통령의 뉴딜정책과 존슨 대통령의 위대한 사회 프로그램을 지지하는 자유주의자들은 빈곤층을 위한 사회안전망의 구축이나 경제적 불안을 해결하기 위해서 연방정부가 적극적인 재정정책과 전향적인 조세정책을 통하여 사회와 시장에 개입해야 한다고 주장해 왔다. 이들은 미국의 사회적·경제적 문제는 많은 경우 주정부의 수준에서 해결될 수 있는 문제가 결코 아니며, 연방정부만이 적극적인 재분배정책과 경기 활성화정책을 통해서 해결할 수 있는 문제라고 파악하고 있었다. 주정부는 각 주와 관련된 문제에만 관심을 보이기 때문에 빈곤의 해결과 사회적 안전망 구축 등 부의 재분배를 지향하는 정책 등은 연방정부가 담당해야 할 수밖에 없다 것이 이들의 주장이었다.

연방정부의 역할에 대한 보수주의자들의 주장은 이와는 다르다. 보수주의자들은 연방정부의 역할팽창은 미국인들의 일차적인 생활공간을 주관하는 주정부의 권한을 침해하는 것이라고 보았다. 미국인들의 일상생활과 밀접하게 관련되어 있는 정부는 결코 워싱턴에 있는 연방정부일 수 없으며, 지역주민이 거주하고 있는 '바로 그곳'의 주정부라는 것이 이들 보수주의자들의 견해였다. 연방정부가 팽창할 경우 등장하는 문제는 결국 연방정부에 의한 주정부의 자율성의 침해이며, 지역사정을 고려하지 않고 전국에 표준화되어 시행되는 연방정부의 정책은 효율성이 떨어지고 효과가 적을 것이라는 것이다. 이러한 논리에 따라서 보수주의자들은 연방정부의 팽창보다는 연방정부의 축소를 주장해 왔다. 연방정부의 팽창은 연방관료의 확대와 연방예산의 팽창이라는 문제를 불러일으킬 수 있는데, 이 두 현상은 모두 전통적으로 정부개입의 최소화와, 정부가 개입한다면 그 개입의 주체는 주정부가 되어야 한다는 보수주의자들의 주장에 위배되는 내용이었다.

연방정부의 역할에 대한 이러한 이견을 둘러싸고 미국의 현대 자유주의와 현대 보수주의가 강하게 대립하면서 갈등한 이슈 가운데 하나는 수혜자자격 프로그램이었다.[15] 1933년 루스벨트 행정부의 뉴딜정책이 등장하면서 사회보장정책이 실시된 이래 미국은 '수혜자자격 프로그램'이라는 복지정책을 통해서 사회적 약자에 대한 다양한 혜택을 제공해 왔다. 그러나 이러한 복지정책이 빈곤 문제 해결과 관련하여 실질적인 효과가 미미하며 오히려 프로그램 수혜자가 연방정부의 지원에만 의존하는 상황이 장기화되면서 보수주의자들의 강력한 비판이 제기되었다. 이러한 비판의 핵심에 있었던 프로그램이 '종속아동가정에 대한 연방정부의 지원' 프로그램이다. 이 복지정책은 연방법에 의해서 수혜자자격을 지정하여 복지혜택을 제공하는 대표적인 사회보

---

15) 수혜자자격 프로그램은 연방법으로 규정된 '자격' 요건에 해당하는 사람들에 대해서 사회보장 혜택 등 연방정부의 지원이 강제적으로 실현되도록 만든 정책이다. 이러한 프로그램에는 종속아동가정에 대한 연방정부의 지원(AFDC: Aid to Families with Dependent Children), 식권(food stamp) 극빈자 의료부조(Medicaid) 등이 있다.

장제도인데, 법이 규정하는 자격요건에 맞는 가정에 한해서 연방정부가 혜택을 주도록 강제하고 있었다.

이러한 수혜자자격 프로그램에 대해서 자유주의자들은 복지정책 실시의 주체는 연방정부가 되어야 하며, 연방정부는 주정부나 지역정부가 시행할 수 없는 부의 재분배를 통해 사회적 형평을 이루어야 한다고 주장했다. 자유주의자들은 빈곤 및 실업 등을 포함한 사회안전망 구축에 대한 관점에 있어서, 이러한 문제들은 연방정부가 직접 나서서 해결해야 하는 문제라는 인식을 바탕으로 사회공동의 책임을 강조했다.

이러한 자유주의자들의 주장에 대해서 보수주의자들은 복지정책의 담당자가 연방정부이어서는 안 되며, 더욱이 그것이 연방법의 규정에 따라 강제되어서는 안 된다고 반박했다. 보수주의자들은 민주당이 추진한 사회보장제도는 복지의존형 '종속의 문화'를 낳아 사회보장 혜택을 받는 각 개인들이 자립할 수 있는 길을 오히려 막고 있다고 보았다. 결국 연방정부의 복지정책의 장기적인 시행의 결과로 빈곤은 계속 빈곤을 낳을 수밖에 없는 역설적인 상황이 도래하므로, 이러한 방식의 복지프로그램은 전면적으로 개편되고 궁극적으로 폐기되어야 한다고 주장한 것이다.[16]

사회안전망의 구축과 관련된 연방정부의 역할 문제에 있어서 보수주의자와 자유주의자의 대립은 사실상 현재에도 진행되고 있다. 그리

---

16) 보수주의자들의 관점에서 보면 뉴딜정책 등장 이후 민주당이 추진한 수혜자자격 프로그램은 수혜자들로 하여금 정부를 '보모국가(nanny state)'로 인식하게 만들어 자활의 의지를 상실하게 만드는 '의도되지 않은 결과'를 가져올 뿐이었다. 따라서 보수주의자들은 소득이전에 의한 연방정부의 재분배정책을 통해서 이러한 빈곤의 문제를 해결하지 말고, 수혜자에 대한 적극적인 재교육정책 등을 통해 이들의 자립능력을 신장시켜 문제를 해결해야 한다고 주장했다.

고 이와 관련하여 보수주의자는 '개인 중심의 자립'을 강조하고 있고, 자유주의자는 빈곤에 대한 '사회적 책임'에 방점을 두고 있다. 수혜자 자격 프로그램을 둘러싼 갈등이 1960년대 이후 지속적으로 양대 세력 간에 논쟁과 대립의 핵심이 되어 왔는데, 이 가운데 종속아동 가정에 대한 지원이라는 연방정부 프로그램이 특히 그러했다. 이 프로그램은 결국 제104대 의회 시기인 1996년 양대 정당 간의 대립 속에서 신민주당원(new Democrats)으로서의 정체성을 지닌 클린턴 행정부의 동의로 다수당이었던 공화당에 의해서 폐지되는 운명에 처하게 된다.

2) 소수자에 대한 차별적 보상정책

1861년 남북전쟁이 발발하고 1863년 링컨 대통령에 의해서 역사적인 노예해방 선언이 있은 이후 1865년 제13차 헌법수정을 통해서 미국에서 노예제도가 폐지된 뒤에도 미국 내에는 흑인에 대한 인종차별이 지속되었다. 흑인에 대한 인종차별 문제를 법제도적 차원에서 해결한 것은 1960년대 민권운동이 맹렬히 전개되던 가운데 1964년 민권법이 통과되고 이어서 1965년 투표권법이 통과된 이후였다.

건국 이래 존재해 왔던 흑인에 대한 차별을 포함하여 역사적으로 다양한 요인에 의해서 차별을 받아온 사회적 소수자에 대한 보상정책이 바로 소수자에 대한 '차별적 보상정책'이라고 할 수 있다. 그리고 이러한 차별적 보상정책은 뉴딜자유주의가 쇠퇴하기 시작하면서 보수주의 세력과 자유주의 세력 간에 격렬한 논쟁과 갈등의 대상이 되었다.

기본적으로 자유주의자들은 인종차별 문제에 대한 법률적 해결의 연속선상에서 흑인 등 소수인종이나 여성 등을 포함한 사회적 소수자에 대한 차별적 우대정책은 지속적으로 추진되어야 한다고 보고 있었다. 자유주의자들은 궁극적으로 사회의 각 분야에서 진출이 미진한 소수자가 전체 인구에서 이들이 차지하는 비율에 이를 때까지 취업,

교육, 주거 등의 각 분야에서 이들에 대한 차별적인 보상정책이 지속되어야 한다고 주장하고 있었다. 극단적인 경우 사회적 소수자로 인정되는 인종, 성, 민속집단에 속한 개인의 능력과는 무관하게, 사회제도와 관행이 소수자의 인구비율을 반영하는 방식으로 고용, 정부계약, 진학 등의 과정에서 준수되어야 한다고 보는 것이 이들 자유주의자들의 입장이었다.

이에 반해서 보수주의자들은 소수자에 대한 차별적 보상정책에 관해서 유보적이거나 반대하는 입장을 취하고 있었다. 보수주의자들은 기본적으로 흑인이나 여성 등 사회적 소수자의 투표권이나 시민권이 지속적으로 신장되어야 한다는 점에 대해서는 큰 이의를 제기하지 않았다. 그러나 이들은 사회적 형평을 지향하는 이러한 정책이 고용이나 교육을 직접 담당하는 일선 주관기관의 사정이나 입장을 무시한 채 일방적으로 추진되어서는 안 된다고 보았다. 또한 보수주의자들은 흑인 등 소수인종의 권리신장이 백인의 역사적 죄악에 대한 사죄의 차원에서 무한정 지속되는 것은 불합리하다고 주장하였다. 보수주의자들은 흑인에 대한 백인의 차별과 학대 등 과거행적을 강조하는 것은 흑인에 대한 수혜정책의 비효율성을 은폐하고 이러한 정책을 연장하기 위한 빌미일 뿐이라고 비판하기도 했다.

또한 보수주의자들은 소수자에 대한 차별적 보상이 백인이나 남성 등을 포함한 미국의 사회적 다수나 혹은 다른 사회적 소수자에 대한 역차별(counter-discrimination)의 문제를 불러올 것이라고 우려해 왔다. 보수주의자들은 능력과 경쟁력을 갖춘 백인 혹은 기타 인종이 과거 인종차별의 역사적 사실만을 강조하는 흑인 중심의 소수인종 우대정책의 결과 불이익을 받을 수 있다고 보고 있었다. 이러한 역차별 현상은 미국이 중요시해 온 경쟁의 원리에 어긋날 뿐만 아니라, 노력에 대한 정당한 보상이라는 미국의 전통적인 근로윤리를 손상시킬 수 있다는 것이다. 보수주의자들은 개인의 능력과 창의성을 무시하고 사회적 정의와 속죄의 차원에서 추진되어 온 소수자에 대한 차별적 보상정책은 결국 미국의 고유한 개인주의의 자유경쟁 이념에도 어긋나는 것이라고 주장해 왔다.

이러한 차별적 보상정책은 특히 레이건 대통령의 등장 이후 미국사회가 보수화 경향을 보이면서 비판의 대상이 되기에 이르렀다.[17] 1960년대 뉴딜자유주의의 절정기에 더욱 강조된 차별적 보상정책이 실제로는 능력 있는 개인을 취업, 교육 등에서 제한하는 효과가 있다는 분위기가 조성되면서 이러한 정책에 대한 비판이 매우 강하게 나타났다. 특히 대학교 등 상위의 교육기관의 입학 문제에 있어서 소수자에 대한 차별적 보상정책에 의해서 피해를 입었다고 주장하는 사람들에 의해 소송이 제기되는 등 상당히 논란이 있어서 차별적 보상정책은 현대 미국사회에서 자유주의와 보수주의 진영 간에 지속적인 대립을 유발하고 있다.

3) 낙태 문제

헌법상 국교는 인정하지 않지만 기독교 사회로 알려져 있는 미국에서 보수주의자와 자유주의자 간의 격론의 대상이 된 낙태 이슈는 1960년대 미국사회에 불어 닥친 여성해방운동의 등장과 관련이 있다. 1960년대는 미국 자유주의의 팽창기로서 케네디 및 존슨 행정부의 자

---

17) 레이건 행정부에 이르러 차별적 보상정책에 대한 비판과 정책변화에 대해서는 Finn(1982)을 참조하기 바란다. 레이건 행정부가 출범한 초기 민권담당 법무부 차관보였던 레이놀즈(William Reynolds)는 "우리는 더 이상 차별에 의한 희생자가 아닌 사람들에게, 쿼터제나 혹은 인종, 성, 민족기원, 종교 등에 근거하여 차별적인 대우를 제공하는 수적, 통계적 공식을 주장하거나 어떠한 경우에도 이러한 공식을 지지해서는 안 된다"고 언명하였다(Finn 1982).

유주의적 사회정책과 맞물려 민권운동, 소비자 보호운동, 환경운동 등과 함께 여성운동이 본격적으로 전개되기 시작한 시기였다. 흑인들이 차별대우를 거부하면서 민권운동을 전개한 것과 마찬가지로, 남성중심의 사회에서 여성의 사회적 차별에 대한 불만이 결국 여성의 권리에 대한 각성을 낳아 여성운동을 각 분야에서 촉발시켰다.

이러한 여성운동의 연장선상에서 여성의 신체에 관한 권리의 문제가 나타났고, 여기에서 '합법적인 낙태(legal abortion)'가 가능한 것인지가 문제되기 시작했다. 즉 '태아(fetus)'의 생사에 관한 결정권이 산모인 여성에게 있는 것인지, 혹은 태아의 생명은 출생아의 생명과 같이 다루어져야 하는지의 문제가 제기되었다. 이러한 문제는 기본적으로 낙태에 관한 권한은 태아를 임신한 여성에게 있다는 자유주의자들의 여성 신체권적인 입장과, 기본적으로 태아 역시 출생아와 같은 생명이며 생명에 관한 권한은 신(神)에게 있으므로 태아의 생존 권리를 산모가 신체권의 주장을 통해 빼앗을 수 없다는 기독교 보수주의자들의 생명 존중권적 입장 간의 치열한 논쟁을 유발시킨 계기가 되었다.

이러한 여성 낙태권을 둘러싼 갈등은 1973년 로우 대 웨이드(Roe vs. Wade)의 소송사례에서 연방대법원이 특정한 조건을 충족시킬 경우 낙태를 허용할 수 있다는 판결을 내리면서 더욱 증폭되기 시작했다. 즉 로우 대 웨이드의 판결을 통해 연방대법원은 원칙적으로 여성의 낙태권을 인정한 것인데, 이러한 판결이 있은 이후 낙태 문제를 둘러싼 자유주의 세력과 보수주의 세력 간의 갈등은 매우 심해졌다.[18]

---

18) 1973년 1월 22일 로우 대 웨이드 소송사건에서 연방대법원의 여성낙태권 인정 판결(찬성 7인, 반대 2인)은 여성의 낙태권을 수정헌법 제14조(개인의 사적 권리에 관한 국가의 평등한 보호를 규정한 조문)에 근거하여 인정한 사례이다. 이러한 판결에 의해서 여성의 낙태권이 인정되었으며, 주정부는 특정한 조건에 부합되는 상황에 국한하여 여성의 낙태에 관해서 규제를 제한적으로만 행사할 수

소위 종교적인 문제와 밀접하게 관련되어 있는 사회적 이슈로서 낙태 이슈가 등장하면서, 미국사회는 기존에 존재했던 연방정부의 시장개입의 문제를 둘러싼 양대진영 간의 논쟁에 더하여 사회적·종교적 이슈를 둘러싼 갈등이 매우 첨예하게 진행되기에 이르렀다.[19]

이러한 연방대법원의 판결 이후 전통적으로 낙태를 인정하지 않았던 보수적인 지역의 유권자들은 이러한 판결에 매우 강한 불만을 제기하였으며, 이러한 판결에 따라 여성의 신체권이라는 차원에서 낙태 결정권을 인정하는 민주당 및 자유주의자들과 첨예한 대립각을 세우기 시작했다. 특히 낙태를 시술하는 병원에 대해서 연방정부의 재정지원을 포함하는 조문이 법안으로 의회에서 논의될 경우, 공화당과 민주당 간의 격렬한 갈등은 항상 예견되고 늘 목격되는 일이었다.

이와 같이 1960년대부터 쟁점화되면서 1973년 연방대법원의 판결에 의해서 본격적으로 점화되기 시작한 여성 낙태권을 둘러싼 자유주의 세력과 보수주의 세력의 갈등은 사실 현재까지도 진행되고 있다. '계획부모(Planned Parenthood)'라는, 여성의 임신과 출산을 포함한 건강과 보건에 특화된 의료조직의 각종 활동에 대한 최근의 논란 역시 이러한 낙태 문제를 둘러싼 치열한 이념적 대립이라는 각도에서 이해될 수 있다.[20]

있게 되었다.

19) 사회적 이슈로서는 낙태 이슈 이외에도 동성애와 동성결혼 등의 문제도 존재하지만, 이러한 이슈는 1990년대 이후 본격화된 이슈로서 1990년대 중반까지 국한해서 볼 때 미국사회의 양극화를 유도한 쟁점 이슈의 범위에서는 제외될 수 있다고 필자는 보았다. 특히 동성결혼의 문제가 그렇다고 생각된다. 그러나 1990년대 중반 이후 현재까지 동성애와 동성결혼 역시 매우 중요한 사회적 이슈의 하나로서 미국사회 내에서 보수주의 진영과 자유주의 진영 간의 대립과 갈등에 기여하고 있음은 사실이다.

20) '계획부모'는 '미국 계획부모 연맹(PPFA: Planned Parenthood Federation of America)'의 준말로서 여성의 임신, 출산, 산아제한(낙태) 등에 관한 종합적인 의

4) 다문화주의

건국 이후 미국사회의 주류 구성원은 북미주 식민지를 개척한 서유럽의 영국계 백인들이었다. 따라서 식민지시대 이후 미국사회의 발전을 주도한 주류문화는 서유럽계 백인들에 의해서 주도된 문화일 수밖에 없었으며, 이는 대체로 당연한 것으로 받아들여졌다. 따라서 교육과정에 있어서 고전(古典)으로 인정받는 저작들은 대체로 서구문명에 뿌리를 둔 저작들이었으며, 그 이외의 문화적 전통은 주류문화가 아닌 일종의 하위문화(subculture) 정도로 밖에는 취급되지 않았다.

그러나 이후의 미국 정치발전과정이 입증하듯이 미국사회는 영국계 이민자 등 서유럽계 이민자들의 유입만으로 이루어진 것은 아니었다. 대영제국이 북미주를 지배한 식민지시대 이후 미국사회의 역사적 전개과정은 노예로 이주해 온 아프리카 사람들과는 별도로 생각할 수 없었다. 특히 남부 대농장을 중심으로 한 목화재배는 기본적으로 대규모 흑인 노예노동의 동원이 없이는 처음부터 불가능한 것이었다. 따라서 아프리카 노예가 미국에 이식한 흑인문화 역시 미국사회에서 오랜 기간 하위문화로서 성장해 왔다.

이후 미국의 역사적 발전과 함께 19세기에 이르러 아일랜드(Ireland) 및 동유럽이나 남유럽으로부터의 이민자들이 몰려들어 왔고, 이들은 대체로 도시지역에 자리 잡으면서 서유럽 중심의 미국문화에 다양성을 더하고 충격을 가하기도 했다. 또한 대륙횡단철도의 부설과 함께 캘리포니아 지역으로 중국인 노동자들이 대거 유입되었는데, 그 결과 캘리포니아 지역에서 중국계를 포함한 아시아계 이민은 현재 대체로

료 및 상담 등의 서비스를 제공하는 기관이다. 계획부모는 생어(Margaret Sanger)가 1921년 미국 산아제한연맹(American Birth Control League)을 창설하면서 시작된 이후 1942년 오늘날의 이름으로 개명되었다(https://en.wikipedia.org/wiki/Planned_Parenthood).

친민주당 성향의 주요 유권자층을 형성하고 있는 것으로 알려져 있다. 서유럽 이외의 지역, 즉 동유럽 및 남유럽이나 아프리카, 아시아, 남미로부터 미국으로 건너와서 미국의 소수 민속집단을 형성한 비서유럽계 미국인들은 모국문화를 미국의 새로운 거주지와 작업장 등 생활터전에 지속적으로 이식시켰다. 한편으로는 영어 중심의 미국 내 서유럽 문화권에 동화되면서도, 이들 비주류 이주민들은 거주지를 중심으로 한 생활공간과 종교적·문화적 집단행사를 통해서 자신들이 떠나온 모국의 민속전통을 유지해 왔다. 특히 도시지역에서의 이러한 다양한 문화의 공존은 인종 간에 혹은 민속집단 간에 갈등을 일으키는 요소로 작용하기도 하였다.

현대 미국의 자유주의는 이러한 소수인종이나 민속집단들이 지닌 문화도 전통적인 백인의 문화와 마찬가지로 미국사회를 구성하는 문화 가운데 하나이므로 이를 적극적으로 인정하고 전통적인 주류문화인 백인문화와 동등하게 다루어야 한다고 주장해 왔다. 미국사회는 다양한 인종, 다양한 민속집단이 공존하면서 이룩한 다원주의(pluralism)의 결과물이므로, 특정문화가 수적인 우세를 바탕으로 우월한 문화로 인정받을 수 없으며, 또한 특정문화가 소수인종의 문화이므로 열등한 문화로 취급되어서는 안 된다는 것이다. 다인종, 다문화국가로 미국은 비록 영어라는 하나의 언어를 사용하며 하나의 헌법을 존중하고 한 목소리로 동일한 국가를 부르지만, 서유럽 중심의 주류문화에 동화되는 '용광로(melting pot)'가 되어서는 안 되며, 다양한 문화가 그 특색을 유지한 채 공존하는 '샐러드보울(salad bowl)'이 되어야 한다는 것이 다문화주의자들의 주장이었다.

이러한 주장을 전개하는 다문화주의자들은 '정치적으로 올바른 언어(politically correct language)'의 사용을 주장하면서 '미국인'을 지칭할 경우에 피부 빛깔에 따라 미국인들을 분류하는 것에 반대하고, 그

민족적 기원(ethnic origin)을 명시할 것을 주장하고 있다. 예컨대 '흑인 미국인(black American)'이라고 부르지 말고 '아프리카계 미국인(African American)'이라고 부르는 것이 '정치적으로 올바른' 호칭이라고 주장하는 것이다. 또한 다문화주의자들은 연방정부의 정책이 미국의 다양한 소수 민족집단의 문화를 적극 지원하는 방향으로 전개되어야 한다고 보고 있다. 이러한 다문화주의는 특히 1960년대 이래 흑인의 민권운동과 여성운동 등 기타 자유주의적인 시민운동의 등장과 함께 확산되면서 미국 현대 자유주의의 중요한 요소의 하나로 성장하였다.

이와는 반대로 미국의 현대 보수주의는 기본적으로 미국은 미국을 이끌어 가는 백인 주류문화에 의해서 주도되어야 한다고 믿고 있고, 이러한 주류문화는 서유럽의 역사와 전통에 토대를 둔 기독교 문화이어야 한다고 주장해 왔다. 이들은 '정치적인 올바름'보다 중요한 것은 미국의 '정체성'이며, 미국의 정체성은 서유럽 중심의 기독교 문화에 뿌리를 두고 있다고 주장한다. 그 이유는 이러한 서유럽 중심의 기독교 문화가 다른 소수 민족집단의 문화보다 우수해서 그럴 수도 있지만, 그보다는 바로 이러한 문화를 바탕으로 해서 미국이 건국되었고 미국의 정체성이 만들어졌기 때문이라는 것이다. 이러한 전통적 주류문화에 대한 암묵적인 공통의 양해가 무너질 경우, 미국정체성에 대한 심각한 혼란이 야기되고 미국사회를 지탱하는 정신적 토대가 붕괴될 수 있을 것이라고 보수주의자들은 우려해 왔다.

이러한 주장을 바탕으로 보수주의자들은 자유주의자들이 주장하는 '문화적 상대주의(cultural relativism)'는 결국 미국사회의 통합을 저해하고 미국사회의 분열을 촉진하게 될 것이라고 전망했고, 지금도 그렇게 보고 있다. 소수인종이나 다양한 민족집단들에게도 서유럽중심의 기독교적 가치가 미국사회를 이끌어 온 가장 중요한 가치임을 인정하도록 함으로써, 미국사회의 주류가치에 이들을 적극적으로 동

화시켜야 한다고 보수주의자들은 주장하고 있는 것이다.[21]

위에서 설명한 대로 미국사회는 미국정체성과 관련하여 1960년대 이래 자유주의와 보수주의의 대립이 격화되었고, 이러한 갈등은 히스패닉 인구가 급증하는 1990년대 이후 더욱 심화되고 있다.[22] 미국의 국가정체성과 관련하여 기독교적 토대를 강조하는 백인 개신교도의 주장이 지난 수십 년간 증가일로를 걸으면서 다문화주의를 둘러싼 갈등은 현재에도 지속되고 있는 형편이다. 특히 백인인구가 절대 다수의 지위를 잃을 것이라는 위기감이 커지면서, 미국의 국가정체성 문제와 관련하여 다문화주의에 대한 반발은 적어도 백인사회 내에서 쉽게 가라앉지 않을 것으로 보인다.

---

21) 이러한 보수주의의 대표적인 인물로는 앨런 블룸(Alan Bloom)이나 아서 슐레진저(Arthur Schlesinger, Jr.)와 같은 학자들이 있다. 특히 블룸의 『미국사유의 폐쇄(The Closing of the American Mind)』는 이러한 입장을 강하게 대변하는 저작으로 알려져 있다.

22) 1990년대 이후 히스패닉 인구의 증가에 따른 보수주의자의 우려에 대해서는 Huntington(2004)을 참조하기 바란다. 이 책에서 헌팅턴이 취한 개신교와 영어 중심의 미국정체성 정의는 '미국적 신조(American Creed)'를 중심으로 미국 정체성을 논의한 바로 자신의 이전 저작(Huntington 1981)의 논의와 상당히 상충되는 것이어서 흥미롭다. 헌팅턴이 언급한 미국적 신조란 자유, 평등, 제한 정부, 인권 등 미국인들이 모두 수용하는 정치적 원칙을 의미한다. 그리고 이러한 정치적 원칙은 종교, 언어 등 문화적 요소와는 큰 관련이 없는 성격의 내용들이다. 한편 히스패닉 인구의 유입이 증가하는 상황에서 미국의 이민정책이 보수화되어 가는 경향에 대해서는 Reimers(1999)를 참조하기 바란다. 또한 미국 내부로의 이민 유입에 따른 위기를 역사적으로 설명한 저서로는 Graham(2004)을 참조하기 바란다. 한편 부시(G. W. Bush) 행정부 당시 이민법 개정논의와 다원주의의 경직화 경향에 대해서는 유성진 외(2007)를 참조하기 바란다.

III. 제104대 의회선거와 남부의 공화당화

1. 제104대 의회선거와 공화당 혁명의 배경

1960년대 말부터 시작된 뉴딜자유주의의 쇠퇴와 뉴딜연합의 해체로 인해 닉슨 대통령 집권기간인 1970년대 초를 지나 레이건 대통령의 집권기간 8년을 거치면서 미국사회에서 보수주의가 다시 활성화되었음은 위에서 이미 설명한 바와 같다. '조용한 다수'로 불리는 백인 중산층 유권자들이 뉴딜자유주의가 진행되는 가운데 나타난 연방정부 정책에 대해서 불만을 품으면서 공화당 대통령이 지속적으로 당선되는 현상23)과, 남부 백인 유권자들이 대통령선거에서 자신들의 정당일체감과는 달리 이념을 좇아 공화당 후보를 선택하는 현상이 나타났음도 또한 이미 앞에서 서술하였다.

이와 같이 뉴딜자유주의가 퇴조하고 조용한 다수의 지지에 힘입어 공화당이 득세하면서 보수주의가 활성화되었음에도 불구하고 여전히 의회는 민주당이 지속적으로 다수당의 지위를 차지하고 있었다. 남부지역을 중심으로 보면 다수의 보수적인 백인 유권자들이 1960년대 말 이후 대통령선거에서 공화당 후보를 지지하기는 했으나, 여전히 의회선거에서는 자신의 정당일체감과 일치하는 방향으로 민주당 후보를 지지해 왔다. 이러한 현상은 민주당 의회가 제공하는 복지 및 사회보장 프로그램이 전국적으로 유권자들에게 인기가 있다는 사실을 입증하는 것이기도 하고, 선거운동에 있어서 의회의 다수를 점령하고 있

---

23) 미국의 이러한 전반적인 보수화 물결 속에서도 워터게이트 스캔들과 닉슨 대통령 사임의 여파로 나타난 공화당에 대한 유권자의 불만으로 인해 1976년 카터 민주당 후보가 대통령으로 당선되어 4년간 재임한 바 있다.

었던 민주당 현직의원들의 이익이 여전히 효과를 발휘하고 있기 때문이기도 했다. 특히 현직의원의 이익이 유지되는 이상 남부지역에서 유능한 공화당 도전후보들이 등장하여 의회진입의 장벽을 극복하면서 민주당 의원을 이기고 승리를 거두는 것은 쉽지 않았다. 이와 같이 유능한 공화당 도전후보가 없는 상황에서 대통령선거에서는 공화당 후보를 지지하던 보수적인 민주당 유권자라 할지라도, 의회선거에서는 민주당 의원에게 도전하는 공화당 후보를 지지하는 것은 쉽지 않았다.

이렇게 볼 때 의회선거를 통한 다수당의 변화는 결국 현직의원의 이익을 충분히 상쇄시킬 수 있는 요인이 미국 전역에 걸쳐서 강한 영향력을 발휘해야만 가능했다. 의회 다수당이 민주당에서 공화당으로 변화하는 과정에서 핵심적인 열쇠를 쥐고 있었던 남부 백인 유권자가 대통령선거에서와 마찬가지로 의회선거도 공화당 후보를 지지하는 것은 매우 강력한 어떤 동기가 제공되어야만 가능했던 것이다. 그런데 이러한 동기가 마련된 일련의 계기는 1994년 11월 미국 중간선거가 다가오면서 민주당 클린턴 행정부의 몇 가지 실책과 이에 편승한 유능한 공화당 후보의 등장이었다고 할 수 있다. 즉 1994년 제104대 의회선거를 통해 공화당이 양원 다수당으로 등장할 수 있었던 것은 이러한 요건이 충족되었기 때문이었다.

1994년 제104대 의회선거는 닉슨 대통령과 레이건 대통령의 등장 이후 공화당 보수주의의 승리를 최종적으로 확정지은 중요한 이정표가 되는 선거였다. 1994년 제1기 클린턴 행정부의 임기 중반에 실시된 제104대 미국의회 중간선거의 결과, 1954년 이래 40년 만에 공화당이 의회의 양원을 모두 장악하는 현상이 나타나게 되었다. 다음 도표에서 보듯이 하원의 경우 1954년 선거에서 공화당이 민주당에게 하원 다수당의 자리를 내어 준 이래 처음으로 하원 다수당의 자리를 되

　　제83대 의회 이후 제114대 의회까지 하원의 의석 변화

역대 하원	하원의원 총수	민주당 의원	공화당 의원	무소속 의원
제83대 (1953~1954)	435	213	221	1
제84대 (1955~1956)	435	232	203	0
제85대 (1957~1958)	435	232	203	0
제86대 (1959~1960)	436	282	153	민주계 무소속 1
제87대 (1961~1962)	437	264	173	0
제88대 (1963~1964)	435	260	175	0
제89대 (1965~1966)	435	295	140	0
제90대 (1967~1968)	435	248	187	0
제91대 (1969~1970)	435	243	192	0
제92대 (1971~1972)	435	255	180	0
제93대 (1973~1974)	435	243	192	0
제94대 (1975~1976)	435	291	144	0
제95대 (1977~1978)	435	292	143	0
제96대 (1979~1980)	435	279	156	0
제97대 (1981~1982)	435	243	192	0
제98대 (1983~1984)	435	269	166	0
제99대 (1985~1986)	435	255	180	0
제100대 (1987~1988)	435	258	177	0
제101대 (1989~1990)	435	262	173	0
제102대 (1991~1992)	435	267	167	1
제103대 (1993~1994)	435	258	176	1
제104대 (1995~1996)	435	205	230	0
제105대 (1997~1998)	435	207	226	2
제106대 (1999~2000)	435	211	223	1
제107대 (2001~2002)	435	213	220	2
제108대 (2003~2004)	435	205	229	1
제109대 (2005~2006)	435	201	233	1
제110대 (2007~2008)	435	233	202	0
제111대 (2009~2010)	435	257	178	0
제112대 (2011~2012)	435	193	242	0
제113대 (2013~2014)	435	201	234	0
제114대 (2015~2016)	435	188	247	0

출처: http://history.house.gov/Institution/Party-Divisions/Party-Divisions/

찾은 선거가 바로 제104대 의회선거였다.

　앞의 〈표 2-1〉에 나타난 역대 하원의 정당별 의석분포를 보면 공화당의 경우 1952년 제83대 선거에서 마지막으로 다수당의 지위에 오른 이후 1994년 제104대 선거 전까지 다시 다수당의 자리를 차지해 본 적이 한 번도 없었다. 하원 공화당은 제104대 선거에 이르러서야 54석에 이르는 의석을 민주당으로부터 쟁취하면서 230석이라는 의석을 확보하여 40년 만에 다수당에 재등극할 수 있었다. 이후 공화당은 제2기 부시 행정부 당시의 중간선거인 2006년의 제110대 선거에서 민주당에 다시 다수당의 지위를 내준 이후 제112대 선거에서 다수당의 지위를 재탈환하면서 오늘날에 이르고 있다.

　한편 〈표 2-2〉에 나와 있는 것처럼 상원의 경우를 보면 공화당은 제83대 상원선거에서 다수당의 위치에 있다가 그 지위를 민주당에게 빼앗긴 이후 레이건 대통령이 당선될 때까지 계속해서 소수당에 머물러 있었다. 1981년 이후 전국적인 인기를 얻어서 당선된 레이건 대통령 집권기간 최초 6년 동안 다수당의 위치를 점령하고 있었던 시기를 제외하면, 공화당은 제104대 선거에 이르러서야 비로소 민주당으로부터 다수당의 지위를 넘겨받을 수 있었다. 그 후 제108대 및 제109대 의회와 제114대 의회 이후 트럼프 행정부가 출범한 오늘날까지 다수당의 지위를 차지하고 있다.

○표 2-2　　제83대 의회 이후 제114대 의회까지 상원의 의석 변화

상원 시기	상원의원 총수	민주당 의원	공화당 의원	무소속 의원
제83대 (1953~1954)	96	47	48	1
제84대 (1955~1956)	96	48	47	1
제85대 (1957~1958)	96	49	47	0
제86대 (1959~1960)	100	65	35	0
제87대 (1961~1962)	100	64	36	0

제88대 (1963~1964)	100	66	34	0
제89대 (1965~1966)	100	68	32	0
제90대 (1967~1968)	100	64	36	0
제91대 (1969~1970)	100	57	43	0
제92대 (1971~1972)	100	54	44	2
제93대 (1973~1974)	100	56	42	2
제94대 (1975~1976)	100	61	37	2
제95대 (1977~1978)	100	61	38	민주계무소속 1
제96대 (1979~1980)	100	58	41	민주계무소속 1
제97대 (1981~1982)	100	46	53	민주계무소속 1
제98대 (1983~1984)	100	45	55	0
제99대 (1985~1986)	100	47	53	0
제100대 (1987~1988)	100	55	45	0
제101대 (1989~1990)	100	55	45	0
제102대 (1991~1992)	100	56	44	0
제103대 (1993~1994)	100	57	43	0
제104대 (1995~1996)	100	48	52	0
제105대 (1997~1998)	100	45	55	0
제106대 (1999~2000)	100	45	55	0
제107대 (2001~2002)	100	50	50	0
제108대 (2003~2004)	100	48	51	민주계무소속 1
제109대 (2005~2006)	100	44	55	민주계무소속 1
제110대 (2007~2008)	100	49	49	2
제111대 (2009~2010)	100	57	41	2
제112대 (2011~2012)	100	51	47	2
제113대 (2013~2014)	100	53	45	민주계무소속 2
제114대 (2015~2016)	100	44	54	민주계무소속 2

출처: http://www.senate.gov/history/partydiv.htm

이 두 도표가 보여주고 있듯이 1994년에 실시된 제104대 의회선거는 양원에서 사실상 만년 소수당이었던 공화당을 다수당으로 등극시킨 이정표적인 선거였다. 1960년대 존슨 행정부과 양원 다수당인 민주당의 협력으로 추진한 위대한 사회 프로그램 등 뉴딜자유주의 정책이 절정에 달한 이후, 1960년대 말부터 시작되어 1980년대에 지속된 보수주의의 상승세가 마침내 1994년 중간선거에서 공화당이 양원 다수당을 차지할 수 있게 만들어 준 배경이 되었다.

제104대 의회선거 승리 이후 공화당은 양원 의석분배에 있어서 민주당과 지속적으로 호각(互角)의 형세를 보이면서 더 이상 뉴딜자유주의 시기처럼 약체의 모습을 보이는 경우가 거의 없어졌다. 이런 의미에서 제104대 의회선거는 보수주의의 회복을 의회선거 수준에서 확인시켜 준 일대 '사건'이라고 볼 수 있었다. 제104대 선거는 이후 1990년대 후반의 클린턴 행정부 시기를 지나 2000년대 초반 부시 행정부와 오바마 행정부 시기를 거치면서 미국 의회가 극단적인 정당양극화로 치닫게 되는 계기를 마련해 준 선거였다는 점에서 더욱 중요하다.

그렇다면 이와 같이 제104대 의회선거에서 공화당이 양원의 다수당으로 등장할 수 있었던 배경은 과연 무엇이었는가? 여기에는 크게 두 가지 요인이 작용했다고 판단된다. 그 요인 중 하나는 클린턴 행정부의 실정에 대한 유권자의 심판과 남부지역 보수적 유권자들의 정당일체감 변화였다. 다른 하나는 공화당 지도부가 이러한 유권자의 변화를 주의 깊게 읽으면서 유권자의 마음을 얻을 수 있는 선거전략을 만들어내고 유능한 후보자를 발굴하는 데 성공했다는 점이다(Jacobson 2000a, 2001b). 이 두 가지 요인을 상세히 설명하자면 다음과 같다.

먼저 클린턴 행정부 당시 몇 가지 정책실패가 백인 유권자, 특히 남부의 보수적인 백인 유권자들의 불만을 키우는 요인이 되었다. 클린턴 대통령은 아프리카 소말리아(Somalia)에 대한 추가파병과 모가디슈(Mogadishu)에서 소말리아 반군과의 전투 중 미군이 사망한 사건을 계기로 국내적으로 상당히 지지를 잃게 되었다. 1993년 10월에 미군이 19명 사망한 모가디슈의 전투 결과 클린턴 대통령은 '전후 베이비붐 세대의 경험없는 지도자'라는 비판을 감수해야 했고, 외교정책에 있어서 식견과 능력이 의문시되기에 이르렀다. 그리고 1994년 소말리 아에 파병된 미군의 철수결정은 소말리아 군사작전의 어려움과 함께 소말리아 개입에 대한 국내 반대여론을 반영한 결과였다.

이와 함께 클린턴 대통령은 군대 내 동성애자의 커밍아웃(coming out)을 허용하는 행정명령을 발동하려다가 미군 지휘부, 여론, 공화당 의원들의 반대에 부딪쳐 이를 철회하기도 하였다. 클린턴 대통령 재임 당시만 해도 군대에서 동성애자의 성적 정향의 표명은 엄격히 금지되어 있었다. 그러나 전후 베이비붐 세대인 클린턴 대통령은 1992 년 대통령선거전 당시 동성애자 집단을 대상으로 선거유세를 한 최초의 민주당 후보라는 경력을 지니고 있었다. 또한 클린턴 대통령은 취임 이후 군대 동성애자의 커밍아웃을 허용할 만큼 사회적 분위기도 조성되었다고 판단한 듯했다. 그러나 이러한 그의 의도는 미군 지휘부, 보수적 여론, 그리고 공화당 의원들의 강한 반발에 부딪쳐 좌절되었는데, 이러한 과정에서 그를 지지해 준 남부의 백인 유권자들의 실망은 상당히 컸다. 보수적인 남부 유권자들에는 동성애는 비윤리적이며, 기독교의 가르침에 어긋난 것으로 비추어졌었는데, 클린턴 대통령의 커밍아웃 허용시도는 남부의 아들이 남부의 가치를 손상시키는 것으로 비추어졌다.[24]

소말리아 모가디슈의 작전실패와 군대 동성애자 커밍아웃 금지해제의 좌절과 함께 클린턴 대통령의 지지도를 더욱 추락시키면서 보수적 유권자들의 반발을 야기한 것은 전국민의료보험제도의 도입시도였다. 영부인 힐러리 클린턴은 1993년 1월 자신이 주재하는 의료보험개혁 작업반을 통해 의료보험개혁안을 작성하였고, 의료보험제도의 도입을

---

24) 군대 동성애자에 대한 커밍아웃 금지는 2011년 오바마 행정부에 이르러 해제 되었다.

위해서 의회를 상대로 활발히 입법로비를 펼치기 시작하였다. 이러한 노력의 결과 클린턴 행정부는 1993년 11월 의료안전법(Health Security Act)이라는 법률안을 의회에 제출할 수 있었는데, 이러한 클린턴 행정부의 노력은 공화당은 물론 보수적인 남부출신 의원과 전국민의료보험제도에 반대하는 유권자, 제약회사 및 의료보험회사 등의 저항에 부딪쳐 1994년 말에 좌절되고 말았다. 15여 년 후인 2010년 제1기 오바마 행정부 임기 2년 초에 도입된 의료보험개혁이 의회 공화당과 보수적인 일부 민주당 의원의 저항에 직면하면서 상당한 진통과 타협 끝에 간신히 통과되었던 것을 보면, 1993년에 강제적 성격의 전국민 의료보험제도를 추진하려 했던 시도는 실패에 직면할 수밖에 없었다.

이와 같이 클린턴 행정부가 임기 초반에 추진한 일련의 국내외 정책들은 의회 및 유권자의 저항에 직면하면서 상당 부분 좌절되었고, 그 결과 클린턴 대통령의 지지도는 추락했다. 특히 클린턴이 주지사로 재직한 아칸소(Arkansas)주가 속해 있는 미국 남부지역에서 클린턴 대통령에 대한 불만이 더욱 커지게 되었는데, 이는 남부지역출신 클린턴 대통령이 남부의 정서를 무시하고 동성애자에 대한 옹호정책을 펼치려 하거나 강제적 전국민의료보험제도를 도입하려고 했다는 사실 때문이기도 했다. 클린턴 대통령의 전반적인 인기하락과 남부 백인 유권자들의 불만이 커지면서 클린턴 행정부 임기 2년이 마무리되던 1994년 11월 치러진 의회 중간선거에서는 공화당이 다수당의 지위에 오를 수 있는 '기회의 창'이 열렸다는 전망이 나타나기 시작하였다. 반(反)클린턴 및 반민주당 분위기는 〈표 3〉과 같이 유권자 수준에서 포착되고 있었다.

〈표 3〉에 나타난 제104대 하원선거 출구조사 결과를 보면 1992년 클린턴 민주당 대통령 후보가 당선될 당시인 제103대 하원선거에 비해서 1994년 제104대 하원선거에서 공화당에 대한 백인, 남부 백

표 3 제103대(1992년) 및 제104대(1994년) 하원선거에서
공화당 후보를 지지한 유권자 비율

유권자 범주	공화당 후보 지지비율(%) (제103대 선거)	공화당 후보 지지비율(%) (제104대 선거)	양대선거 간 공화당 후보 지지비율 차이(%)
남부백인	53	65	12
백인 '거듭 난' 기독교도	66	76	10
백인	50	58	8
공화당 지지자	85	93	8
보수적 유권자	72	79	7
클린턴 대통령 비(非)지지자	–	82	–

출처: Data from exit-poll surveys by Voter Research and Surveys and Mitofsky International published in the *New York Times* (November 13, 1994), p.24: 위에서 일부만 필요에 따라서 발췌함; https://en.wikipedia.org/wiki/United_States_House _of_Representatives_elections,_1994

인, 보수적 유권자, 백인 복음주의('거듭난') 기독교도, 공화당 지지자의 지지율이 현저하게 증가했음을 알 수 있다. 공화당 지지세력인 이들 유권자집단의 공화당 후보에 대한 지지율은 대체로 10% 내외 상승했음을 알 수 있는데, 특히 남부지역 보수 성향 백인의 경우 공화당 후보에 대한 지지율이 양대 선거 사이에 12% 정도나 증가하여 주목할 만하다. 민주당의 전통적인 지지기반이었던 남부지역에서 공화당 지지율이 크게 증가했다는 사실에서 알 수 있듯이, 제1기 클린턴 행정부 전반기의 실정은 공화당이 남부지역의 보수적 백인 유권자들 사이에서 지지기반을 넓힐 수 있는 중요한 기회를 제공하였다.

이와 같이 기회의 창이 열렸을 때 이러한 상황을 정확히 읽어내고 제104대 의회선거에서 공화당의 의석을 대폭 확대할 수 있도록 선거전략을 구상한 장본인은 깅그리치 하원의원이었다. 제101대 하원부터 제103대 하원까지 소수당이었던 공화당의 원내총무(minority whip)를

역임한 깅그리치 의원은 보수성향이 강한 남부 조지아(George)주에서 1978년 최초로 하원의원으로 당선된 이후, 레이건 행정부 시절을 지내면서 레이건 대통령의 보수적 정책에 크게 공감하여 그의 열렬한 지지자가 된 인물이었다. '작은정부론'을 주창한 레이건 대통령의 보수주의를 확산시키고 정책화하기 위해서 깅그리치 의원은 레이건 대통령이 주창한 '기회의 사회(Opportunity Society)'라는 개념에 크게 공감하여 1983년 하원에서 '보수적 기회의 사회(Conservative Opportunity Society)'라는 의원 연구단체를 결성하기도 하였다.25) 이 조직의 결성 시기부터 깅그리치 의원은 뉴딜자유주의의 유산을 청산하고 그 부작용을 제거하기 위해서 노력해 오고 있었다.

이와 같이 의회 다수당의 탈환을 노리던 깅그리치 등 공화당 지도부에게 있어서 클린턴 제1기 임기 2년 동안 나타난 민주당 행정부의 국내외 정책의 시행착오와 이에 따른 여론의 악화는 더없이 좋은 정치적 기회가 되었다. 선거승리를 위한 '기회의 창'이 열리자 깅그리치 의원은 1994년 중간선거를 대비한 공화당의 종합적 선거공약을 구상하고 이를 집대성하여 『미국과의 계약(Contract with America)』이라는 선거정강을 마련하였다. 그는 이러한 공약을 중심으로 보수적 정책개혁을 약속하고 선거운동을 전개하여 양원에서 공화당이 일약 다수당으로 부상하는 데 크게 기여하였다. 1994년 중간선거 선거운동 기간 중 깅그리치 의원과 공화당 지도부는 '미국과의 계약'이라는 선거공약

---

25) '기회의 사회'라는 개념은 뉴딜자유주의가 주도한 '복지국가'에 대비되는 개념이다. 루스벨트 대통령과 민주당이 뉴딜정책의 개시 이래 추진한 국가주도형 복지정책의 결과 빈곤층의 자립의지가 줄어들었을 뿐 빈곤 문제가 해결되지 않는 것을 비판하면서, 공화당은 '개인' 스스로의 의지와 노력에 의해서 자립할 수 있는 토대를 마련하는 '사회적 기반'이 더 중요하다는 인식을 지니게 되었는데, 이를 통상 '기회의 사회'라는 개념으로 압축하여 제시하였다.

을 통해서 뉴딜자유주의의 부정적 유산으로 남아 있는 복지정책 개혁을 약속하고, 연방정부의 재정적자를 줄여나가며, 시장에 의해서 경제를 운영해 나가겠다는 입장을 천명하였다.

클린턴 대통령의 지지도 하락과 함께 1994년 선거에서 공화당의 압승에 기여한 또 하나의 중요한 요인은 유능한 인물들이 공화당 후보로 출마하는 데 주저하지 않았다는 점이다. 클린턴 대통령의 지지도 하락이라는 호재가 나타나자 깅그리치 의원 등 공화당 지도부는 보수적 선거공약을 유권자들에게 제시함과 동시에, 전국적으로 유능한 후보들을 물색하기 위해서 노력하였다. 현직의원의 이익으로 인해서 일상적인 의회선거의 경우였다면 능력 있는 후보들이 이러한 공화당 지도부의 노력에 호응하지 않았을지도 모를 일이었다. 그러나 클린턴 행정부의 2년간의 실정과 과오에 대한 불만이 높아지면서 반민주당 정서가 확산되자, 공화당의 후보충원 노력에 대해서 다수의 유능한 인물들이 공감하면서 도전후보로 출마하기로 결정하였다. 특히 클린턴 대통령에 대한 불만이 높은 남부지역에서 현직 민주당 의원에 대항하여 승리할 수 있다는 분위기가 조성되면서 유능한 도전후보들이 다수 출마하여(Jacobson 1996: 204, 215-218) 바야흐로 전통적인 민주당의 텃밭이었던 남부에서 정당재편의 지각변동이 예상되었다.[26]

---

[26] 대통령의 인기가 떨어지는 경우 대통령 반대당이 유능한 후보를 출마시킬 수 있는 능력이 증대하는 경향이 있다는 주장에 대해서는 '전략적 정치인 이론'을 내세운 Jacobson and Kernell(1981)을 참조하기 바란다. 제104대 의회선거는 전반적으로 어느 의회선거보다 질적으로 우수한 후보들이 많이 등장한 선거로 평가된다. 특히 현직의원이 출마한 선거에서는 민주당보다 공화당의 도전후보가 더 질적으로 우수했다는 주장에 대해서는 Simpson(2011: 58)을 참조하기 바란다. 한편 제104대 의회선거에서 공화당의 승리 원인을 분석하면서 양질의 우수한 후보충원이 중요한 원인이었음을 밝힌 논문으로는 Jacobson(1996)을 참조하기 바란다.

이와 같이 제1기 클린턴 행정부의 첫 2년의 난조(亂調)는 닉슨 대통령과 레이건 대통령 등장 이후 뉴딜자유주의의 퇴조와 보수주의의 지속적인 상승세라는 환경 속에서 공화당이 의회 다수당 지위를 차지할 수 있는 절호의 기회를 제공해 주었다. 이러한 기회가 등장하자 깅그리치 의원 등 공화당 지도부는 유권자의 변화하는 표심을 정확하게 읽으면서 선거자금의 모금과 유능한 공화당 후보의 충원에 전력을 기울였다. 이러한 노력의 결과 남부에서 민주당에 대한 현저한 민심 이반 현상이 나타나면서 마침내 선거결과는 공화당의 양원 다수당 탈환으로 나타났다.

2. 제104대 의회선거 결과의 분석

위에서 제시된 제104대 의회선거에 관한 배경설명을 토대로 다음에서는 이 선거를 통해서 나타난 공화당의 의석증대를 구체적으로 살펴보기로 한다. 하원의 경우 공화당 의석 증대에 기여한 주요 요인은 남부지역에서 공화당 후보들의 선전이었으며, 이 선거를 계기로 향후 공화당이 남부지역에서 지속적으로 강세를 유지하는 계기가 마련되었음을 설명하고자 한다. 이러한 남부의 공화당화 현상은 보수적이지만 민주당 소속이었던 남부지역 의원들의 숫자를 크게 줄임으로써, 궁극적으로 의회의 정당양극화와 극단적 이념적 대립에 기여했다.27)

먼저 남부지역을 중심으로 1994년 제104대 의회선거 결과를 분석하기 위해서 그 두 해 전에 치러진 제103대 의회선거를 함께 검토하

---

27) 공화당의 남부화현상과 관련한 분석을 위해서는 Black and Black(2002)을 참조하기 바란다. 이러한 남부의 변화를 통해서 미국정치가 양극화된 과정에 대해서는 Black and Black(2007)을 참조하기 바란다.

면서 제104대 의회선거와 비교해 보기로 한다.

〈표 4〉는 남부지역의 경우에 국한하여 제103대 및 제104대 양대 선거에서 공화당 소속 당선의원의 숫자를 표기하고 그 의석증감을 나타낸 것이다.[28] 양대 선거에서 전체 하원의석 435석 가운데 남부 13

○표 4   제103대 및 제104대 하원선거 결과 남부 13개주
공화당 당선의원의 숫자

주명	제103대 하원 공화당 당선자수	주 전체 하원의석수	제104대 하원 공화당 당선자수	의석 변화 (의석감소는 전혀 없음)
오클라호마	2	6	5	3
아칸소	2	4	2	0
텍사스	9	30	11	2
루이지애나	3	7	3	0
켄터키	2	6	4	2
버지니아	4	11	5	1
테네시	3	9	5	2
노스캐롤라이나	4	12	8	4
사우스캐롤라이나	3	6	4	1
미시시피	0	5	1	1
앨라배마	3	7	3	0
조지아	4	11	7	3
플로리다	13	23	15	2
합계	52	137	73	+21

출처: https://en.wikipedia.org/wiki/United_States_House_of_Representatives_elections, _1994; https://en.wikipedia.org/wiki/104th_United_States_Congress; https://en.wikipedia.org/wiki/United_States_House_of_Representatives_elections,_1992

---

28) 이 글에서 남부지역에 속하는 주는 오클라호마, 아칸소, 텍사스, 루이지애나, 켄터키, 버지니아, 테네시, 노스캐롤라이나, 사우스캐롤라이나, 미시시피, 앨라배마, 조지아, 플로리다주 등 전체 13개 주이다.

개주에 배정된 의석은 137석으로 전체 의석의 31.5%를 차지하고 있다. 먼저 제103대 하원선거의 결과를 보면 남부 13개주에서 당선된 공화당 하원의원은 전체 52명으로서 공화당 전체 당선 하원의원 176명의 약 29.5%를 차지하고 있다. 나머지 70.5%에 해당하는 124명의 공화당 하원의원 당선자는 남부 이외의 37개 주에서 당선된 셈이 된

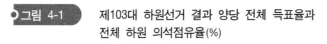

그림 4-1   제103대 하원선거 결과 양당 전체 득표율과
전체 하원 의석점유율(%)

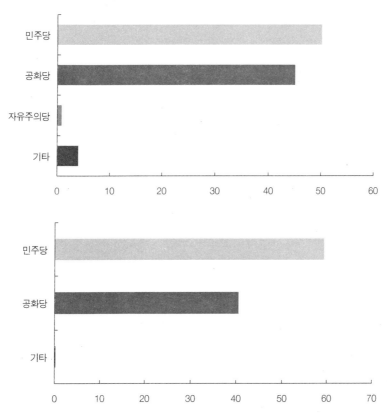

출처: https://en.wikipedia.org/wiki/United_States_House_of_Representatives_elections,
_1992

그림 4-2 제104대 하원선거 결과 양당 전체 득표율과
전체 하원 의석점유율(%)

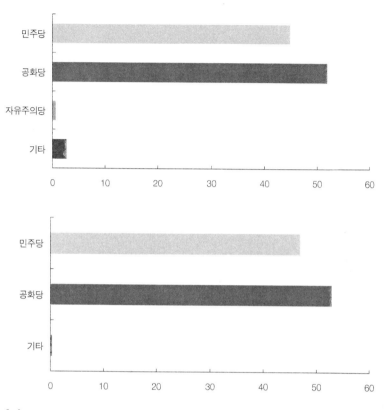

출처: https://en.wikipedia.org/wiki/United_States_House_of_Representatives_elections,
_1994; https://en.wikipedia.org/wiki/104th_United_States_Congress

다. 한편 남부지역 하원 전체 의석인 137석 가운데 공화당 하원의원
이 차지한 의석수는 52석으로 전체 남부의석의 절반에 훨씬 못 미치
는 38.0%로 나타나 있다.

　제103대 하원선거 결과를 제104대 하원선거 결과와 비교해 보면
제104대 의회선거가 공화당의 의석 변화에 대해서 시사하는 의미를 좀
더 명확하게 파악할 수 있다. 제104대 하원선거의 결과 남부 13개주

에서 당선된 공화당 하원의원은 모두 73명으로 제103대 하원선거보
다 21명이 늘어났으며, 공화당 전체 당선 하원의원 230명 가운데
31.7%를 차지하고 있다. 나머지 69.3%에 해당하는 157명의 공화당
하원의원 당선자는 남부 이외의 지역에서 당선되었으며, 이들 지역에
서는 제103대 하원선거보다 약 33명의 의원이 더 당선된 것으로 나타
났다. 남부지역 이외의 지역에서의 공화당 하원의석 증가율이 26.6%
인 것에 비하면 남부지역 공화당 하원의석 증가율인 40.2%는 이보다
월등히 높다. 즉 제104대 하원선거에서 전체 54석의 공화당 의석증대
는 공화당의 전국적인 선전에서 귀결된 것이지만, 의석증대 폭이 가
장 큰 지역은 남부지역이었으며 의석증가율 역시 남부지역이 압도적
으로 높은 것으로 나타나 있다.

한편 남부지역 하원 전체 의석인 137석 가운데 제104대 하원선거
에서 공화당이 차지한 의석수는 73석으로 53.3%를 차지하고 있다.
이는 제103대 하원선거에서 공화당이 남부지역에서 차지한 의석점유
율인 31.7%에 비하면 15% 정도 증가한 것으로, 현직의원의 이익을
고려해 볼 때 괄목할 만한 증대였다고 보인다. 이러한 의석증대의 결
과 제104대 하원에서 공화당은 남부지역 전체 의석의 과반수를 차지
하게 되었으며, 이러한 과반수의 하원의석 점유율은 이후 지속적으로
유지되었다. 요컨대 '남부의 공화당화' 현상이 제104대 의회와 함께 뿌리
를 내리기 시작했다고 볼 수 있다(Black and Black 2002; Jacobson
2000a).

마지막으로 제104대 하원선거의 결과로 나타난 공화당 의석 증가
분 54석 가운데 21석이 남부에서 만들어졌는데, 이는 공화당 전체 하
원의석에서 남부가 차지하는 비율이 증가했을 뿐만 아니라, 의석증가
분 가운데 남부의 의석증대가 차지하는 비율 역시 매우 높은 수준으
로 나타났음을 보여주는 수치이다. 이와 같이 제104대 하원선거는

1968년 닉슨 대통령과 1980년 레이건 대통령이 당선된 이후 대통령 선거에 이어서 하원선거에 있어서도 보수성향 남부 백인 유권자들이 민주당을 이탈하여 공화당 후보를 지지했음을 확인한 선거가 되었다.

남부지역의 변화는 다음의 〈표 5〉와 같이 선거후 출구조사를 통해서 본 남부지역 유권자들의 투표행태 변화에도 잘 나타나 있다. 〈표 5〉는 1976년 이후 2010년까지의 선거에서 남부 유권자들이 공화당과 민주당 가운데 어떤 정당을 선택했는지 그 추이를 잘 보여주고 있다. 이 도표를 보면 남부의 하원의원 후보 전체를 대상으로 할 경우29) 민주당 후보 투표율과 공화당 후보 투표율은 1994년 제104대 선거를 기점으로 역전하기 시작함을 알 수 있다. 이 도표를 보면 1984년 레이건 대통령의 재선선거와 함께 치러진 하원선거에서 공화당 후보에 대한 투표율이 52.8%로서 민주당 후보에 대한 투표율인 45.9%를 앞질렀을 뿐, 1994년 중간선거 이전 남부지역에서는 모두 민주당이 유권자 투표율 면에서 공화당에 앞서고 있었다. 그러나 1994년 이후 이러한 현상이 역전되기 시작했는데, 1994년 의회선거에서 공화당 후보에 대한 남부 유권자들의 투표율이 52.3%로 나타나 민주당 후보에 대한 투표율인 46.6%를 앞선 것으로 나타났다. 그 후

---

29) 본문의 도표를 보면 가장 우측 두 열에는 공화당과 민주당을 포함한 남부의 모든 정당의 하원 후보를 대상으로 하여 남부 유권자의 투표율(즉 지지율)을 표시했으며, 남부의 하원 후보 가운데 공화당과 민주당 후보만을 구분해 내고 이들에 대한 남부 유권자들의 투표율 및 이들의 투표율과 전국적인 수준에서 민주당의 평균 투표율과의 차이는 도표의 가장 좌측 두 번째와 세 번째 열에 각각 나타나 있다. 이렇게 두 경우를 구별하는 것은 기타 지역과 마찬가지로 남부지역에서도 공화당과 민주당 후보 이외에 거의 무명의 다른 군소정당 후보들이 매우 소수이기는 하지만 출마했기 때문이다. 이러한 두 종류의 투표결과에 나타난바 민주당 후보에 대한 남부 유권자의 투표율이 거의 같다는 점을 보면, 기타 군소정당 후보에 대한 남부 유권자들의 투표율은 지극히 미약하여 무시할 수 있는 수준이었다는 점을 알 수 있다.

표 5 하원선거에서 남부의 민주당 후보 투표율 변화 추세 출구조사 결과

선거연도	양당만을 중심으로 하원의원 후보에 대한 투표를 본 경우(%)		양당을 포함하여 전체 하원의원 후보를 모두 본 경우(%)	
	민주당 후보 투표율	전체 민주당 후보 전국 평균 투표율과의 차이	민주당 후보 투표율	공화당 후보 투표율
1976	65.3	7.6	64.5	34.3
1978	56.9	2.6	56.3	42.6
1980	54.4	2.4	53.6	44.8
1982	59.0	2.5	58.4	40.6
1984	46.5	-2.4	45.9	52.8
1986	–	–	–	–
1988	53.7	-0.4	50.2	43.3
1990	55.6	1.8	54.9	43.8
1992	53.3	-0.7	52.5	46.0
1994	47.1	-0.3	46.6	52.3
1996	46.5	-4.0	46.0	52.9
1998	45.4	-4.0	44.0	53.0
2000	44.0	-6.1	43.2	54.9
2002	42.4	-5.0	41.2	55.9
2004	43.6	-6.0	43.0	55.6
2006	46.4	-7.6	45.4	52.5
2008	49.0	-6.1	47.6	49.6
2010	37.6	-8.7	36.5	60.6
평균	49.8	-2.0	48.8	49.2

출처: Best and Krueger(2012, 262-263: Table 5-9)의 내용을 필자가 필요에 따라서 취사선택함; 이 자료는 원래 미국 CBS방송 단독 혹은 CBS방송과 뉴욕타임스(*New York Times*)지가 공동으로 실시한 여론조사를 토대로 베스트와 크루거 두 사람이 작성한 것임; 해당하는 연도에 이 항목의 여론조사가 없었던 경우는 도표에 그대로 빈칸으로 두었음

공화당 후보에 대한 남부유권자들의 투표율은 일부 예외가 있기는 하나 지속적으로 상승하는 경향을 보였다. 예컨대 2010년 중간선거의 경우 공화당 후보에 대한 남부 유권자의 투표율이 60%를 넘어서기도

하여, 1994년 이후 남부지역이 공화당이 명백히 우위를 점한 지역으로 변화하였음을 잘 보여주고 있다.

또한 이 도표의 가장 좌측에 나타난 두 열의 수치를 보면 남부지역에서 민주당이 점점 더 이 지역 유권자들의 지지를 잃어가고 있는 양상이 잘 나타나 있다. 1994년 선거 당시 남부지역 유권자들의 민주당 후보에 대한 투표율은 전국적인 민주당 후보 투표율과 그리 큰 격차를 보이지 않았지만, 이 선거 이후 남부지역에서 민주당 후보에 대한 투표율은 전국의 평균 민주당 투표율과 큰 격차를 보이면서 하락세를 보이게 된다. 1976년 선거 이후 1994년 이전까지의 하원선거를 보면, 남부 유권자들의 민주당 후보 투표율은 전국적인 수준에서의 민주당 후보 평균 투표율보다 높은 경우가 그렇지 않은 경우보다 더 많았다. 1976년의 경우를 보면 남부지역에서의 민주당 후보 투표율은 전국 평균 민주당 후보 투표율보다 무려 7% 이상 높이 나타나기도 했다. 그러나 1994년 선거 이후에 국한해서 보면 남부 유권자들의 민주당 후보 투표율은 전국 평균 민주당 후보 투표율보다 더 낮은 것으로 나타난다. 즉 1994년 선거 이후 이 지역에서 민주당 후보에 대한 투표율은 전국 평균 민주당 후보 투표율보다 4% 이하로 격차가 줄어본 적이 없었다. 그리고 2010년의 경우에는 그 격차가 거의 9%에 육박하여 남부지역이 2010년대에 들어서면서 유권자 수준의 정당양극화 현상이 심화됨과 함께 사실상 공화당의 텃밭이 되었음을 입증해주고 있다.

한편 제104대 의회선거는 남부지역의 경우 상원의원선거에서도 역시 민주당의 추락과 공화당의 약진을 보여주고 있다. 선출되는 의석수가 하원에 비해서 매우 적은 상원선거의 결과를 하원선거의 결과와 수평적으로 비교하는 것은 다소 무리가 있다. 그러나 여전히 제104대 상원선거의 결과는 그 이전인 제103대 상원의 선거결과에 비

제103대 및 제104대 상원의원 선거결과: 남부지역

남부소속주	1992년	1994년
오클라호마	돈 니클스(재선)	돈 니클스
	데이비드 보렌	제임스 아인호프(민주당 → 공화당)
아칸소	데일 범퍼스(재선)	데일 범퍼스
	데이비드 프라이어	데이비드 프라이어
텍사스	필 그래엄	필 그래엄
	로이드 벤슨	케이 허치슨(재선)
루이지애나	존 브로(재선)	존 브로
	베닛 존스턴	베닛 존스턴
켄터키	미치 맥커넬	미치 맥커넬
	웬델 포드(재선)	웬델 포드
버지니아	존 워너	존 워너
	찰스 롭	찰스 롭(재선)
테네시	짐 새서	빌 프리스트(민주당 → 공화당)
	하아런 매튜스	프레드 톰슨(민주당 → 공화당)
노스캐롤라이나	로치 에어클로스(민주당 → 공화당)	로치 에어클로스
	제시 헬름스	제시 헬름스
사우스캐롤라이나	스트롬 서먼드	스트롬 서먼드
	어니스트 홀링스(재선)	어니스트 홀링스
미시시피	트렌트 롯	트렌트 롯(재선)
	새드 코크란	새드 코크란
앨라배마	리차드 셸비(재선)	리차드 셸비(민주당 → 공화당)
	하웰 헤플링	하웰 헤플링
조지아	폴 코버델(민주당 → 공화당)	폴 코버델
	샘 넌	샘 넌
플로리다	코니 맥	코니 맥(재선)
	밥 그래엄(재선)	밥 그래엄

* 회색바탕: 공화당 상원의원; 흰바탕: 민주당 상원의원
* 1993년 1월 텍사스주 벤슨(Lloyd Bentson) 민주당 상원의원이 클린턴 행정부의 재무부 장
관으로 발탁되어 입각을 위해 사임하였고, 그해 실시된 6월의 보궐선거에서 공화당 후보로
출마하여 승리한 후 잔여임기를 채우고 1994년에 재선된 허치슨(K. B. Hutchison) 의원의
경우는 재선으로 표기하였음

<table>
<tr>
<th>●표 6-2</th>
<th colspan="2">제103대 및 제104대 의회선거 이후 남부 공화당
상원의원 숫자의 변화</th>
</tr>
</table>

	1992년	1994년
전체 공화당의석수	43	52
남부 13개주 공화당의석수	11	15[30]
나머지 주 공화당의석수	32	36

출처: https://en.wikipedia.org/wiki/104th_United_States_Congress; https://en.wikipedia. org/wiki/United_States_Senate_elections,_1992; https://en.wikipedia.org/wiki/Uni ted_States_Senate_ elections, _1994

참고사항: 위에 적혀 있는 것처럼 제104대 의회선거 이후 공화당 상원의원 숫자는 52명이었으나 민주당 상원의원으로 당선된 앨라배마주의 셸비(Richard Shelby) 의원이 민주당에서 공화당으로 당적을 바꾸면서 상원의원 숫자는 제104대 상원 개원 당시 공화당 53명, 민주당 47명으로 나타났다. 그 후 다시 콜로라도주의 민주당 상원의원인 나이트호스(Ben Nighthorse) 의원이 공화당으로 당적을 변경하여 민주당은 1995년 3월에는 상원의원 숫자가 다시 늘어 전체 54명이 되었다.

해서 공화당이 남부지역에서 매우 선전했음을 잘 보여주고 있다.

앞의 〈표 6-1〉과 〈표 6-2〉에서 알 수 있듯이 하원선거와 마찬가지로 공화당은 제104대 상원선거에서도 민주당으로부터 다수당 지위를 쟁취하게 되었는데, 그 결과 제103대 상원 당시 43석이었던 공화당 의석이 제104대 선거 이후 52석으로 늘어났다. 주목할 만한 사실은 증가한 9개의 상원의석 가운데 4석이 남부지역에서 만들어졌다는 점이다. 전체 공화당 상원의원 의석증가분의 44.4%가 남부지역에서 선전한 결과의 덕분이라고 할 수 있다. 여기에 더하여 1993년 보궐선거에서 승리한 후 1994년 재선에 성공한 텍사스주 허치슨 상원의원까지 포함하면 의석증가율은 55.6%에 이른다. 다시 말해서 하원선거와 마찬가지로 상원선거에서도 공화당의 의석증가는 상당 부분 남부지역

---

30) 1993년 보궐선거 후 1994년 재선된 텍사스의 허치슨 상원의원은 제외한 숫자임.

에서 나왔다. 그리고 남부 13개주 전체 상원의석 26석 가운데 공화당이 차지하는 의석의 비중도 11석에서 16석(텍사스주 허치슨 의원의 보궐선거 이후 재선까지 포함한 경우)으로 증가하여, 제104대 의회선거를 거치면서 남부지역에서 공화당 상원의원이 차지하는 비중은 42.3%에서 61.5%로 증가하였다.

지금까지의 설명에서 알 수 있듯이 제104대 의회선거는 공화당의 남부지배를 확인하면서 양당 호각의 정치를 구현한 중요한 선거로 평가된다. 따라서 제104대 의회선거는 남부유권자가 민주당에서 공화당으로 이탈해 나가면서 정당재편이 이루어져 의회 내에 남부출신 의원들이 양원에 대폭 증가하는 계기를 마련하였다. 이와 같이 양원에서 남부출신 의원의 증대는 1930년대 후반기 이래 조성된 보수연맹이 붕괴되면서 향후 극단적인 정당양극화를 초래하는 토대가 되었다. 남부 민주당 의원의 패퇴와 남부에서 다수의 공화당 의원들이 당선된 것은 민주당 보수파와 공화당이 연합해 결성한 투표연합인 보수연맹이 사실상 붕괴되었음을 의미하는 것이었다. 남부에서 보수적 민주당 의원들의 비율이 줄어들고 공화당 후보로 출마한 의원들이 당선되면서 의회 내에서 양당 간 완충적 역할을 하는 의원집단이 소멸되어 가는 계기를 마련한 선거가 바로 제104대 의회선거였다.

IV. 이민·정체성 정치 및 세대갈등과 유권자 양극화의 심화

의회 정당양극화의 원인과 관련하여 지금까지 뉴딜자유주의의 퇴조라는 구조적인 변화, 뉴딜자유주의 시기에 등장한 다양한 쟁점 이슈, 그리고 뉴딜자유주의의 퇴조를 확인한 1994년의 중간선거 등에 대해서 살펴보았다. 이미 언급한 대로 뉴딜자유주의의 퇴조와 함께 보수주의의 활성화로 인해서 1960년대 후반 이후 주요한 쟁점을 중심으로 보수주의 세력과 자유주의 세력 간의 대결이 갈등을 보이기 시작했으며, 레이건 대통령이 집권한 1980년대에 이르러 양대 세력 간의 대립현상은 본격화되기 시작했다. 이러한 이념적 대립과정의 연장선상에서 1994년 공화당 혁명을 유도한 제104대 의회 중간선거는 '남부의 공화당화'를 이끌면서 궁극적으로 2000년대에 들어서서 의회의 정당양극화가 극단적으로 심화되는 데 기여하였다.

이러한 논의를 토대로 이 절에서는 양당의 의회 내 대립과 갈등을 유도한 요소로서 히스패닉 인구 등 소수인종 인구의 증가 현상에 주목하여, 양대정당의 지지기반이 정파적으로 분기배열되어 가는 현상(sorting)을 살펴보고자 한다. 소수인종을 중심으로 민주당과 공화당의 지지기반이 변화하면서 이민정치와 미국정체성 문제를 중심으로 의회 정당대립이 심화되는 바탕이 마련되었다고 볼 수 있다. 이와 함께 이 절에서는 세대 간의 정당선택의 차이가 확연히 드러나는 현상도 아울러 파악하고자 한다.[31]

---

31) 미국 유권자가 점점 더 정파적으로 변화되었으며, 이러한 정파성의 증대는 미국 사회의 인종적·문화적·이념적 분열과 관련이 있다는 주장에 대해서는 Abramowitz and Webster(2015)를 참조하기 바란다. 미국사회 양극화의 원천과 성격, 그리고 해법 등을 유권자, 정부기관 및 제도, 주정부, 미디어 등에서 검토하고 이에

정당양극화 현상과의 관련성 여부와 상관없이 유권자 수준에서 양극화 현상은 단지 히스패닉 인구의 유입 혹은 소수인종의 증가로 인한 미국 인구 구성의 변화와 관련된 현상만은 아니다. 무엇보다도 2007~2008년 금융위기 이후 혹은 그 이전부터 미국 유권자들 사이에서는 소득 불평등으로 인한 양극화 현상 역시 뚜렷하게 드러나고 있다 (Hacker and Pierson 2010; McCarthy et al. 2006). 뿐만 아니라 오바마 대통령 등장 당시 그에 대한 새천년세대(millennials)의 압도적 지지에서 알 수 있듯이 세대양극화 현상도 등장하고 있으며, 이와 맞물려 교육양극화 현상도 등장하고 있다. 이러한 다양한 양극화 현상이 미국 유권자들을 서로 다양한 정책영역에서 정파적으로 대립하고 갈등하게 만들고 있는 것은 분명하다. 그런데 이 글은 유권자 수준의 다양한 양극화 현상 가운데 인종 문제로 인한 정파적 분기배열 현상(sorting)에 주목하면서 백인 유권자나 히스패닉계 유권자를 비롯한 특정 인종집단이 — 비중은 달리 하지만 양대정당을 동시에 지지하던 현상에서 벗어나 — 지속적으로 특정한 정당을 지지하는 쏠림현상이 유권자 수준에서 정당양극화와 관련하여 가장 주목할 만한 현상이라고 보고 인종을 중심으로 한 정파적 분기배열에 집중하고자 한다.

특히 매우 빠르게 인구가 증가하는 히스패닉 인구를 포함하는 소수인종의 민주당 지지현상이 지속적으로 강화되고, 이와는 반대로 백인 노동자의 공화당 지지현상이 지속적으로 강화되는 정파적 분기배열 현상이 가속화되면서 이러한 현상에 의한 정당양극화의 심화가 나타나고 있다고 보인다. 즉 유권자의 양극화 현상이 정당양극화로 귀결되는 과정에서 가장 유의미한 것은 특정 인종별로 양대정당 가운데

대한 해결책을 나름대로 모색한 포괄적인 편집서로는 Thurber and Yoshinaka (2015)를 참조하기 바란다.

특정 정당을 지지하는 경향이 점점 더 정파적으로 분기되어 배열되는 현상이라고 보인다. 따라서 이러한 인종의 정파적 분기배열이 유권자의 정당양극화를 유도하는 경향이 가장 크다고 보아 이 책에서는 인종별 정당 지지현상에 주목하고자 한다(Abramowitz 2013).[32] 이 책은

---

32) 매카시(Nolan McCarthy) 등은 미국 유권자의 양극화 현상과 관련하여 이를 이념적 양극화 경향의 강화와 함께 경제적·계급적 양극화로도 설명하고 있다(McCarty et al. 2003, 2006). 이들은 비록 미국 유권자들의 다수가 온건 중도 성향의 유권자이지만, 정파적 유권자가 점점 더 이념적으로 변화하여서 유권자 수준의 양극화를 이끌고 있다고 주장하고 있다. 이와 함께 이들은 또한 유권자 수준의 양극화를 경제적이고 계급적인 측면에서도 찾고 있는데, 문제는 이러한 원인이 부분적으로 직접적인 양극화의 원인이라고는 보이지 않는다는 점과, 실제로 이 연구가 사용하고 있는 데이터들이 대체로 1990년대까지의 데이터라는 점이다. 이 저자들은 고소득층이 더욱 공화당을 지지하는 경향이 늘어난 점(소득과 정당 간의 계층화 현상(stratification))에 대해서 미국사회가 전체적으로 부유해졌으며, 이민자들이 사회의 하층부를 형성하고 투표권을 보유하지 못했기 때문이라고 지적하고 있다. 마지막으로 공화당이 지배하는 주의 중위 소득 유권자들이 사회, 문화, 종교적 이슈에서 공화당을 지지하는 현상을 보이고 있어서 경제적 양극화가 나타나고 있다고 지적하고 있다. 그런데 이들은 이민 문제가 가져오는 영향력을 이들이 저소득층에 머무는 사실에 국한하여 볼 뿐, 이민 문제가 미국정체성이나 문화적 충돌과 관련하여 정파적 분기배열을 가져오는 현상에는 주목하고 있지 않다. 그리고 공화당이 강세인 주에서 중위소득 유권자의 공화당 지지경향의 증대는 실제로는 저자들 스스로 인정하고 있듯이 사회적·문화적인 요인이 추동하는 것이며, 이는 미국정체성이나 사회적 이슈와 관련된 이념적 문제일 수도 있다. 이러한 문제점에 더하여 이들의 연구가 1990년대 말 혹은 2000년대 초반의 데이터에 국한되어 있기 때문에 백인 블루칼라 유권자들, 즉 백인 중저소득 유권자들이 지속적으로 공화당으로 유입되는 현상을 충분히 관찰하지 못한 것도 문제가 될 수 있다. 즉 좀 더 연구가 필요하겠지만 백인 블루칼라 유권자들이 공화당 유입현상은 소득의 양극화에 따라서 부유층 유권자가 공화당을 더 지지한다는 소득과 정당 간의 계층화 현상으로만 설명될 수는 없는 것이며, 경제적 요인과 함께 문화적 요인이나 미국정체성의 요인으로 설명되어야 할 것이라고 보인다. 한편 가란드(James Garand)는 주 수준에서 양극화가 높으면 그 주 출신의 상원의원이 더욱 정파적으로 된다는 주장을 펼치고 있는데(Garand 2010), 이러한 주장은 주 수준에서 유권자의 양극화가 바로 정파적 혹은 이념적 측면에서 유도하는지에 대해서는 답변을 제공하

인종의 정파적 분기배열 현상에 더하여 정당양극화에 기여하는 요소로서 교육과 세대의 문제를 부분적으로 함께 검토하고자 한다. 즉 소수인종, 높은 교육수준 보유자, 젊은세대가 많은 지역구일수록 민주당 지지수준이 높아지고, 이러한 현상이 정파적 분기배열을 통해서 점점 더 강화되고 있다고 생각된다.

1. 미국의 인종 구성의 추세와 전망

　미국 의회정치가 이념적으로 양극화되어 의회제 국가의 정당정치와 유사해지고 의사진행에 대한 정당지도부의 영향력이 강화되면서 입법과정이 더욱 빈번히 교착상태에 봉착하는 현상의 원인 가운데 중요한 것은 무엇보다도 유권자 수준에서 나타나는 다양한 양극화 현상이라고 할 수 있다. 이념적·지역적·경제적·인종적 요인, 그리고 세대 등 다양한 요인으로 인해서 유권자의 정당 지지양상이 양극화되는 현상이 등장하였고, 이러한 양극화 현상이 극단적으로 심화되면서 의회 내 민주당과 공화당 간의 양극화 현상이 더욱 격렬해졌다고 보인다.

　과연 유권자 수준의 양극화가 먼저냐 아니면 의회정치 수준에서 정치엘리트 간의 양극화가 먼저인가 하는 논쟁에 대한 해답은 논자에 따라서 다양하게 개진될 수 있으나, 유권자 수준에서의 양극화 현상을 배제한 채 의회 차원에서의 정파적, 이념적 양극화를 논의하는 것은 무의미하고 불가능하다.[33] 물론 양극화의 정도에 있어서 유권자

　지는 않고 있다. 또한 연구범위의 측면에서 주 수준만 보았고 전국 수준을 보지는 않았다는 점에서 볼 때 과연 경제적 양극화가 그 자체로서 정파적·이념적 양극화를 유도하고 있는지에 대한 직접적인 답변을 제시하고 있지는 못한다.

33) 미국 유권자 수준에서의 정당양극화를 부정하는 논조의 주장을 살펴보기 위해

수준보다는 의회 수준의 양극화 경향이 더 두드러져 보이는 것은 사실이지만, 2009년 이후 성장한 티파티 운동의 맹렬한 추세와 2010년 중간선거 당시 예비선거와 본선거에 대한 티파티 지지자의 대거 참여 및 영향력 행사에서도 알 수 있듯이, 유권자 수준에서의 양극화를 도외시하고 의원들만의 이념적, 정파적 양극화를 논의하기는 매우 어렵다.

1968년 닉슨 대통령의 당선으로 '조용한 다수'가 부각된 이후 레이건 공화당 대통령이 집권한 1980년대를 거쳐 쟁점 이슈를 둘러싼 양대정당 지지자 간의 대립현상이 두드러지면서 2000년대 이후 정당양극화의 단초를 마련한 것은 사실이다. 그러나 1994년 중간선거 이후 2000년대 부시 행정부와 오바마 행정부를 거치면서 등장한 양극화 현상은 위에서 설명한 주요 쟁점 이슈를 둘러싼 민주당과 공화당의 대립과는 또 다른 성격의 대치상황을 보여주었다. 1930년대 루스벨트 대통령의 뉴딜정책이 등장한 이후 연방정부의 사회적·경제적 개입 문제를 둘러싸고 민주당과 공화당 간의 이견이 있었고, 1960년대 이후 인종 문제를 둘러싼 정당 간 갈등이 있었던 것도 사실이다. 또한 낙태나 동성애 이슈를 둘러싸고 보수주의 세력과 자유주의 세력 간의 충돌이 지속되어 온 것도 사실이다. 그리고 이러한 주요한 쟁점 이슈들에 있어서 합의도출이 어려웠던 점, 그리고 쟁점 이슈를 점점 더 정파적이고 이념적인 각도에서 보기 시작했다는 점이 유권자 수준의 양극화와 의회 정당양극화에 기여했던 것도 부정할 수 없다. 그러나 히

서는 Fiorina et al.(2004); Fiorina(2012, 2017); Levendusky(2009) 등을 참조하기 바란다. 유권자 수준의 정당양극화를 부정하는 피오리나는 정파적 분기 배열이라는 개념을 이용하여 이러한 정파적 분기배열과 정당양극화는 다르다는 점을 강조하고 있다. 그러나 필자의 소견으로는 유권자의 정파적 분기배열도 사실은 정당양극화의 한 단면이라고 판단된다. 피오리나의 일련의 논지를 비판하는 보다 설득력 있는 주장에 대해서는 Abramowitz(2010, 2013); Abramowitz and Saunders(2008); Noel(2014a, 2014b) 등을 참조하기 바란다.

스패닉 유권자의 증가 및 이민 문제를 둘러싼 정당 간 대립, 그리고 양대정당 지지자 간 대립은 전통적인 쟁점 이슈를 둘러싼 대립과는 다른 차원의 중요한 잠재적 갈등요인을 중심으로 진행된 것이라고 볼 수 있다.

그리고 이러한 갈등을 유발하는 요소는 2000년대 이후 본격적으로 불거지기 시작한 히스패닉 인구의 유입에 따른 '미국정체성'의 문제와 관련되어 있다. 과연 미국은 백인 중심의 개신교적 문화를 중심으로 유지되어야 할 것인가, 아니면 다양한 인종과 민속집단이 공존하면서 상호융합과 협력 속에 유지되어야 하는 나라일까라는 미국정체성 논쟁이 남미에서 히스패닉 인구가 대거 유입되면서 본격적으로 불거져 나오기 시작했다. 이는 1960년대와 1970년대의 다문화주의 논쟁보다 한 차원 더 심화된 수준에서 미국정체성에 대한 논쟁을 촉발하였는데, 그 이유는 전체적으로 2050년대를 전후해서 백인이 다수 인종의 지위를 내놓아야 한다는 인구통계학적인 전망, 그리고 급속히 신장하는 히스패닉 인구의 증가 등에서 찾아볼 수 있다.[34] 그렇다면 미국의 향후 인구변화는 어떠한 양상을 띨 것으로 예측되고 있으며, 이러한 변화는 유권자의 정당선택에 있어서 어떠한 변화를 가져올 수 있어서 미국의회의 정당양극화를 유도하고 있는 것인가? 이 절에서는 이러한 문제에 대해서 먼저 살펴보고자 한다.

미국 인구통계국(Bureau of Census)이 2008년 8월 14일 발표한 자료를 토대로 작성된 〈표 7-1〉과 〈표 7-2〉 그리고 〈그림 5-1〉과 〈그림 5-2〉는 2010년 이후 미국의 각 인종 혹은 민속집단별 인구변화의 추세를 제시하고 있다. 혼합인종이 아닌 단일인종의 경우를 보면 히스패닉 인구는 2010년 미국 전체 인구의 15.8%를 차지하던 것에서

---

34) 이러한 우려를 잘 드러내고 있는 저서로는 Huntington(2004)을 참조하기 바란다.

표 7-1 미국 인구 구성의 변화 예측(2010~2050) (%)

	2010	2015	2020	2025	2030	2035	2040	2045	2050
비히스패닉인구 (혼합인종 포함)	83.97	82.27	80.56	78.80	76.99	75.16	73.32	71.51	69.75
비히스패닉인구 (단일인종)	82.44	80.58	78.69	76.76	74.76	72.73	70.70	68.68	66.71
백인	64.74	62.42	60.12	57.82	55.48	53.13	50.80	48.52	46.32
흑인	12.24	12.26	12.26	12.23	12.17	12.10	12.02	11.94	11.83
미국원주민	0.77	0.78	0.79	0.79	0.79	0.78	0.78	0.77	0.76
아시아계인구	4.54	4.96	5.36	5.76	6.16	6.54	6.92	7.27	7.61
하와이 / 태평양계인구	0.15	0.15	0.16	0.16	0.17	0.17	0.18	0.18	0.18
기타 혼합인종	1.53	1.70	1.87	2.04	2.23	2.42	2.63	2.83	3.04
히스패닉인구 (혼합인종 포함)	16.03	17.73	19.44	21.20	23.01	24.84	26.68	28.49	30.25
히스패닉인구 (단일인종)	15.78	17.45	19.12	20.83	22.59	24.37	26.15	27.90	29.60
혼합인종	0.24	0.28	0.32	0.37	0.42	0.47	0.53	0.58	0.65

표 7-2 2000년부터 2010년까지 미국 인종별 인구 증가 및 증가 비율: 단일인종의 경우

	2000년		2010년		2000년에서 2010년까지의 인구변화	
	숫자	비율 (%)	숫자	비율 (%)	숫자	증가비율 (%)
전체 인구	281,421,906	100.0	308,745,538	100.0	27,323,632	9.7
히스패닉인구	35,305,818	12.5	50,477,594	16.3	15,171,776	43.0
백인	194,552,774	69.1	196,817,552	63.7	2,264,778	1.2
흑인	34,658,190	12.3	38,929,319	12.6	4,271,129	12.3
미국원주민	2,475,956	0.9	2,932,248	0.9	456,292	18.4
아시아계인구	10,242,998	3.6	14,674,252	4.8	4,431,254	43.3
하와이 / 태평양계인구	398,835	0.1	540,013	0.2	141,178	35.4
기타 인종	15,359,073	2.4	9,009,073	2.9	3,748,295	24.4

출처: Percent of the Projected Population by Race and Hispanic Origin for the United States: 2010 to 2050(NP 2008-T6), Population Division, U.S. Census Bureau, Release Date: August 14, 2008의 〈Table 6〉를 토대로 필요한 부분을 발췌하여 정리함(https://www.census.gov/data/tables/2008/demo/popproj/2008-summary-tables.html)

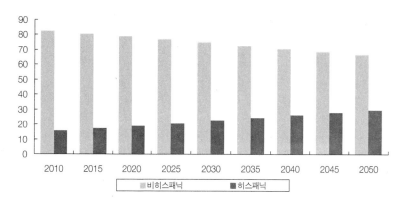

그림 5-1 　미국의 비히스패닉계 및 히스패닉계 인구의 변화 추세 및 전망(2010~2050) (%)

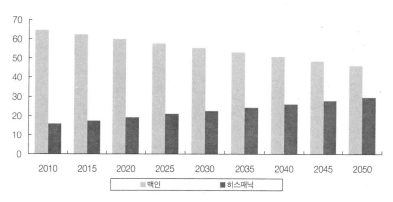

그림 5-2 　미국의 백인 및 히스패닉계 인구의 변화 추세 및 전망 (2010~2050) (%)

출처: Percent of the Projected Population by Race and Hispanic Origin for the United States: 2010 to 2050(NP 2008-T6), Population Division, U.S. Census Bureau, Release Date: August 14, 2008의 〈Table 6〉을 토대로 필요한 부분을 그림으로 작성 함(https://www.census.gov/data/tables/2008/demo/popproj/2008-summary-tables. html)

2015년에 이르면 미국 전체 인구의 1/5을 넘어서는 20.8%에 이르게 되고, 인구통계국 인구 증가 추산 마지막 해인 2050년에는 미국 전체 인구의 1/3에 조금 못 미치는 30%대에 육박하게 된다.

이와는 달리 전통적으로 미국인구의 주류를 이루고 있었던 백인과 흑인의 인구는 상당히 감소하는 것으로 나타나고 있다. 특히 백인 인구의 감소가 확연히 드러나고 있어서 주목할 필요가 있다. 백인 인구는 미국 인구통계국 추산 2010년도의 비율인 64.7%에서 시작하여 2025년에는 50%대로 떨어지기 시작하고, 2045년에 이르면 그 비율이 48.5%가 되어 미국 전체 인구 가운데 과반수를 차지하는 인종으로서의 지위를 잃게 된다. 인구통계국이 추정치를 발표한 마지막 해인 2050년에 이르면 백인 인구와 히스패닉 인구 간의 격차는 15%를 조금 넘는 수준에서 머무르게 된다. 그리고 2045년에는 미국 인구의 과반수는 백인이 아닌 소수인종들이 몫이 되며, 그러한 소수인종 가운데 과반수를 히스패닉 인구가 차지하게 된다.

이와 같이 히스패닉 인구가 빠르게 증가하고 이와 비례하여 백인 인구의 비중이 줄어드는 미국 인구 구성의 변화 추세는 유럽계 백인이 지배해 온 미국 주류사회에 상당한 충격을 던지고 있는 것이 분명하다. 유럽계 백인의 증가와는 달리 히스패닉 인구의 증가가 백인 주류사회에 대해서 일종의 '불안요인'이 되는 것은 개신교 중심의 미국 문화 그리고 유럽에서 발원한 문명에 뿌리를 내리고 있다고 여겨졌던 미국정체성에 대해 비유럽계 소수인구의 증가가 심각한 도전이 되고 있기 때문이라고 할 수 있다. 특히 2001년 9.11테러 이후 미국에 적대적인 이슬람 세력의 테러공격을 받은 경험이 있는 미국은 '비미국적인 요소'가 미국정체성을 침해하려 한다는 막연한 불안감 속에서 삶을 영위하게 되었다. 특히 보수적 백인들에게는 비미국적인 세력들이 미국의 체제를 전복하려 한다는 불안감이 일상적으로 존재해 왔으며 이는 1964년 배리 골드워터 상원의원의 공화당 대선 후보 등장 당시 백인중심의 보수적 집단이었던 존버치 소사이어티(John Birch Society)의 활동에서도 드러났다.[35] 보수적 백인 사이에 널리 퍼져 있는 이러한 불안감은 2008년 흑인 대통령 오바마의 등장과 그의 전향적인 이민정책 등에 의해서 더욱 증폭된 감이 있다. 특히 오바마 행정부의 의료보험 개혁정책과 불법이민자 추방유예정책 등이 히스패닉계 이민자와 이들의 자녀들에게 집중적인 혜택을 부여한다는 믿음이 확산되면서 미국은 이민 문제와 이를 둘러싼 정당대립으로 치닫게 되었다.[36]

2. 인종·세대별로 본 유권자 태도의 차이[37]

앞에서 설명한 것처럼 향후 지속적으로 증가할 것으로 보이는 히

---

35) '비미국적'이고 외래적·이질적인 요소에 대한 미국 백인 중산층의 과도한 신분 불안을 분석한 저서로는 Hofstadter(1963)와 Rogin(1987)을 참조하기 바란다.

36) 2016년 미국 대통령선거에서 민주당의 힐러리 클린턴 후보를 물리치고 소수 득표 당선자로 트럼프 후보가 대통령으로 당선되는 과정 역시 인종 및 이민 문제나 미국정체성 문제를 언급하지 않고는 설명될 수 없다. 당시 트럼프 공화당 후보는 시종일관 히스패닉계 불법이민의 유입 문제 해결과 중동 이슬람 테러세력의 척결 등을 공약으로 내걸고 미국 백인의 불안감과 불만을 달래주면서 성공적으로 선거운동을 운영할 수 있었다. 멕시코 국경지대에 장벽을 수립한다는 트럼프 후보의 공약은 보수적 백인이 미국정체성 문제와 관련하여 민주당과 오바마 행정부에 대해서 불만을 느끼고 있었다는 점을 배제하고는 설명되지 않는 현상이라고 보인다. 트럼프의 이러한 태도와 관련된 보다 자세한 내용은 손병권·김인혁(2017); Cox et al.(2017) 등을 참조하기 바란다.

37) 이 소절에서 '인종·세대'라는 표현은 본문의 그림에서 인종과 세대를 결합하여 그 차이를 보여준 점에 착안한 것이다. 비백인 젊은세대와 백인 기성세대 간의 차이를 극명하게 보여주기 위해서 인종과 세대를 결합하여 세 개의 범주를 설정한 것이다. 이러한 '인종·세대' 범주를 통해서 세대와 인종이 결합된 상태에서 유권자의 다양한 양극화 현상을 포착할 수 있다.

스패닉 인구의 증가는 미국정치의 양극화와 이를 반영하는 미국 의회의 양극화에 어떠한 방식으로 관련되어 있는 것인가? 과연 히스패닉 인구의 증가는 어떤 형태로 백인 유권자와 히스패닉 유권자 간에 정부와 정당에 대한 요구에 있어서 차이를 유도하는가? 이 소절에는 이러한 문제에 대해서 검토해 보고자 한다. 이러한 질문에 응답하기 위해서 다음에 제시된 그림들은 퓨리서치센터(Pew Research Center)의 여론조사를 토대로 브라운스틴이 작성한 내용(Brownstein 2011e)을 참고하면서 필자가 일부 재구성하여 제시한 것이다.

이들 그림을 보면 히스패닉 인구 증가의 추동세력인 비백인 새천년세대(non-white millennials)와, 다른 한편으로 백인 베이비붐세대(white baby boomers) 및 백인 은퇴후세대(white silent generation) 간에 정치적 견해의 차이가 극명하게 드러나는 것을 발견할 수 있다. 각종 정책에 대한 응답을 인종·세대별로 구분하여 세대효과도 함께 알 수 있도록 만들어 놓은 다음 그림들은 히스패닉 인구를 포함한 소수인종 새천년세대와 백인 주류 기성세대 간에 나타나는 입장 차이를 선명하게 보여주고 있다. 이들 그림은 연방정부의 역할, 사회적 이슈, 현안 문제 등과 관련하여 연방정부정책과 오바마 행정부의 의료보험 개혁에 대한 의견, 그리고 2012년 대통령선거에 대한 응답을 담고 있다.[38] 다음에서는 이들을 하나하나 검토해보기로 한다.

---

38) 본문의 그림에 나타나는 비백인 새천년세대, 백인 베이비붐세대, 백인 은퇴후세대는 각각 인종별로 18~30세, 47~65세, 66~83세에 이르는 세대를 지칭한다. 이 여론조사의 대상이 되는 이 세 종류의 세대 가운데 빠르게 성장하고 있는 비백인 새천년세대의 답변과, 그보다 나이가 많은 백인세대의 응답은 미국의 현황에 대한 의견에서 인종 간에 극명한 차이를 보고 있어서 흥미롭다. 참고로 비백인 새천년세대의 약 50% 정도를 히스패닉 인구가 차지하고 있다.

1) 정부의 역할

다음의 네 그림은 연방정부의 역할, 오바마 행정부의 의료보험제
도, 연방정부 정책의 우선순위, 빈곤층에 대한 연방정부 지원 등의 문

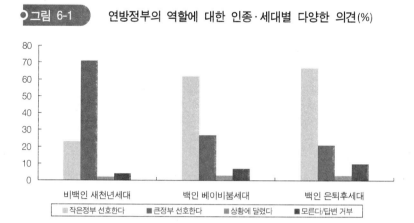

그림 6-1 연방정부의 역할에 대한 인종·세대별 다양한 의견(%)

▸ 질문: 당신이 선택해야 한다면, 당신은 더 적은 서비스를 제공해주는 작은 정부를 선택하
시겠습니까 아니면 더 많은 서비스를 제공해주는 큰 정부를 선택하시겠습니까?

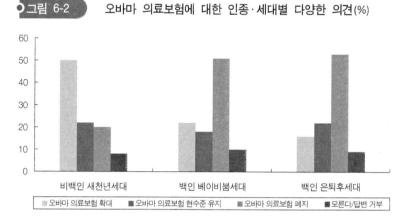

그림 6-2 오바마 의료보험에 대한 인종·세대별 다양한 의견(%)

▸ 질문: 오바마 대통령과 의회가 작년에 통과시킨 의료보험법과 관련하여 의회가 이 법을
어떻게 다루어 나가야 한다고 생각하십니까?

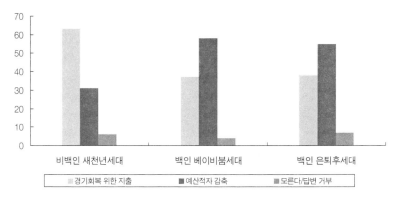

그림 6-3 연방정부 정책의 우선순위에 대한 인종·세대별 다양한 의견(%)

▶ 질문: 오늘날 연방정부의 정책 우선순위를 설정한다면 어디에 우선순위를 두시겠습니까?

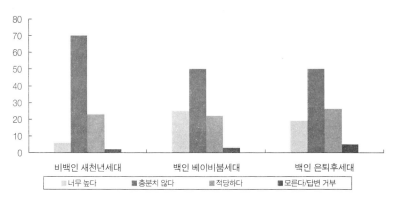

그림 6-4 빈곤계층에 대한 연방정부 활동의 수준에 대한 인종·세대별 다양한 의견(%)

▶ 질문: 당신은 빈곤계층에 대해서 연방정부가 너무 많이, 혹은 충분하지 않게, 혹은 적당한 정도의 일을 하고 있다고 생각하십니까?

제와 관련하여 세 개의 서로 다른 세대의 응답을 차별화하여 제시한 것이다. 전체적으로 보면 비백인 새천년세대와 나머지 두 백인세대

간의 태도차이는 매우 대조적이라고 할 수 있다. 이러한 대조적 견해
는 다만 빈곤계층에 대한 지원 문제에 있어서만 다소 완화되어 나타
나고 있는 형편이다.

우선 비백인 새천년세대의 40%가 넘는 것으로 나타나는 '비백인'
새천년세대의 경우를 보면 연방정부의 역할, 오바마 행정부의 의료보
험개혁, 연방정부의 정책우선 순위 등에서 백인 기성세대의 입장과
현격한 입장의 차이를 보이고 있다. 이들은 백인 기성세대에 비해서
연방정부의 역할이 더 확대되어야 하고, 오바마 행정부의 의료보험제
도 역시 확대 보급되어야 하며, 경기회복을 위한 연방정부의 지출이
더 증대되어야 한다고 주장하고 있다. 비백인 새천년세대의의 이러한
입장은 작은 정부를 선호하고 오바마 행정부의 의료보험제도가 폐지
되어야 하며 예산적자가 감축되어야 한다는 응답을 가장 많이 선택한
백인 기성세대와 큰 차이를 보이고 있다. 빈곤계층에 대한 연방정부
의 지원과 관련하여 비백인 새천년세대와 백인 기성세대 간에 의견이
일치하는 경향을 보이지만, 여전히 비백인 새천년세대는 연방정부의
지원이 충분하지 않다는 점에 대해서 압도적으로 동의하고 있다. 반
면 백인 기성세대는 비백인 새천년세대만큼 압도적으로 이러한 의견
을 표출하고 있지는 않다.

 2) 이민, 미국정체성, 총기, 동성결혼 이슈
 한편 이민과 관련된 미국정체성, 총기 문제, 동성결혼 등에 관해서
도 위에서 설명한 연방정부의 역할 문제와 마찬가지로 비백인 새천년
세대와 백인 기성세대 간에 상당한 차이를 보이고 있다. 이민자의 증
가가 미국의 전통적 가치를 훼손시킬 수 있다고 보는 비율이 근소하
게 많은 백인 기성세대의 의견과는 달리, 비백인 새천년세대는 그렇
지 않다는 의견이 그렇다는 의견을 압도하고 있다. 이러한 견해 차이

는 불법이민 문제를 해결하기 위해서 멕시코 국경일대에 방어벽을 치자는 문제에 대해서도 거의 유사한 양상을 보이고 있다. 즉 비백인 새천년세대는 이러한 견해에 대해서 반대하는 의견이 찬성하는 의견

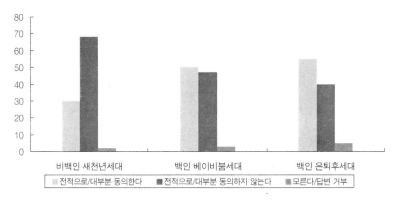

그림 7-1 이민자의 증가가 미국의 전통적 가치와 관습에 위협이라는 주장에 대한 인종·세대별 다양한 의견(%)

▶ 질문: 다른 나라에서 입국하는 새로운 이민자들은 미국의 전통적 관습과 가치에 대한 위협이라는 주장에 대해서 어떻게 생각하십니까?

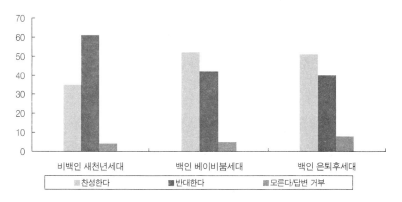

그림 7-2 멕시코 국경에 대해서 방어벽을 치는 것에 대한 인종·세대별 다양한 의견(%)

▶ 질문: 당신은 멕시코와의 전국경에 장벽을 설치하는 것에 대해서 어떻게 생각하십니까?

을 압도하고 있지만, 백인 기성세대의 경우 대체로 이러한 주장에 따르는 의견이 이에 반대하는 의견보다 많다.

이외에 총기소유 문제와 관련해서도 앞의 두 설문항목과 마찬가지

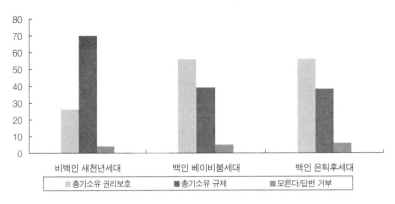

● 그림 7-3　　총기소유 권리보호와 총기소유 규제 가운데 우선순위에 대한 인종·세대별 다양한 의견(%)

▸ 질문: 당신은 총기를 소유할 미국인의 권리를 보호하는 것과 총기소유를 규제하는 것 가운데 어떤 것이 더 중요하다고 생각하십니까?

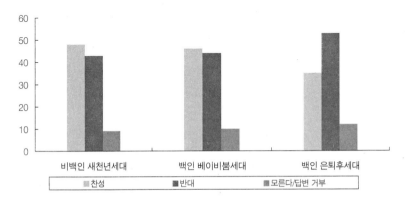

● 그림 7-4　　동성결혼에 대한 인종·세대별 다양한 의견(%)

▸ 질문: 당신은 동성애자의 법률적 결혼에 찬성하십니까 혹은 반대하십니까?

로 비백인 새천년세대와 백인 기성세대의 견해는 매우 다름 양상을 보여주고 있다. 비백인 새천년세대는 총기소유를 규제해야 한다는 점에 대해서 압도적으로 찬성하고 있는 반면, 백인 기성세대의 경우 총기를 소유할 권리를 보호해 주어야 한다는 견해가 그 반대 견해보다 상당히 높게 나타나고 있다. 총기소유에 대한 백인 기성세대의 목소리와 히스패닉 등 소수인종이 큰 비중을 차지하고 있는 비백인 새천년세대 간의 차이를 다시 확인할 수 있는 응답내용이라고 볼 수 있다.

마지막으로 동성결혼 문제에 있어서는 비백인 새천년세대와 백인 기성세대 간에 분화된 양상이 등장한다고 보기는 어렵다. 한편으로는 비백인 새천년세대와 백인 베이비붐세대의 의사가 거의 비슷하고, 백인 은퇴후세대의 경우 동성결혼에 적극적으로 반대하는 모습을 보여주고 있다. 동성결혼에 있어서는 특별히 비백인 새천년세대와 백인 베이비붐세대와의 사이에 확연한 구분을 발견할 수 없었으며, 오히려 이들 두 세대의 의견은 비슷한 반면, 백인 은퇴후세대가 이 문제에 있어서 매우 보수적인 경향을 보이는 것으로 나타났다.

3) 오바마 대통령과 연방정부에 대한 의견

마지막으로 대통령 지지도 및 2012년 대통령선거 후보 등에 대한 응답내용을 보면 역시 위의 두 범주와 크게 다르지 않은 결과가 나타나고 있다. 즉 비백인 새천년세대와 백인 기성세대 간의 입장차이가 분명하게 드러나고 있다. 먼저 오바마 대통령의 국정운영과 오바마 대통령의 정책에 대한 평가를 보면 이들 두 집단 간의 견해차이가 명확하다. 우선 비백인 새천년세대는 오바마 대통령을 반대하는 경우보다 지지하는 경우가 압도적으로 많은 반면, 백인 기성세대는 이와는 대조적으로 오바마 대통령을 지지하지 않는 경우가 압도적이다.

한편 오바마 대통령의 경제정책에 대한 평가에 있어서도 비백인

새천년세대의 경우 오바마 행정부의 정책이 지금까지는 효과가 없다
는 응답이 압도적이고 나빠졌다는 응답은 매우 소수인 반면, 백인 기

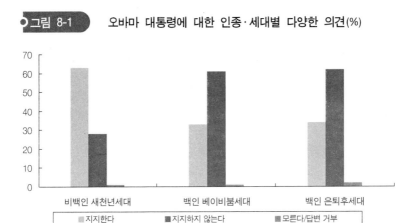

● 그림 8-1   오바마 대통령에 대한 인종·세대별 다양한 의견(%)

▸ 질문: 당신은 오바마 대통령이 국정을 운영하는 방식에 대해서 찬성하십니까 혹은
      반대하십니까?

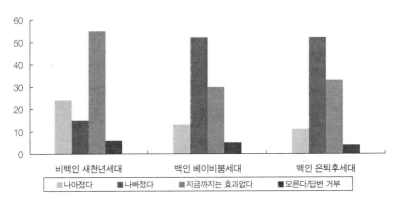

● 그림 8-2   오바마 대통령의 경제정책이 미국경제에 미친 영향에 대한
             인종·세대별 다양한 의견(%)

▸ 질문: 취임 이후 오바마 대통령의 경제정책은 미국경제를 더 좋게 혹은 더 나쁘게 만들었
      다고 보십니까 혹은 미국경제에 영향을 미치지 못했다고 보십니까?

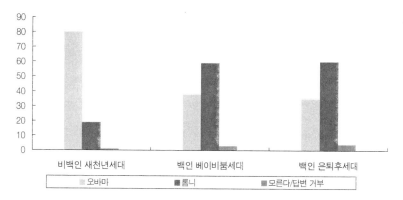

그림 8-3 오바마 대통령과 롬니 후보에 대한 인종·세대별 대통령 선호도(%)

▸ 질문: 선택을 하셔야 한다면 당신은 오바마와 롬니 가운데 누구에게 투표하시겠습니까?

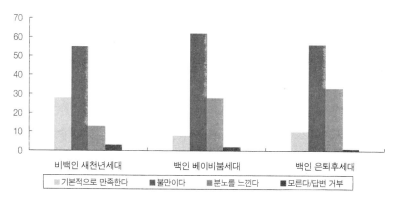

그림 8-4 연방정부의 업무수행에 대한 인종·세대별 다양한 의견(%)

▸ 질문: 어떤 사람들은 연방정부에 대해서 기본적으로 만족한다고 말하고 있고 다른 사람들은 불만이라고 말하고 있습니다. 또 다른 사람들은 분노하고 있다고 말하고 있습니다. 당신의 생각은 어떻습니까?

출처: Ronald Brownstein, "The Great Divide," *National Journal* (Nov. 2011: 46-50)[39]; Angry Silents, Disengaged Millennials, "The Generation Gap and the 2012 Election," Pew Research Center for the People and the Press, 2011(http://www.people-press.org/2011/11/03/the-generation-gap-and-the-2012-election-3/); Brownstein (2011e: 48-49)의 그림을 필자가 다시 정리하여 다른 형태의 그림으로 작성함

성세대의 경우 미국경제가 더욱 악화되었다는 견해가 지금까지는 효과가 없다는 견해를 압도하고 있다. 이와 같이 전체적으로 오바마 대통령의 국정운영과 경제정책에 있어서 젊은 소수인종과 기성세대 백인 간에는 커다란 간극이 존재하고 있다고 할 수 있다.

이어서 2012년 대선에서 경합할 양대정당의 대통령 후보를 둘러싼 견해 역시 이들 두 집단 간에 매우 선명한 대조가 드러나고 있다. 즉 비백인 새천년세대는 오바마 대통령을 압도적으로 지지하는 반면, 백인 기성세대는 롬니(Mitt Romney) 후보를 지지하는 경향이 뚜렷하게 나타났다. 마지막으로 연방정부에 대한 태도를 보면 모든 세대가 불만을 지니고 있는 것은 사실이지만, 비백인 새천년세대는 기본적으로 연방정부에 대해서 만족하고 있다는 비중이 두 번째 순위를 차지하고 있는 반면, 백인 기성세대는 두 번째로 많은 비중을 차지하고 있는 답변이 연방정부에 대해서 분노를 느끼고 있다는 답변이었다.

지금까지 살펴본 결과를 통해서 알 수 있는 것은 소수인종 새천년세대와 백인 기성세대의 경우 연방정부의 역할이나 이민 문제 등에 있어서 현격한 입장차이가 있다는 점이다. 미국 내에서 인구가 빠르게 늘어나고 있는 젊은 세대 소수인종은 연방정부의 적극적인 개입을 희망하고 있으며, 이러한 연방정부의 개입이 경제 문제의 해결에 여전히 필요한 것으로 보고 있다. 그리고 이민 문제 등에 있어서 젊은 세대 소수인종은 이민의 확대가 미국의 가치와 정체성을 위협하는 요소가 된다는 의견에 거의 동의하지 않는다. 이와는 대조적으로 백인 기성세대는 연방정부의 확대는 미국적 가치에 위반되는 현상이며, 이는

---

39) 브라운스틴은 퓨리서치센터(The Pew Research Center for the People and the Press)에 직접 연락해서 원자료(raw data)를 입수한 후 자신의 필요에 따라서 이를 새로 분류했다.

결국 소수인종과 그들의 후손의 이익을 위한 것이고 따라서 자신들에게는 그만큼 불이익이 될 것으로 믿고 있다. 이들 장년층 백인 혹은 은퇴한 백인들은 이민자들의 대거 유입이 자신들이 믿어왔던 유럽계 백인 중심의 미국적 가치를 침해할 것으로 우려하고 있으며, 연방정부확대는 결국 이러한 이민자의 이익을 보호하는 효과를 가져올 것으로 보고 있다. 따라서 새천년세대의 지원을 받아 당선되어 이민 문제에 전향적인 오바마 행정부에 대해서 상당한 불만을 표출하고 있다.

위의 여러 분석들이 보여주고 있는 것 가운데 명확히 드러나는 사실은 이민자의 증대가 미국정체성을 침해하는가 하는 점에 대한 히스패닉계 소수인종이 다수 포함되어 있는 비백인 새천년세대와 백인 기성세대와의 명백한 차이라고 할 수 있다. 백인 기성세대는 이민자의 증가가 미국적 가치와 관습을 침해할 수 있다는 점에 대해 명백한 우려를 드러내고 있는 반면, 소수인종 새천년세대는 그러한 생각에 동조하지 않고 있다. 이는 미국정체성을 어떻게 정의할 것인가의 문제를 두고 두 세대 간의 현저한 인식의 격차가 있음을 잘 보여주고 있다고 할 수 있다. 유럽계 백인이 건국한 미국사회는 무엇보다도 기독교 문명에 기초해 있는 것이라는 백인 기성세대의 생각과, 어린 시절부터 미국에서 생활하면서 다양한 문화와 인종 간의 공존의 가치를 배워 온 소수인종 젊은 세대의 생각에는 상당한 차이가 있어서, 인구사회학적인 측면에서 유권자 수준의 이념적·정파적 양극화에 일조하고 있는 것으로 보인다.

3. 소수인종의 분포로 본 정당 지지의 정파적 분기배열 현상

위에서 살펴본 대로 미국의 전체 인구 구성에서 그 비중이 빠르게 커지고 있는 히스패닉 인구 등 소수인종과, 은퇴를 앞두거나 은퇴생활을 영위하는 백인 주류세대 사이에는 미국정체성 문제를 두고 상당한 갈등이 벌어지고 있는 것이 사실이다. 점점 고령화되어 가고 있는 백인은 특히 히스패닉 인구가 점점 더 많은 비중을 차지하는 소수인종의 증대로 인해서 자신들이 믿어 온 미국적 가치와 국가적 이익이 침해당하고 있다는 불안과 불만이 커지고 있다. 이러한 불안과 불만은 오바마 행정부에 대한 분노와 증오 그리고 자신들의 이익을 지켜주지 못하는 의회에 대한 비판으로까지 번지고 있다고 할 수 있다. 소수인종 유권자와 주류 백인 유권자 간의 상이한 태도와 견해는 구체적으로 선거결과에 어떠한 방식으로 반영되어 양대정당 지지기반의 양극화 현상을 초래하고 있으며, 궁극적으로 의회 내의 정당 간 대립을 더욱 심화시키고 있는 것인가?

이러한 질문에 대해서 답변을 모색하는 방법 가운데 하나는 의회 내 민주당과 공화당의 지지기반이 소수인종의 분포와 관련하여 어떠한 차별화된 특성을 보이는지를 살펴보는 것이다. 소위 백인과 소수인종 간에 정당선택에 있어서 지속적인 정파적 분기배열(sorting) 현상을 보이는지를 검토하는 것이 이러한 인구변화가 유권자 수준의 정당양극화의 심화수준을 밝혀보는 적절한 방법이 될 것으로 보인다. 지역구별 소수인종의 분포에 따라서 의회선거에서 당선되는 의원의 정당이 구별될 수 있다면, 우리는 소수인종을 통해서 유권자 수준의 정당양극화 현상과, 더 나아가 시간을 두고 진행되는 정파적 분기배열의 심화현상을 포착할 수 있고, 더 나아가 이를 기반으로 의회 정당 양극화의 요인을 찾아볼 수 있을 것이다.

1) 소수인종의 비율에 따른 하원 지역구의 정당별 분포의 비교:
　제103대와 제112대 하원

　다음에 나오는 그림과 도표들은 모두 소수인종의 비율에 따른 전체 하원 지역구 분포 혹은 정당별 하원 지역구 분포를 표시해 놓은 것이다. 이들 그림과 도표는 모두 1992년 제103대 의회선거 이후 하

● 그림 9-1   소수인종 비율로 본 하원 지역구 분포:
　　　　　　1992년과 2010년의 비교

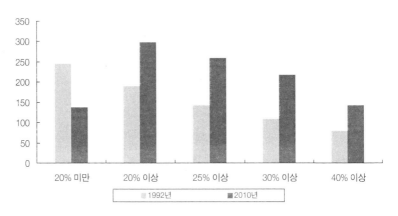

● 그림 9-2   소수인종 비율로 본 하원 민주당 지역구 분포:
　　　　　　1992년과 2010년의 비교

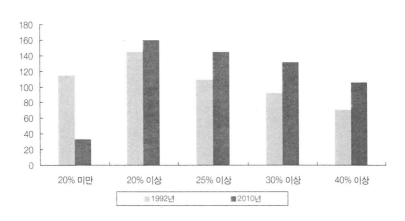

표 8-1 소수인종 비율로 본 하원 민주당 지역구 분포:
1992년과 2010년의 비교

	1992년	2010년
20% 미만	115	33
20% 이상	145	160
25% 이상	109	145
30% 이상	92	132
40% 이상	71	106

그림 9-3 소수인종 비율로 본 하원 공화당 지역구 분포:
1992년과 2010년의 비교

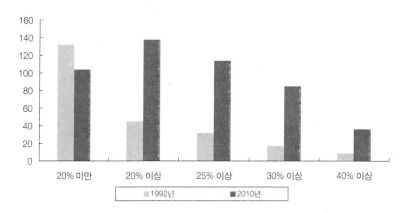

표 8-2 소수인종 비율로 본 하원 공화당 지역구 분포:
1992년과 2010년의 비교

	1992년	2010년
20% 미만	132	104
20% 이상	45	138
25% 이상	32	114
30% 이상	17	85
40% 이상	9	36

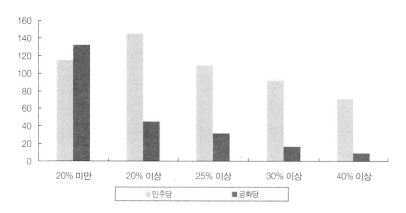

그림 9-4 소수인종 비율로 본 하원 민주당 및 공화당 지역구 분포 비교: 1992년

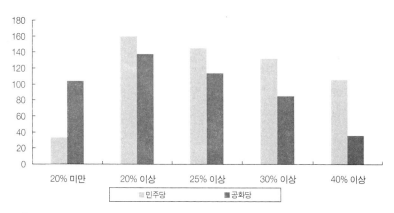

그림 9-5 소수인종 비율로 본 하원 민주당 및 공화당 지역구 분포 비교: 2010년

출처: Ronald Brownstein, "Diversity Marches On," *National Journal* (Jan. 14, 2011) (http://www.nationaljournal.com/map-diversity-marches-on-20110113); Interactive: 저자는 Brownstein(2009)이 당시 사용한 인구통계국의 1992년 자료에 더하여 2009년 자료를 추가로 사용하여 비교하였음

원 지역구와 그로부터 18년이 지난 후인 2010년 제112대 의회선거 이후 하원 지역구를 비교하면서 소수인종의 비율에 따른 전체 지역구와 각 정당별 지역구의 숫자를 표시해 놓은 것이다.

먼저 〈그림 9-1〉을 보면 1992년 하원선거 결과 소수인종의 비율이 20% 미만이었던 지역구는 245개였던 반면, 20% 이상인 지역구는 190개(민주당 145개, 공화당 45개)로 나타난다. 같은 선거에서 소수인종의 비율이 25% 이상, 30% 이상, 40% 이상을 차지하는 지역구를 각각 개별적으로 보면 그 누적숫자가 점점 줄어들어서 각각 141개, 109개, 80개로 나타나고 있다. 1992년 선거의 경우 백인이 다수인 미국 인구 구성상 이와 같이 소수인종의 비율이 20%를 넘어서서 25%, 30%, 40%로 증가할 때마다 이러한 비율에 해당하는 하원 지역구는 줄어드는 현상이 나타나고 있다(소수인종 비율인 20%, 25%, 30%, 40%의 경우 모두 그 비율 이상의 누적 지역구 수치임).

그러나 2010년 제112대 의회선거 이후 하원 지역구를 보면 1992년도의 양상과는 현저히 다르다. 무엇보다도 히스패닉 인구가 빠르게 증가하면서 1992년 선거와는 달리 전체 하원 지역구에서 소수인종의 비율이 20% 미만인 지역구의 숫자는 현저히 줄어들어 가장 낮은 비율을 보이고 있다. 예컨대 1992년 선거의 경우 소수인종의 비율이 20% 미만이었던 지역구의 숫자는 전체 하원 지역구 가운데 245개에 이르렀던 반면, 2010년 선거 이후에는 불과 137개밖에 되지 않았다. 그리고 소수인종의 비중이 20% 이상을 차지하는 지역구가 압도적인 다수를 차지하게 되었다. 뿐만 아니라 소수인종의 비율이 20%를 넘어서서 개별적으로 25%, 30%, 40% 이상을 차지하는 지역구의 누적수치도 1992년 하원선거와 비교해보면 상당히 늘어났음을 알 수 있다.

앞의 그림과 도표를 통해서 도출해 볼 수 있는 전반적인 결론은 다음과 같다. 첫째, 1992년과 2010년 사이에 소수인종의 비율이 늘어난 하원 지역구가 절대적으로 많아졌다. 둘째, 민주당은 소수인종이 20% 이상인 지역구에서 언제나 공화당보다 많은 의석을 차지했다. 이러한 현상은 1992년과 2010년 모두 마찬가지였다. 반면에 소수인종이 20% 미만인 지역구에서는 민주당이 모두 열세였다. 이와 같이 소수인종의 비율에 따라서 각 지역구별로 정당의 우열이 상당히 영향을 받음을 알 수 있다. 이는 민주당에 대한 소수인종의 압도적인 지지가 가져온 결과라고 할 수 있으며, 그 이면에는 특히 젊은 유권자계층에서 빠르게 증가해 온 히스패닉 유권자의 민주당지지가 있었음을 추론할 수 있다.

셋째, 소수인종이 개별 지역구에서 차지하는 비율이 낮은 경우 민주당이 경험하는 열세의 정도는 1992년보다 2010년에 이르러서 훨씬 더 크게 나타났다. 그러나 민주당은 이러한 열세를 1992년에서 2010년 사이에 크게 증가한 소수인종 20% 이상의 지역구에서 만회하고 있다. 1992년 당시 소수인종 20% 미만의 지역구 가운데 민주당은 46.6%의 지역구에서 승리한 반면(공화당은 이들 지역구 가운데 53.4%에서 승리), 20% 이상인 지역구의 76.3%에서 승리하였다(공화당은 이들 지역구 가운데 24.7%에서 승리). 한편 2010년에 민주당의 경우 그 숫자가 훨씬 더 줄어든 소수인종 20% 미만의 지역구에서 승리한 비율은 1992년보다 훨씬 더 낮은 24.1%에 불과했다. 이 범주에 속하는 나머지 하원 지역구는 공화당이 모두 차지하여 75.9%의 지역구 점유율을 보였다. 반면 2010년 당시 소수인종 20% 이상의 지역구에서 민주당의 지역구 점유율은 53.7%이며 공화당의 지역구 점유율은 46.3%로 나타났다. 민주당은 2010년 중간선거에서 상당히 많은 의석을 상실했지만, 1992년에서 2010년 사이에 빠르게 증가한 소수인종 20% 이상의 지역구에서 선전하여 그나마 이 범주의 지역구에서 우위를 유지할 수 있었다.

위에서 제시된 1992년과 2010년 선거결과의 비교가 보여주는 사실은 시간이 흐를수록 히스패닉 유권자의 증가로 인해 소수인종의 비율이 늘어가는 하원 지역구가 증가하고 있다는 점이다. 또한 이와 함께 더욱 중요한 것은 소수인종의 비율이 높은 지역구에서는 민주당의 확연한 우위가 보이는 반면, 소수인종의 비율이 낮은 지역구에서는 공화당의 압도적인 우위가 고착화되기 시작했다는 점이다. 그 결과 소수인종의 비율을 중심으로 유권자 수준 정당 지지에서 명백한 정파적 분기배열 현상(sorting)이 나타남을 알 수 있다. 즉 미국 의회정치의 양극화 현상은 결국 선거정치에 있어서 소수인종과 주류 백인 간에 벌어지는 확연히 차별된 정당 지지성향의 차이에서 기인하는 바가 분명히 존재한다고 볼 수 있다.

2) 소수인종의 분포로 본 하원 지역구의 정당 분포: 제112대 하원의 경우

이제 이민 문제를 둘러싼 미국의 정체성 정치가 선거정치의 전면으로 등장하면서 히스패닉 유권자가 빠르게 증가하는 소수인종과 백인 간의 대립은 그대로 민주당과 공화당의 대립으로 이어지면서 의회 정당양극화에 기여하고 있다. 이러한 현상은 2010년 중간선거 이후 하원 지역구별 소수인종의 분포와 이에 따른 하원 지역구의 정당 분포에 관한 다음의 그림에서 매우 확연하게 나타나고 있다. 오바마 대통령의 의료보험개혁의 역풍으로 민주당이 제2차 세계대전 종전 이후 가장 큰 폭으로 공화당에게 하원의석을 빼앗겼음에도 불구하고, 여전히 소수인종 유권자들이 높은 비율로 분포하는 하원 지역구에서 민주당은 공화당의 제압하는 결과를 보였다.

이와 같이 소수인종의 분포비율에 따라 공화당과 민주당이 차지하고 있는 지역구의 확연한 차이는 〈그림 10-1〉과 〈그림 10-2〉에 나타나 있는 2010년의 제112대 의회선거의 결과에서도 포착되고 있다.

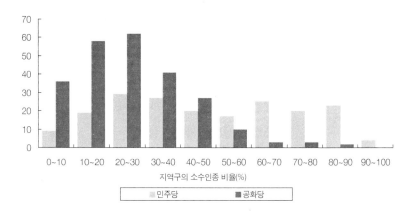

그림 10-1 소수인종 비율에 따른 민주당과 공화당의 제112대 하원의석수

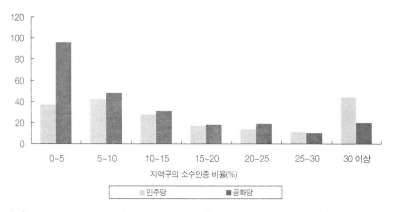

그림 10-2 소수인종 비율에 따른 민주당과 공화당의 제112대 하원의석수

출처: Ronald Brownstein, "The Next America," *National Journal* (April 2, 2011: 18-23)

소수인종의 비율에 따라서 2010년 선거결과에 따른 공화당 및 민주당 의원의 하원 지역구 숫자의 분포를 제시한 이 두 그림을 보면 앞에서 논의한 내용이 다시 구체적으로 재현되고 있다.

이 두 그림을 일단 인상적인 수준에서 보면─ 일부 예외는 있지만

― 소수인종의 비율이 상대적으로 낮은 지역구일수록 그러한 지역구 가운데 공화당 지역구의 비율이 높고, 반대로 그 비율이 상대적으로 높은 지역일수록 그러한 지역구 가운데 민주당이 승리한 지역구의 비율이 높다는 것을 알 수 있다. 먼저 소수인종의 비율을 0%에서 100%까지 10% 단위로 분할한 〈그림 10-1〉을 보면 소수인종의 비율이 40%에서 50% 미만인 지역구를 포함하여 소수인종 비율이 그 이하인 구간에 해당하는 하원 지역구의 경우, 공화당 지역구의 숫자가 모두 민주당 지역구의 숫자를 압도하고 있다. 그러나 소수인종의 비율이 50% 이상인 지역구를 보면 민주당 지역구가 97개로 공화당 지역구인 18개를 월등히 넘어서고 있다. 소수인종 비율의 기준을 대략 20%로 설정해서 보면, 이 비율 이상의 지역구의 경우 민주당이 승리한 지역구의 숫자는 165개로 공화당의 143개를 넘어서고 있다. 이와 같이 소수인종의 비율이 20%를 넘어서는 지역구와 그렇지 않은 지역구에서 공화당과 민주당이 매우 상반된 결과를 보이는 점에서 알 수 있듯이, 미국하원의 경우 소수인종을 중심으로 정당 의석분포의 양극화 현상이 나타나고 있음을 알 수 있다.

이러한 소수인종의 비율을 중심으로 한 양당 의석분포의 양극화 현상은 소수인종의 비율을 0%에서 30% 이상으로 제한하고 이를 5% 구간별로 나눈 〈그림 10-2〉를 보면 그 비율이 낮은 구간의 지역구에서부터 공화당과 민주당의 의석배분의 차이가 보다 선명하게 드러난다는 점을 알 수 있다. 즉 히스패닉 인구의 비율이 25% 이상인 지역구의 경우 전체 지역구 가운데 민주당 의원이 당선된 지역구가 55개이며 공화당 의원이 당선된 지역구가 30개로 나타나서, 민주당 지역구의 숫자가 공화당 지역구의 숫자에 비해 거의 두 배에 이르고 있음을 알 수 있다. 반면 히스패닉 인구의 비율이 20~25% 이하인 구간 아래의 경우를 보면, 이와는 반대로 공화당 의원이 당선된 지역구가

212개이고 민주당 의원이 당선된 지역구가 138개로 나타나서 공화당 지역구가 민주당 지역구의 1.5배 정도임을 알 수 있다. 이러한 사실에서 알 수 있는 것처럼 소수인종의 분포를 중심으로 한 민주당과 공화당의 의석분포가 양극화의 경향을 보이고 있음을 알 수 있다.

히스패닉 인구의 증가와 아울러 이민개혁 문제가 점점 더 심각하게 대두되고 있음에도 불구하고 이러한 문제를 둘러싼 포괄적인 이민법 개혁안이 등장하지 않는 이유 역시 양당 간 이러한 의석배분의 양극화 현상에서도 찾아볼 수 있다. 히스패닉 인구가 많이 포함된 지역이나 소수인종의 비율이 높은 지역구의 민주당 의원은 포용적인 이민법 개정에 대해 찬성하는 입장을 보이는 반면, 소수인종의 비율이 매우 낮은 공화당의 경우는 이러한 개정에 대해서 반대하고 있어서 이민법 개정을 둘러싼 의회 내 정파적 양극화 현상이 두드러지게 나타나고 있다. 요컨대 이민개혁 문제는 미국적 가치에 대한 공방을 통해서 유권자의 정당선택에 영향을 미치고 있으며, 더 나아가 의회정치의 정당대립 심화에도 기여하고 있다.

3) 소수인종 비율과 교육수준으로 본 하원 지역구의 정당 분포: 제111대와 제112대 하원의 경우

한편 민주당에 대한 지지는 소수인종의 분포뿐만 아니라 많은 부분 대졸 이상의 고학력 유권자로부터 나온다는 사실은 일반적으로 받아들여지고 있다. 대졸 이상의 학력을 지니고 있는 유권자들은 그 이하 학력의 유권자에 비해서 동성애, 낙태 문제, 이민 문제 등에 대해서 보다 개방적이며, 미국정체성 논쟁에 있어서도 보다 관용적이고 포용적인 태도를 지니고 있어서 공화당에 비해서 민주당을 지지하는 경향이 높은 것으로 나타나고 있다. 다음에서는 이러한 관찰에 근거하여 소수인종 분포비율의 지역구 간 차이에 더하여 교육수준이라는 사회경제적 변수를 첨가할 경우에는 지역구별 우세정당의 분포가 더욱 극명하게 드러나는지를 살펴보고자 한다.

〈그림 11〉은 하원 지역구별로 대학졸업 이상의 학력을 보유한 백

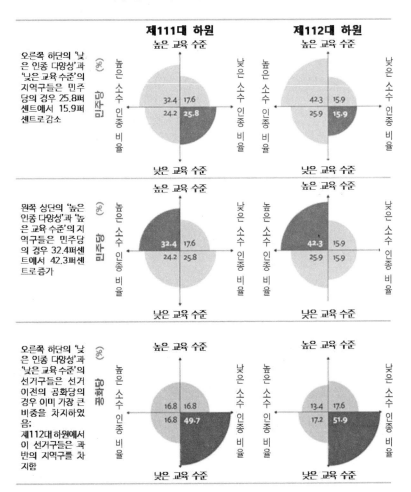

● 그림 11　소수인종 비율과 백인 교육수준으로 본 민주당과 공화당의 의석 분포: 제111대 및 제112대 하원의 경우

출처: Ronald Brownstein, "An Education," *National Journal* (Nov. 13, 2010: 46-47)

인의 평균비율인 30.4%와 임의의 소수인종 비율인 30%를 기준으로 하여 공화당과 민주당의 의석분포를 각각 사분면(四分面) 그래프를 통해서 나타낸 것이다. 즉 백인 교육수준과 인종의 다양성이라는 두 가지 기준을 중심으로 공화당과 민주당의 의석분포를 제111대 하원과 제112대 하원을 통해서 비교한 것이다. 이 사분면 그래프에서 수직축은 백인의 교육수준을 나타내고 수평축은 소수인종의 비율을 나타내고 있다. 민주당의 경우 이러한 두 가지 기준을 중심으로 보았을 때 사분면 그래프에서 현저히 증가하거나 현저히 감소한 영역이 두 개로 나타나 두 쌍의 사분면 그래프를 제시하였으며, 공화당의 경우 별 차이가 없어서 한 쌍의 사분면 그래프만을 제시하였다.

사분면 그래프의 제1사분면부터 제4사분면은 각각 '낮은 소수인종 비율-높은 백인대졸자 비율'(제1사분면), '높은 소수인종 비율-높은 백인대졸자 비율'(제2사분면), '높은 소수인종 비율-낮은 백인대졸자 비율'(제3사분면), '낮은 소수인종 비율-낮은 백인대졸자 비율'(제4사분면)에 해당하는 지역구의 비율을 민주당과 공화당 두 정당에 대해서 표시해 둔 것이다. 양대 하원의 경우 각 정당별로 공통적으로 나타나는 현상은 민주당의 경우 높은 '소수인종 비율-높은 백인대졸자 비율'에 해당하는 제2사분면이 가장 높은 비율을 차지하고 있고, 공화당의 경우 '낮은 소수인종 비율-낮은 백인대졸자 비율'의 제4사분면이 가장 높은 비율을 차지하고 있다는 점이다. 또한 민주당의 경우를 보면 제111대 하원에 비해서 제112대 하원의 경우 '낮은 소수인종 비율-낮은 백인대졸자 비율'인 제4사분면이 가장 낮은 하원의석 비율을 차지한 두 개의 사분면(제1사분면(제111대 및 제112대 하원)과 제4사분면(제112대 하원)) 가운데 하나를 차지하고 있음을 알 수 있다. 또한 이 제4사분면에 속하는 지역구의 비율이 제111대 하원에서 제112대 하원으로 변화하면서 가장 많은 비율의 감소를 보이는 지역구라고 할 수 있다

(제111대 하원의 25.8%에서 제112대 하원의 15.9%로 감소).

위의 두 사례 비교를 통해서 알 수 있는 사실은 민주당과 공화당의 경우 소수인종의 비율에 더하여 지역구별 백인 대졸자의 비율이라는 학력변수를 포함시켰을 때 더욱 극명하게 의석분포의 양극화 현상이 두드러지게 나타난다는 점이다. 즉 민주당의 경우 소수인종의 비율이 높고 백인대졸자의 비율이 높으면 높을수록 이러한 지역구에서 민주당이 의석을 차지할 가능성이 높아진다. 그리고 실제로 이러한 지역구가 민주당 전체 지역구에서 차지하는 비율이 다른 조합의 지역구보다 높다. 반면 공화당의 경우 소수인종의 비율이 낮고 백인 대졸자의 비율이 낮으면 낮을수록 이러한 지역구에서 공화당이 의석을 차지할 가능성이 높아지며, 또한 이러한 지역구가 차지하는 공화당 내 비율이 공화당 전체 지역구 가운데 다른 조합의 어떤 지역구보다도 높다. 그리고 민주당이 경우 '높은 소수인종 비율-높은 백인 대졸자 비율'에 해당하는 지역구출신 의원의 당내 비율이 매우 빠른 속도로 증대하고 있고, 반대로 공화당 내에서 가장 높은 비율을 차지하고 있는 '낮은 소수인종 비율-낮은 백인 대졸자 비율'에 해당하는 지역구출신은 비율은 민주당 내에서 빠른 속도로 감소하고 있음을 알 수 있다. 이와 같이 교육수준과 소수인종 비율로 볼 때에 민주당과 공화당 별로 정당양극화와 함께 정파적 분기배열 현상이 진행되고 있음을 알 수 있다.

요컨대 지역구별로 소수인종의 비율, 소수인종의 비율 및 대학교육 수준의 백인비율 등을 종합적으로 고려해 볼 때, 공화당과 민주당은 지지기반에 있어서 현저한 정당양극화의 모습과 정파적 분기배열 현상을 드러내고 있다. 전체적으로 소수인종의 비율을 통해서 지역구 의석배분의 대조적인 차이를 보이는 공화당과 민주당은 백인 대졸학력 이상의 인구라는 변수를 더해서 보면 더욱 현저한 차별성을 보이고 있다. 이러한 경향은 과거에 비해서 앞으로 히스패닉 인구가 지속적으로 증가하고, 또한 학력수준 역시 계속해서 증가할 것으로 보이는 상황에서 유권자 수준의 정파적 양극화를 심화시켜, 그 결과 의회 내에서 합의를 통한 이민 문제의 해결을 더욱 어렵게 할 수도 있을 것으로 보인다.

4. 정파적 유권자의 일괄투표의 증대

위에서 설명한 유권자 수준의 정당양극화는 미국 유권자의 역사적 변화와 관련하여 일반적으로 알려져 있는 사실인 무당파 유권자의 증가와 일견 충돌되는 현상처럼 보인다. 〈그림 12-1〉에 나타나 있는 것처럼 여론조사를 보면 미국 유권자 가운데 자신을 공화당이나 민주당 등 양대정당 가운데 어느 한 정당과 일체감을 느끼는 유권자(이하 '정당일체감 유권자(party identifier)'로 칭함)라고 응답하는 비율은 대체

○그림 12-1 정당일체감 유권자와 무당파 유권자 비율의 역사적 추세(%)

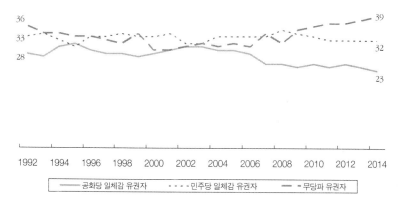

출처: "A Deep Dive Into Party Affiliation," http://www.people-press.org/2015/04/07/a-deep-dive-into-party-affiliation/#party-affiliation-1992-2014

로 줄어들고 있는 반면, 자신을 '무당파 유권자(independent voter)'라고 부르는 응답하는 비율은 증가하고 있기 때문이다.

퓨리서치센터가 조사한 앞의 그림을 보면 전반적으로 무당파 유권자의 비율이 2000년대 이후 꾸준히 증가하는 경향을 보이는 반면, 민주당이나 공화당에 대해서 일체감을 지니는 유권자의 비율은 1992년 이후 거의 변화가 없거나 완만한 감소추세를 보이고 있다. 그 결과 2014년의 경우 무당파 유권자의 비율이 39%로서 공화당 정당일체감 유권자나 혹은 민주당 정당일체감 유권자의 비율을 모두 앞서고 있다.

그러나 정당일체감에 대한 유권자의 응답만을 근거로 유권자 수준에서의 정당양극화 현상에 대해서 의문을 제기하는 것은 이들 무당파 유권자 가운데 정당 지지성향을 보이지 않는 '순수 무당파 유권자(pure independent voter)'의 비율이 매우 낮다는 점을 고려하면 재고의 여지가 있다. 즉 정당 지지성향을 보이지 않는 순수 무당파 유권자의 비율은 최근 대체로 10% 정도 이하의 수준에 머물고 있는 것으로 알려져 있다(Abramowitz and Webster 2016: 14). 다시 말해서 순수 무당파 유권자를 제외하고 보면, 실제로는 '정당 지지성향의 정파적 유권자'의 비율이 90% 수준에 거의 육박하고 있음을 알 수 있다. 〈그림 12-2〉에 나타난 퓨리서치센터의 자료를 보면 이를 확인할 수 있다.

〈그림 12-2〉를 보면 정당 지지성향 무당파 유권자와 정당일체감 유권자를 합한 비율은—양당 지지 유권자들 내에서 어느 정도 비율의 변화가 있음에도 불구하고—약 20년간 큰 변화가 없이 유지되어왔음을 알 수 있다. 이 그림을 보면 2000년대 초반 이후 민주당 지지성향 유권자의 비율이 공화당 지지성향 유권자의 비율을 꾸준히 앞서고 있는 것으로 나타나 있다. 그리고 2014년의 경우를 보면 민주당 지지성향 유권자의 비율은 48%로, 공화당 지지성향 유권자의 비율은 39%로 나타나고 있다. 그런데 2014년도 정당 지지성향 유권자의 총

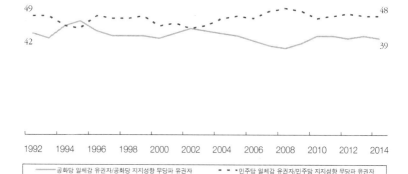

○ 그림 12-2 정당 지지성향 정파적 유권자(정당일체감 유권자와 정당 지지성향 무당파 유권자) 비율의 역사적 추세[40] (%)

———— 공화당 일체감 유권자/공화당 지지성향 무당파 유권자	■ ■ ■ 민주당 일체감 유권자/민주당 지지성향 무당파 유권자

출처: "A Deep Dive Into Party Affiliation," http://www.people-press.org/2015/04/07/a-deep-dive-into-party-affiliation/#party-affiliation-1992-2014

비율인 87%는 약 20년 전인 1992년 정당 지지성향 유권자의 총비율인 91%와 크게 차이가 나지 않는다. 즉 지난 20년간 무당파 유권자가 증가했다는 여론조사는 분명히 사실이지만, 실제로 정당 지지성향 유권자로 측정해 보면 양대정당을 지지하는 정파적 유권자의 비율이 줄어든 것은 아니다. 따라서 대부분의 무당파 유권자들은 사실은 실질적으로 특정 정당에 대한 정파적인 지지성향을 지닌 정파적 유권자의 일부로 간주되어야 한다(Bump 2016; Smith 2016).[41]

---

40) 이 소절에서 '정당 지지성향 유권자'는 '정파적 유권자'로 달리 표현될 수 있으며, 이들은 정당일체감 유권자와 정당 지지성향 무당파 유권자를 포함한다.

41) 이와 같이 유권자의 정당양극화를 표면상 부정하는 것처럼 보이는 착시 현상을 불러오는 무당파 유권자의 비율 증대는 의회의 무능과 정파적 갈등에 대한 유권자들의 염증이 불어온 결과일 수도 있다. 즉 아브라모비츠(Alan I. Abramowitz)와 웹스터(Steven Webster)가 지적하듯이, 유권자들이 자신을 무당파라고 지칭하는 것은 실은 정파적 지지자에 대한 사회의 부정적 인식을 회피하려는 태도에서 기인한 것일 수도 있다. 이들 두 저자에 의하면 전체적으로 볼 때 정당

이와 같이 정당 지지성향으로 볼 때 여전히 유권자들 사이에는 정파적인 유권자가 절대다수를 차지하고 있는 것에 더하여, 이들 정당 지지성향의 정파적 유권자들은 1980년대 이후 미국선거에서 자신들이 지지하는 특정 정당에 대한 충성도를 점점 더 높여가고 있다. 즉 대통령선거와 의회선거에서 이들은 모두 동일한 정당을 지지하는 일괄투표(straight voting)의 경향을 1980년대 이후 더욱 강하게 보여주고 있다.

〈그림 13-1〉을 보면 우선 정당일체감 유권자 수준에서는 1980년대 이후 일괄투표의 행태를 보이는 유권자의 비율이 매우 빠르게 증

○그림 13-1   정당일체감 유권자의 일괄투표 경향의 역사적 추세

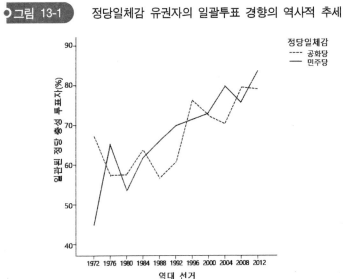

출처: Abramowitz and Webster(2016: 13)

지지성향 무당파 유권자와 정당일체감 유권자를 합한 정파적 유권자의 숫자는 1980년대 이후 크게 증가하기 시작했다(Abramowitz and Webster 2016: 13-14). 정당일체감 유권자의 수준에서 양극화가 유지되고 있다는 취지의 논의로는 최준영(2015)을 참조하기 바란다.

가하고 있음을 알 수 있다. 즉 아브라모비츠와 웹스터가 지적하듯이, 단순한 정당일체감 지지자를 확인하는 여론조사의 한계를 벗어나서, 실제 유권자들의 투표행태를 보면 일괄투표 경향으로 나타나는 정당 일체감 유권자들의 정당충성도는 훨씬 더 강화되었다. 이러한 정파적 일괄투표 성향은 정당일체감 유권자뿐만 아니라, 정당 지지성향 무당 파 유권자의 경우에도 빠르게 증가하고 있다.

즉 〈그림 13-2〉를 보면 정당일체감 유권자 가운데 강한 일체감을 지닌 유권자의 일괄투표 경향이 가장 크지만, 약한 정당일체감 유권 자나 정당 지지성향 무당파 유권자의 일괄투표 경향도 1980년대 이후 매우 빠르게 증가하고 있음을 알 수 있다. 이러한 사실은 순수한 무당 파 유권자를 제외하고 현재 거의 90%에 육박하는 정당 지지성향 유 권자, 즉 정파적 유권자들의 특정 정당에 대한 충성도는 지난 수십 년

○그림 13-2 정당 지지성향 정파적 유권자의 일괄투표 경향의 역사적 추세

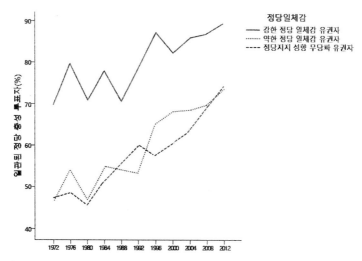

출처: Abramowitz and Webster(2016: 14)

동안 상당히 증가하였음을 보여주는 것이다. 일괄투표로 본 정당충성도 증가 현상에서 유권자 수준의 정당양극화는 다시 확인할 수 있다고 하겠다. 이는 앞에서 설명한 바대로 1980년대를 지나면서 보수주의 세력이 강화되자 이에 대한 자유주의 세력의 저항이 역시 강화되면서 나타나기 시작한 현상으로 보인다. 이와 함께 다양한 쟁점 이슈에서 보수주의 진영과 자유주의 진영 간의 대립이 더욱 심화되고, 이에 더하여 이민 문제, 미국정체성 문제 등이 부각되면서 동일한 유권자가 지속적으로 특정 정당만을 지지하는 정파적 분기배열 현상이 심화되어 나타난 결과라고 볼 수 있다.

한편 이러한 유권자의 정파성 강화는 자신이 지지하는 정당에 대한 선호보다는 오히려 자신이 반대하는 정당에 대한 혐오에서 추동된 측면이 크다(Abramowitz and Webster 2016; Smith 2016). 소위 '부정적 정파성,' 즉 자신이 반대하는 정당의 정책을 비판하고 혐오하는 성향이 강화되면서, 이를 계기로 자신이 속한 정당에 대해서 더욱 일관되게 지지하는 현상이 나타난 것이다. 스미스(Samantha Smith)의 조사에 의하면 무당파 유권자 가운데 공화당 지지성향 유권자의 경우 55%가, 그리고 민주당 지지성향 유권자의 경우 51%가 자신이 지지하는 정당에 대한 지지의 이유로서 자신이 반대하는 정당의 정책이 국가에 부정적인 영향을 줄 것이라는 의견을 제시하고 있다(Smith 2016). 반면에 무당파 유권자 가운데 공화당 지지성향 유권자의 30%가, 그리고 민주당 지지성향 유권자의 34%가 자신이 지지하는 정당에 대한 지지의 이유로서 지지정당의 정책이 국가에 긍정적인 영향을 줄 것이기 때문이라고 응답하고 있다. 그리고 이러한 경향은 대체로 정당 일체감 유권자의 경우에도 마찬가지일 것으로 추정된다. 정당 지지성향 유권자의 반대정당에 대한 부정적 인식은 〈그림 14-1〉에서도 잘 포착되고 있다.

〈그림 14-1〉을 보면 정파적 유권자 가운데에는 민주당 지지성향 유권자나 공화당 지지성향 유권자를 막론하고 일관되게 반대정당에 대한 부정적인 인식이 지속적으로 증가하고 있음을 알 수 있다. 정당 일체감 유권자의 수준에서 이러한 부정적인 인식이 가장 강한 것으로 나타나고 있지만, 무당파 유권자 가운데 정당 지지성향 유권자의 경우에도 역시 반대정당에 대해서는 상당히 부정적인 인식을 지니고 있는 유권자가 많으며, 시간이 흐르면서 이러한 경향이 강화되어 가고 있음을 알 수 있다.[42]

●그림 14-1　정당 지지성향 정파적 유권자 가운데 반대정당에 대한 부정적 인식의 역사적 추세

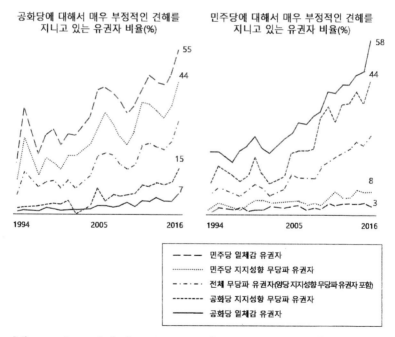

출처: Samantha Smith, "5 facts about America's political independents"(2016), http://www.pewresearch.org/fact-tank/2016/07/05/5-facts-about-americas-political-independents/

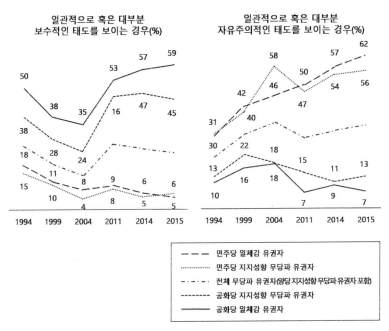

그림 14-2 정당 지지성향 정파적 유권자들 가운데 주요 이슈에 대해서 일관적으로 혹은 대부분의 경우 자신의 지지정당과 일치하는 이념적 입장을 보이는 비율의 역사적 추세

일관적으로 혹은 대부분
보수적인 태도를 보이는 경우(%)

일관적으로 혹은 대부분
자유주의적인 태도를 보이는 경우(%)

범례:
- ─ ─ ─ 민주당 일체감 유권자
- ·············· 민주당 지지성향 무당파 유권자
- ─ · ─ · ─ 전체 무당파 유권자(양당 지지성향 무당파 유권자 포함)
- ─ ─ ─ ─ 공화당 지지성향 무당파 유권자
- ─────── 공화당 일체감 유권자

출처: Samantha Smith, "5 facts about America's political independents"(2016), http://www.pewresearch.org/fact-tank/2016/07/05/5-facts-about-americas-political-independents/

42) 미국유권자의 전반적인 정당양극화 현상과 관련하여 이러한 양극화의 이유를 반드시 이념적 양극화(ideological polarization)에서 찾지 않고 정서상의 양극화(affectionate polarization)로 파악하여, 이를 상호 신뢰결핍의 양극화로 보는 주장에 대해서 Hetherington and Rudolph(2015)를 참조하기 바란다. 이 저자들은 이념적인 양극화가 유권자의 정당양극화의 중요한 요소이기는 하지만, 정당양극화의 보다 핵심적인 요소는 이념적이라기보다는 상대정당과 정치인에 대한 불신이라고 보고 있다. 이러한 주장은 맥락을 달리하여 엘리트 수준에서 상원의 정파적 양극화를 이념적 양극화로 보지 않고 '정치적인' 것으로 보는 리이(Frances Lee)의 주장과도 일맥상통하는 것이다(Lee 2009). 비록 유권자 수준과 의회상원을 다루고 있어서 이 두 논저가 분석하는 연구대상은 다르지만, 이들은 유권자나 의회의 정파성의 근거를 자신이 믿는 신념에 대한 주장

마지막으로 〈그림 14-2〉를 보면 정당 지지성향 유권자의 경우 주요한 이슈에 있어서 자신이 지지하는 정당의 정책적 입장과 일치하는 방향으로 이념적인 입장을 표방하는 비율이 약간의 변동은 있으나 2004년 이후 혹은 2011년 이후 전반적으로 증가하는 추세에 있음을 알 수 있다. 공화당 지지성향 무당파 유권자의 경우 2015년의 경우에 국한하여 이러한 경향이 약간 저하되었을 뿐, 대체로 양당을 막론하고 정당 지지성향의 정파적 유권자들은 자신이 지지하는 정당의 정책적 입장과 일치하는 방향으로 의견을 표출하는 경향이 강화되어 가고 있다.

이상의 분석에서 알 수 있듯이 미국사회는 유권자 수준에서 상당한 정당양극화 현상을 경험하고 있으며, 이러한 경향은 1980년대 이후 1990년대와 2000년대에 들어서면서 매우 강화되고 있는 실정이다. 실제로 순수 무당파 유권자를 제외하고 보면 정파적 유권자의 비율도 줄어들지 않았을 뿐만 아니라, 이들의 일괄투표의 역사적 경향으로 본 정당충성도는 더욱 강화되는 추세를 보이고 있다. 특히 이와 같이 정당에 대한 지지가 강화되어 가는 주요한 이유가 상대정당의 정책에 대한 반대 혹은 상대정당에 대한 부정적 인식으로 나타나고 있어서, 유권자의 양극화 현상은 유권자 간의 적대감을 동반하고 있음도 알 수 있다.

보다는 상대방에 대한 신뢰부족(Hetherington and Rudolph 2015)이나 상대방에 대한 정치적·전략적 반대(Lee 2009)에서 찾는다는 점에서 유사하다.

V. 정파적 매체의 등장

미국 의회정치가 점점 더 정당양극화의 방향으로 진행되면서 정파적 매체(partisan media)가 이러한 양극화에 영향을 미친 것은 아닌가 하는 논의들이 등장하고 있다. 이러한 질문에 대한 대답은 먼저 이러한 정파적 매체가 유권자의 후보자 선택에 영향을 미치는가 하는 점에 대한 답변이며, 이어서 이렇게 영향을 받은 유권자가 정파적 투표행태를 보이게 되는가 하는 두 단계의 질문에 대한 답변으로 나눠질 수 있다.

전통적으로 미국의 경우 TV나 신문 등 언론매체 등은 비록 자신의 고유한 정책적 입장과 이념이 있다고 해도 특정 정당이나 정치세력에 대한 보도나 현안에 대한 해석에 있어서 이러한 입장과 이념에 따라서 편파적인 태도를 취하지는 않았다. 주류언론이라고 불리는 미국의 ABC, NBC, CBS 등 뉴스매체나 뉴욕타임스(New York Times), 워싱턴포스트(Washington Post), 월스트리트저널(Wall Street Journal) 등과 같은 일간지도 나름대로 현상을 보는 고유의 입장은 있었지만, 정파적 입장을 노골적으로 표방하거나 특정한 정당을 편파적으로 지지하는 보도는 자제해 왔다. 이와 같이 자신의 정책적 입장과 정치적 이념이 있더라도 방송매체나 신문사가 정파적 혹은 이념적으로 치우친 보도를 회피한 것은 바로 언론보도에 대한 국민의 신뢰 문제와 관련되어 있었다. 편파적 보도는 공정한 보도를 생명으로 삼는 방송이나 신문의 명성을 손상하여 정확히 알 권리를 주장하는 국민으로부터 외면받을 수 있기 때문이다.

이와 같이 적어도 전국적인 수준에서 정보를 전달하는 전통적인 주류 방송매체나 일간지가 언론보도를 지배하던 시기에는 사실의 전달을 중심으로 방송이 진행되고 지면이 할애되었다. 물론 사설이나 해설기사를 통해서 방송이나 신문사가 자기의 고유한 해석을 제공할 수는 있으나, 이러한 해석이 일방적으로 치우쳐서 언론매체에 대한 국민의 신뢰도를 손상시킬 정도는 결코 아니었다. 케이블방송과 인터넷방송, 그리고 인터넷, 페이스북, 트위터 등 소셜미디어(social media: SNS)가 오늘날같이 발달되지 않아 정보전달의 통로가 제한되어 있던 상황에서, 대중은 주류방송사와 신문사가 전달해주는 정보를 토대로 특정 사안에 대한 판단을 내릴 수밖에 없었다. 그리고 고유의 정책입장과 정치적 성향에도 불구하고 주요 언론매체는 이념적으로 치우친 보도보다는 사실의 전달을 중심으로 보도해 온 것이 사실이었다. 그러나 이러한 전통적 주류언론의 사실중심 보도는 새로운 방송매체와 소셜미디어 등이 이들과는 달리 경쟁적으로 대중의 기호에 맞는 맞춤형 방송 및 해석을 제공하면서 그 영향력이 약화되기 시작했다. 이러한 상황에서 언론매체 세계의 내부에서도 일종의 지각변동이 생기기 시작했고, 그 결과 전통적인 언론매체 역시 일정 수준 정파적인 경향을 띠는 방향으로 변화해 가기 시작했다.

먼저 주류언론에 대한 최초의 도전은 케이블방송에서 시작되었다. 1980년대에 등장한 CNN이라는 방송매체는 24시간 진행되는 뉴스전문 케이블방송으로 주류언론과 경쟁하기 시작했다. 이와 아울러 1990년에 접어들면서 미국사회가 정파적, 이념적 양극화의 경향을 보이기 시작하면서 이에 편승하여 전국 혹은 지역적 수준에서 다양한 형태로 특정 정당을 지지하거나 특정한 정치적 의견을 확산시키는 라디오 토크쇼 등이 연이어 나타났다. 뿐만 아니라 인터넷의 발달과 함께 다양한 소셜미디어가 각종 정보와 함께 이에 대한 해석을 동시에 제공하면서 유권자의 기호에 부합하는 보도를 통해 주류언론과 경쟁하기 시작하였다.[43] 실시간으로 뉴스를 전달하는 케이블방송은 현장감 있는 보도와 함께 방송사의 정치적 성향과 시청자의 기호에 맞추어 사건과 사고에 대한 관점 있는 해설을 덧붙임으로써, 그 방송사의 뉴스를 애청하는 대중의 기대를 자극하고 지속적으로 관심을 모아 나갈 수 있었다.

또한 케이블방송의 등장과 함께 1990년대 이후 인터넷이 광범위하게 보급되면서 나타난 현상은 대중들이 과거에는 언론이 제공해 주던 일상의 정보와 사실관계는 이제 구글(google)이나 야후(yahoo) 등과 같은 포털사이트를 통해서 개인적으로 알아내기 시작했다는 점이다. 따라서 소셜미디어와 케이블방송 시대의 대중은 '정보자체의 입수'에 관심이 있는 수동적 존재에서 '자신이 원하는 정보에 대한 욕구'를 지니는 능동적 존재로 변모하였다. 즉 사실관계는 인터넷을 통해서 알아내고, 방송과 신문으로부터는 자신이 듣고 싶은 것만 듣고 보고 싶은 것만 보며 그렇지 않은 것에는 관심을 두지 않게 된 것이다. 더 나아가 자신이 듣고 싶고 보고 싶은 정보와 그 내용이 다른 정보는 점점 더 잘못된 '허위'의 정보(fake news)로 치부하고, 그러한 정보를 제공하는 매체를 거부하고 비판하는 현상이 나타나게 되었다.

따라서 미국사회의 양극화과정에서 주류매체와 경쟁하면서 변화한 대중의 다양한 구미에 맞는 정보를 전달하는 새로운 유형의 언론매체들은 맞춤형 보도, 정파적 보도를 통해서 대중을 자신이 원하는 특정한 방향으로 유도하면서 미국사회의 양극화를 더욱 증폭시켰다고 볼 수 있다. 과거 정보전달 권한을 독점했던 주류방송사와 신문사의 위상이 상대적으로 약화되면서, 이제 시청자와 독자들은 단순한 정보수용을 넘어서서 자신의 정치적 견해에 부합하는 언론매체를 선별

---

43) 1990년대 신자유주의 시대를 맞이하면서 방송에 대한 정부의 규제가 완화되어 다양한 형태의 방송매체가 등장한 것을 계기로 시청자들이 자신들의 구미에 맞는 방송을 시청할 수 있었던 것도 간접적으로 방송매체를 통한 미국사회의 양극화 심화와 관련이 있다.

하여 이러한 매체만 집중적으로 시청하고 읽게 되었다. 1990년대 중반 러시 림보(Rush Limbaugh)의 보수적인 라디오 토크쇼가 보수적인 유권자 사이에서 공전의 히트를 기록할 수 있었던 것도 이러한 분위기 속에서 가능했던 것이다. 지금은 매우 진보적인 MSNBC나 매우 보수적인 폭스 뉴스와 같은 케이블방송의 다양한 뉴스 프로그램 역시 이념성향이 강한 시청자를 대상으로 인기를 얻고 있다(Levendusky 2013 chap. 1; Prior 2013).

한편 인터넷이나 페이스북 등 소셜미디어의 발달은 또한 '집단사고(group think)'의 경향을 강화시키면서 의사소통을 통한 상호 화해와 협력보다는 상호 배타성과 자기 집단 내부의 응집력을 강화시키는 방향으로 작용하기도 했다. 예컨대 서로 다른 의견을 가진 사람이 페이스북 등 소셜미디어를 통해서 의견을 교환할 경우, 이들이 서로 대화를 통해서 이견을 줄여 나가고 공감대를 확대해가는 순기능이 발휘되리라는 기대도 있었으나, 반드시 이러한 기대가 충족된 것은 아니었다. 이질적인 집단 간의 대화는 경우에 따라서는 화해할 수 없는 의견의 차이만을 확인하면서 오히려 이들 집단 간의 갈등을 증폭시키는 효과를 가져올 가능성이 더 커졌다. 논의의 대상이 되는 이슈가 민감한 성격을 띤다든지, 매우 정파적으로 예민한 내용이라든지, 혹은 정당의 이념적 원칙에 관한 것일수록 이러한 경향은 더욱 큰 것으로 나타났다.

선스타인(Cass R. Sunstein)의 연구에 의하면 서로 다른 의견을 지닌 사람들끼리 한 곳에 모이게 되면 의견이 중화 혹은 융합되어 소통이 강화되기보다는 서로 양극화의 경향만을 더 키운다. 반대로 서로 비슷한 의견을 지닌 사람들끼리 논의를 시작하면, 이들은 자신들의 의견의 무오류성을 상호 확인하면서 더욱더 극단적으로 변화하여 내적으로 공고화되는 경향을 보인다(캐스 선스타인 2011). 이러한 경향이 그대로 소셜미디어 수준에서 나타날 수도 있어서 소셜미디어가 오히려 정파적 양극화를 심화시킬 수 있다. 즉 웹상에서 보장되는 익명성으로 인해서 유사한 의견을 지닌 사람들의 집단적인 견해는 더욱 정파적으로 응집력을 보이고 내부적으로 공고화되면서 동시에 극단화되고, 반면에 서로 다른 집단에 속한 사람들 간에 의견이 교환되는 과정에서 충돌이 발생할 경우 이들 간의 대립은 의견교환이 있기 이전보다 훨씬 더 격렬해질 수 있는 것이다. 특히 유사한 생각을 지니는 사람들끼리의 논의에서는 집단사고에 의해서 잘못된 의견을 바로잡을 수 있는 견제장치가 없어져 토론 후의 내부의견이 그 이전보다 더욱 극단적으로 변모할 수 있다. 이러한 현상은 정파적 성향을 띤 매체를 사용하는 이념적으로 편향된 대중들 사이에서도 일상적으로 목격될 수 있는 현상이다.

전반적으로 볼 때 케이블 및 인터넷방송 가운데 정파적 보도를 지향하는 매체들은 기존의 주류방송과는 달리 사실전달보다는 선별적 사실보도와 치우친 해석을 통해서 자신들이 지지하는 정당이나 정치인 그리고 이들의 이념을 적극적으로 그리고 우호적으로 전달하고, 반면에 자신들의 생각과 배치되는 정당과 이념은 신랄하게 비판하는 경향이 강하다. 1990년대 이후 이들은 특정한 생각이나 이념을 옹호하는 인물들만을 초대하여 대담 프로그램을 진행한다든지, 특정한 정당의 입장을 적극적으로 옹호하거나 자신들이 반대하는 정당의 입장을 비판하는 여론만을 선별적으로 반영하면서 자신의 입지를 확대시켜 왔다. 여전히 많은 미국의 유권자들이 주류방송을 시청하는 것은 사실이지만, 점증하는 유권자들이 자신의 정치적 취향에 따라서 케이블방송을 시청하거나 편향적인 라디오 토크쇼에 귀를 기울이게 되는 것은 이미 시대의 일반적인 조류가 되었다.

이러한 새로운 정파적 미디어가 과연 이를 시청하는 유권자들의 정파성을 더욱 강화하였는지에 대해서는 다양한 의견이 존재할 수 있다. 이미 정파적으로 변한 특정의 유권자들이 이러한 정파적 언론매체를 시청하기 때문에 이들 매체가 일반적 유권자의 정파성을 증가시킨 것은 아니라는 주장이 있는가 하면, 이와는 달리 일정 수준 이러한 정파적인 매체가 유권자의 양극화에 영향력을 미친다는 주장도 존재하고 있다. 이와 같이 상반된 주장의 경우에도 불구하고, 특히 정치적인 일에 관심이 많은 유권자의 경우 정파적 언론매체가 이들의 태도를 더욱 정파적으로 만들 것이라는 주장은 상당히 설득력이 있다. 이미 정파적 입장을 취하고 있다고 해도 정치적인 관심이 많은 사람들은 더욱더 자신의 구미에 맞는 정파적인 매체를 선별적으로 찾게 되고, 이러한 과정에서 이들의 정파적 태도가 더욱 강화될 수 있다는 것이다. 이미 특정 정당을 지지하고 특정 이념성향을 지닌 사람들에 대해서 이러한 정파적 매체의 편향된 보도가 이들의 태도를 변화시킬 수는 없더라도, 기왕의 정파적 유권자의 태도를 더욱 강화시키는 효과가 있다는 점에 대해서는 상당한 합의가 있는 것으로 보인다 (Levendusky 2013; Prior 2013).

이렇게 볼 때 정치적으로 관심이 많은 유권자들에 대해서 이념적·정파적 매체들이 이들의 편향적인 태도를 더욱 강화한다는 것은 이들이 매체의 영향력을 통해 과거보다 더욱더 적극적으로 특정 정당이나 정치이념, 특정 정치인을 지원할 가능성이 크다는 점을 의미한다. 또한 편향된 매체를 통해서 더욱 정파적 태도를 지닌 사람들은 자신이 반대하는 정당과 이념에 대해서는 더욱더 강하게 비판하면서, 반대하는 정당과 이념의 확산을 방지하기 위해서 한층 더 노력하게 된다.[44)]

---

44) 이러한 주장은 앞 절에서 설명한 '부정적 정파성(negative partisanship)'의 내용도 일치하는 것이다.

즉 정파적 매체는 특정의 유권자에 대해 그가 이미 지지하는 정당에 대해서는 더욱 적극적으로 지지하게 만들고, 반대하는 정당에 대해서는 더욱 적극적으로 반대하게 만드는 효과를 지니는 것이다. 그 결과 정파적 매체의 극단적이고 편향된 보도는 기왕의 정파적 유권자의 정치참여를 더욱 고무하면서 정당의 이념에 충실한 후보를 위해 자발적으로 선거운동에 참여하게 한다든지, 혹은 선거자금을 기부하게 하는 동인으로 작용할 수 있다. 가장 대표적인 사례가 바로 2010년 오바마 의료보험 개혁법안의 등장 이후 전개된 티파티 운동이라고 볼 수 있을 것이다.

변화된 미국 의회정치의 양상

변화된 미국 의회정치의 양상

지금까지 앞의 제4장에는 미국 의회정치가 상임위원회 중심의 분권화체제에서 정당이 지배하는 의회정치로 변화하게 만든 요인들을 설명하였다. 뉴딜자유주의의 쇠퇴라는 구조적 원인에서 시작하여, 1960년대 말에서 1980년대에 이르는 기간 동안 보수주의가 부활하고 활성화됨에 따라 레이건 행정부 시기에 이르러 서서히 유권자 수준에서 정파적, 이념적, 정책적 대결이 등장하는 단초가 마련되었음을 지적하였다. 이어서 뉴딜자유주의를 종식시키고 본격적으로 유권자 및 의회 수준에서 정파적, 이념적 대립을 가져온 제104대 의회선거의 내용과 결과를 설명한 후, 인구 구성의 변화와 정파적 분기배열 현상(sorting)을 중심으로 미국 유권자 수준에서의 정당양극화를 살펴보았고, 이러한 양극화 현상이 정당 충성도 등에서 더욱더 강화되고 있음을 검토하였다.

이 장에서는 이러한 요인을 배경으로 정당에 포획된 미국의회의 변화된 양상을 다양한 각도에서 설명해 보고자 한다. 먼저 이 장의 I절에서는 제104대 선거를 계기로 본격적으로 등장하기 시작한 미국 의회선거의 '의회제 국가 의회선거화' 현상에 대해서 논의하고자 한다. 미국 의회선거가 지역구 수준에서 현직의원에 대한 평가를 중심으로 전개되는 것이 아니라, 대통령에 대한 평가에 따라서 결정되는 의회선거의 전국적 정당선거화의 경향이 강화되는 현상을 설명하고자 한다. 이와 관련하여 미국 의회선거의 의회제 국가선거화 및 전국선거화의 경향과 아울러, 현직의원의 이익 약화 혹은 이들의 재선불안감 증대 등을 함께 논의하고자 한다. 이어서 II절에서는 의회선거의 전국적 정당선거화 현상의 결과 1990년대 중반 이후 미국의회 내의 정당양극화, 이념적 대립의 심화 등을 다양한 경험적 분석을 토대로 설명해 보고자 한다. 이를 위해서 의회 내 정당대립의 심화현상을 의원의 정당투표 경향의 증대라는 각도에서 논의할 것이다. 마지막으로 III절과 IV절은 정당의 입법과정 지배 및 의회규범의 변화에 대해서 각각 간략히 논의할 것이다.

I. 의회선거의 전국적 정당선거화

1. 정당이 지배하는 의회선거의 등장

전통적으로 미국 의회선거는 전국적 수준에서 대통령의 정책에 대한 유권자들의 선호나 워싱턴발(發) 정당정치에 대한 평가보다는 지역(구) 이슈와 현직의원 등 후보자를 중심으로 진행되는 경향이 강했다. "모든 정치는 지역정치이다"라는 오닐 전 민주당 하원의장의 유명한 경구(警句)가 시사하는 것처럼, 미국 의회선거는 대통령의 정책, 워싱턴정가의 동향이나 전국적인 이슈보다는 지역구 유권자들이 중요하다고 생각하는 지역의 당면 현안 이슈를 중심으로 전개되었다. 이러한 이유로 인해 '현직의원의 이익'이라는 개념이 가능했는데, 현직의원의 선거상의 우위가 강조되는 것은 지역구 유권자들이 지역구에 대한 혜택과 현직의원의 지역구 활동을 중요시하고 이에 대한 평가에 따라서 투표하는 경향이 강했기 때문이다. 따라서 미국 의회선거는 특별히 전국적으로 충격을 던지는 사건이 발생하지 않는 경우 워싱턴정치에서 상당히 절연되어 지역구별로 현직의원과 도전후보 등 후보자를 중심으로 한 인물투표(personal voting)가 중심이 되어 진행되었다(Cain et al. 1987; Mann and Wolfinger 1980). 그리고 이러한 인물투표의 관점에서 '후보자 중심의 선거(candidate-centered election)', '현직의원 이익' 등의 용어가 의회 선거정치와 투표행태를 설명하는 중요한 개념으로 회자되었다.

물론 대통령 취임 이후 치러지는 중간선거의 경우 대통령에 대한 평가와 경제상황, 그리고 투표율에 따라서 대통령 소속정당이 의석을 잃는 경향이 있다는 연구도 있었고(Campbell 1966; Campbell 1993; Kernell 1977; Kramer 1971; Tufte 1975),[1] 지역구 유권자의 정치적 성

---

1) 미국 의회선거 가운데 특히 중간선거에 관한 중간평가이론(referendum theory)이나 균형이론(balancing theory)은 의회선거가 대통령에 대한 평가와 관련이 있음을 강조하는 이론들이다. 중간평가이론은 의회 중간선거를 대통령 업무수행에 대한 유권자들의 전반적인 평가로 보는 이론이며, 균형이론은 단점정부 상황에서 대통령의 정책이 어느 한 극단으로 치우칠 경우 이에 대해서 균형을 취하기 위해서 유권자들이 대통령 반대당을 지지하는 경향이 있다는 이론이다. 두 이론 모두 대통령의 정책에 대한 유권자들의 평가를 중간선거 결과와 관련하여 중요시한다는 점에서 본문에서 앞으로 설명할 의회선거의 전국적 정당선거화 현상에

향이 선거구 획정에 의해서 이미 정파적으로 결정되어 있기 때문에 현직의원의 소속정당이 중요하다는 주장도 가능하며, 워싱턴정치나 대통령의 정책과 관련하여 전국적으로 주목을 끄는 상황이 발생할 경우 전국적인 풍향이 영향을 미친다는 주장도 존재할 수 있다. 이러한 주장 등은 모두 일정 수준 근거가 있고 경청할 만하다. 그러나 이러한 주장이 '지역구를 중심으로 전개되는 후보자 중심의 선거'라는 전통적인 의회선거의 특징을 부인하고 있지는 않다. 더욱이 이러한 주장이 제기되던 1980년대까지의 상황은 1980년대 이후 1990년대 중반을 거치면서 매우 양극화된 미국사회처럼 유권자 수준에서 이념적 갈등이 크지도 않았고, 이러한 갈등이 전국적 성격의 정파적 갈등으로 확산되기 이전이었다. 따라서 의회선거에 대해서 워싱턴정치 혹은 대통령 정책의 영향이 있었다고 해도, 오늘날과 같은 의회선거의 정당중심적 전국선거화 현상을 목격하는 것은 흔하지 않았다.

이미 설명한 바와 같이 전통적인 의회선거에서 현직의원은 지역구 혜택사업, 유권자 민원사업, 대민봉사 등 현직의원의 신분을 활용하여 지역구 활동을 적극적으로 수행한 결과 자신에 대한 유권자의 인지도를 높일 수 있었다. 뿐만 아니라 현직의원은 도전후보에 비해서 선거자금의 측면에서도 월등한 우위를 보이면서 선거운동 광고에 투자할 재원을 보다 쉽게 확보하여 선거에서 유리한 결과를 얻을 수 있었다. 이와 같이 후보자 중심의 선거에서 자신이 지니는 우위를 바탕으로 현직의원은 지역구 유권자의 신임을 얻어 지속적으로 재선에 성공할 수 있었고, 그 결과 높은 재선율을 보이는 것이 일반적이었다(Fenno 1978).

대한 시사점을 제공하고 있다. 대통령 후광효과의 등장과 퇴조(surge and decline)로 중간선거를 설명하는 이론과 함께 이 두 가지 이론을 개략적으로 설명한 글로는 Bafumi(2010: 705-707)를 참조하기 바란다.

그러나 후보자 중심의 선거 혹은 현직의원의 이익을 토대로 현직의원이 높은 재선율을 보이는 지역구 중심의 선거는 대강 1994년 제104대 의회선거를 분기점으로 하여 상당히 변화되는 양상을 보이기 시작했다. 즉 1990년대 중반 이후를 보면 대통령의 정책추진과 이와 관련된 정당대립에서 절연되어 후보자 개인의 능력과 지역구 현안만을 중심으로 치러지는 의회선거가 미국 의회선거의 일반적인 양상이라고 설명하기는 매우 어려워졌다. 의회선거에서 현직의원의 이익이 강하게 작용하고 있어서 현직의원의 재선율이 여전히 높으며, 지역구 현안이 선거에서 중요한 쟁점이 되는 것은 지금도 부정할 수 없다. 그럼에도 불구하고 대통령의 정책어젠다를 둘러싸고 워싱턴정가에서 벌어지는 정당대립과 그 여파가 의회선거에서 투표에 임하는 유권자들의 후보 선택에 미치는 영향은 점점 더 커져가는 추세를 보였으며 이러한 현상은 특히 1994년 의회 중간선거 이후 강화되었다(Jacobson 2000a, 2001a, 2001b).

1990년대 중반 이후 정치적, 이념적 양극화의 분위기 속에서 의회선거에 임하는 지역구 유권자들은 양당후보에 대한 평가에 있어서 지역구의 중요한 이슈에 대해 개별후보가 취하는 태도나 인물됨, 후보의 선거공약과 정책적 장단점을 중심으로 평가하는 전통적 태도를 보임과 함께, 워싱턴에서 국정을 운영하는 대통령에 대한 평가를 의회선거에 반영하는 경향이 커졌다. 즉 '대통령 소속정당 후보'인가 아니면 '대통령 반대정당(대통령이 소속하지 않은 정당: out-party) 후보'인가라는 기준을 통해서 후보를 평가하고 투표하는 경향이 과거보다 훨씬 더 강화된 것이다. 그 결과 현직대통령을 지지하는 지역구 유권자는 대통령 소속정당 후보에 대해서 투표하는 경향이 높아지게 되었고, 그 반대의 경우는 대통령 반대정당 후보에 대해서 투표하는 경향이 높아지게 된 것이다. 이는 대통령 업무수행 및 대통령 소속정당에 대한 평가가 바로 지역구에서 각 후보에 대한 평가에 그대로 전이(轉移)되는 현상으로서, '정당이 주도하는 선거정치의 전국화' 현상이라고 평가될 수 있다. 이와 같이 유권자들이 대통령 및 대통령 소속정당을 중심으로 지역구 후보를 평가하는 경향이 점점 더 커지면서, 현직대통령에 대한 유권자의 지지율이 떨어지는 경우 ─ 특히 중간선거 등에서 ─ 대통령 소속정당의 의석상실이 과거에 비해서 훨씬 더 큰 규모로 나타나는 현상도 심심치 않게 벌어졌다. 이러한 새로운 선거양상의 등장은 미국 의회선거가 내각과 다수당에 대한 평가를 중심으로 진행되는 의회제 국가의 선거와 비슷한 양상으로 변모해가고 있음을 말해 주는 것이다(Farrell 2012a).[2]

---

2) 1970년대나 1980년대의 영국과 같은 전통적인 양당제 국가의 경우(2010년대 이후 영국은 지역정당과 자유당의 약진 등으로 인해서 양당제보다는 2.5정당제라고 보는 것이 옳을 경우도 있지만, 1980년대 이전의 모습은 보수당과 노동당이 대립하는 양당제적 모습이 강했다. 1980년대 이후 현재에 이르는 기간 동안 영국 의회정치는 서서히 양당제적인 모습을 잃게 되었다.) 의회선거는 집권당(여당: governing party)이 구성한 내각의 업무수행에 대해 국민적 심판을 내리는 중요한 메커니즘으로 작용했다. 영국의 경우 선거제도와 선거구제도는 미국과 마찬가지로 단순다수제하에서 소선거구제로 운영되지만, 각 지역구별 선거결과는 지역구 후보에 대한 평가라기보다는 그 후보로 대표되는 정당과 이러한 정당이 주도하여 구성된 내각과 내각의 정책에 대한 평가였다. 따라서 영국과 같은 의회제 국가의 경우 ─ 특히 양당제 국가의 경우 ─ 선거는 집권당에 대한 유권자의 총체적인 신임여부를 나타내는 것으로 봄이 타당하다. 영국과 같은 의회제 국가와 달리 미국은 건국 이래 권력분립 및 견제와 균형 등의 원칙을 중심으로 대통령과 의회가 상호 견제하는 대통령제 권력구조를 유지해 오고 있었다. 그러나 1820년대~30년대에 접어들면서 투표권의 확대에 따른 선거 및 정당정치의 발달로 인해 의회와 대통령이 정당을 매개로 서로 밀접하게 연계되는 현상이 나타나기 시작하였음은 이미 이 책의 제2장에서 설명한 바와 같다. 그리고 정당요인을 통해서 대통령 및 의회선거의 쟁점에 대해 유권자가 자신의 입장을 표방하면서 정당이라는 변수는 중요한 역할을 수행하기 시작하였다. 그러나 미국의 경우 전통적으로 정당은 특정 이슈에 대해서 차별화된 입장을 제시해 주어 유권자로 하여금 후보 선택 결정과정에서 고려해야 할 요인 가운데 하나로 작용했을

이미 설명한 대로 1980년대 레이건 대통령이 등장하면서 정당 간의 이념적인 대립이 드러나기 시작하고, 이후 1994년 중간선거 이후 남부에서 민주당 유권자들이 대거 공화당을 지지하는 정당재편이 일어나면서, 유권자 및 의원 수준에서 모두 정당의 영향력이 더욱 두드러지기 시작했다. 이후 점차로 의회선거 역시 대통령 정책에 대한 찬반을 중심으로 진행되는 경향이 강화되면서 지역구 현안과 현직의원의 성과를 중심으로 전개된 전통적인 선거양상에 상당한 변화가 나타났다. 이러한 현상은 부시 및 오바마 행정부 시기를 거치면서 한층 그 정도가 더해졌으며, 현재 트럼프 행정부의 경우 역시 예외가 아닌 것으로 보인다.[3] 이와 같은 의회선거의 전국적 정당선거화 현상을 다음의 소절에서는 경험적 자료를 통해서 검토해 보고자 한다.

2. 대통령에 대한 평가 중심의 의회선거

의회선거에 대한 정당 영향력의 증가로 인해 대통령제 국가인 미국의 경우에도 의회제 국가의 총선과 같은 현상이 최근에 나타나고

뿐, 의회선거 후보가 어떤 정당에 속했는지 자체가 선거에서 결정적인 역할을 수행한 것은 아니었다. 이러한 현실은 1990년대 중반을 거치면서 변화하게 된다.
3) 전반적으로 미국경제가 호황을 이루는 가운데 2018년 11월에 실시 예정인 제116대 의회선거에서 하원의 경우 민주당의 의석증가가 예상되고 있고, 상원의 경우 박빙의 선거가 될 것이라는 현재의 예상은 트럼프 공화당 행정부, 특히 트럼프 대통령에 대한 여론의 부정적인 평가에 기인하는 바가 크다. 실제로 이번 중간선거를 앞두고 은퇴한 의원의 절대다수는 공화당출신이었고(대체로 40명 이상의 공화당 소속 현직의원의 은퇴가 예상되고 있음), 이는 트럼프 대통령의 낮은 인기에 따른 출마포기가 주요 이유 가운데 하나이다. 이러한 사실은 의회선거가 대통령에 대한 전반적인 평가를 중심으로 진행된다는 점을 보여주는 증거가될 수 있다.

있는데, 이는 의회선거가 점차 대통령과 대통령 소속정당에 대한 평가를 중심으로 진행되는 경향이 강화되었기 때문이다.[4] 특히 대통령 소속정당이 의회 다수당일 경우 의회선거는 의회제 국가에서 내각과 집권당에 대한 신임여부를 결정하는 선거와 유사한 양상을 띠게 되었다. 그 결과 대통령의 정책에 대한 국민적 불만이 매우 높을 경우, 대통령 소속정당 현직의원의 이익이 반감되면서 대통령과 같은 정당의 현직의원이 대거 패배하는 현상마저도 나타나게 되었다.[5] 혹은 이러한 패배를 미리 예측하고 대통령 소속정당 의원이 다수 정계은퇴를 선언하기도 한다.

이러한 미국 의회선거의 전국화 현상, 그리고 이와 결부된 의회선거의 대통령 소속정당에 대한 평가 현상은 다양한 지표를 통해서 그 경향을 가늠해 볼 수 있다. 다음의 도표들은 각각 재선에 성공하여 8년을 연임한 부시 대통령과 오바마 대통령의 사례를 통해서 의회선

---

4) 대통령에 대한 평가와 함께 대통령에 대한 개별의원들의 지지도 수준이 의회선거에서 현직의원의 당락에 영향을 미친다는 초기의 논의로는 Gronke et al. (2003)을 참조하기 바란다. 즉 대통령의 인기가 높을 경우 대통령 소속 정당 의원들이 다시 선택될 가능성이 높아지지만, 동시에 유권자들은 개별의원들이 대통령을 얼마나 지지했는가를 구별하여 현직의원을 평가하면서 이들의 재선에 영향을 미친다는 것이다.

5) 1994년 중간선거에서 클린턴 대통령의 전국민의료보험제도 도입 시도, 군대 동성애자 커밍아웃 허용 시도 등에 대한 보수적 유권자의 불만으로 인해 40년 만에 공화당이 양원을 장악한 현상, 2006년 부시 대통령의 이라크 정책과 전후처리에 대한 불만으로 인해 민주당이 양원 다수당의 지위를 탈환한 현상, 2010년 오바마 대통령의 의료보험개혁에 대한 불만 및 이와 관련된 연방정부의 지나친 팽창에 대한 우려, 그리고 경제적 불황과 높은 실업률의 지속에 대한 불만으로 인해 공화당이 하원을 재탈환한 현상 등은 모두 의회선거가 대통령에 대한 국민의 평가와 관련된 전국적 선거였음을 강하게 시사하고 있다. 이 세 선거에서 각각 대통령 소속정당의 현직의원이 상당수 패배하거나 불출마하여 현직의원 불패의 신화가 약화되었고 이념적 소신과 정책적 성향이 강한 초선의원들이 다수 양원에 입성할 수 있었다.

거에 임하는 유권자들이 투표행태를 살펴보기 위해서 제시된 것이다. 비교의 편의를 위해서 두 대통령의 제2기 임기 중인 2006년과 2014년에 각각 치러진 하원의원 중간선거를 CNN의 출구조사를 활용하여 검토해 보고자 한다.[6]

2006년과 2014년에 치러진 제110대 하원선거와 제114대 하원선

● 표 9-1 　　　2004년 대통령선거 당시 후보 선택과 하원선거 투표

응답자 비율(%)	민주당 후보 투표(%)	공화당 후보 투표(%)
케리(43)	92	7
부시(49)	15	83
기타(4)	66	23
투표 안 함(4)	66	32

● 표 9-2 　　　부시 대통령 업무수행에 대한 평가와 하원선거 투표 1

응답자 비율(%)	민주당 후보 투표(%)	공화당 후보 투표(%)
강하게 지지(19)	9	90
어느 정도 지지(23)	18	79
어느 정도 반대(15)	59	38
강하게 반대(41)	91	7

● 표 9-3 　　　부시 대통령 업무수행에 대한 평가와 하원선거 투표 2

응답자 비율(%)	민주당 후보 투표(%)	공화당 후보 투표(%)
지지(43)	14	84
반대(57)	82	16

6) '모름'이나 '무응답'의 비율은 본문의 도표들에서 생략했다.

하원선거에 부여하는 의미: 부시 대통령의 경우

응답자 비율(%)	민주당 후보 투표(%)	공화당 후보 투표(%)
부시 지지(22)	6	93
부시 반대(36)	93	5
부시는 변수가 아님(39)	41	56

출처: 2006년 중간선거 CNN 출구조사(http://edition.cnn.com/ELECTION/2006/pages/re
sults/states/US/H/00/epolls.0.html)

○ 표 10-1   오바마 대통령 업무수행에 대한 평가와 하원선거 투표 1

응답자 비율(%)	민주당 후보 투표(%)	공화당 후보 투표(%)
강하게 지지(20)	91	8
어느 정도 지지(24)	84	15
어느 정도 반대(13)	37	59
강하게 반대(42)	8	90

○ 표 10-2   오바마 대통령 업무수행에 대한 평가와 하원선거 투표 2

응답자 비율(%)	민주당 후보 투표(%)	공화당 후보 투표(%)
지지(44)	87	12
반대(55)	15	83

○ 표 10-3   하원선거에 부여하는 의미: 오바마 대통령의 경우

응답자 비율(%)	민주당 후보 투표(%)	공화당 후보 투표(%)
오바마 지지(19)	93	6
반대(33)	5	92
오바마는 변수가 아님(45)	55	43

출처: 2014년 중간선거 CNN 출구조사(http://edition.cnn.com/election/2014/results/race/
house/#exit-polls)

거는 모두 대통령의 업적에 대한 중간평가적인 성격이 강한 선거였다. 이에 더하여 부시 대통령과 오바마 대통령 임기 동안 워싱턴정치와 의회의 의사운영은 일찍이 유례가 없을 정도로 정파적으로 진행되어 양대선거는 역대 어느 선거보다도 대통령정책에 대한 유권자의 판단이 유권자의 정당 지지성향에 따라서 엇갈린 선거가 될 것으로 예상되었다. 대통령 소속정당이 대체로 중간선거에서 의석을 상실한다는 점을 감안하더라도 이 양대선거는 대통령에 대한 유권자의 평가에 따라서 양대정당 후보에 대한 선택이 선명하게 구별된 것으로 나타나, 미국 의회선거가 대통령에 대한 유권자의 선호도를 중심으로 전국적으로 진행되는 경향이 있음을 시사했다.

먼저 양대 중간선거의 경우 모두 현직대통령에 대한 유권자의 —긍정적 혹은 부정적— 평가와 하원의원 후보 선택은 매우 높은 상관관계를 지닌 것으로 나타났다. 2006년 중간선거의 경우(〈표 9-1〉~〈표 9-4〉) 부시 대통령의 업무수행에 대해서 부정적 평가를 내린 57%의 응답자 가운데 82%가 민주당 후보를 지지했고, 2014년 중간선거의 경우(〈표 10-1〉~〈표 10-3〉) 오바마 대통령의 업무수행에 대해서 같은 방식으로 평가한 55%의 응답자 가운데 83%가 공화당 후보를 지지한 것으로 나타나, 대통령에 대한 유권자의 판단이 하원선거 후보 선택과 밀접한 관련이 있음을 보여주고 있다. 이와 반대로 양대선거에서 대통령의 업무수행에 대해서 긍정적 평가를 내린 경우는 또한 비슷한 방식으로 정파적 경향을 강하게 보여주고 있음을 알 수 있다. 특히 두 대통령의 업무수행에 대해서 강하게 지지하거나 반대하는 경우는 모두 90% 이상 그러한 판단에 대응하는 방식으로 양대정당의 후보를 선택한 것으로 나타나고 있다.

한편 더욱 흥미로운 것은 양대 선거를 부시 대통령이나 오바마 대통령에 대한 직접적 평가로 판단한다고 응답한 사람들의 반응이라고 할 수 있다. 하원선거의 의미를 현직대통령에 대한 평가로 판단하는 사람들의 비중이나, 그러한 사람들이 어느 정당소속 후보를 지지하는지를 살펴보면, 하원선거가 대통령에 대한 평가를 중심으로 진행되는 정당중심적인 선거임을 보다 분명하게 알 수 있다. 하원선거의 의미에 관한 유권자 응답을 보면 이 선거를 현직대통령에 대한 지지와 반대의 평가로 생각한다고 응답한 유권자의 비율이, 현직대통령은 변수가 아니라고 응답한 유권자의 비율을 웃돌고 있다. 즉 2006년 중간선거 당시에는 58%의 응답자(현직대통령 지지 + 현직대통령 반대)가 중간선거를 부시 대통령에 대한 평가로 생각한다고 응답하고 있었고 2014년 중간선거에서는 52%의 응답자가 마찬가지로 그 오바마 대통령에 대한 평가로 생각한다고 대답하여, 각각의 선거에서 현직대통령이 변수가 아니라고 응답한 사람의 비율인 39%와 45%를 웃돌고 있다. 이와 같이 과반 유권자들이 대통령 업무수행에 대한 지지나 반대의 의사표출 기회로 중간선거를 파악하고 있었다.

이러한 사실은 미국 의회선거가 ― 의회제 국가의 선거가 총리와 집권당에 대한 평가인 것처럼 ― 전국적인 수준에서 대통령에 대한 평가를 중심으로 진행되는 경향이 강화되고 있음을 암시하는 것이다. 그리고 이들 도표에 나타나 있듯이 현직대통령에 대한 평가로 중간선거를 파악하는 유권자 가운데 현직대통령을 지지하는 유권자들은 대통령 소속정당 후보를 지지하는 비율이 93%의 수준에 이르고 있다. 그 반대의 경우도 이와 같이 압도적인 경향을 드러내고 있다(〈표 9-4〉와 〈표 10-3〉).[7]

---

7) 이 글의 취지와 부합하는 방향으로 작성된 글 가운데, 부시 대통령에 대한 평가를 중심으로 2006년 중간선거 결과를 분석한 논문으로는 Cohen(2007)을 참조하기 바란다.

현직대통령 평가를 바탕으로 각 정당 후보를 선출하는 미국 의회 선거의 경향은 시야를 넓혀서 지난 수십 년간 '대통령'이라는 변수를 중심으로 한 유권자 투표 경향의 역사적 추세를 살펴보면 더욱 극명하게 드러나고 있다. 다음에 제시된 다양한 도표들은 대통령이라는 변수를 중심으로 유권자들의 하원선거 출구조사를 다양한 각도에서

표 11-1 직전 대통령선거 대통령투표로 본 하원투표율, 1976~2010: 민주당 대선후보를 지지한 유권자('해당유권자')의 경우[8]

선거 연도	양당의 하원의원 후보에 대한 투표만을 본 경우(%)		양당을 포함하여 전체 하원의 후보를 모두 다 본 경우(%)	
	민주·공화당만을 포함한 경우 해당유권자의 민주당 투표율	민주·공화당만을 포함한 경우 해당유권자와 모든 유권자의 민주당 투표율 간의 차이	민주·공화당 이외에 모든 정당을 포함한 경우 해당유권자의 민주당 투표율	민주·공화당 이외에 모든 정당을 포함한 경우 해당유권자의 공화당 투표율
1976	86.8	29.1	85.6	13.1
1978	77.7	23.3	76.5	21.9
1980	75.7	23.6	74.9	24.1
1982	89.1	32.5	87.9	10.8

---

8) 직전 대통령선거에서 민주당 후보를 지지한 유권자(이들을 본문의 도표에서는 '해당유권자'로 칭했음)를 대상으로 이들이 하원선거에서 어느 정당의 후보를 어느 정도 비율로 선택하였는지를 표기한 본문의 도표를 보면, 가장 우측 두 열에서는 하원선거가 있었던 그해 공화당과 민주당을 포함한 모든 정당의 후보를 대상으로 했을 때 양대정당에 대한 해당유권자의 투표율(즉 지지율)을 표시했다. 한편 전체 하원의원 후보 가운데 공화당과 민주당 후보만을 구분하고 이들에 대한 해당유권자들의 투표율 및 이들의 투표율과 전국적인 수준에서 민주당의 평균 투표율과의 차이는 도표의 가장 좌측부터 두 번째와 세 번째 열에 각각 나타나 있다. 이렇게 두 경우를 구별하는 것은 공화당과 민주당 후보 이외에 다른 군소정당 후보들이 소수이기는 하지만 출마했기 때문이다. 이러한 두 종류의 투표결과에 나타난 민주당 후보에 대한 해당유권자의 투표율이 거의 같다는 점을 놓고 보면, 기타 군소정당 후보에 대한 해당유권자들의 투표율은 지극히 낮아서 무시할 수 있는 수준이었다는 점을 알 수 있다.

1984	85.4	36.5	84.6	14.5
1986	83.4	31.0	80.3	16.0
1988	85.4	31.3	82.7	14.1
1990	81.6	27.8	78.9	17.8
1992	89.5	35.6	87.5	10.3
1994	84.3	36.9	83.1	15.5
1996	83.2	32.7	82.1	16.6
1998	82.4	33.0	80.5	17.3
2000	81.6	31.5	79.8	18.0
2002	88.0	40.6	85.8	11.7
2004	88.1	38.5	86.3	11.6
2006	93.3	39.4	92.3	6.6
2008	91.2	36.2	88.1	8.5
2010	85.8	39.4	83.6	13.8
평균	85.1	33.3	83.4	14.6

◉ 표 11-2 직전 대통령선거 대통령투표로 본 하원투표율, 1976~2010: 공화당 대선후보를 지지한 유권자('해당유권자')의 경우[9]

선거 연도	양당의 하원의원 후보에 대한 투표만을 본 경우(%)		양당을 포함하여 전체 하원의원 후보를 모두 다 본 경우(%)	
	민주·공화당만을 포함한 경우 해당유권자의 민주당 투표율	민주·공화당만을 포함한 경우 해당유권자와 모든 유권자의 민주당 투표율 간의 차이	민주·공화당 이외에 모든 정당을 포함한 경우 해당유권자의 민주당 투표율	민주·공화당 이외에 모든 정당을 포함한 경우 해당유권자의 공화당 투표율
1976	36.8	-20.8	36.4	62.5
1978	24.2	-30.2	23.4	73.3
1980	20.7	-31.3	20.6	78.7
1982	31.2	-25.3	30.8	67.8

---

9) 직전 대통령선거에서 공화당 후보를 지지한 유권자를 본문의 도표에서도 '해당유 권자'로 칭했다.

1984	22.8	-26.1	22.6	76.4
1986	34.5	-17.9	32.9	62.4
1988	34.9	-19.2	33.1	61.7
1990	38.4	-15.4	37.5	60.1
1992	31.9	-22.0	31.2	66.5
1994	11.4	-36.0	11.3	87.8
1996	12.9	-37.6	12.8	86.0
1998	9.4	-40.0	9.2	88.6
2000	10.3	-39.8	10.1	88.0
2002	14.4	-33.1	14.1	84.0
2004	13.1	-36.4	13.0	86.0
2006	15.5	-38.4	15.3	83.2
2008	19.4	-35.7	19.1	79.5
2010	7.6	-39.2	7.4	90.8
평균	21.6	-30.2	21.2	76.9

출처: Best and Krueger(2012, 280-281: Table 5.21)의 내용을 필자가 필요에 따라서 취사선택함; 이 자료는 원래 미국 CBS방송 단독 혹은 CBS와 뉴욕타임스지가 공동으로 실시한 여론조사를 토대로 베스트와 크루거 두 사람이 작성한 것임

조명하여 제시해 놓은 것이다.

앞의 두 도표는 1976년부터 2010년까지의 하원선거를 대상으로 해서 직전 대통령선거에서 민주당과 공화당 후보 가운데 특정 정당의 대통령 후보를 지지한 유권자(각 정당의 '해당유권자')들이 매 2년마다 치러지는 하원선거에서 마찬가지로 같은 정당의 하원의원 후보에게 투표하였는지의 여부를 보여주는 도표이다. 이 두 도표 가운데 먼저 제시된 〈표 11-1〉은 역대 대통령선거에서 민주당 대통령 후보를 지지했던 유권자들을 대상으로 분석한 것이다. 이 도표는 이들 '해당유권자'들이 그 이후 치러진 하원선거에 역시 민주당 하원의원 후보를 지지했는지 혹은 반대로 공화당 하원의원 후보를 지지했는지를 나타내고 있다. 두 번째로 제시된 〈표 11-2〉는 첫 번째 도표와는 반대로 역

대 대통령선거에서 공화당 후보를 지지한 유권자를 대상으로 대통령선거 이후 치러진 하원선거에서 자신이 대통령 후보로 선택한 정당인 공화당이 아니라 반대로 민주당 하원의원 후보를 지지했는지 아니면 역시 여전히 공화당 하원의원 후보를 지지했는지를 보여 주고 있다.

앞의 두 도표 가운데 민주당 대통령 후보를 선택한 유권자를 분석한 첫 번째 도표를 보면, 같은 정당인 민주당 하원의원 후보를 지지한 비율은 대체로 1980년대 이후 전반적으로 증가하는 추세를 보이고 있다. 물론 1990년이나 2000년 하원선거의 경우 민주당 대통령 후보를 선택한 유권자가 민주당 하원의원 후보를 선택하는 비율이 70%대로 떨어진 경우도 있었지만, 이는 전반적인 추세에서 벗어난 예외적인 상황이라고 판단된다. 2010년의 경우 이러한 민주당 투표율이 다시 한 번 감소하는 것은 오바마 의료보험개혁의 피로감에 따라서 2010년의 의회 중간선거가 제2차 세계대전 이후 민주당이 하원의석을 가장 많이 상실한 선거라는 점을 고려해 볼 때 극단적인 경우로 보아야 할 것이다.

종합적으로 1976년 이후의 추세를 평가해 보면 하원선거 직전 대통령선거에서 민주당 후보를 지지한 유권자들은 대통령선거 직후 실시된 하원선거에서도 역시 같은 민주당 후보를 선택하는 현상이 전반적으로 강화되고 있음을 알 수 있다. 반대로 이러한 유권자들 가운데 공화당 하원의원 후보를 지지하는 비율도 전반적으로 감소하는 추세를 보이는데, 특히 2000년대에 들어와서는 — 2000년과 2010년 선거를 제외하고는 — 이러한 비율이 12% 미만으로 떨어지는 것을 보이고 있다. 다시 말해서 특정 정당의 대통령 후보 — 이 도표에서는 민주당 대통령 후보 — 를 지지해 온 유권자들은 같은 정당소속의 하원의원 후보를 지지하는 경향이 점점 커져가고 있는 것이다.

한편 같은 도표에서 좌측의 두 열에 나타난 것처럼 민주당과 공화당 두 정당에 국한해서 하원의원 후보에 투표한 비율을 보면 거의 유사한 양상이 나타나고 있음을 알 수 있다. 이전 대통령선거에서 민주당 대통령 후보를 지지한 유권자가 민주당 하원의원 후보에게 투표한 비율과, 공화당과 민주당을 막론하고 전국의 전체 유권자가 민주당 하원의원 후보에게 투표한 비율의 격차를 보여준 수치를 제시한 좌측의 두 열을 보면, 1976년 이후 이러한 격차가 점점 더 증가하고 있음을 알 수 있다. 즉 2000년 이전에는 이러한 격차가 대체로 20%대에서 30% 초반대에 머물고 있었으나, 2000년대 이후에는 거의 대부분 35% 이상의 격차를 보이고, 2002년 선거에서는 40%를 넘어서는 수치를 보이기도 했다. 이러한 현상은 결국 민주당 대통령 후보를 지지했던 유권자들이 지속적으로 민주당 하원의원 후보를 지지하는 경향이 강화되고 있다는 점을 보여주는 것이라고 할 수 있다.

이와 같이 특정 정당의 대통령 후보를 지지한 유권자가 그 후보와 같은 정당소속의 하원의원 후보를 대선 직후의 의회선거에서 지지하는 경향은 위의 두 번째 도표인 〈표 11-2〉에 나타나 있는 것처럼 직전 대통령선거에서 공화당 후보를 지지했던 경우에는 더욱 현저하게 드러난다. 이 도표에 나타나 있는 것처럼 직전 대통령선거에서 공화당 후보를 지지했던 유권자들이 공화당 하원의원 후보에 투표하는 비율은―도표의 맨 우측 열의 수치가 보여주고 있는 것처럼―1994년 의회 중간선거 이후 2008년 하원선거의 경우를 제외하고는 80% 밑으로 떨어진 적이 없다. 이러한 현상은 1976년 이후 1992년까지의 기간 동안 이들 유권자들이 공화당 하원의원 후보를 지지했던 비율이 60%대에서 70%대에 머물렀던 것과는 현저히 대조되는 현상이라고 할 수 있다.

또한 이러한 현상은 민주당과 공화당 두 정당에만 국한하여 하원의원 후보에 대해 투표한 비율을 보아도 다시 나타나고 있다. 이전 대통령선거에서 공화당 대통령 후보를 지지한 유권자들이 민주당 하원의원 후보에게 투표한 비율과, 공화당과 민주당을 막론하고 전국의 전체 유권자가 민주당 하원의원 후보에게 투표한 비율의 격차를 보여준 좌측의 두 번째와 세 번째 열을 보면, 1976년 이후의 전반적인 경향은 이러한 격차가 점점 더 음(-)의 방향으로 증가하고 있음을 알 수 있다. 즉 1992년 선거까지는 이러한 격차가 음의 방향으로 10%에서 20%대에 머물고 있었으나, 1994년 선거 이후에는 거의 대부분 음의 방향으로 35% 이상의 격차를 보이고 있다

앞의 두 도표를 종합해서 볼 때 전체적으로 대통령 후보에 대한 선택과 하원의원 후보에 대한 선택은 시간이 지남에 따라서 서로 밀접히 연관되어 동조(同調)되는 현상을 보이고 있음을 알 수 있다. 즉 특정 정당소속의 대통령 후보를 지지한 유권자는 그 대통령 후보가 속한 정당의 하원의원 후보를 지지하는 경향이 점점 더 강화되어 가고 있는 것이다. 이는 하원선거가 대통령이 속한 정당에 대한 평가를 중심으로 대통령선거와 연동(聯動)되어 가고 있음을 보여주고 있는 것이다. 이는 또한 하원선거가 의원의 지역구 활동에 대한 유권자의 평가라는 측면이 약화되는 반면, 대통령과 대통령이 속한 정당에 평가라는 측면이 강화됨을 의미한다(Abramowitz and Webster 2015, 2016).

대통령선거와 하원선거의 이러한 동조화 경향은 다음 도표에 제시된 것처럼 현직대통령에 대한 지지(혹은 반대) 여부에 의해서 하원의원 후보에 대한 유권자의 선택이 점점 더 영향을 받게 된다는 점에서도 잘 나타나 있다.

〈표 12〉는 1982년부터 2010년까지 하원선거에서 정당 후보를 선출할 때 당시 현직대통령에 대한 유권자들의 지지 혹은 반대의 입장이 후보 선택에 영향을 미치는 변수가 되었는지를 보여주는 도표이다. 이 도표를 보면 대체로 2002년을 분기점으로 해서 그 이전과 그

　　대통령 지지 여부에 근거한 하원선거 투표 경향, 1982~2010

선거 연도	대통령지지(%)	대통령 지지 여부는 변수가 아님(%)	대통령 반대(%)
1982	35.1	24.8	40.1
1984	-	-	-
1986	-	-	-
1988	-	-	-
1990	19.6	64.2	16.2
1992	-	-	-
1994	17.4	55.1	27.5
1996	-	-	-
1998	18.0	61.6	20.4
2000	10.0	71.9	18.1
2002	36.6	45.3	18.2
2004	-	-	-
2006	22.2	40.9	36.9
2008	-	-	-
2010	23.5	39.1	37.4
평균	22.8	50.4	26.8

출처: Best and Krueger(2012, 252: Table 5.3)의 내용을 필자가 필요에 따라서 취사선택함;
　　이 자료는 원래 미국 CBS방송 단독 혹은 CBS와 뉴욕타임스지가 공동으로 실시한 여론
　　조사를 토대로 베스트와 크루거 두 사람이 작성한 것임; 당해 이 항목의 여론조사가
　　없었던 경우는 빈 칸으로 두었음

이후가 구별되는 경향을 보이고 있다. 즉 2002년부터는 전반적으로
하원선거에서 대통령에 대한 지지 여부가 하원의원 후보 선택에 있어
서 변수가 되지 않는다고 응답하는 비율이 현저하게 줄어들기 시작하
였다. 즉 2002년 이전의 경우를 보면 하원의원 선택과정에서 대통령
지지 여부가 변수가 되지 않는다고 응답하는 비율이 1982년을 제외하
고 모두 50%를 상회했지만, 2002년부터는 40%대 이하의 수치를 보
여주고 있다.

현직대통령이 속한 정당에 대한 평가를 중심으로 유권자들이 하원의원 후보를 선택하는 현상은 1994년 중간선거 이후 남부의 공화당화가 진행된 후 이제 하나의 정형화된 현상으로 굳어져 가고 있다. 즉 대통령제 국가인 미국의 의회선거가 2000년대에 들어서면서 매우 빠르게 '의회제 국가의 의회선거화' 현상을 경험하고 있는데, 이와 관련하여 2010년 중간선거 이후에 작성된 다음의 인용문은 이러한 현상의 특징과 의미를 잘 포착해 주고 있다.

"… 의회선거는 이제 개별의원들에 대한 지역적 판단으로서의 의미가 약화되었다. … 왜냐하면 (필자 삽입: 정당에 대한 판단으로 진행되는 의회선거에서) 자신의 지역적 뿌리를 강조하거나, 의회에서 자신이 속한 정당에 대한 해당의원의 전략적인 반대투표로 이런 거대한 정당중심 선거의 어려움을 피해갈 수 있는 의원이 점점 더 적어지기 때문이다. 달리 이야기하자면 이제는 정치인의 셔츠의 색깔이 그 정치인이 입은 옷에 적혀 있는 의원의 이름보다 더 중요해진 것이다. "우리는 미국선거가 지역적 성격의 선거에서 전국적, 의회제적 선거로 이동해 가는 것은 목격하고 있다"라고 전 공화당 전국의회선거위원회(NRCC) 위원장인 오클라호마주의 코울(Tom Cole) 의원은 동의하는 의견을 밝히고 있다. 지역구 업적과 의회 투표기록에 근거해서 볼 때, 지역구 정서와 꽤 일치했던 많은 의원들을 우리는(필자주: 공화당은) 패배시켰다. 패배한 민주당 의원들은 자신들이 지지하지 않은 정책에 대해서 여전히 책임을 져야 하는 것이다. 의회에서 우리는 이제 미국사에 전례가 없는 수준으로 대통령의 인기도에 대해서 책임을 지게 된 것이다."

_ Ronald Brownstein, "The Age of Volatility,"
National Journal(Oct. 29, 2011), p.23

2010년 중간선거에서 제2차 세계대전 이후 가장 많은 하원의석을 공화당에게 빼앗긴 민주당의 참패원인과 관련한 공화당 코울 의원이 위의 인용문에서 밝힌 바와 마찬가지로, 선거 당시 많은 숫자의 민주당 의원들은 자신이 오바마 대통령의 정책을 실제로 지지했는지의 여부와 상관없이, 혹은 자신이 지역구에 대해 성심성의껏 봉사했는지의 여부와 상관없이 오바마 대통령의 인기가 추락함에 따라서 패배하는 쓰라린 결과를 맞보게 되었다. 즉 대통령과 대통령이 속한 정당에 대한 평가가 의회선거의 결과를 결정하는 경향이 강화되면서, 과거와는 달리 하원선거가 의원의 지역구 사업에 대한 평가에 따라 결정되는 것이 아니라 대통령에 대한 평가에 따라서 결정되는 선거로 점차 변모하게 된 것이다. 달리 표현하자면 '모든 정치는 지역구정치'가 아니라 '모든 정치는 전국적 정치'로 변화하는 양상을 보이고 있는 것이다. 즉 미국 의회선거의 '의회제 국가의 선거화 현상' 혹은 '정당중심의 전국선거화 현상'이 두드러지게 되었다.

1994년 이후 의회선거의 전국화 경향의 연장선상에서 특히 2010년 오바마 행정부 집권 제1기의 중간선거 결과를 두고 더욱 이러한 논의가 빈번히 나타났다. 이 중간선거와 관련하여 에디슨 리서치(Edison Research)의 출구조사에 따르면 오바마 대통령의 업무수행을 지지하는 사람의 85%가 하원선거에서 민주당 후보를 지지했고 반대한 사람의 86%가 공화당 후보를 지지한 것으로 나타나(Brownstein 2010a: 29), 앞에서 이미 서술한 2006년 및 2014년 중간선거 당시 출구조사의 결과와 유사한 경향을 보였다(〈표 9-1〉에서 〈표 10-3〉까지 참조). 이와 같이 일반화되어 가는 미국 의회선거의 전국화 현상과 관련하여 브라운스틴은 1994년 이후 이러한 경향이 지속적으로 나타나고 있음을 다음과 같이 상기시켜 주고 있다.

"현대 미국의회는 민주당 유권자는 민주당만을 지지하고 공화당

유권자는 공화당만을 지지하는 등 대부분의 경우 서로 적대적인 투표를 하면서 투표에서의 정당충성도가 남북전쟁 이후 일찍이 볼 수 없었던 수준으로 높아져서 점점 더 의회제 국가의 의회처럼 기능하고 있다 … 만약 미국이 정말 의회제를 채택한 국가라면 화요일 2010년 중간선거 결과는 1994년이나 2006년 선거결과처럼 대통령과 집권당에 대한 불신임 투표를 나타내는 것이었다. 오바마 대통령에 대한 태도가 선거결과에 강하게 드러난 것이다 … 이러한 현상(대통령에 대한 평가를 통해서 하원의원을 선택하는 투표 현상: 필자 삽입)은 1994년과 2006년의 준의회제선거의 유형을 다시 보여주는 것이다. 당시 선거에서도 대통령(각각 클린턴 대통령과 부시(George W. Bush) 대통령: 필자 삽입)을 지지한 사람의 80% 이상이 그 대통령이 소속된 정당의 후보를 지지했고, 반면 대통령을 반대한 사람의 80% 이상이 그 대통령이 속한 정당의 후보에 대해서 반대하는 투표를 행사했다."

_ Ronald Brownstein, "Past as Prologue,"
National Journal(Nov. 6, 2010), p.29

이상의 논의에서 알 수 있는 것은 미국 의회선거가 점점 더 의회제 국가의 의회선거처럼 대통령의 업적과 대통령이 속한 정당에 대한 평가를 중심으로 진행되는 경향이 더욱 커지고 있다는 점이다. 이러한 현상은 1994년 중간선거 이후 심화되는 경향을 보이고 있는데, 이는 의회선거가 의원에 대한 지역구의 평가를 중심으로 진행되는 지역구 중심의 선거에서 서서히 전국적으로 대통령에 대한 평가를 중심으로 진행되는 선거로 변화되고 있다는 점을 강하게 시사하는 것이다.[10]

10) 이런 의미에서 아브라모비츠와 웹스터는 "모든 정치는 지역적이다"라는 오닐 전 하원의장의 금언이 수정되어야 하며, 따라서 '모든 정치는 전국적인' 경향을 띠고 있다고 주장하고 있다(Abramowitz and Webster 2015: 2). 한편 아브라모비츠와 웹스터가 이와 같이 의회선거와 대통령선거 간의 상호 연계성이 높아진 이유, 즉 유권자의 일괄투표 경향이 높아진 것과 관련하여 제시하는 설명은 반

이와 같이 대통령에 대한 평가를 중심으로 결과가 나타나는 미국 의회선거의 전국화 현상은 사실 선거구가 큰 상원선거의 경우에 더 잘 포착된다고 할 수 있다. 하원선거의 경우 지역구 유권자들은 상대적으로 작은 지역구 규모로 인해서 전국적인 정치풍향에나 대통령에 대한 평가에 덜 민감한 편이다. 또한 이와 같은 낮은 민감성에 비례하여 지역구 이슈 및 현직의원 개인에 대한 평가를 중심으로 투표할 가능성이 상대적으로 높다. 반면에 상원선거는 주단위의 광역선거구이기 때문에 선거를 치르는 주의 주민들이 대통령에 대해서 어떠한 평가를 내리는가에 따라서 그 결과가 영향을 받을 가능성이 하원선거의 경우

○표 13-1 상원 경합선거주의 경우 대통령 지지 여부와 상원의원 후보 선택: 현직대통령 지지의 경우[11]

현직대통령을 지지하는 유권자 가운데 자기 주의 상원선거에서 대통령 소속정당 후보를 선택한 유권자의 비율	부시 대통령 재임기간			오바마 대통령 재임기간
	2004	2006	2008	2010
80% 이상	8개주	14개주	14개주	15개주
70~79%	8개주	2개주	2개주	4개주
60~69%	0	0	0	0
50~59%	0	0	0	1개주
50% 미만	0	1개주	0	0
선거 당해 상원 경합선거주 총계	16개주	17개주	16개주	20개주

대정당의 후보에 대한 특정 정당 지지자의 부정적 투표가 강화되었기 때문이라는 것이다. 즉 특정 정당을 지지하는 정당일체감 유권자뿐만 아니라, 무당파 유권자 중에서도 특정 정당에 경도되는 유권자(leaning independents)가 증가하면서 이와 같이 의회선거의 전국화 현상이 등장하고 있다고 보고 있다(Abramowitz and Webster 2015, 2016).

11) 상원 경합선거주는 선거 승리후보가 60% 이하의 득표율로 승리한 주를 말한다(Brownstein, "Nowhere to Hide"(2012), p.14).

　　　상원 경합선거주의 경우 대통령 지지 여부와 상원의원
　　　후보 선택: 현직대통령 반대의 경우

현직대통령을 반대하는 유권자 가운데 자기 주의 상원선거에서 대통령 반대정당 후보를 선택한 유권자의 비율	부시 대통령 재임기간			오바마 대통령 재임기간
	2004	2006	2008	2010
80% 이상	14개주	12개주	0	16개주
70~79%	1개주	3개주	2개주	3개주
60~69%	0	2개주	8개주	0
50~59%	1개주	0	5개주	1개주
50% 미만	0	0	1개주	0
선거 당해 상원 경합선거주 총계	16개주	17개주	16개주	20개주

출처: Ronald Brownstein, "Nowhere To Hide," *National Journal* (April 14, 2012)

보다 크다.

〈표 13-1〉과 〈표 13-2〉에서 알 수 있듯이 상원 경합선거주의 경우 각 주별 유권자의 상원의원 후보 선택은 상당한 정도로 대통령에 대한 유권자의 평가 혹은 지지 여부에 의해서 결정됨을 알 수 있다. 한 예로 2004년 선거와 2010년 선거를 살펴보면 대통령에 대한 지지 여부와 대통령 소속정당 상원의원 후보 선택 간에 높은 상관관계가 있음을 알 수 있다. 우선 2004년 의회선거는 '테러와의 전쟁'의 와중에서 부시 대통령이 '전시대통령(wartime president)'의 이미지를 십분 활용하여 높은 지지도를 구가하면서 의회선거 지원유세를 활발히 펼친 선거였다.

앞의 첫 번째 도표인 〈표 13-1〉을 보면 2004년의 상원선거에서 부시 대통령을 지지하는 유권자의 80% 이상이 대통령이 소속된 정당인 공화당 후보를 지지한 주는 전체 16개 상원 경합선거주 가운데 절반인 8개주였으며, 부시 대통령 지지 유권자들이 공화당 상원 후보를 지지한 비율이 70%에서 79%에 이르는 상원 경합선거주가 나머지 8개주로 나타나 있다. 전체적으로 부시 대통령을 지지하는 유권자들은 16개 상원 경합선거주에서 부시 대통령이 소속된 공화당 후보를 지지한 경향이 매우 높은 것으로 나타나고 있다.

이와는 반대로 두 번째 도표인 〈표 13-2〉를 보면 같은 2004년 상원선거에서 부시 대통령을 지지하지 않는 유권자의 80% 이상이 민주당 후보를 선택한 주가 전체 16개 주 가운데 14개주에 이르고 있어서, 현직대통령에 대한 유권자의 거부감이 결국 민주당 상원의원 후보를 선택하게 만들었음을 알 수 있다. 이러한 경향은 단지 2004년뿐만 아니라 부시 대통령 임기에 치러진 2006년과 보다 약한 형태로 2008년 선거에서도 그대로 나타나고 있다.

한편 오바마 대통령의 임기 중간에 치러진 2010년 중간선거 역시 대통령에 대한 지지 여부와 대통령 소속정당 후보에 대한 선택 여부가 밀접한 상관관계를 지니고 있음을 잘 보여주고 있다. 이미 언급한 것처럼 2010년 선거는 오바마 대통령에 반대하는 보수적인 티파티 운동이 맹위를 떨치면서 오바마 대통령이 의료보험개혁에 매달린 나머지 경제회복에 관한 노력을 소홀히 했다는 비판이 증폭되던 와중에 치러진 선거였다. 그 결과 2010년 의회선거는 제2차 세계대전 이후 하원 다수당이 최대 규모로 의석을 상실한 선거로 기록되었고, 그 결과 민주당은 하원 다수당의 지위를 공화당에 빼앗겼다. 뿐만 아니라 오바마 대통령이 이끄는 민주당은 상원에서도 일부 의석을 상실하는 어려운 상황에 처하기도 하였다.

이와 같이 오바마 대통령에 대한 불만이 전국적으로 높아서 민주당이 양원에서 상당한 의석상실을 경험해야 했음에도 불구하고, 선거 결과는 〈표 13-1〉에서 알 수 있듯이 오바마 대통령을 지지하는 유권자들은 여전히 민주당 상원의원 후보를 지지하는 경향을 보였다. 전체 상원 경합선거주 20개 주 가운데 오바마 대통령을 지지하는 유권자 가운데 80% 이상이 민주당 후보를 선택한 주가 15개 주, 70~79%가 민주당 후보를 선택한 주가 4개 주로서, 전체적으로 70% 이상이 민주당 후보를 선택한 주가 19개 주로 나타났다.

상원선거와 하원선거의 결과를 역사적으로 비교한 위의 분석내용을 종합적으로 정리해 보면, 1994년을 제104대 의회선거를 분기점으로 하여 미국 의회선거는 상당한 질적 변화를 겪으면서 미국정치 전반과 미국정당, 의회, 선거정치에 영향을 미친 것으로 보인다. 과거 지역구 중심의 의회선거가 이제는 지역구 범위 밖의 워싱턴정가의 풍향과 대통령에 대한 전국적 평가의 영향력에서 벗어날 수 없는 상황이 강화되는 추세를 보이기 시작했다. 이러한 워싱턴정가의 현황이 전국적으로 영향력을 발휘하는 구심력의 핵심으로는 대통령에 대한 평가와 이를 바탕으로 대통령이 속한 정당에 대한 국민적 심판이 자리 잡고 있다. 의회선거가 과거와는 달리 대통령이 속한 정당에 대한 '국민적 심판투표(referendum)'의 성격을 띠기 시작한 것이다. 의회선거의 이러한 측면이 강화되면서 결국 미국 의회정치는 내적 과정은 더욱 정당에 의해서 포획되는 양상을 보이게 되었다.

3. 현직의원 불안감의 증대

전통적인 미국 의회정치 교과서나 연구서에서 지난 수십 년간 반복적으로 등장하였던 중요한 주제 가운데 하나는 현직의원 이익으로 인해 현직의원의 재선율이 매우 높다는 점이며, 이와 관련하여 신진 정치인의 의회진출이 어렵다는 사실이다. 현직의원의 높은 지역구 인지도, 현직의원에게 집중적으로 기부되는 정치행동위원회의 선거자금, 현직의원에게 몰려드는 중앙 및 지역 언론매체의 관심, 그리고 현직의원이 자신의 신분을 활용하여 실행하는 지역구사업 및 민원사업 등으로 인해서 현직의원은 의원임기 동안 지역구 유권자들의 지지를 확보하고 당선 가능성을 높일 기회가 많다. 이로 인해 하원의 경우 전국적으로 경합선거구(competitive district)는 매우 적고, 상당히 많은 선거구가 안전선거구(safe district)로 변모하였다. 하원의 경우 현직의원의 재선율이 90% 밑으로 하락하는 경우가 드물었고, 도전후보가 현직의원을 이긴다는 것은 문자 그대로 '하늘의 별따기'만큼 어려웠다.

그러나 미국사회의 정파적·이념적 양극화가 극도로 심해진 상황에서 치러진 최근의 의회선거, 특히 경제위기와 이라크전쟁 피로감으로 인해 반(反)부시정서가 강했던 2008년 의회선거와 오바마 대통령의 의료보험개혁 집착과 경제회복의 미진한 결과로 인해 민주당이 참패한 2010년 의회선거를 관찰해 보면, 현직의원 이익이 존재하는지를 의심할 만큼 현직의원들의 '재선불안감'이 매우 증가했음을 알 수 있다. 의회선거가 지역구 수준을 벗어나 대통령과 대통령 소속정당에 대한 평가를 중심으로 전국적 선거화의 경향을 보이면서, 현직의원의 이러한 불안감이 과거보다 증가하고 있는 것이 사실이다.

실제로 오바마 대통령의 재선이 관심의 대상이었던 2012년 미국 대통령선거와 함께 치러졌던 의회선거에서, 다수의 공화당과 민주당 의원들은 내심 자신의 재선 가능성에 대해서 적지 않게 우려하고 있었던 것으로 보도되었다. "의회에 일단 입성하면 당신(의원: 필자 삽입)이 목표가 된다. 당신이 속한 정당 안에서 수많은 도전을 경험하게 될 것이다. 나도 그럴 것이다"라고 말한 제112대 의회 노스캐롤라이나(North Carolina)주 공화당 초선 하원의원 엘머스(Renee Ellmers)의 푸념이나, "유권자들은 (특정 정당을 겨냥한 것이 아니라 양당을 모두 대상으로 하는-필자 삽입) 꽤나 넓은 붓으로 그림을 그리고 있다. 양당에 모두 해당되는 것이라고 생각되고, 그래서 나는 동료의원들에게 함께 일할 수 있는 길을 찾아야 한다고 주장하고 있다"라고 말한 델라웨어(Delaware)주 민주당 초선의원 카아니(John Carney), "(유권자들은 - 필자 삽입) 우리 모두에 대해서 불만이 있음을 느낄 수 있다"라고 실토한 웨스트 버지니아(West Virginia)주의 카피토(Shelly Moore Capito) 공화당 의원 등의 자조적인 발언에서 이러한 현직의원들의 불안감을 엿볼 수 있다(Steinhauer 2011). 그렇다면 특히 2000년대 이후 점증하는 현직의원은 불안감은 과연 통상 정설로 받아들여져온 현직의원 이익의 감소로 인한 것인가, 아니면 이와는 다른 성격의 어떤 요인이 작용하고 있기 때문에 나타난 현상인가? 다음에서는 다양한 선거통계를 통해서 이를 검토해 보기로 하자.

2006년 중간선거 이후 2010년 중간선거까지의 세 차례 하원선거를 보면 제2위 후보자에 대한 선거당선자의 득표율 격차가 10%보다 작은 경합선거구가 각 의회선거별로 58개, 46개, 79개로 그 이전 선거의 경우보다 증가한 경향을 보인 것이 사실이다. 또한 현직의원의 재선율이 각각 94%, 94%, 85%로 그 이전 2000년이나 2004년 당시 의회선거에서의 재선율인 98%보다 각각 4%, 4%, 13% 정도 떨어진 것도 사실이다. 2010년 중간선거에서 민주당의 참패는 예외적인 경우라 하더라도, 경합선거구의 숫자가 다소 증가한 것도 사실이고 현직의원 재선율이 다소 감소한 것도 사실이다. 그러나 전체적으로 볼 때 여전히 경합선거구의 비율은 전체 435개 선거구 중에서 매우 낮은 비율을 차지하고 있고, 현직의원의 재선율은 90%를 웃돌고 있어서 여전히 높다고 할 수 있다.

실제로 다음의 두 그림을 보면 비록 부침은 있지만 양원선거에서 모두 60% 이상의 득표율로 당선된 현직의원의 숫자가 20세기 중반 이후 부침이 있고 완만하지만 꾸준히 증가해 왔음을 알 수 있다. 다시

말해서 현직의원이 출마하여 60% 미만의 득표율로 당선된 경합선거
구의 숫자는 몇몇 선거를 제외하고 지속적으로 감소되어 왔다. 하원
선거의 경우 1956년 선거에서 60% 이상의 득표율로 당선된 현직의원

그림 15-1 60% 이상의 득표율로 당선된 하원의원 비율

그림 15-2 60% 이상의 득표율로 당선된 상원의원 비율

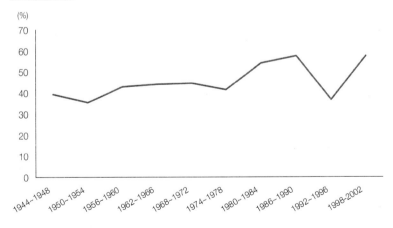

출처: *Vital Statistics on Congress* (2008), pp.63-64; Table 2-12와 Table 2-13을 토대로
필자가 그림 작성

의 비율이 59.1%에 불과했던 반면, 2006년 중간선거에서 그 비율은 무려 80.9%에 달했다. 2006년의 경우 현직의원의 재선율이 94%로 매우 높다는 사실 이외에도, 재선에 성공한 현직의원 가운데 60% 이상의 득표율로 당선된 의원의 비율이 80%를 웃돌고 있다는 사실이 말해 주는 것은 여전히 현직의원의 이익이 유효하게 존재한다는 점이다. 상원선거의 경우 하원선거보다 전반적으로 그 수치는 낮지만 역시 하원선거와 비슷한 유형이 유지되고 있다.

그렇다면 현직의원의 이익이 여전히 유지되고 있음에도 불구하고 정작 현직의원이 점점 더 재선에 대해서 불안감을 느끼고 있는 이유는 어디에 있는 것일까? 2년마다 실시되는 선거에서 초선의원들뿐만 아니라 다선의원들 역시 상당수의 의원이 재선에 대해서 막연한 불안감을 느끼는 이유는 무엇 때문일까?

이러한 문제에 대한 답변과 관련하여 다음에 제시되는 그림들은 상당한 시사점을 제시하고 있다. 이 그림들은 뉴욕타임스지와 CBS방송이 2011년 9월 10일에서 14일에 걸쳐 전화로 990명의 응답자를 대상으로 여론조사를 실시한 결과를 필자가 재구성하여 작성한 것들이다. 등록유권자 대상으로 한 여론조사에서 응답자가 속해 있는 지역구를 대상으로 해서 혹은 전국적인 견지에서 과연 현직의원이 당선되어야 할 것인지, 아니면 새로운 인물이 의원으로 당선되어야 할지에 대한 아래의 여론조사 결과는 현직의원에 대한 유권자의 불만이 매우 높은 수준에 이르고 있음을 보여주고 있다.

본문에 제시된 네 개의 그림은 위로부터 각각 여론조사에 응답한 유권자 가운데 등록유권자들 대상으로 이들이 속한 지역구에서 현직의원과 새로운 인물에 대한 선호도, 그 선호도의 차이, 전체의원을 대상으로 할 경우 현직의원과 새로운 인물에 대한 선호도, 그리고 그 선호도의 차이를 나타내고 있다. 〈그림 16-1〉과 〈그림 16-2〉는 지역구

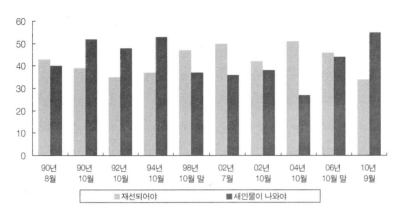

그림 16-1 지역구 현직의원과 그 지역에서 새로운 인물에 대한 선호도(%)

"귀하의 지역구의원이 재선되어야 할 만큼 훌륭하게 업적을 수행했다고 생각하십니까? 혹은 새로운 인물이 당선될 시기라고 생각하십니까?"

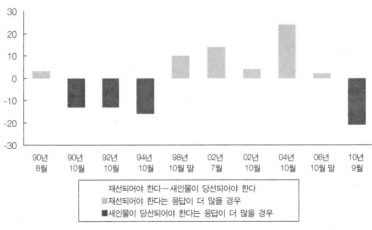

그림 16-2 지역구 현직의원 재선과 새로운 인물 당선필요성 간의 응답비율 격차(%)

* 격차는 현직의원의 재선을 희망하는 응답비율에서 새로운 인물의 당선을 희망하는 응답비율을 뺀 수치임

일반적인 수준에서 현직의원과 새로운 인물에 대한
선호도(%)

"대부분의 의원이 재선되어야 할 만큼 훌륭하게 업적을 수행했다고 생각하십니까?
혹은 새로운 인물이 당선될 시기라고 생각하십니까?"

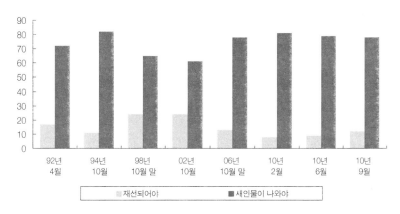

일반적 수준에서 현직의원의 재선과 새로운 인물 당선
필요성 간의 응답비율 격차(%)

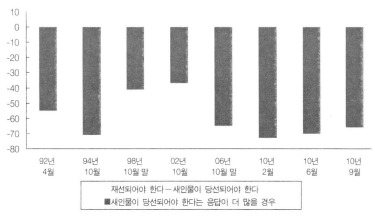

* 격차는 현직의원의 재선을 희망하는 응답비율에서 새인물의 당선을 희망하는 응답비율을
  뺀 수치임

출처: New York Times/CBS News Poll, Sep. 10-14, N=990, p.11, http://documents.
  nytimes.com/new-york-timescbs-news-poll-new-york-timescbs-news-poll-mood-o
  f-the-country-as-midterms-approach?ref=politics에서 나온 자료를 응용하여 필자가
  그림으로 재구성함

현직의원에 대한 여론조사 응답자의 의견을, 그리고 〈그림 16-3〉과 〈그림 16-4〉는 일반적인 수준에서 의원 전체에 대한 응답자의 의견을 보여주고 있는 것이다. 두 개씩 짝으로 제시된 그림에서 각 짝의 뒤에 나타난 그림의 경우, 양수(+)의 막대그래프는 현직의원이 재선되어야 한다는 응답자의 비율이 그 반대응답자의 비율보다 크다는 의미이며, 음수(-)의 막대그래프는 새로운 인물이 등장해야 한다는 응답자의 비율이 현직의원의 재선을 바라는 응답자의 비율보다 크다는 의미이다. 〈그림 16-4〉에서 알 수 있듯이 의원 전체를 대상으로 응답자의 의견을 물었을 때 현직의원이 다시 당선되어야 한다고 하는 응답자의 비율이 새로운 인물이 당선되어야 한다는 응답자의 비율보다 높은 경우는 1992년 4월의 여론조사 이래 한 번도 없었다.

앞의 그림들을 보면 왜 현직의원들이 현직의원 이익이 크게 줄어들지 않았음에도 불구하고 특히 2000년대에 들어와서 자신들의 재선 가능성에 대해서 노심초사하고 있는지를 알 수 있다. 〈그림 16-1〉을 보면 2004년 이후 개별 지역구 수준에서 새로운 인물에 대한 선호도가 빠르게 높아지기 시작하면서, 2010년 중간선거 직전에는 새로운 인물에 대한 선호도가 현직의원 재선에 대한 선호도를 상당히 앞지르게 되었음을 알 수 있다. 실제로 이 그림들이 토대로 하고 있는 바 2011년 9월 뉴욕타임스지와 CBS뉴스가 공동으로 실시한 여론조사에 의하면, 현직의원은 어느덧 여론이 매우 혐오하는 대상으로 변모하였음을 알 수 있다. 등록유권자 가운데 단지 33%만이 자신의 지역구 현직의원이 재선되어야 한다고 생각하고 있으며, 양원의 모든 현직의원을 대상으로 볼 때에도 전체 등록유권자의 6%만이 이들이 재선되어야 한다고 생각하고 있다(Steinhauer 2011). 그리고 등록유권자의 57%는 현직의원을 대체하여 새로운 인물이 자신이 속한 지역구에서 당선되어야 한다고 생각하고 있다(Kopicki 2011).[12]

한편 〈그림 17〉은 의회의 업무수행에 대한 여론의 평가를 나타낸
것이다. 이 그림은 의회 업무수행에 대한 여론의 지지도가 2000년대
초반 이후 지속적으로 낮아지고 있음을 보여주고 있다. 특히 2011년
9월에 실시된 여론조사에서는 역대 최저치라고 할 수 있는 12%의 지
지도를 보이고 있는 것으로 나타났다. 이러한 결과에서도 유추할 수
있듯이 미국의회에 대한 유권자들의 불신은 거의 극한에 달한 것으로

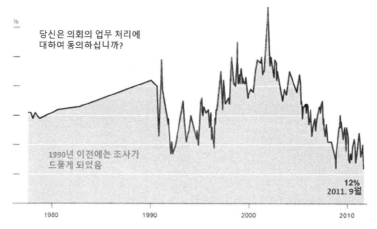

그림 17   **미국의회의 업무수행에 대한 유권자의 평가**

출처: http://www.nytimes.com/interactive/2011/09/16/us/approval-of-congress-at-lowest.
html

---

12) 본문의 내용과 관련하여 현직의원의 이익을 유권자의 위험성향(risk-propensity)
과 관련하여 분석한 Eckles et al.(2014)의 분석은 흥미롭다. 이 논문에서 에클
스(David Eckles) 등의 저자들은 현직의원의 이익을 유권자의 위험성향과 관련
하여 분석하면서, 유권자가 위험을 감수하는 성향이 높은 경우에는 현직의원의
이익이 효과를 나타내지 못하고 도전후보가 당선될 가능성이 높다고 설명하고
있다. 이를 응용하면 의회에 대한 불만이 높아서 개혁에 대한 요구가 높아질
경우 유권자들은 위험감수적인 투표행태를 보이고, 따라서 현직의원의 이익이
제대로 효과를 발휘하지 못하게 된다. 그 결과 이들의 재선가능성은 낮아지고
반대로 도전후보의 당선가능성이 높아진다고 볼 수 있다.

볼 수 있다. 이와 같은 의회에 대한 유권자들의 불만은 의회에 대한 낮은 신뢰도에서도 포착되고 있다.

여론조사 기관인 갤럽의 조사를 토대로 작성된 〈표 14〉와 〈그림 18〉을 보면 미국의회에 대한 유권자의 불신이 매우 높다는 사실이 명확하게 드러난다. 〈표 14〉는 의회를 포함하여 군대, 경찰, 대법원, 대기업, 노조 등 다양한 직종의 16개 기관에 대한 신뢰도 순위를 나열한 것이다. 이 도표에서도 잘 나타나 있듯이 미국의회는 2010년 기타 15개 기관과 비교해 본 평가에서 최하위인 16위의 신뢰도평가를 받고 있어서 가장 신뢰도가 낮은 기관으로 나타나 있다.

○표 14 미국 내 다양한 기관과 의회에 대한 유권자의 신뢰도 비교

('매우 신뢰한다'와 '신뢰하는 편이다'의 비율: %)

2010년 비율에 의한 순위	1월 14~17, 2009	7월 8~11, 2010	변화
	%	%	
군대	82	76	-6
소(小)기업	67	66	-1
경찰	59	59	0
교회 혹은 종교단체	52	48	-4
의료 시스템	36	40	4
미국 대법원	39	36	-3
대통령	51	36	-15
공립학교	38	34	-4
범죄 처벌기관	28	27	-1
신문	25	25	0
은행	22	23	1
텔레비전 뉴스	23	22	-1
노동조합	19	20	1
대기업	16	19	3
보건기관(HMOs)	18	19	1
의회	17	11	-6

● 그림 18　미국의회에 대한 신뢰도 변화의 역사적 추세

(%)

매우 신뢰한다/신뢰하는 편이다

출처: Saad(2010), http://www.gallup.com/poll/141512/congress-ranks-last-confidence-institutions.aspx

한편, 〈그림 18〉은 1973년 이래 의회에 대한 신뢰도 변화의 역사적 추세를 나타내고 있는 그래프이다. 전체 응답자 가운데 의회를 '매우 신뢰'하거나 '신뢰하는 편'이라고 응답한 비율을 합하여 제시한 것인데, 1973년 이래 1980년대 중반 이후와 2000년대 초반에 잠시 의회 신뢰도가 약간 오른 것을 제외하고는 전반적으로 하락 추세를 보이고 있다. 그리고 그 하락 추세는 2000년대 초기를 지나 부시 대통령과 오바마 대통령의 임기에 접어들면서 매우 급격하게 진행되어 2010년 즈음에 이르면 의회를 신뢰한다는 유권자의 비율은 11%에 불과한 것으로 나타난다. 이는 앞에서 이미 언급한 뉴욕타임스지와 CBS뉴스의 공동 여론조사 결과와 대체로 일치하는 것이다.

이와 같이 의회 전반에 대한 신뢰하락과 불만의 증대 그리고 현직 의원에 대한 유권자의 부정적 태도와 관련하여, 그 주요 원인으로 의회의 정파적 갈등과 이에 따른 교착상태에 대한 지적이 가장 자주 나타난다. 여론조사를 바탕으로 한 분석기사에 의하면(Kopicki 2011), 의회의 지속적인 정파적 운영과 정당갈등, 그리고 이로 인한 비생산적인 입법과정은 다수의 유권자들로 하여금 의회와 현직의원에 대한 불만이 극단적으로 높아지는 주원인이 되고 있다. 다음 인용문에 나타난 미국 유권자의 목소리는 이러한 불만을 잘 대변하고 있다.

- 캘리포니아의 은퇴한 유권자인 낸시 루이스(Nancy Lewis):

  "활기찬 토론과 조금 의사진행 방해는 있었지만 40년 전에는 (양대 정당이: 필자 삽입) 협력하는 경우가 더 많았다 … 의회는 일정 기간 의견을 교환한 후에 타협하고 함께 결정을 내리곤 했다 … 이제는 다수의 의원들이 개인적인 영광을 위해서 의회에 들어오고 자신을 위해서 일하고 있다. 미국시민을 위해서 존재하지는 않는다."

- 미주리주 공화당원이며 시설관리 기술자인 스티브 드메이요(Steve DeMayo):

  "그들은 (의원들은: 필자주)은 선거운동 때에는 위대해 보인다. 그리고 나서 의회에 들어가면 통상의 정치인으로 변한다. 우리가 듣고 싶어하는 말만 한다 … 그들은 전능한 돈에 의해 설득되어 의료보험, 낙태, 총기규제, 이민법 등에 대해서 미국국민의 목소리를 들으려 하지 않는다."

- 버지니아주의 무당파 유권자이며 4년째 실업상태인 전직 우편배달부 캐써린 웨스트리치(Kathryn Westrich):

  "그들은 협력하여 타협하고 과제를 마치기를 거부한다. 정파적 싸움은 오래 지속되어 왔지만 지금은 더욱 나빠졌다 … 꼭 정당을 따르는 것이 아니라 자기가 봉사하는 주의 이익을 위해서 일하는 후보를 보고 싶다 … 필요하지도 않은 일에 납세자의 돈을 허비하지 않는 사람을 보고 싶다. 후보들은 우선순위를 더 잘 선택해야 한다. 우리가 우리 가정에서 그렇게 하는 것처럼 …"

  _ Allison Kopicki, "Approval of Congress Matches Record Low"

(Sep. 16, 2011), http://thecaucus.blogs.nytimes.com/2011/09/16/approval-of-congress-matches-record-low/?pagemode=print

　앞에 인용문의 내용과 같이 의회와 현직의원에 대한 이러한 광범위한 불만이 결국 현직의원을 갈아보자는 분위기를 미국 전역에 걸쳐 지속적으로 조성하고 있다고 보인다. 민주당과 공화당에 대한 정당 지지 여부에 상관없이 자신들이 거주하는 지역구의 의원에 대해서, 더 나아가 의회 전체에 대해서 극단적인 불신과 불만을 드러내고 있는 것이 현재 미국 의회정치에 대한 유권자들의 평가라고 할 수 있다. 특히 2007년에 시작된 경제위기 이후 미국이 장기적인 침체기에 접어들고 소득 불평등이 심화되는 상황에서 정치권 전반과 의회에 대한 미국유권자들의 분노가 극대화된 것으로 보인다. 이는 사실 특정 정당에 대한 유권자의 선호를 떠나서 워싱턴정가 전체에 대한 불만으로 확대되고 있는 상황이며, 이러한 불만의 연장선상에 기성 정치권에 반발하는 티파티 운동이나 월가점령 운동(Occupy Wall Street Movement) 등이 태동했다고 보인다.

　한편 현직의원의 재선율을 다른 측정방식으로 검토해보면 현직의원의 이익이 줄어들었다고 볼 수도 있다. 예컨대 〈그림 19〉가 제시하는 방식이 이러한 다른 방식의 하나라고 할 수 있다.

　이 그림에 나타난 그래프는 미국 선거제도개혁을 위한 시민단체인 페어보트(FairVote)가 하원 지역구별로 현직의원의 득표율과, 동일 지역구에서 그 현직의원이 속한 정당소속 대통령 후보가 대통령선거에서 획득한 득표율 간의 격차를 나타낸 것이다. 전체적으로 보면 2000년 의회선거 이후 이러한 방식으로 포착된 현직의원의 이익은 서서히 줄어들고 있다. 예컨대 이 그림에서 보면 2000년 의회선거의 경우 현직의원의 이익, 즉 지역구 내 득표율 격차는 7.7%로 나타나지만, 그

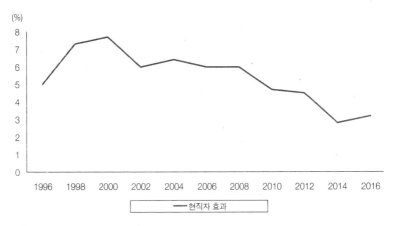

그림 19   현직의원 득표율과 동일 정당소속 대통령 후보의 해당지역구 득표율 간의 격차로 본 현직의원의 이익

출처: http://www.fairvote.org/shifts_in_incumbency_advantage_in_the_us_house

이후 이러한 득표율 격차는 서서히 줄어들어 2010, 2012, 2014년의 의회선거에서는 각각 4.7%, 4.5%, 2.8% 정도로 나타나고 있다.

현직의원의 재선율을 통해서 볼 경우 현직의원의 이익에 별다른 변화가 나타나고 있지는 않지만, 현직의원의 득표율과 각 지역구에서 그 의원이 속한 동일정당 소속 대통령 후보의 득표율 간의 격차로 볼 경우, 현직의원의 이익이 점점 더 줄어드는 추세가 드러나고 있는 점은 부정할 수 없다. 즉 지역구별 양대정당 대통령 후보의 득표율을 대강 해당 지역구 유권자의 정당 지지성향(district partisanship)이라고 본다면,[13] 현직의원의 득표율은 점점 더 대선 시기 자신과 동일한 정

---

13) 현직의원이 당선된 의회선거 직전의 대통령선거에서 대통령의 득표율을 지역구 유권자의 정당 지지성향 혹은 이념성향 분포로 보는 것은 대통령 득표율이 지역구 유권자의 정당 지지성향이나 이념성향을 잘 반영하고 있다는 가정하에서 이루어진다. 이러한 가정이 성립하지 않는다면 개별 지역구 유권자의 정당 지지 혹은 이념성향을 조사한 지역구별 집계 데이터를 사용하는 것이 바람직하지

당소속 대통령 후보의 득표율로 대변되는 지역구 유권자의 정당 지지 성향과의 격차가 줄어드는 방향으로 변화하고 있다. 이는 페어보트가 설명하고 있듯이 각 하원 지역구에서 의원 자신이 속한 정당을 지지하는 유권자의 지지에 더하여, 추가적으로 다른 정당 지지자의 지지까지 흡수해 내는 현직의원이 점점 더 줄어들고 있음을 의미하는 것이다(Landsman 2017). 이는 달리 말하자면 미국 전역에서 벌어지는 정당양극화 현상을 잘 포착해 주는 것이라 하겠다. 현직의원이 지역구 사업 등 현직의원 신분에 따른 다양한 이점을 활용하여 누리던 초당적인 지지는 점점 사라져 가고 있는 것이 이 그래프에서 잘 나타나고 있다고 할 수 있다.

II. 의회 정당양극화의 심화

1. 1990년대 중반 이후 의회 정당대립의 심화

1980년 레이건 공화당 후보가 대통령으로 당선된 후 1930년대 초반 이래 민주당 행정부가 연방정부의 적극적인 역할과 확대재정을 통해서 추구해 온 정책에 대한 일대변화가 나타나기 시작하면서 미국 정치권의 전반적인 양극화 현상의 단초가 나타난

않을 것으로 보인다. 그러나 직전 대통령선거에서 대통령의 득표율을 지역구 유권자의 정당 지지 혹은 이념성향 분포로 보는 것은 일반적으로 사용되는 방식 가운데 하나이다. 그 사례로는 Canes-Wrone et al.(2002: 131)과 Jones (2010: 327) 등을 참조하기 바란다.

것은 이미 설명한 바와 같다. '레이건 혁명'이라고 일컬어지는 일련의 정책추진을 통해서 레이건 행정부는 '작은정부론'을 주창하면서 감세를 통한 소비수요의 진작을 추구했다. 레이건 대통령의 임기 동안 소련과의 군비경쟁, 무역적자, 경제침체 등으로 인해서 연방정부 지출이 증가하고 수입이 감소하여 실제로 '작은정부론'이라는 레이건 행정부의 철학은 재정적자 확대와 이로 인한 '미국쇠퇴론' 논쟁을 촉발시켰지만, 레이건 대통령은 '작은정부론'이라는 분명한 통치철학을 제시하고 공공정책의 다양한 영역에서 연방정부의 역할을 줄이려 하였다. 이러한 '레이건 혁명'의 등장 이후 보수이념이 확산되면서 루스벨트 행정부의 뉴딜정책의 등장 이래 민주당이 추진한 정책에 대한 전면적인 수정 혹은 폐기 현상이 이어지게 되었다. 그리고 이러한 과정에서 미국의회 내에서 레이건 대통령의 어젠다에 대한 민주당의 반발이 커지면서 정당양극화의 단초가 마련되었다.

그러나 실제로 의회 내 양극화 현상이 극단적으로 나타나기 시작한 것은 앞의 이미 설명한 대로 클린턴 민주당 행정부 등장 이후이며, 보다 구체적으로는 1994년 제104대 의회선거 이후라고 볼 수 있다. 1994년 깅그리치 의원이 보수적인 선거공약인 '미국과의 계약'을 중심으로 경쟁력 있는 후보를 내세우면서 주도한 제104대 의회선거에서 공화당은 하원에서 무려 54개 의석을 증가시켰고, 그 결과 '남부의 공화당화' 혹은 '공화당의 남부화' 현상이 나타났음은 이미 언급되었다. 제104대 의회 개원과 함께 남부의 공화당화로 인해 공화당의 보수주의 성향 의원과 민주당의 자유주의 성향 의원 사이에서 나름대로 완충역할을 수행하던 보수적 민주당 의원들이 몰락하고, 이와 함께 양대정당이 모두 각각 더욱 견고해진 보수주의와 자유주의의 이념을 중심으로 결집하면서 정당 내부의 응집력이 한층 강화되었다. 정당의 내적 응집력이 강화되고 정당 간의 이념적 대립이 심화되면서, 제104대

의회 개원 이후 미국의 전통적인 분권화체제의 의회가 자랑하던 양당 공조적인 심의민주주의의 모습은 실종되어 갔다(Aldrich and Rohde 2000; Hanson 2014; Sinclair 2006; Theriault 2013).[14]

한편 1994년 의회 중간선거에서 공화당이 양원을 장악함으로써 본격적으로 시작된 공화당 혁명은 2000년 대선에서 부시 공화당 후보가 대통령으로 당선됨으로써 절정에 이르게 되었다. 부시 대통령의 등장 이후 미국정치는 더욱 극단적인 정파적 대결양상을 보이게 되었고, 미국 의회정치는 정파성이 지배하는 지속적인 교착상태로 인해 제 기능을 발휘하지 못하는 기관으로 전락하였다. 미국은 2001년 미국 본토가 최초로 공격당하는 9.11테러를 경험하였고 이를 계기로 부시 대통령이 2002년의 아프가니스탄전쟁, 2003년 이라크전쟁을 수행하면서, 미국의회는 '테러와의 전쟁'을 둘러싸고 정당 간 반목과 갈등을 경험하기 시작하였다. 비록 '테러와의 전쟁'이라는 상황 속에서 아프가니스탄과 이라크 침공에 대한 국내적 지지가 높았던 것은 사실이지만, 유엔의 지지를 받지 못한 이라크전쟁은 국제적으로 미국을 중심으로 한 동맹체제에 균열을 일으키기기에 충분하였다.

또한 이라크전쟁은 부시의 최측근으로 포진해 있었던 네오콘(neoconservatives)의 일방주의적 외교노선으로 인해 반미정서가 전 세계적으로 확산되는 계기를 만들었다.[15] 이와 함께 이라크전쟁 이후

---

14) 제104대 의회선거에서 공화당이 승리한 이후 미국 내 극단적 이념을 지닌 세력의 득세와 이로 인한 의회 민주주의의 손상 및 미국사회의 분열을 다룬 대표적인 저서로는 Hacker and Pierson(2006)과 Mann and Ornstein(2006)을 참조하기 바란다. 대체로 이 두 저서는 미국 민주주의 손상의 책임을 공화당에게 돌리고 있는 것으로 보인다.

15) 부시 행정부 당시 네오콘 세력의 기원, 이념, 정책 등에 대해서는 남궁곤 편(2005)을 참조하기 바란다. 특히 네오콘 세력의 외교정책에 관해서는 마상윤(2005)을 참조하기 바란다.

이라크 내부의 안정화과정이 지연되고, 또한 미군 사망자가 늘어나면서 미국 국내의 반(反)부시 정서도 빠르게 확산되는 현상이 나타났다. 이러한 상황은 의회 내에서도 정당 간 대결을 불러오기에 충분했다.

이러한 상황 속에서 부시 행정부 시기를 거치면서 의회 정당양극화 현상은 더욱 극단적인 형태로 강화되는 추세를 보이게 되었다.16) 먼저 부시 대통령은 2001년, 2003년 두 차례에 걸친 세제개혁을 통해서 감세를 추진하여 민주당의 반발을 야기하였다. 또한 2001년 9.11사태가 발생한 후 테러와의 전쟁을 추진하는 과정에서 국내적으로 연방정부의 지나친 통제로 인해 인권침해 논쟁을 불러 오기도 했다. 즉 9.11사태 이후 부시 대통령은 '전시대통령'으로 자신의 위상을 확립해 가면서, 테러와의 전쟁에 대한 승리라는 목표에 집착하면서 민주당 의원 및 지지자들과 충돌하였고, 그 결과 부시 대통령을 지원하는 공화당과 부시 대통령의 중동정책과 테러 관련 국내정책을 비판하는 민주당 사이에 정당양극화 현상이 더욱 심화되었다(Jaboson 2008a, 2008b). 미국이 전면적으로 수행하는 테러와의 전쟁에 대한 전쟁 발발 초기의 양당간 초당적 협력은 부시 대통령의 일방적 전쟁수행과 이로 인한 국내외적 반목과 대립을 둘러싸고 오래가지 못하고 말았다.

이라크 내에 있을 것이라고 부시 행정부가 주장했던 대량살상무기 (WMD: weapons of mass destruction)가 실제로 없었다는 것이 드러나고, 또한 후세인(Sadam Hussein) 이라크 대통령과 알카에다(Al Qaeda)

---

16) 2000년 대통령선거 당시 부시 후보 자신은 원론적인 재정적 보수주의자는 아니었고, 오히려 사회적·종교적 보수주의자로서의 성격이 강했다. 그러나 대통령선거에 대한 전략적인 고려에서 부시 후보는 주류 보수주의의 핵심담론인 작은 정부론을 수용하면서 교육, 사회복지 등의 분야에서 레이건 대통령이 완성하지 못한 보수주의 완성을 표방하면서 보수적 정책어젠다의 홍보를 중심으로 유권자의 지지를 획득하고자 하였다.

테러세력 간에 연관관계가 크지 않다는 사실 등이 확인되면서, 유엔 안전보장이사회 및 프랑스, 독일 등 동맹국의 지지를 얻지 못한 이라크전쟁의 정당성에 대한 국내외적인 반발이 거세게 대두되었다. 뿐만 아니라 관타나모(Guantanamo) 포로수용소 고문사례와 이라크 아부그라이브(Abu Ghraib) 포로수용소 내에서의 가혹행위가 언론에 노출되자, 부시 행정부의 이라크전쟁의 전후 관리는 격렬한 비판에 직면하게 되었다. 이와 함께 의회 내에서도 부시 대통령의 정책을 일방적으로 지지하는 공화당 지도부와 이를 비판하는 민주당 간의 갈등은 걷잡을 수 없이 증폭되어 나갔다(손병권 2009c; Campbell 2008; Campbell et al. 2008; Edwards III et al. 2007).[17]

한편 아프가니스탄전쟁과 이라크전쟁에 대한 미국인들의 전쟁 피로감에 더하여 미국은 2007년 주택담보 부실 문제에서 비롯된 금융위기로 인해 '대불황(Great Recession)'이라는 1930년대 대공황 이래 최대의 경제난국에 처하게 되었다. 이를 해결하기 위한 조치 가운데 하나로서 부시 행정부 말기인 2008년 금융구제를 위한 긴급입법이 통과되어 금융부분에 대한 부분적인 국유화 조치가 실시되었으나, 이러한 조치는 중동사태와 함께 부시 행정부에 대한 거부감을 증폭시키는 결과를 가져왔다. 이러한 악재가 겹치면서 2008년 대통령선거에서 공화당의 매케인(John McCain) 후보가 일리노이(Illinois)주의 젊은 상원의원인 오바마 민주당 후보에게 패배했다. 오바마 민주당 후보는 2008년 대통령 선거운동 기간 중 "미국에는 붉은 공화당의 주나 푸른 민주당의 주가 없다. 미국은 오로지 미합중국일 뿐이다"라고 주장하면서

---

17) 이러한 두 개의 전쟁을 수행하는 가운데 부시 대통령이 2004년 대선에서 재집권하는 과정과 이를 둘러싼 분열양상에 대해서는 미국정치연구회(2005)를 참조하기 바란다.

미국의 단합을 위해서 노력할 것임을 천명하였다.[18]

그러나 오바마 행정부의 출범 이후에도 의회 내의 민주당과 공화당 간의 정파적 대립은 결코 잦아들지 않았다. 이는 오바마 대통령이 취임 이후 추진한 경기부양법안에 따른 예산적자와 연방부채의 기하급수적인 증가에 대한 공화당의 반발에 기인한 바가 컸다. 뿐만 아니라 오바마 대통령의 핵심적인 입법어젠다였던 의료보험개혁('오바마케어')의 추진, 기후변화대처를 위한 입법노력 등은 정부의 노력이 미국 경제를 되살리는 데 집중되어야 한다고 보는 의회 공화당의 입장에서 볼 때 오바마 대통령의 독선과 일방주의로밖에 비춰지지 않았다. 특히 오바마 대통령이 추진한 의료보험개혁은 공화당 의원이나 이들을 지지하는 보수적인 유권자들에게는 미국 헌법정신의 근간인 제한정부와 권력의 균형을 무너뜨리려는 시도로 보였다. 공화당과 보수주의 세력은 시장논리에 따라서 수요와 공급이 결정되어야 할 의료보험 상품시장에 연방정부가 개입함으로써 자유시장경제의 질서가 교란되었다고 보았다. 또한 이들은 오바마 행정부의 의료보험개혁은 연방정부의 역할을 지나치게 확대하여 주정부에 대해서 추종을 강요하는 것이라고 주장했다.

이러한 오바마 행정부와 양원을 지배한 민주당 의회에 대한 강력한 반발이 마침내 2009년 티파티 운동으로 분출되었다. 티파티 운동은 2010년 중간선거에서 위력을 발휘하여 민주당이 하원 다수당의 지위를 잃고 의회가 더욱 정파적으로 움직이게 하는 데 결정적으로 기여하였다. 즉 '사회주의자'이며 '비미국적인' 이념을 지닌 오바마 대통령에 대항하여 미국 헌법정신과 이념을 지킬 의원을 선출하여야 한다

---

18) 오바마 대통령의 등장을 가져온 2008년 대선의 다양한 양상에 대한 보다 자세한 이해를 위해서는 미국정치연구회(2009)를 참조하기 바란다.

는 티파티 운동의 노력이 소기의 성과를 거두면서 매우 극단적인 보수성향의 공화당 후보들이 대거 당선되어 의회 입법과정의 정당양극화 및 이념적 대립현상을 더욱 심화시켰다.[19)

2010년 중간선거 참패 이후 여전히 경기회복이 부진한 상태에서 중산층 공략정책에 성공하여 2012년 대통령선거에서 오바마 대통령이 공화당의 롬니(Mitt Romney) 후보를 물리치고 재선에 성공한 이후에도, 오바마 대통령 및 의회 민주당과 의회 공화당 간의 대립은 제2기 오바마 행정부 기간 내내 지속될 수밖에 없었다. 특히 이민법 개정이 의회 내에서 정당 간 대립으로 성사되지 못하자, 오바마 대통령이 행정명령을 통해서 불법이민자의 해외추방 명령을 유보함으로써 공화당의 강력한 반발을 불러일으켰다. 또한 오바마 대통령은 기후변화에 대한 양당합의가 사실상 불가능하다고 판단하면서, 역시 행정명령을 동원하여 화력발전소 등에 대해서 온실가스배출 감축명령을 내렸다. 의회가 정파적 대립으로 극단적인 갈등양상을 보이는 상황에서 대통령의 일방적 행정명령이 지속적으로 발표되자, 공화당은 강하게 반발했고 의사진행은 정당간 갈등과 반목을 거듭할 수밖에 없었다.

이러한 현상은 2014년 중간선거에서 민주당이 하원에 이어 상원

---

19) 오바마 대통령이 주도한 의료보험개혁을 둘러싸고 2009년 여름 의회 휴회기간 중 미국 전역의 공화당 지역구에서 타운홀 미팅(town hall meeting)이 개최되었을 때, 백인 저소득 혹은 중산층유권자들의 반오바마 정서가 강하게 표출되었다. 한편 오바마 대통령의 2009년 의료보험개혁 관련 양원합동연설에서 공화당의 윌슨(Joe Wilson) 하원의원이 "당신은 거짓말을 하고 있어("You lie.")"라고 외친 발언은 의회 공화당 의원 사이에 팽배해 있던 반오바마 정서를 잘 대변하고 있는 일대 소동이었다. 이러한 분위기 속에서 보수적 백인 유권자의 불만에 따라서 촉발된 티파티 운동이라는, 반오바마정서의 보수적 풀뿌리 저항운동이 더욱 격렬하게 번져나가게 되었고, 2010년 11월 중간선거에서 공화당 압승이 귀결되었다. 2010년 중간선거에 대한 포괄적인 이해를 위해서는 미국정치연구회(2011)를 참조하기 바란다.

에서 다수당 지위를 상실한 상황에서도 지속되었다. 선거 이후 공화당이 양원을 장악했음에도 불구하고 오바마 대통령이 지속적으로 45% 정도의 지지율로 국정을 주도하면서 레임덕을 경험하지 않자, 의회 내 정파적 대립은 오바마 대통령 임기 만료시기까지 지속될 수밖에 없었다. 그리고 이러한 정당 간 이념적, 정파적 대립은 궁극적으로 미국 유권자들로 하여금 의회에 대한 신뢰나 지지를 거두어들이는 효과도 함께 가져왔다(Ramirez 2009).

2. 정당대립의 경험적 분석

1) 정당단합도와 정당의 대통령지지도 증가

1980년대 레이건 행정부 등장 이후 뉴딜프로그램의 청산과 '작은 정부론'을 중심으로 미국사회가 전반적으로 이념적 양극화의 기미를 보이기 시작한 이후, 제104대 의회선거를 거쳐 부시 행정부와 오바마 행정부를 지나면서 의회 내 정파적 대립은 매우 극단적인 모습을 보이기 시작했는데, 이러한 모습은 여러 경험적 자료에도 잘 포착되고 있다.[20] 다음의 〈표 15〉는 로젠탈(Howard Rosenthal)과 푸울(Keith

---

20) 이 책은 민주당과 공화당 간의 정파적 갈등심화가 반드시 이념적 요인에 국한된 것은 아닐지라도 대체로 이념적 요소가 작용해서 귀결된 측면이 크다고 보고 있다. 이러한 취지의 대표적 저서로는 Noel(2014b)을 참조하기 바란다(참고로 이념연합과 정당연합을 구별하고 있는 노엘(Hans Noel)은 이념연합은 이념을 활용하는 엘리트 이론가에 의해서 만들어진다고 보고 있다. 그런데 노엘은 또한 이러한 이념연합이 반드시 정당연합과 일치되는 것은 아니라고 주장하고 있다. 그러나 이어서 그는 현재의 미국정치는 이념이 정당을 지배하면서 정당연합의 양극화를 불러왔다고 보고 있다. 이러한 논의에 대해서는 Noel(2014b)의 제7장 "이념적 정당과 양극화"를 참조하기 바란다). 그러나 의회의 정파적 갈등이 반드시 이념적인 것만은 아니며, 기타 정치적·전략적 요소도 있다는 점

역대 의회 양대정당의 평균 정당단합도

현직대통령 (정당)	의회	상원				하원			
		공화당 (%)	제99대 의회 대비 정당 단합도 차이(%)	민주당 (%)	제99대 의회 대비 정당 단합도 차이(%)	공화당 (%)	제99대 의회 대비 정당 단합도 차이(%)	민주당 (%)	제99대 의회 대비 정당 단합도 차이(%)
레이건(공화당)	99대	80	0	77	0	78	0	86	0
레이건(공화당)	100대	77	-3	85	+8	79	+1	88	+2
부시(공화당)	101대	78	-2	81	+4	77	-1	86	0
부시(공화당)	102대	83	+3	82	+5	82	+4	86	0
클린턴(민주당)	103대	84	+4	87	+10	87	+9	88	+2
클린턴(민주당)	104대	91	+11	85	+8	92	+14	83	-3
클린턴(민주당)	105대	87	+7	88	+11	90	+12	85	-1
클린턴(민주당)	106대	91	+11	91	+14	89	+11	87	+1
부시(공화당)	107대	89	+9	88	+11	93	+15	88	+2
부시(공화당)	108대	94	+14	89	+12	94	+16	90	+4
부시(공화당)	109대	89	+9	89	+12	92	+14	90	+4
부시(공화당)	110대	84	+4	91	+14	90	+12	95	+9
오바마(민주당)	111대	89	+9	93	+16	90	+12	94	+8
오바마(민주당)	112대	86	+6	93	+16	93	+15	91	+5
오바마(민주당)	113대	89	+9	97	+20	95	+17	93	+7

출처: 푸울과 로센탈의 데이터(http://pooleandrosenthal.com/party_unity.htm)에서 필자의
필요에 따라서 제99대 의회 이후의 자료를 정리한 것임; 제109대 의회까지의 경우는
손병권(2009c: 308)의 〈표 2〉의 내용을 그대로 옮겨 적었음

Poole)이 역대 의회 의원들의 투표를 분석한 후 정당별 평균 정당단합
도를 제시한 것이다. 이 도표를 보면 제2기 레이건 행정부의 출범 이
후 의회의 정당단합도가 현저하게 증가하고 있음을 알 수 있다.

앞의 도표를 보면 제99대 의회 이후 공화당과 민주당의 정당단합

을 상원을 중심으로 분석한 저서로는 Lee(2009)를 참조하기 바란다.

미국 의회정치는 여전히 민주주의의 전형인가?

도는 상원과 하원의 경우 모두 지속적으로 상승하고 있음을 알 수 있다. 상원을 보면 공화당은 부시(George W. Bush) 행정부 이전의 경우 정당단합도가 85%를 넘은 사례가 제1기 클린턴 행정부 시기에 치러진 중간선거 이후인 제104대 의회 이후 단 세 차례뿐이었으나, 부시 행정부의 등장과 함께 단 한 차례를 제외하고는 모두 85% 이상의 정당단합도를 보이고 있다. 구체적으로 상원 공화당의 경우 정당단합도는 전반적으로 클린턴 행정부 시기에 치러진 제104대 의회선거를 지나면서 지속적으로 상승하는 양상을 보여주고 있다.

이러한 현상은 민주당의 경우도 거의 마찬가지라고 볼 수 있다. 민주당의 경우도 클린턴 행정부의 등장과 함께 정당단합도가 상당히 상승하는 현상을 보였는데, 클린턴 행정부 등장 이후를 보면 상원 민주당의 경우 정당단합도가 85% 미만으로 낮아진 사례는 한 번도 없었다. 특히 제2기 부시 행정부의 마지막 의회인 제110대 의회에서 상원 민주당의 정당단합도가 90%를 넘기 시작한 이후 오바마 행정부 기간 내내 정당단합도는 90% 이상의 수준을 보여 왔다.

이러한 전반적인 경향은 하원도 마찬가지였는데, 하원의 정당단합도 상승경향은 공화당의 경우 더욱 뚜렷하게 드러나고 있음을 알 수 있다. 하원 공화당의 경우 레이건 행정부 및 부시(George H. W. Bush) 행정부 시기에는 전반적으로 70%대 혹은 80% 초반의 정당단합도를 보였으나, 클린턴 행정부가 들어서면서부터 정당단합도가 가파르게 상승하기 시작하여 90%를 상회하는 경우가 있었다. 이후 부시(George W. Bush) 행정부가 시작된 이후 오바마 행정부에 이르기까지 하원 공화당의 정당단합도는 한번도 90% 이하로 떨어진 사례가 없었다. 민주당의 경우는 클린턴 행정부 시기가 정당단합도의 전환점이 되었다기보다는 부시(George W. Bush) 행정부의 출범이 변화의 기폭제가 되었다고 보인다. 이는 부시 행정부의 등장 이후 단 한 차례를 제외하고는 민주당의 정당단합도가 90% 이하로 떨어져 본 사실이 없다는 점에서 잘 나타나고 있다.

전반적으로 볼 때 특히 공화당의 경우 제1기 클린턴 행정부 시기를 거치면서 양원에서 정당단합도가 상당히 가파르게 상승했음을 알 수 있다. 이는 이미 설명한 바와 마찬가지로 제104대 중간선거에서 공화당의 압승과 민주당의 참패 이후 남부에서 공화당 의원들이 상당수 당선되면서 나타난 현상이라고 할 수 있다. 즉 1994년 의회선거를 통해서 미국 남부지역에서 보수적 성향의 민주당 의원들이 사라지고, 대신 보수이념에 부합하는 공화당 후보들이 대거 당선되면서 공화당의 정당단합도가 높아지기 시작했다고 봐야한다.

그리고 제104대 의회선거 이후 이와 같이 정치성향과 소속정당이 일치하는 의원들로 응집력 있게 구성된 공화당이 깅그리치 하원의장 등 정당지도부의 지휘 아래 클린턴 행정부와 대립하면서 내부응집력을 견고히 하면서 정당단합도가 높아졌다. 반면 민주당의 경우 정당단합도는 — 상원과 하원의 경우 편차가 있기는 하지만 — 대체로 부시 행정부 등장 이후 전반적으로 한 단계 높은 수준으로 올라갔다. 그리고 양당의 경우 상원과 하원을 막론하고 정당단합도는 부시 행정부와 오바마 행정부를 거치면서 역대 어느 시기보다도 높은 수준을 보였다. 특히 도표에 나타난 것처럼 오바마 행정부 시기 세 차례의 의회를 거치면서 양원에서 민주당은 평균적으로 가장 높은 수준의 정당단합도를 보였다.

이러한 분석은 앞의 소절에서 부시 행정부와 오바마 행정부를 중심으로 설명한 내용과 대체로 일치한다. 2001년 부시 행정부가 출범한 이후 아프가니스탄 및 이라크에서 두 개의 전쟁을 추진하고, 이러한 과정에서 공화당 단독으로 의사를 진행하면서 의회에서 양당공조적인 심의과정이 실종되었다는 논의가 지속적으로 제기되어 왔다. 또

한 부시 대통령을 지지하는 공화당은 조세정책 등에서 대통령 반대당
인 민주당의 의사를 거의 반영하지 않고 독단적으로 의사를 진행하여
의회는 '망가진 기관'이라는 조롱을 받기에 이르렀고, 이러한 현상은
특히 다수당 주도로 의사를 운영하는 하원에서 매우 심각하게 나타났
다. 이러한 양당 간의 대립현상 및 다수당 주도의 의사진행은 미국의
통합을 외치면서 백악관에 입성한 오바마 대통령 시기에 더욱 악화되
면 악화되었지 결코 나아지는 기미를 보이지는 않았다. 오바마 대통
령이 적극적으로 추진한 의료보험개혁, 기후변화입법, 이민 관련 행정
명령 발동 등은 공화당과 민주당 간의 갈등을 증폭시켰고, 오바마 행
정부 임기 내내 의회 민주당과 공화당은 대결과 상호 비난을 반복해
왔다. 이러한 일련의 정당 간 대립현상이 위에서 설명한 대로 정당단
합도를 높이는 효과를 가져왔다.

　한편 의회의 정당양극화 현상은 다음에 제시되는 정당의 대통령
지지율에서도 잘 포착된다. 〈표 16〉은 레이건 행정부 이래 오바마 행
정부에 이르기까지 대통령 소속정당 의원들이 대통령을 어느 정도 지지

○표 16 　　　대통령 소속정당(의원)의 평균 대통령 지지율[21]

대통령(정당)	의회	의회	상원(%)	하원(%)
레이건(공화당)	제99대 의회	1985	75	67
레이건(공화당)		1986	78	65
레이건(공화당)	제100대 의회	1987	64	62
레이건(공화당)		1988	68	57

---

21) 의원들의 대통령 지지율은 개별의원들이 대통령의 정책방향과 일치하는 방식으
　로 투표한 비율을 의미한다. 대통령 입장이 표명된 열 번의 투표에서 어떤 의원
　이 아홉 번 대통령이 원하는 방향으로 투표하면, 이 경우 그 의원의 대통령 지
　지율은 90%가 된다.

부시(공화당)	제101대 의회	1989	82	69
부시(공화당)		1990	70	63
부시(공화당)	제102대 의회	1991	83	72
부시(공화당)		1992	73	71
클린턴(민주당)	제103대 의회	1993	87	77
클린턴(민주당)		1994	86	75
클린턴(민주당)	제104대 의회	1995	81	75
클린턴(민주당)		1996	83	74
클린턴(민주당)	제105대 의회	1997	85	71
클린턴(민주당)		1998	82	74
클린턴(민주당)	제106대 의회	1999	84	73
클린턴(민주당)		2000	89	73
부시(공화당)	제107대 의회	2001	94	86
부시(공화당)		2002	89	82
부시(공화당)	제108대 의회	2003	94	89
부시(공화당)		2004	91	80
부시(공화당)	제109대 의회	2005	86	81
부시(공화당)		2006	85	85
부시(공화당)	제110대 의회	2007	78	72
부시(공화당)		2008	70	64
오바마(민주당)	제111대 의회	2009	92	90
오바마(민주당)		2010	94	84
오바마(민주당)	제112대 의회	2011	92	80
오바마(민주당)		2012	93	77
오바마(민주당)	제113대 의회	2013	96	83
오바마(민주당)		2014	95	81

출처: DCCC/DSCC Rubberstamp Congress Report, November 17, 2005(http://www.ds cc.org/img/rubberstampcongress.pdf); "2014 Vote Studies, Presidential Support: Running on Empty"(http://library.cqpress.com/cqweekly/file.php?path=/files/wr 20150316-2014_Presidential.pdf); 제108대 의회까지의 내용은 손병권(2007: 58)의 〈표 8〉의 내용과 동일하며, 제109대 의회 이후의 경우는 데이터를 추가하였음

해 왔나 하는 점을 매년 측정하여 기록한 도표이다. 이를 통해서 대통령이 속한 정당의 의원들이 얼마나 대통령의 정책에 대해서 지지 의

사를 표출하고 있는지를 파악할 수 있다.

양원에서 두 정당의 대통령 지지율에 대한 이 도표를 보면 대체로 클린턴 행정부를 지나 부시 행정부에 이르면서 대통령 소속정당의 대통령 지지율이 급속히 상승하는 모습을 보이고 있다. 민주당인 클린턴 행정부 시절 민주당 소속의원들의 대통령 지지율은 평균적으로 상원의 경우 80%대 수준, 하원의 경우 70%대 수준을 안정적으로 유지하기 시작했다. 이어서 부시 행정부 시기에 이르면 상원은 대부분 80~90%대 수준을 유지하고, 하원은 대부분 80%대 수준을 유지하는 것을 알 수 있다.

앞의 도표에는 자신이 속한 정당에 소속된 현직대통령에 대한 개별의원의 지지율을 공화당 행정부와 민주당 행정부를 번갈아 가면서 제시했기 때문에, 동일한 정당소속 역대 대통령들에 대한 같은 정당소속 의원들의 지지율만 따로 떼어서 살펴 볼 필요도 있다. 예컨대 부시(George W. Bush) 행정부 시기 공화당 의원들의 대통령 평균 지지율과 그 이전의 공화당 행정부 시기인 레이건 행정부 및 부시(George H. W. Bush) 행정부 시기의 그것을 비교해 볼 필요가 있다.

이 세 차례 공화당 행정부 시기를 서로 비교해 보면 상원의 경우 부시(George W. Bush) 행정부 시기 공화당 의원들의 대통령 지지율이 그 이전의 두 행정부 시기의 공화당 의원들의 대통령 지지율보다 월등히 높음을 알 수 있다. 우선 부시(George H. W. Bush) 행정부 시기는 대통령 지지율이 70% 밑으로 떨어진 적이 없어서 레이건 행정부 시기보다 대통령 지지율이 높았음을 알 수 있는데, 이후 부시(George W. Bush) 행정부 시기에 이르면 공화당의 대통령 지지율은 현저히 상승하여 단 두 해를 제외하고 85% 이상을 유지하고 있다. 한편 하원의 경우도 역시 비슷한 유형을 보이고 있는데, 부시(George H. W. Bush) 행정부는 그 이전의 레이건 행정부 시기보다 공화당의 대통령 지지율이 높아져서 70%대 수준에 이르는 경우가 있었던 것으로 나타난다. 이어서 부시(George H. Bush) 행정부 시기 중 제110대 의회를 제외하고 보면 대통령 지지율이 80% 밑으로 떨어지는 경우가 한 해도 없는 것으로 나타나 공화당 의원들의 대통령 지지율이 상승했음을 알수 있다. 즉 공화당의 경우만을 볼 때 대통령의 정책적 입장과 입법어젠다에 대해서 공화당 의원들의 지지율이 점점 더 높아지고 있다는 것이 입증된 셈이다.

한편 민주당의 경우를 보아도 거의 동일한 현상이 나타나고 있다. 클린턴 행정부 시기와 이후 오바마 행정부 시기를 비교해 보면 양원을 망라해서 민주당 의원의 평균 대통령 지지율에 있어서 오바마 대통령 시기의 지지율이 클린턴 대통령 시기의 지지율보다 낮았던 적은 단 한 차례도 없었다. 상원의 경우 오바마 행정부 당시 민주당 의원들의 평균 대통령 지지율은 모두 90% 이상으로 80%대 수준에 머물렀던 클린턴 행정부 시기 민주당 의원의 평균지지율을 모두 상회하고 있다. 하원의 경우도 사실상 마찬가지이다. 2012년의 경우 민주당 의원들의 평균 지지율이 77%로 나타난 것이 오바마 행정부 시기의 가장 낮은 지지율인데, 이 지지율은 클린턴 행정부 시기의 가장 높은 민주당 의원의 대통령 지지율인 1993년의 77%와 동일한 수준이다. 그 외에는 오바마 행정부 시기 민주당 의원들의 대통령 지지율이 클린턴 행정부 시기 민주당 의원들이 대통령 지지율을 모두 현저한 격차로 앞서고 있다.

위에서 살펴본 바와 같이 레이건 행정부 이후 시간이 지남에 따라서 대통령 정책에 대한 대통령 소속정당 의원들이 지지율이 점점 더 증가하는 현상은 이미 언급한 정당단합도의 증가 현상과 함께 의회가 극단적인 정당양극화를 경험하고 있었다는 점을 강하게 암시하는 것이다. 대통령의 정책적 입장이 분명이 드러나는 입법에 대해서 레이건 행정부 시기나 부시(George H. W. Bush) 행정부 시기와는 현저히 구별되는 높은 수준으로 부시(George W. Bush) 행정부 당시의 공화당 의원들과 오바마 행정부 당시의 민주당 의원들은 대통령에 대해 강력한 지지를 표명하고 있었음을 알 수 있다. 즉 대통령이 자신이 속한 정당의 일원이기 때문에 과거보다 훨씬 더 높은 수준에서 맹목적인 지지를 보낸다는 사실은, 의회가 양당공조적인 심의기관으로서 기능하는 것이 아니라 정파적인 기관으로 변모하고 있다는 점을 잘 보여주는 것이다.

2) 중간지대의 실종

앞의 두 소절에서 제시된 정파적인 의사진행, 그리고 정당단합도 및 대통령 지지율을 통해서 나타난 의회 내 정당양극화 현상은 다음의 도표에서도 다시 확인할 수 있다. 〈표 17〉은 의회 내에서 양당 간 협력을 유도할 수 있는 상원 온건성향 의원의 숫자를 간략하게 제시한 것이다.

이 도표를 보면 상원에서 민주당 및 공화당 의원들 가운데 서로 공감대를 형성할 수 있는 온건 중도성향 의원의 숫자가 점점 더 줄어들고 있다는 것을 알 수 있다.[22] 즉 이 도표는 양당 간 협력을 도모할 수 있는 의회 내 공간이 지극히 협소해지고, 이념적·정파적인 성격의 정당대립이 의회정치과정을 지배하게 되었음을 잘 보여주고 있다.

중도성향 의원의 부재를 통해서 미국의회의 정당양극화 진행추세를 살펴보면 〈표 17〉에 제시된 대로 1980년대와 2010년 사이에 양극

---

22) 정당양극화 경향은 하원보다 선거구의 규모가 더 큰 상원이 더 완화된 형태를 보일 것이라고 예상할 수 있다. 따라서 상원의 온건 중도성향 의원이 줄어드는 현상을 보여줄 수 있다면, 하원 역시 온건 중도성향의 의원이 사라져가고 있음을 유추해 볼 수 있다.

	가장 진보적인 공화당의원보다 더 진보적인 민주당의원 숫자	중간지대 의원 숫자[23]		가장 보수적인 민주당의원보다 더 보수적인 공화당의원 숫자
연도		공화당	민주당	
1982	10명	23명	35명	30명
1994	29명	8명	26명	35명
2002	49명	6명	1명	42명
2010	53명	0명	0명	39명

●표 17　　상원의 정당양극화 진행: 중간지대 축소의 역사적 과정

출처: Ronald Brownstein, "Pulling Apart," *National Journal* (Feb. 24, 2011)

화가 매우 심화되었음을 알 수 있다. 상원의 경우 가장 보수적인 민주당 의원과 가장 진보적인 공화당 의원을 사이에 분포하는 의원들의 숫자를 파악해 보면, 양당 간에 대강 타협이 가능한 규모를 짐작해 볼 수 있다. 즉 공화당 소속이지만 상대적으로 다른 공화당 의원들에 비해서 진보적 성향을 가진 의원들과, 민주당 소속이지만 상대적으로 다른 민주당 의원들에 비해서 보수적 성향을 지닌 의원들이 많을수록 양당이 서로 타협하고 협조할 여지가 커진다고 볼 수 있을 것이다. 그러나 〈표 17〉이 보여주듯이 양당소속 상원의원들 간에는 공감대를 형성할 수 있는 타협의 여지는 실제로 점점 축소되어 왔고, 2010년 오바마 임기 제2년차는 그 절정에 이르렀다고 할 수 있다.

　1982년 당시만 해도 가장 진보적인 공화당 상원의원과 가장 보수적인 민주당 상원의원의 사이에 분포하는 의원의 숫자는 무려 58명에 달했다. 그러나 그 12년 후인 1994년에는 그 숫자가 34명으로 줄었고 2002년에는 7명으로 줄더니, 마침내 오바마 행정부 출범 이후인 2010

---

23) '중간지대'는 가장 진보적인 공화당 의원과 가장 보수적인 민주당 의원 사이의 이념성향을 지닌 의원의 숫자를 의미한다.

년에 이르러서는 이러한 온건 중간지대는 완전히 소멸해 버리고 말았다. 다시 말해서 민주당과 공화당 소속의원 가운데 이념적인 공감대를 형성할 만한 여지는 의원의 이념성향 분포를 통해서 볼 때 완전히 사라졌다.

1980년대만 해도 의원 간 정당소속의 차이에도 불구하고 이념적 동질감이나 정책에 대한 개별의원의 입장일치 등으로 양당 소속의원들 사이에는 공감대를 형성할 여지가 있었다. 그러나 의회정치가 1990년 대와 2000년대를 거쳐 오늘날에 이르러 정파적·이념적 양극화를 경험하면서, 양당 소속의원들 간에는 이념적·정책적 공감대가 점차 사라졌다. 양대정당이 철저히 보수주의와 자유주의라는 '이념'을 기준으로 고도로 내부응집력을 높이면서, 정당양극화 현상은 극단적으로 치달았고, 원내 양당 간 타협의 여지는 매우 협소해졌다.

이와 같이 중간지대에 속한 소속의원들이 의회 내에서 서서히 종적을 감추게 된 현상은 남부지역의 공화당화 현상이 그 일차적 원인이라고 볼 수 있다. 남부지역 유권자들이 1990년대 중반 이후 민주당을 지지하지 않고 자신들의 이념성향에 맞추어 공화당을 지지하기 시작하면서, 남부지역이 사실상 공화당의 텃밭으로 변모하였고, 그 결과 완충역할을 하던 민주당 소속 보수주의 성향 의원들이 소거된 것이 이러한 양극화의 근본적인 원인이라고 생각된다.[24]

이와 함께 2000년 이후 부시(George W. Bush) 행정부와 2008년 이후 오바마 행정부의 집권기간 16년을 거치면서 의회 내에서 정당 간 이념적 대립이 매우 격화되었던 것도 또 다른 중요한 요인이라고

---

24) 이러한 논지와 관련하여 시계열분석을 통해서 1990년대 이후 미국의회 정당양 극화의 원인을 미국 남부의 변화, 초선의원의 영향력, 하원의장의 당파성 요인 등으로 분석한 논문으로는 가상준(2006)을 참조하기 바란다.

할 수 있다. 부시 행정부 당시에는 아프가니스탄 및 이라크전쟁과 감세정책, 그리고 부시 대통령의 종교적 보수주의에 따른 각종 사회정책이 민주당으로 하여금 공화당의 정책에 격렬하게 저항하게 만드는 배경이 되었다. 또한 오바마 행정부의 경우 제1기 행정부 초반에 무리하게 실시한 의료보험개혁 및 기후변화대처 입법노력, 비교적 관대한 이민정책, 그리고 동성애 문제에 대한 우호적 조치들은 공화당 의원들로 하여금 민주당의 정책에 강력하게 저항하게 만들었다. 이러한 장기간에 걸친 의회 내 이념적 갈등의 결과 제104대 의회선거 이후 이미 설자리를 잃어버리기 시작한 의회 내 온건세력이 사실상 전멸의 지경에 이르게 되었다.

3. 정당투표 경향의 증가

의회 의사진행과정에서 정당의 영향력이 점점 더 강화되는 현상은 의원들의 투표에서 정당충성도가 투표의 주요요인으로 더욱 강화되고 있는 추세에서도 잘 나타나고 있다. 전통적으로 미국의회의 의원들은 재선이라는 연결고리로 인해서 지역구 이익을 반영하는 방향으로 투표한다는 것이 일반적인 통념이었다. 의원의 일차적 목표가 재선이라는 현실적인 가정하에서 의원은 다음 선거의 당선을 위해서 지역구 이익에 부합하는 방식으로 투표할 수밖에 없었다. 지역구 이익에 위반하는 방식으로 투표할 경우 차기선거에서 — 예비선거나 의회선거에서 모두 — 도전후보의 강력한 비판과 흠집 내기에 직면할 수 있기 때문이다. 이러한 상황에 처할 경우 현직의원은 지역구 이익과 어긋났던 자신의 투표행태를 적극적으로 '해명(explain)'해야 하며, 이러한 해명이 유권자를 납득시키지 못할 경우 재선에 실패할 가능성이 더욱 커지게 된다(Kingdon 1989: 47).

그러나 1990년대 이후 미국사회의 정당양극화와 이념적 양극화 현상이 빠르게 진행되고 그리고 워싱턴정치의 전국적 영향력이 두드러지면서, 의원들의 재선이 단순히 의원과 지역구 간 관계에 의해서 결정된다는 통념은 점점 더 도전에 직면하였다. 이러한 주장은 의회선거에서 현직의원이 지역구 유권자의 의사를 얼마나 존중하였고, 지역구 이익을 얼마나 충족시켰는지의 여부가 더 이상 중요하지 않게 되었다는 것을 의미하지는 않는다. 여전히 지역구 유권자의 의사는 매우 중요하고, 지역구 이익에 대한 의원의 반응여부는 현직의원의 재선을 결정하는데 핵심적인 변수로 남아 있다.

지역구 유권자의 투표에서 의원후보의 소속정당이 더욱 중요한 의미를 가지게 되었다는 주장은, 미국사회가 정파적·이념적 양극화를 경험하고 워싱턴정치의 의회선거에 대한 영향력이 커지면서, 유권자가 후보 선택과정에서 의원의 정당충성심과 정당이념에 대한 공약수준을 이전보다 한층 더 중요한 변수로 여기게 되었음을 강조하는 것이다. 즉 과거와는 달리 현직의원과 지역구 간의 관계는 해당의원이 단순히 지역구 이익을 도모하는지의 여부만큼이나, 그 의원이 소속정당과 정당이념에 충실한가의 여부에 의해서도 결정되기에 이르렀다.

유권자의 후보 선택 요인으로 정당충성도와 정당이념 요인이 점점 더 커지면서 의원들의 투표행태 역시 단순히 지역구 이익에 집착하는 것에서 확대되어, 지역구 유권자의 정당 일체감과 이념성향을 고려하면서 더욱 정당중심적인 경향을 보이게 되었다. 의회선거가 의회제 국가의 선거와 유사한 추세로 진행되는 한편, 의원의 원내투표 경향 역시 정당중심적으로 변화되기에 이르렀다(Andris et al. 2015).[25]

---

25) 미국상원의 정당투표 경향의 증가 현상을 상원의원의 하원 의정경험을 통해서

의회의 투표과정에서 정당이 중요하다는 사실은 2010년 중간선거에서 티파티 운동 지지자들이 적극적으로 정당이념에 충실한 의원들을 대거 입성시키고 그렇지 않은 의원들을 어떠한 방법으로든 낙선시키려 노력했다는 점에서도 발견된다. 어떤 의원이 지역구 이익에 부합하는 방향으로 의회에서 투표했다고 해도, 그 의원의 소속정당이 지역구 유권자의 지배적인 정당 지지성향 혹은 이념성향과 위배되는 정당으로 인식될 경우 해당의원의 재선은 어렵게 되었다. 2010년 중간선거의 경우를 보면 민주당 의원 가운데 지역구 이익을 고려하여 제111대 하원에서 오바마 대통령의 의료보험개혁 및 기후변화대처 법안에 대해서 반대한 의원 가운데, 2008년 대선 당시 매케인 공화당 후보의 지지도가 오바마 후보의 지지도를 앞선 지역구의 경우 이들 17명 중 11명의 민주당 의원이 패배를 경험했다. 개별의원의 소속정당이 추진하는 정책이 지역구의 전반적인 정당 지지성향과 위배될 경우, 지역구 이익에 부합하는 개별의원의 투표가 결코 이들의 재선을 보장해주지 못하는 것이다(Brownstein and Bland 2011: 32). 이와 관련하여 아래에 소개되는 사례는 정당중심의 의원투표가 어느 정도 수준에 도달하였는지를 잘 보여 주고 있다.

제112대 하원에서 라이언(Paul Ryan) 예산위원회 위원장이 제시한 바, 노인의료보험(Medicare) 예산을 삭감하는 법안에 대해서 공화당 의원들은 4명을 제외하고 모두 찬성으로 투표했다. 실제로 하원 지역구별 평균 노인(통상 65세 이상)인구의 비율보다 노인인구 비율이 더 높은 지역구출신 공화당 의원의 경우, 지역구의 사정을 고려해서 라이언 위원장의 예산안에 반대할 것으로 생각되었다. 따라서 약 20명 정도의 공화당 의원이 라이언 위원장의 제안에 반대의사를 표명할

설명한 흥미로운 논문으로는 Theriault and Rohde(2011)를 참조하기 바란다.

것으로 예상되었다. 그러나 이 제안에 대한 반대표는 단지 4표에 불과했고, 이 가운데 1명의 지역구만이 진정한 의미에서 경쟁지역구였다(Brownstein and Bland 2011: 32). 이러한 현상은 위에서 논의한 대로 지역구의 특수한 사정이 더 이상 하원의원의 원내투표에 있어서 정당정책이나 정당이념보다 더 우선권을 가질 수 없다는 점을 간접적으로 시사하는 것이다.

이러한 현상이 더욱 빈번히 등장하는 이유는 정당정책과 정당이념이 지배하게 된 새로운 의회정치에서 의원이 지역구 이익을 좇아서 투표하는 것보다는 정당정책과 정당이념을 추종해서 투표하는 것이 당선가능성을 높일 수 있다는 인식이 강하게 확산되면서 나타난 결과라고 할 수 있다. 의원이 정당정책이나 이념에 따라서 투표하면 득표율이 떨어지는 경우가 발생할 수 있다. 그러나 자신이 속한 정당을 추종하지 않을 경우 선거자금 등 선거에 유용한 자원을 획득하기가 어려워지고 당내 예비선거의 관문을 넘어서기 힘든 경우가 점점 더 많아지면서 의원의 정당투표 성향이 강화되고 있다. 점점 유권자의 투표행태가 의회선거의 전국화 현상에 따라서 대통령에 대한 평가를 중심으로 진행되고 정당이념을 중심으로 투표하는 경향이 높아지는 상황에서, 의원들은 지역구 이익만을 준거로 하여 투표하기보다는 정당의 이념과 방침을 중심으로 투표하는 경향이 과거보다 훨씬 더 증가한 것이다. 즉 유권자들이 전국정치화된 의회선거에서 정당에 대한 보다 명쾌한 호불호의 선호를 지내게 되었고, 또한 선거에 임하는 이들 유권자들이 현직의원의 의회 투표행태가 얼마나 그 의원이 속한 정당의 이념에 충실했는가를 판단하면서 투표하기 때문에 이러한 현상이 나타났다고 할 수 있다(Abramowitz and Webster 2015). 다른 한편으로는 대통령에 대한 유권자들의 불만이 커져서 대통령 소속정당에 대해서 염증을 느끼지 시작하면, 이들은 대통령 소속정당 의원이 지역구 이익에 부응하여 투표했는지의 여부에 상관없이 의회선거에서 그 의원에 대해 반대하는 방식으로 투표하는 경향도 증가하였다. 이와 관련하여 아래의 인용문은 정당에 대한 전국적 수준의 평가가 유권자의 투표에 있어서 매우 중요한 기준 가운데 하나가 되었다는 점을 시사해 주고 있다.

오늘날 점증하는 의회제적의 양상의 정치(parliamentary politics)는 개별의원의 성과와 거의 관련이 없이 유권자들이 정당평가에 따라 대규모로 움직이는 파도선거(wave election: 정당에 대한 유권자의 평가에 따라서 전국적 수준에서 후보의 당락이 결정되는 경향이 강한 선거: 필자 삽입)를 양산해 내고 있다. 예를 들어서 지난 가을의 중간선거(2010년 11월의 중간선거: 필자 삽입)에서 민주당은 오바마 대통령의 의료보험개혁에 반대하고 기후변화 규제 법안에 반대한(이렇게 반대한 의원이 현직의원으로 있는: 필자 삽입), 2008년 당시 매케인 후보가 승리했던 17개의 지역구 가운데 11개 지역구를 상실했다. 이러한 환경에서는 심지어 취약한 의원(당선 가능성이 낮은 의원: 필자 삽입) 역시 전략적으로 (자신의 소속정당이나 소속정당이 같은 대통령에 대해: 필자 삽입) 반대하는 것보다는 정당 전체의 성과로 인정받을 수 있는 기록(party-wide record of accomplishment)을 만들어내는 데 일조하는 것이 훨씬 더 현명하다. "점점 더 의원들은 자신들의 운명이 지역구에 대한 개인적 관계보다 자신이 속한 정당에 관련되어 있다고 보는 것 같다"라고 저명한 정치학자인 에모리 대학교의 아브라모위츠(Alan Abramowit)는 주목해서 말하고 있다.

_ Ronald Brownstein and Scott Bland, "Vulnerable House Republicans Embrace Ryan Plan," *National Journal* (April 23, 2011)

이와 같이 유권자의 투표가 의원의 지역구활동보다 정당에 대한 선호에 의해서 결정되는 경향이 증가하는 상황에서, 현직의원들의 운명은 자신이 속한 정당에 대해서 유권자들이 어떠한 평가를 내리는지에 의해서 좌우되는 경향이 점점 커졌다. 이러한 현실을 인지하고 있는 의원들은 정당의 집합적 운명이 자신의 선거당락을 결정한다는 점을 되새기면서 정당의 이념에 충실한 투표를 하는 경향이 더욱 커지게 된다. 따라서 지역구정서를 만족시키기 위해서 개별의원이 자신이 속한 정당의 이념이나 정책을 위반하면서 의회에서 투표하거나 혹은 같은 정당에 속한 대통령의 의지에 반대하면서 투표할지라도, 자신이 속한 정당이 전국적인 수준에서 유권자에게 우호적인 평가를 받지 못한다면 낙선할 수밖에 없는 상황에 이른 것이다.

이러한 논리는 바로 콕스(Gary Cox)와 매커빈스(Matthew McCubbins)가 의회조직과 운영에서 정당이 중요함을 강조하고 정당명칭을 공유한 동일정당 소속 의원들의 정당충성을 설명하면서 전개한 논리인데(Cox and McCubbins 1993), 존스(David R. Jones)의 연구를 통해서 경험적으로 확인되었다(Jones 2010). 존스는 과거와 달리 의회의 정파적 양극화가 심화되면서 정당 간 차별성이 명확해짐에 따라 유권자들이 의회의 성과를 실질적으로 평가할 수 있게 되었다고 주장한 바 있다. 즉 존스에 의하면 유권자들이 의회의 성과에 대한 책임을 특정 정당에 대해서 물을 수 없었던 과거의 개별의원 중심 혹은 상임위원회 중심의 전통적 의회와 달리, 의회의 양극화가 심한 현재와 같은 상황에서는 유권자들이 선거에서 의회의 성과를 중심으로 다수당 및 소수당 소속 의원들을 차별적으로 처리할 수 있게 되었다는 것이다. 따라서 존스는 다수당이 집합적으로 의회 내에서 입법성과를 만들어 낼 경우, 다수당 소속 현직의원의 득표율은 올라가고 그 반대의 경우는 떨어진다고 주장하였다. 즉 과거에는 의회의 성과에서 대해서 책임성을 물을 수가 없어서 이에 대한 개혁방안의 하나로 '책임정당론'이 주장된 적이 있었는데, 이제는 이것이 실제로 가능해졌다는 것이다.[26]

이와 함께 존스는 의원이 자신이 소속된 정당의 정책적 입장을 지지하는 방향으로 투표하는 경향을 설명하면서, 지역구 내에 적어도 일정한 규모의 유권자(some segment of the electorate)들이 다수당 소속의원들의 투표행태를 충분히 인지하고 있기 때문에, 이들에 의해서 부분적으로 정당에 대한 충성도를 중심으로 하는 의회선거 투표가 이루어지며, 따라서 의원 역시 정당중심의 투표를 하게 된다고 설명하고 있다. 한편 이러한 방식으로 유권자들의 투표가 이루어질 경우, 현직의원을 포함한 의회선거 후보들의 정책적 입장은 중위투표자보다는 정파적 유권자의 입장에 가까워지게 된다. 그런데 현직의원들이 이와 같이 중위투표자의 입장이 아니라 정파적인 유권자의 입장에 서게 되면 경우에 따라서는 선거에서 패배를 감수해야 하는 상황에 이르기도 하지만, 개인적인 신념과 자신이 소속한 정당의 집합적 이익을 위해서 이를 감수하기도 한다(Carson et al. 2010). 이외에도 유권자 수준의 양극화가 심화된 상황에서 지지도가 하락하는 소속정당과 거리를 두는 것이 선거에 나선 현직의원에게 별로 도움이 안 된다는 논리로도 의원의 정당투표 경향에 대한 설명이 가능하다.27) 또한 문

---

26) 책임정당론에 대해서는 American Political Science Review on Political Par-ties(1950); Committee on the Constitutional System(1985); Fiorina(1980) 등을 참조하기 바란다.

27) 존스는 자신이 속한 정당의 정책적 입장에 반대하는 투표를 행사한 의원의 경우, 의회성과에 대한 전반적인 평가가 그러한 현직의원의 득표율 변화에 영향을 미치는가를 분석하면서 그렇지 않다는 결론을 내리고 있다. 즉 자신이 속한 정당에 대한 전국적인 지지율이 하락하는 상황에서는 자신이 속한 정당에 대해서 지속적으로 반대하는 투표를 한 의원의 경우 역시 정당에 대한 유권자의 전반적인 평가에서 자유로울 수 없다는 것이다. 이후 존스는 "개별 현직의원은 가끔 부정적인 선거결과를 피하기 위해서 자신이 속한 정당으로부터 거리를 두려고 시도할지도 모르지만, 정규적으로 자신의 정당에 반대하는 투표를 한 의원도 여전히 자신이 속한 정당의 다른 의원들과 마찬가지로 의회의 성과에 대한

우진이 지적하듯이 의원의 정파적 투표 경향은 양극화된 상황에서 이념적 성향의 지지자가 선거자원을 제공하는 경우, 이러한 자원을 획득하여 선거에 승리하기 위한 후보들의 합리적 선택의 결과로도 설명될 수 있다(Moon 2004; 문우진 2006).[28]

III. 정당의 입법과정 지배[29]

1. 상임위원회 법안심의의 우회

의회의 정당중심적 의사진행 현상이 두드러지면서 나타난 중요한 변화 가운데 하나는 전통적으로 미국의회 정책결정의 핵심적 기구로 알려져 있었던 상임위원회의 중요성이 상대적으로 약화되었다는 점이다. 의회 입법과정의 수문장으로서 법안의 작성과 본회의 및 양원협의위원회 단계까지 소관법안에 대한 담당기관으

정당중심적 책임감(accountability)에 본질적으로 종속되어 있다"라고 적고 있다(Jones 2010: 331).

28) 한편 중위투표자 이론에 대해서는 Downs(1957)의 제8장 "정당 이데올로기의 정학과 동학"을 참조하기 바란다.

29) 의회조직과 운영에 있어서 상임위원회 중심의 분권화체제를 강조하는 이익분배이론이나 상임위원회보다는 의회 전체의 보편이익을 부각시키는 정보확산이론 등과 경합하면서 다수당의 집합적 이익이라는 관점에서 의회를 분석하는 정당이익이론은, 일찍이 다수당에 의한 의회조직 및 운영과 다수당의 공동이익을 위한 입법, 그리고 이를 위한 정당지도부의 권한을 강조해 왔다. 정당이익이론의 다양한 관점을 이해하기 위해서는 Aldrich(2011); Cox and McCubbins(1993); Kiewiet and McCubbins(1991); Rohde(1991) 등을 참조하기 바란다.

로서 기능해 왔던 상임위원회는 미국의회 정책전문성의 상징이자 의회권력 분권화의 구현체로서 알려져 왔었다. 1910년 당시 규칙위원회 위원장을 겸임하여 의사일정과 입법어젠다를 통제함으로써 막강한 권한을 행사하였던 캐넌 하원의장이 규칙위원회 위원장직에서 물러난 후 정당지도부의 힘이 약화되기 시작하였고 1930년대를 시작으로 상임위원회 위원장을 중심으로 한 분권화체제가 서서히 미국의회 권력구조의 핵심적인 양상으로 출현하기 시작했다는 점은 이 책에서 여러 차례 설명한 바와 같다.

이와 같이 의회권력과 의회 정책생산의 핵심기구로 인정받아 온 상임위원회는 1990년대를 거쳐 현재에 이르기까지 입법과정이 매우 복잡해지고 의회의 정당양극화 현상이 심화되면서 그 위상이 상대적으로 약화되어 왔다. 이제 상임위원회 위원장은 하원의장 등 정당지도부에 대항하여 독자적인 목소리를 내기보다는 정당지도부의 지시와 정당정책 및 이념에 충실한 인물로 변모해 갔다. 이러한 현상을 웅변적으로 드러내주는 사실은 상임위원회가 이제 더 이상 중요법안에 대한 독점적 심의 권한을 행사할 수 없게 되었다는 점이다. 다음의 〈표 18〉은 이러한 경향을 잘 보여주고 있다.

〈표 18〉에서 제시되어 있듯이 1980년대 말을 지나 제104대 의회 이후 주요 법안의 심사에 있어서 상임위원회의 독점적 권한은 현저히 줄어들게 되었음을 알 수 있다.[30] 이 도표에서 보듯이 제104대 의회 이후 하원과 상원을 망라해서 상임위원회의 심의를 거치지 않은 법안의 비율은 다소 부침은 있으나 서서히 증가하는 추세를 보이고 있다.[31]

---

30) 제104대 하원에서 깅그리치 하원의장이 주도한 의회개혁 및 상임위원회 권한제한에 대해서는 이 책의 제2장에 간략히 언급한 바 있다. 보다 자세한 내용에 대해서는 손병권(2002); Evans and Oleszek(1997)을 참조하기 바란다.

31) 실제로 다수당 지도부가 법안에 대한 상임위원회 심사과정의 전체 혹은 일부를

의회	연도	상임위원회를 거치지 않은 주요 법안 비율(%)		상임위원회 이후 조정과정을 거친 주요 법안 비율(%)	
		하원	상원	하원	상원
87	1961~62	0	6	4	4
89	1965~66	2	6	8	4
91	1969~70	2	4	7	9
94	1975~76	0	4	15	4
95	1977~78	2	6	13	20
97	1981~82	7	2	23	27
100	1987~88	19	14	39	20
101	1989~90	14	12	39	39
103	1993~94	2	8	31	38
104	1995~96	13	28	48	57
105	1997~98	10	14	35	30
107	2001~02	17	41	22	22
108	2003~04	26	31	20	24

출처: Sinclair(2007), 120쪽의 〈Table 6.3〉에서 재인용

　　이 도표에 의하면 공화당이 다수당이었던 제108대 의회 당시 하원
의 경우 전체 주요 법안의 26%가 상임위원회 심의를 거치지 않았으며,
상원의 경우 31%의 주요 법안이 역시 상임위원회 심의 없이 본회의
로 직행하였다. 정당지도부가 원할 경우 법안에 대한 상임위원회 심사
과정을 생략할 수 있는데, 이러한 경향이 점점 빈번하게 나타난 것이
다. 앞의 도표가 웅변적으로 보여 주는 것은 상임위원회가 입법과정에
서 차지해 온 위상이 약화되었다는 점인데, 반면에 정당 소속의원의

　　생략하는 것은 의사진행과정에 가능하며 종종 발견되는 일이다(Davidson et
al. 2008).

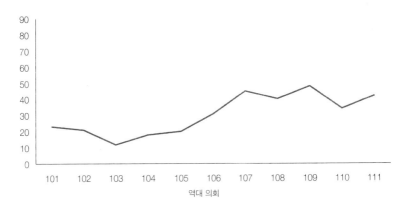

그림 20-1 하원에서 양당 간 법안조정과정을 거치지 않은 법안의 비율(%)

역대 의회

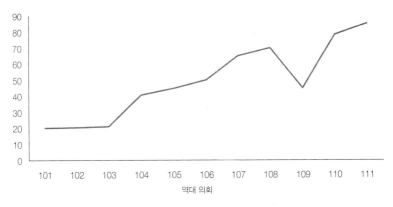

그림 20-2 상원에서 양당 간 법안조정과정을 거치지 않은 법안의 비율(%)

역대 의회

출처: Bendix(2016: 691)[32]

---

32) 벤딕스는 THOMAS(법안에 대한 정보를 담고 있는 사이트로서 현재는 Thomas. gov에서 Congress.gov으로 사이트가 이전되었음)에서 위의 도표의 토대가 되는 정보를 얻었다고 적고 있다.

다수의 지지를 받는 정당지도부의 권한은 강화되는 현상이 나타났다. 상임위원회에서 법안작성을 위한 심의를 거치는 않는 법안의 숫자는 다음의 〈그림 20-1〉과 〈그림 20-2〉에서도 잘 포착되고 있다.

위에서 서술된 바 다수당 지도부에 의한 상임위원회 심의과정 우회에 관한 논의(Sinclair 2007)는 벤딕스(William Bendix)의 논의와 대체로 비슷하다(Bendix 2016). 벤딕스 역시 다수당이 상임위원회에서 소수당과 함께 법안을 심의하는 과정을 생략하는 경향이 지난 20년간 증가한 점에 주목하고 있다. 〈그림 20-1〉과 〈그림 20-2〉를 보면 비록 부침은 있지만 대체로 제104대 의회를 지나면서 상임위원회의 법안심의과정을 거치지 않는 법안의 비율이 늘어나고 있음을 알 수 있다. 남부의 공화당화를 이끌어 냄으로써 의회의 정당양극화와 이념적 대립을 본격화한 제104대 의회선거 이후 하원의장을 포함한 다수당 지도부는 다수당에 유리한 입법을 큰 수정 없이 통과시키기 위해서 상임위원회를 우회하여 법안을 작성하는 방식을 빈번히 채택하였다.33) 상임위원회를 통해서 법안을 심의할 경우 발생할 수 있는 소수당의 방해전술과 지연토론, 그리고 법안수정으로 인한 다수당 법안의 변경 등을 우려하여 다수당 지도부는 이와 같이 상임위원회를 우회하여 자신이 직접 주관하는 별도의 작업반을 통해서 법안을 작성케 하는 경향이 증대한 것이다. 그리고 이러한 현상은 양원에서 공통적으로 발견되고 있다.34)

---

33) 제104대 의회 이후 정당지도부의 권한이 강화되면서 하원의장 등 다수당지도부가 상임위원회의 권한을 위축시킨 몇 가지 사례들에 대해서는 Davidson et al.(2008: 231-234)을 참조하기 바란다.

34) 벤딕스는 소수당의 참여를 통한 충분한 심의과정의 확보가 양질의 법안을 만드는 데 도움이 됨에도 불구하고 다수당 지도부가 이를 회피하는 이유에 대해서 설명하고 있는데, 그는 정파적으로 양극화된 위원회, 온건성향의 위원회, 온건성향의 위원장이 있는 위원회의 법안심의과정이 생략되는 경향이 높고, 반면 다

한편 싱클레어(Barbara Sinclair)는 다수당 지도부가 상임위원회의 심의과정을 생략한 채 법안을 바로 본회의에서 토론하고 표결하게 하는 경향이 증가한 것에 더하여, 상임위원회에서 심의한 법안을 그대로 본회의에 상정하지 않고 지도부가 직접 개입하여 다시 '조정'하는 법안의 비중도 늘어나고 있다고 서술하고 있다. 법안에 대한 다수당 지도부의 조정개입에 대해서 싱클레어는 누적되는 예산적자, 복수회부 등의 문제, 그리고 이로 인한 상임위원회 심의과정 이후의 조정절차 필요성 증대 등을 그 이유로 들고 있다(Sinclair 2007: 118-122). 법안이 매우 다양한 내용을 포함하게 되면서 그 복잡성이 커지게 되었고, 이에 따라 해당 법안에 관한 이해당사자가 증가하는 결과가 나타나면서 이러한 정당지도부의 개입빈도가 증가한 것이다. 또한 복잡한 법안에 다양한 지역구의 유권자들과 이익집단들이 관심을 보이면서 재선을 염두에 둔 의원들의 심의요청이 증가하여 법안 복수회부의 사례가 증가하게 되었다. 따라서 법안내용을 위계적으로 조율해야 할 필요성이 증대하자 법안의 최종적인 통과를 책임지는 다수당지도부가 적극적으로 법안작성과정에 개입하는 사태가 빈번히 발생하게 된 것이다.

이와 함께 1980년대 레이건 행정부 이후 연방정부의 예산적자가 누적되면서 상임위원회 간 법안내용에 대한 다수당 지도부의 개입 필요성도 늘어나게 되었다. 상임위원회가 심의하고 있는 법안이 지나치게 많은 예산을 소모할 경우, 그리고 다양한 상임위원회가 법률제정과정에서 서로 경쟁적으로 많은 예산을 요구할 경우, 정당지도부는 상임위원회가 전체적인 국가예산 상황과 고려하지 않고 독자적으로 법안을 만드는 것을 제한해야 할 필요성을 느끼게 되었다. 이와 같이

수당의 입장을 지지하는 극단적 성향의 위원회는 심의를 생략하는 경향이 낮다고 정리하고 있다(Bendix 2016).

정당의 이념적 양극화 현상과 함께 법안의 복수회부가 늘고 예산상의 제약이 겹치면서, 다수당 지도부는 상임위원회 심의 이후의 입법과정에 조정자로서 더욱 적극적으로 개입하였고, 결과적으로 최종적인 법안의 정책결정자로서 상임위원회의 위상은 상대적으로 약화되었다(Sinclair 2007).

2. 폐쇄형 규칙부여의 증대

의회 의사진행과정에 대한 다수당 지도부의 개입은 하원의 경우 의사진행이 정파적으로 운영되면서 규칙위원회를 통해서 법안에 부여되는 규칙 가운데 '폐쇄형 규칙'이 증가하고 있다는 현상에서도 포착되고 있다.[35] 폐쇄형 규칙은 하원 상임위원회에서 심의된 법안이 본

---

35) '규칙'을 부여하는 하원 규칙위원회의 기능 및 역사에 관해서는 House Committee on Rules(1983)와 Robinson(1963)을 참조하기 바란다. 다수당 지도부와 규칙위원회의 특별한 관계에 대해서는 Oppenheimer(1977, 1981)를 참조하기 바란다. 폐쇄형 규칙은 상임위원회가 본회의에 제출한 법안을 수정하지 못하도록 규칙위원회가 부여하는 결의안 형식의 규칙이다. 규칙위원회가 부여하는 규칙에는 폐쇄형 규칙 이외에도 본회의 수정을 가능하게 하는 '개방형 규칙(open rule)'이 존재한다. 그러나 실제 사용되는 규칙을 보면 순수한 유형으로서 폐쇄형 혹은 개방형 규칙 이외에 수정된 형태의 다양한 폐쇄형, 개방형 규칙이 존재한다. 이러한 다양한 형태의 규칙이 등장하는 이유는 의회 자체의 제도적 필요성에 따른 것일 수도 있지만, 다수당 지도부가 의사진행상의 상황과 편의에 따라서 다수당에 유리한 규칙을 만들기 때문이기도 하다. 한편 폐쇄형 규칙은 수정 폐쇄형 규칙(modified closed rule) 등을 포함하여 더 넓은 범주로서 '수정제한적 규칙(restrictive rule)'으로 불리기도 한다. 이 책은 정당이익이론을 따르는 논의들과 마찬가지로 규칙위원회의 규칙은 다수당의 이익확보를 위해서 사용되는 경우가 빈번하며, 또한 미국의회의 정당양극화가 진행됨에 따라서 폐쇄형 규칙이 다수당에 의해서 정파적으로 사용되는 경우가 증가하고 있다고 본다. 규칙위원회가 부여하는 규칙의 정파적 활용에 대한 정보확산이론

회의에서 수정되지 않도록 하는 기능을 수행하는 일종의 결의안인데, 이러한 성격을 지닌 폐쇄형 규칙이 규칙위원회를 통해서 법안에 부여될 경우 본회의 토론과정에서 법안수정이 불가능해진다(Oleszek 1989). 다수당 지도부는 법안에 대한 본회의 수정이 불가능한 폐쇄형 규칙을 부여하도록 규칙위원회에 요청함으로써 소수당에 의한 법안수정 없이 다수당이 원하는 법안이 본회의에서 통과되기를 원한다(Binder 1995, 1996; Oppenheimer 1977). 법안수정을 불가능하게 하는 폐쇄형 규칙은 다수당의 선호와 일치하는 '비중위투표자적 결과(nonmedian outcome)'를 가져오는 경향이 크기 때문이다(Dion and Huber 1996, 1997; Monroe and Robinson 2008; Rohde 1991).

다음의 〈표 19〉는 하원 본회의 법안심의과정에서 다수당이 소수당의 의사를 제어하면서 자신이 원하는 법률을 수정 없이 통과시키고자 할 경우 사용하는 폐쇄형 규칙의 비율을 클린턴 행정부와 부시 행정부 당시의 하원을 비교해서 보여주고 있다.

이 도표를 보면 드러나는 현상은 부시 행정부가 출범하면서 본회의 법률안 심의과정에서 폐쇄형 규칙을 사용하는 경향이 증가하고 있다는 점이다. 부시 행정부 당시 제110대 하원을 제외하고 모두 다수당이었던 하원 공화당은 규칙위원회를 통해서 상임위원회에서 통과된 법안이 본회의에서 수정 없이 혹은 수정이 대폭 제한한 채 표결될 수 있도록 폐쇄형 규칙을 적극적으로 활용하기 시작했음을 알 수 있다. 물론 클린턴 행정부 시기에도 1995년 이후 하원 다수당이었던 공화당이 폐쇄형 규칙을 사용한 것은 사실이지만, 폐쇄형 규칙의 사용 비율은

의 각도에서의 반론으로는 Krehbiel(1997a)을 참조하기 바란다. 이에 대한 반론과 크레빌(Keith Krehbiel)의 재반론으로는 각각 Dion and Huber(1997)와 Krehbiel(1997b)을 참조하기 바란다.

표 19 　　제103~109대 하원에서의 다양한 규칙의 활용 빈도와 비율

의회	대통령	폐쇄형 규칙	폐쇄형 규칙 비율	개방형 규칙[36]	개방형 규칙 비율	구조화된 규칙[37]	구조화된 규칙 비율
제103대 하원 (1993~94)	클린턴 (민주당)	9	9%	46	44%	49	47%
제104대 하원 (1995~96)	클린턴 (민주당)	19	14%	83	58%	40	28%
제105대 하원 (1997~98)	클린턴 (민주당)	24	17%	74	53%	42	30%
제106대 하원 (1999~2000)	클린턴 (민주당)	39	22%	91	51%	49	27%
제107대 하원 (2001~02)	부시 (공화당)	23	22%	40	37%	44	41%
제108대 하원 (2003~04)	부시 (공화당)	37	28%	34	26%	62	47%
제109대 하원 (2005~06)	부시 (공화당)	40	32%	24	19%	61	49%
제110대 하원 (2007~08)	부시 (공화당)	59	36%	23	14%	81	50%
제111대 하원 (2009~10)	오바마 (민주당)	38	34%	0	0%	73	66%
제112대 하원 (2011~12)	오바마 (민주당)	50	36%	25	18%	65	46%
제113대 하원 (2013~14)	오바마 (민주당)	72	48%	12	8%	65	43%
제114대 하원 (2015~16)	오바마 (민주당)	65	42%	8	5%	82	53%
제115대 하원 (2017~18)	트럼프 (공화당)	72	56%	0	–	58	44%

출처: Bipartisan Policy Center(2018), "Special Rules Providing for the Original Consideration of Legislation in the House, 103rd-115th Congresses(1993-2018)," Table 1 compiled by Don Wolfenberger, Resident Scholar, Bipartisan Policy Center, https://bipartisanpolicy.org/wp-content/uploads/2018/03/BPC-House-Rules-Data-115th-.pdf; 필자가 필요에 따라서 출처에 있는 도표의 내용 배열을 수정하였음

---

36) 이 도표의 출처에는 개방형 규칙과 '수정 개방형 규칙(modified open rule)'을 합해서 하나의 항목으로 설정하여 역대 하원별로 숫자와 비율을 기록했는데, 필

공화당 후보로서 부시 대통령이 당선된 2000년 이후 상당히 증가함을 알 수 있다. 공화당은 부시 대통령이 의회에 제안하는 다양한 법률에 대한 민주당의 정파적 법안수정을 사전에 막기 위해서 본회의에서 법안의 수정을 제한하는 폐쇄형 규칙을 상임위원회 제출법안에 빈번히 부여하였다(Slaughter 2005). 한편 이러한 폐쇄형 규칙의 사용빈도와 비율은 오바마 행정부 시기에도 큰 변화 없이 전반적으로 증가하는 추세를 보였으며, 제113대 하원에서는 무려 48%에 이르기도 하였다. 오바마 행정부 당시 민주당이 다수당이었던 제110대 및 제111대 하원에서도 폐쇄형 규칙의 사용은 결코 줄어들지 않았으며, 이후 공화당이 다수당의 지휘를 탈환한 제112대 하원 이후 폐쇄형 규칙의 사용 비율은 더욱 증가하였다. 이와 같이 하원의 의사진행에서 다수당의 지배력은 이러한 규칙의 사용에서도 확인될 수 있다.

보다 시야를 확대해서 폐쇄형 규칙의 전반적인 사용추이를 보면 대체로 정당양극화가 심화되면서 그 사용 빈도가 증가했음을 알 수 있는데, 〈그림 21〉은 제94대 하원부터 제113대 하원에 걸쳐서 사용된 개방형 규칙과 수정제한적 규칙의 비율을 제시한 것이다.

〈그림 21〉에 나타난 막대그래프를 보면 대체로 제104대 하원 이후 제113대 하원에 이르는 시기 동안 수정제한적 규칙이 지속적으로 증가했음을 할 수 있다. 폐쇄형 규칙 및 이를 수정한 다양한 형태의 수정제한적 규칙이 제104대 하원 이후 증가했다는 사실은 제104대

자의 본문 도표에서는 그냥 이 둘을 합쳐서 '개방형 규칙'으로 표기하였다. 단 출처의 도표에도 본문의 도표와 마찬가지로 폐쇄형 규칙은 그대로 폐쇄형 규칙으로 기록했다.

37) '구조화된 규칙(structured rule)'은 과거에 1회의 수정만을 허용하던 '수정 폐쇄형 규칙(modified closed rule)'을 포함하여 규칙위원회가 부여하는 규칙에 규정된 방식으로만 수정을 허용하는 규칙을 말한다.

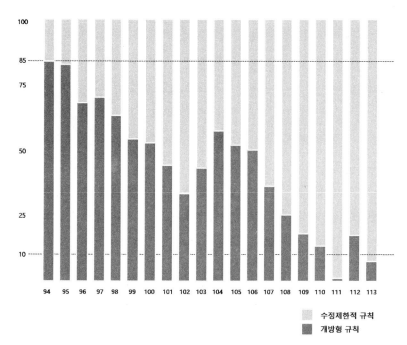

그림 21   역대 하원에서 수정제한적 규칙과 개방형 규칙의
사용 비율의 추이[38] (%)

출처: "The House Freedom Caucus has good ideas on how the US House should
operate," https://www.vox.com/polyarchy/2015/10/20/9570747/house-freedom-
caucus-process-demands, 이 글의 저자인 드러트만(Lee Drutman)은 위 그림의 출
처를 필자가 사용한 도표의 토대가 되는 보고서를 작성한 월펜스버거(Donald
Wolfensberger)로 밝히고 있음

의회 이후 의회의 이념적 대립과 정당양극화가 격화되기 시작했다는
사실과 상호 조응하는 현상이다. 제104대 의회선거를 통해서 미국 남
부지역에서 보수적인 민주당 의원의 세력이 몰락하면서 의회의 정당

---

38) 이 그림에서 '폐쇄형 규칙' 대신 '수정제한적 규칙'이라는 용어를 사용한 것은
이 그래프의 출처에서 그렇게 명칭을 사용하고 있기 때문이다. 그러나 이 두
용어는 큰 무리 없이 호환적으로 사용될 수 있다.

양극화가 심화되었고, 이후 하원 다수당이 소수당과의 협의보다는 자신들의 주도로 정당의 공약을 담은 법안을 통과시키려고 노력하면서 이와 같이 폐쇄형 규칙의 활용도가 높아졌다.

이상의 논의에서 다수당 지도부의 의사진행에 대한 개입과정을 상임위원회의 우회 및 폐쇄형 규칙의 활용을 통해서 살펴보았다. 미국 사회가 전반적으로 이념적으로 양극화되고 의회 내에서 정당대립이 격화되면서, 의회 다수당 지도부가 채택하는 제도적, 절차적 도구는 단지 이 소절에서 소개한 사항에 국한되지 않는다. 의회 양당의 내적인 이념적 응집력이 견고해지고 이에 비례하여 다수당의 공세와 소수당의 반발이 점점 더 격렬해지면서, 양원 다수당 지도부는 사용할 수 있는 모든 제도적 자원을 동원하여 자신들이 원하는 정책이나 같은 정당에 속한 대통령의 정책어젠다를 입법화하기 위해서 노력해 왔다. 이러한 과정에서 소수당은 점점 더 의회 의사운영과정에서 배제되면서 미국의회는 점점 심의의 기능과 국민의 신뢰를 잃어가는 의회로 전락하게 되었다(Ramirez 2009).

IV. 호혜성의 붕괴, 연공서열제의 약화, 도제주의의 퇴조

이념적이고 정파적인 대립을 경험하고 있는 미국의회의 변화된 양상은 의회규범의 영역에서도 예외 없이 목격되고 있다. 의회 상임위원회정부 수립 이후 이미 지속적으로 도전에 직면해 온 전통적인 미국의회의 규범은 오늘날의 정당양극화의 난관에 직면하여 역시 더 이상 온전히 통용될 수는 없는 수준에 이르렀다고 해도 과언이다. 의원이나 상임위원회 간의 호혜성 규범이나 초선의원의 도제주의 규범 등은 거의 존재의 의미가 없을 정도로 약화되었다고 보인다. 이들 규범이 약화된 것은 이러한 규범이 의원들의 손익계산에서 더 이상 이익을 가져다는 규범이 아님을 의미하는 것이다. 의원의 개인적 성향이나 목적, 그리고 장기적인 정치적 야심에 따라서 다르게 나타날 수 있겠지만, 이러한 전통적인 의회규범이 의원들의 인센티브 구조에서 이익보다는 손실을 더 가져다 줄 수도 있는 것으로 인식되면서, 더 이상 의회규범으로서의 위상을 유지하지 못하는 상황에 이른 것으로 보인다.

우선 의원 상호 간 혹은 상임위원회 간의 원활한 협조에 기여했던 호혜성 규범은 정당양극화와 정당 간 이념적 대립으로 인해 상당히 훼손되는 지경에 이르렀다. 지역구를 위한 정책을 중심으로 서로 다른 상임위원회에 소속된 의원 상호간의 이익을 도모하는 방향으로 실시되던 의원 간 상호 법안 공동지원(log-rolling)은 정당 간 차이를 넘어서는 초당적 협력의 분위기 속에서 가능한 것이었다. 그러나 의회의 심의과정이 매우 정파적으로 진행되고 있는 지금의 미국의회는 이러한 입법협조를 기대할 만한 분위기를 결코 제공하고 있지 않다. 이와 함께 의원들 상호 간에 우의와 예절을 지켜야 한다는 상호존중의 규범도 정파적인 의사진행이 매우 장기간 지속되면서 상당히 손상된 것으로 보인다.

정당 간 갈등과 대립은 법안을 일차적으로 심의하는 상임위원회 수준에서 매우 극명하게 드러나고 있다. 예컨대 전통적으로 세입위원회나 세출위원회는 국가 재정수입 및 지출과 관련된 매우 중요한 결정을 내리는 권력형 위원회이기 때문에 동료의원의 신뢰를 얻을 수 있는 중도과 다선의원을 중심으로 선발되는 것이 일반적이었다(Fenno 1962, 1973). 전통적으로 이들 두 위원회는 양당 의원들 가운데 정파적 성향의 의원들보다는 중도성향의 중진의원들을 중심으로 구성되어, 이들 상임위원회의 결정이 전체 의원의 동의를 무난히 획득할 수 있는 위원회로 통했다. 중도적인 다선의 중진의원 중심의 두 위원회는 이러한 인적 구성을 통해서 의회 전체의 신뢰를 획득할 수 있었고, 국가재정과 관련된 중요한 법률을 무난히 통과시킬 수 있었다. 위원회 내부의 업무는 상호존중과 신뢰, 그리고 신중한 심의를 통한 양당 간 합의도출을 바탕으로 해서 진행되었다.

그러나 1990년대 중반 이후 의회의 정당양극화가 심화되면서 이들 두 권력형 위원회는 더 이상 중도성향 의원을 중심으로 구성된 상임위원회로 인식되고 있지 않다. 의원 상호 간에 갈등의 소지를 줄여서 의회 전체가 무난히 수용할 수 있는 예산안이나 재정지출 법안을 만들어 낸다는 전통적인 통념은 예산과 재정 문제를 둘러싼 정파 간 갈등으로 인해서 더 이상 통용될 수 없는 규범이 되었다. 이는 적지 않게 미국 연방정부의 셧다운 위기 등에서도 목격할 수 있다. 현재 미국의회에서 이들 두 상임위원회는 다른 어느 위원회만큼이나 정파적이고 갈등적인 위원회로 변모되었다고 할 수 있다.

이와 같이 최대의 합의를 통해서 의회가 수용할 수 있고 신뢰할 수 있는 재정 관련 법률안을 만들어야 하는 상임위원회 내에서도 소속의원 간의 호혜성 규범과 경의의 규범은 더 이상 찾아보기 힘들어졌다. 규범을 '바람직한 행위에 대한 공유된 기대감과 일탈에 대한 강제의 메커니즘'으로 정의할 때(Rohde 1988), 현재의 미국의회는 이러한 '공유된 기대감'이 사라졌으며, 양당이 공히 규범으로부터의 일탈에 대응하는 강제적 메커니즘을 더 이상 작동시키지 않고 있다. 오히려 정당 간 상호 일탈과 비판을 조장하는 정파적 메커니즘이 더 강하게 작동하고 있다고 보인다. 이는 특히 소수당을 상임위원회 심의과정에서 아예 배제하고 다수당 주도로 논의를 진행하는 파행적인 법안심의과정에서 심심치 않게 엿볼 수 있다. 소수당을 아예 심사과정에서 배제하는 이러한 관행은 부시(George W. Bush) 대통령 당시부터 본격화되기 시작하여 이제는 주요 법안으로부터의 소수당 배제가 새로운 관행으로 등장한 느낌마저 주고 있다.

한편 상임위원회제도를 지탱하고 있는 연공서열제 규범이 1970년대 민주당 주도의 의회개혁으로 인해 약화되었다는 점은 이미 제2장에서 설명한 바 있다. 연공서열제에 의한 상임위원회 위원장 선출은 자동적 선출규정이 약화된 상태에서도 여전히 지속되는 규범이기는 하다. 그러나 의회 내에 정당양극화가 진행되는 과정에서 상임위원회 위원장은 다수당의 이념과 주류의견을 반드시 추종할 수 있는 인물이 되어야 한다는 조건은 더욱 강화된 것으로 보인다. 특히 부시 행정부와 오바마 행정부 16년을 경험하면서 이러한 조건은 일종의 불문율이 된 느낌마저 있다.

이 두 행정부가 존속한 기간 동안 의회정치가 극도로 정파적으로 진행되면서 민주당과 공화당은 자신과 동일정당에 속한 대통령이 추진하고자 하는 법안을 통과시키려고 할 경우, 그 소관 상임위원회를 철저히 통제해야 할 필요성을 강하게 느꼈고 따라서 상임위원회 위원장은 반드시 정당이념에 충실한 의원 가운데 선정되었다. 그렇지 않은 인물이 선발될 경우 상임위원회 위원장은 다수당 지도부는 물론 정당이념에 충실한 다수당 내 의원집단에 의해서 항상 공격 받을 운명에 처하게 되었다. 따라서 현재 미국의회에서 연공서열제가 지켜지고 있다고 한다면, 이는 상임위원회 위원장 선출에 대한 자동성의 규범이 유지되는 것과 함께 위원장으로 선발되는 상임위원회 내 다수당 최다선 고참의원이 다수당 지도부의 훈령과 정당의 주류의사에 충실하기 때문이라고 보는 것이 더 타당하다.

특히 2010년 초 오바마 대통령의 의료보험개혁에 대한 반발로 시작된 티파티 운동의 전개 이후 공화당 내에 보수적 이념성향의 의원들이 다수 입성했는데, 이들 티파티 운동을 지지하는 강한 이념적 성향은 초선의원들은 자신들이 이념과 배치되는 정당지도부나 상임위원회 위원장들과의 대립이나 대결을 결코 회피하는 일이 없었다. 이들은 비록 수적으로는 소수일지는 모르지만 서로 매우 긴밀히 연락하고 사안별로 단합하면서 세력화를 도모하여 공화당 의원총회 등에서 발언권을 키워나갔다. 따라서 이들이 의원총회를 통해서 상임위원회 위원장을 포함하여 신임 정당지도부를 선발하는 과정에 미칠 수 있는 영향력 역시 매우 컸다. 이렇게 볼 때 정당이념에 충실하지 못한 인물이 연공서열제를 기반으로 상임위원회 위원장에 자동적으로 오른다는 과거의 전통적인 통념은 매우 약화되었다.

한편 의회 내의 극단적 정파적, 이념적 대립과 이념적인 교착상태는 초선의원들에게 요구되어 왔던 도제주의 규범을 유명무실하게 만들었다. 초선의원은 정치적인 영향력을 발휘하거나 전국적인 인물로 부상하려고 노력하기보다는 상임위원회를 중심으로 열심히 의정활동에 임하면서 의회의 일상적인 업무를 파악하도록 노력해야 한다는 전통적인 요구는, 정당이념에 충실하도록 위임을 받아 당선된 강한 이념성향의 초선의원들에게는 결코 적용될 수 없는 규범이었다. 이들은 자신들이 오히려 유권자들의 진정한 의사를 대변하는 사람들이라고 자부하면서 선거운동을 펼쳤고, 반(反)워싱턴 구호를 외치면서 의회에 입성한 인물들이다. 따라서 이들은 전통적인 의회규범을 지킨다는 것을 본원적으로 자신의 출마명분과 자신을 뽑아준 유권자의 의사와는 배치되는 것으로 여기는 경향이 있었다. 전통적인 도제주의 규범을 따르기보다는 의회 내에서 새로운 변혁을 추진하기 위해서 적극적으로 입법활동에 임하고, 선임의원에 대해서 자신의 의견을 가감 없이 개진하는 것이 유권자의 의견을 더 잘 대변하는 것이라고 이들은 믿고 있었다.

　도제주의 규범이 약화되는 데에는 이미 위에서 언급했듯이 일차적으로 미국 유권자들 사이에 팽배해 있는 반(反)워싱턴 정서, 반(反)의회여론, 부패와 무능의 온상으로 의회를 보는 시각 등이 상호 연관되면서 작용했다. 의회에 대한 이러한 부정적인 인식은 대강 두 가지 방식으로 도제주의 규범의 약화에 기여한 것으로 보인다.

　첫째는 워싱턴정치에 대한 불만이 커지면서 현직의원이 상당수 은퇴하거나 교체되고 신참의원들이 대거 진입하는 경우가 과거보다 빈번하다는 현상에 주목해야 한다. 즉 1950년대에서 1980년대까지 이르는 시기보다 1990년대 이후의 시기에 현직의원들의 재선 불안감이 상당히 커지면서 현직의원의 이익이 과거보다는 약화되는 현상이 나타났고, 신진의원들의 의회진입도 빈번해졌다. 이와 같이 신진의원들의 증대는 고참의원이 요구하는 도제주의 규범이 약화되는 기반을 마련하게 된다.

　한편 이념중심의 정치가 지속되면서 신진의원들은 유권자들이 원하는 변화의 요구를 의회에서 구현시키기 위해서 독자적으로 때로는 집단적인 방식을 통해 저항적이고 행동지향적인 의정활동을 수행하였다. 또한 자신들을 선택해 준 유권자들의 의지를 집단적으로 관철시키기 위해서 이념적으로 동질적인 의원들끼리 소규모 의원집단을 구성하여 정당지도부에 압박을 가하기도 하고 정당지도부의 지침을 거부하기도 했다. 이 경우 이들에게 중요한 것은 자신들의 소신을 의정활동을 통해서 정책화하고, 또한 자신들을 선택해 준 유권자들에게 자신의 존재가치를 확인시키고 적극적인 의정활동을 선전하고 홍보하는 것이다. 이러한 신진의원들의 의정활동이나 가치정향은 전통적인 신참의원의 역할모형과는 충돌되는 것이다. 따라서 도제주의 규범은 이들의 인센티브 구조에 맞지 않는 것으로 치부되었고 결국은 더 이상 유효하지 않은 것으로 보인다.

특히 2010년 이후 티파티 운동의 위세로 의회에 입성한 공화당 초선의원들 대부분은 워싱턴정치에 대한 개혁과 자신들이 믿는 작은정부론의 추진과 재정건전성 확보라는 가치를 중심으로 의정활동에 임하면서, 때로는 매우 돌출적이고 극단적인 행태를 띠는 경향마저 보였다. 가장 적절한 사례가 크루즈(Ted Cruz) 공화당 상원의원이라고 할 수 있는데, 2012년 상원의원으로 당선된 크루즈 의원은 2013년 정부예산안에 대한 공화당과 민주당의 대립으로 인해서 정부폐쇄의 위기로까지 치닫는 상황에서 오바마 의료개혁법에 대한 예산배정을 거부하며 의사진행 방해발언을 시도하기도 하였다. 초선의원으로서의 그의 이러한 행동은 감세와 건전재정의 확보라는 티파티 운동의 이념에 충실한 것으로 지지자들 사이에서 칭송되기도 했다. 티파티 운동의 저항적이고 이념적인 정서를 대표하는 초선의원의 한사람으로서 크루즈 의원의 사례는 도제주의 의회규범이 더 이상 과거와 같은 효과를 발휘하지 못한다는 점을 잘 보여준 경우라고 할 수 있다.

제6장

결 론

결 론

I. 논의의 정리

2016년 초반부터 미국 대통령 후보선출을 위한 예비선거 과정에서 나타난 공화당의 트럼프 후보와 민주당의 샌더스 후보의 예상치 못했던 선전과 이로 인한 돌풍은 미국 민주주의에 대해서 여러 가지 의미심장한 질문을 던져주었다. 사람마다 질문이 다르고 답변 역시 서로 다를 것이겠지만, 필자가 던지는 질문은 이러한 아웃사이더 후보가 왜 미국 유권자들의 열광적인 지지를 받을 수 있었는가 하는 점이다. 그리고 여기에 대한 답변 가운데 가장 중요한 사실은 바로 미국정치 특히 미국의회가, 미국이 안고 있는 경제불황이나 실업 등의 절박한 문제에 대해서 구체적이고 신속한 해결방안을 내어 놓지 못하고 있다는 점이었다. 미국의회가 국민의 요구에 대해서 반응하지 않는 불감(不感)의회로 인식되고, 또한 별다른 성과도 만들어 내지 못하는 불임(不姙)의회의 양상을 드러내기 시작하면서, 의회를 비롯한 연방 수준의 정치제도 전반에 대한 국민의 불신과 불만이 커지게 되었고, 그 연장선상에서 워싱턴정가와 거리를 둔 아웃사이더에 대한 열광적인 지지가 트럼프 현상과 샌더스 현상으로 나타났다.

미국의회는 전통적으로 상임위원회를 중심으로 한 정책전문성을 바탕으로 국민의 의견을 대변하고 국사를 심의하는 정부부처로 인식되어 왔으며, 대통령제 국가들 가운데 의회 민주주의를 잘 발전시켜 온 전범(典範)으로 간주되어 왔다. 상임위원회 중심의 분권화체제에서 배태된 정책전문성은 미국의회가 자랑하는 제도적 특징 중의 하나였다. 그러나 이러한 분권화되고 양당공조적인 상임위원회 중심의 미국의회는 레이건 대통령이 집권하던 1980년대를 거쳐 1990년대 중반 이후 정파적인 대립의 장소로 변모하기에 이르렀다. 이와 같은 정파적 변혁의 핵심에는 1994년에 치러진 제104대 의회선거가 있었다. 이후 2001년부터 집권한 부시 행정부 8년과 2009년부터 시작된 오바마 대통령 8년의 임기를 거치면서 미국의회는 필요한 법률을 적시에 제정하지 못하는 경우가 늘어나게 되었고, 정파적 교착상태가 빈번하여 무능하고 '망가진 기관'이 되어 여론의 비판과 국민적 비난의 대상으로 전락하였다.

이 책은 미국 의회정치가 정당정치의 대결논리와 이념적 갈등에 휘말려 국민대표 기능 및 법률제정 기능을 제대로 수행하지 못하게 된 원인을 검토할 목적으로 저술되었다. 구체적으로 이 책은 전통적으로 분권화된 상임위원회를 중심으로 작동하던 미국의회가 어떠한 원인에 의해서 분권화체제로부터 이탈하여 정당에 의해서 포획된 기관으로 변질되었고, 또한 정당갈등으로 인해 빈번한 교착상태에 직면하는 기관으로 전락하게 되었는가 하는 점을 설명하고자 하였다. 이를 통해서 대통령제 국가들 가운데 의회 민주주의의 전형으로 통하던 미국의회가 대통령과 함께 국정을 주도적으로 이끌어가는 기관이 되지 못하고 오히려 국가적 고민의 한 부분이 되어버린 과정을 살펴보고자 하였다.

이러한 문제의식하에서 이 책은 제1장 '서론,' 제2장 '미국의회의 개관,' 제3장 '전통적인 미국의회의 특징,' 제4장 '미국 의회정치의 변화 원인,' 제5장 '변화된 미국 의회정치의 양상,' 제6장 '결론' 등 전체 6개의 장으로 나누어 논의를 진행하였다. 제1장인 '서론'에서는 1990년 중반 이후의 미국의회를 '정당에 포획된 의회'라는 관점에서 보아야 할 필요성과, 이러한 새로운 관점의 중요성에 대해서 논의하였다. 그리고 이러한 연구를 수행하는 데 있어서 필요한 연구방법을 제시하고 연구의 내용을 간략히 설명하고자 하였다.

이어서 '미국의회의 개관'에 관한 제2장에서는 전통적인 미국의회의 모습을 분석하기에 앞서서 사전적인 배경지식을 제공하기 위해서 '권력분립'하에서 '견제와 균형'의 원리를 통해 작동되는 미국의회의 역할을 총체적으로 먼저 살펴보았고, 이어서 미국의회사를 상임위원회와 정당 및 정당지도부의 상호 역학관계 속에서 개괄적으로 검토하였다. 이러한 의도에 따라서 제2장은 상임위원회의 등장과 성장, 의회 정당정부 시대 및 상임위원회정부 시대, 1970년대 중반 의회개혁, 1990년 중반 이후 정당에 포획된 미국의회의 순서대로 미국의회의 역사를 정리하여 소개하였다.

교과서적인 의미에서 '전통적인 미국의회의 특징'을 검토한 제3장에서는 '상임위원회 중심의 분권화 체제', '취약한 정당지도부의 권한', '지역구 중심의 정치와 높은 의원재선율', '호혜성, 연공서열제, 도제주의의 규범' 등을 중심으로 분권화된 미국의회의 특징을 조명해 보았다. 이 장에서는 미국 민주주의를 떠받들고 있는 의회 민주주의가 정당이념과 정당양극화에 침해되기 이전, 상임위원회를 중심으로 정당 간 갈등 속에서도 의원 간 입법협조와 초당적 협력을 통해서 효율적으로 의사를 진행하던 당시의 제도적·행태적 특징을 검토해보았다. 미국사회가 아직 이념적 대립이나 국가정체성 위기를 겪지 않고 있었던 상황 속에서 미국의회가 상임위원회를 중심으로 한 분권화체제 속에서 개별 지역구 유권자와의 연계관계를 통해서 작동하였으며, 정당을 초월하여 의원 간 협력이 가능하였다는 점을 다양한 각도에서 강조하고자 하였다.

전통적이며 교과서적인 미국의회에 대한 분석에 이어서 이 연구의 가장 주요한 부분인 제4장과 제5장은 각각 미국 의회정치가 정당의 지배를 받는 기관으로 전락하게 된 원인과, 정당이 지배하는 의회정치가 가져온 다양한 의사진행의 변화 양상과 의원의 변모된 행태를 설명하고자 하였다. 제4장에서는 의회에 대한 정당정치의 지배가 도래하게 된 원인과 관련하여, 뉴딜자유주의의 쇠퇴를 먼저 설명하고 그다음으로 미국사회 내부에서 현대 자유주의와 현대 보수주의가 대립하는 양상을 설명하였다. 이어서 뉴딜자유주의의 붕괴를 확인하면서 의회 내 정파적 갈등과 교착상태를 불러일으킨 선거인 제104대 의회선거의 배경과 결과를 분석하였다. 제104대 의회선거 이후 의회 내에서 보수 성향의 남부 민주당 의원들이 대거 사라지고 공화당 의원에 의해서 대체되면서, 미국 의회정치가 더욱 이념적이며 정파적인 대립의 극단으로 내몰리게 되었음을 강조하였다. 계속에서 제4장에서는 히스패닉 인구 등 소수인구의 증대로 인해 이민 문제와 미국정체성 문제가 불거지면서 미국 유권자 수준에서 정파적 양극화가 심해졌다는 전제하에 이러한 현상을 다양한 통계자료를 통해서 분석하였다. 이와 함께 백인과 소수인종의 정파적 분기배열 현상이 지속적으로 진행되면서 유권자 수준의 정당양극화가 지속되어 왔음을 지적하였다.

　제5장은 제4장에서 설명한 의회정치에 대한 정당지배의 원인을 토대로 하여 변화된 미국의회의 다양한 양상을 설명하고자 하였다. 제5장은 정당에 포획된 미국의회의 다양한 면모를 '의회선거의 전국적 정당선거화', '의회 정당양극화의 심화', '정당의 입법과정 지배', '호혜성의 붕괴, 연공서열제의 약화, 도제주의의 퇴조' 등으로 나누어 설명하였다. 정당이 의회를 지배한 주요요인의 영향으로 인해서 미국 의회선거는 점점 더 전국적 수준에서 의회제 국가와 마찬가지로 대통령과 다수당의 입법성과를 중심으로 진행되는 경향을 강하게 보이게 되었음을 먼저 지적하였다. 이어서 의회 입법과정이 정당지도부나 정당이념에 의해서 지배되는 경향이 두드러지면서 양대정당의 내적 응집력이 강화되고, 또한 양대정당 간에는 정파적·이념적 양극화 현상이 심화되어갔다는 점을 설명하였다. 이와 같이 의회 의사진행이 소수당을 배제하고 다수당 지도부에 의해서 주도되면서 입법과정에 있어서 상임위원회의 전통적인 위상이 약화되고 심의과정이 형해화되는 현상을 살펴보았다. 마지막으로 정당에 포획된 의회정치에서 호혜성이나 도제주의 등 전통적인 의회규범이 설자리를 점점 잃어가게 되었다는 점도 설명하였다.

II. 민주주의의 탈선과 현재의 미국정치

　　　　　　　　지금까지 이 책에서 논의된 미국의회의 양극
화와 관련한 미국 민주주의의 전반적인 문제점은 2016년 아웃사이더
인 트럼프 대통령의 당선과 함께 더욱 극명하게 드러나고 있다. 트럼
프 대통령의 당선 이후 현재 전개되고 있는 미국정치는 국내적으로는
러시아커넥션의 문제 속에서 이민법 개정이나 인프라 투자 등 주요한
정책의 입법과정이 지지부진한 상태에 있고, 세계적으로는 동맹관계
의 재설정과 무역전쟁 등 미국 우선주의의 대외경제정책 등으로 인한
불확실성이 증가하고 있다. 트럼프 대통령에 대한 지지율은 40%를
넘는 수준이지만 임기 초반 대통령의 지지율로는 낮은 수준에 머물고
있는 형편이다.

　트럼프 대통령의 등장이 보여주는 미국 민주주의의 탈선현상은 세
계적 차원에서 대의 민주주의의 퇴조와 민중주의의 등장이라는 현상
과 함께 고찰되어야 한다.[1] 세계적으로 대의 민주주의가 상당한 문제점
을 노출하고 있는 가운데 트럼프의 등장으로 대변되는 미국 민주주의
의 탈선현상도 함께 고찰되어야 하며, 이를 통해서 트럼프라는 권위
주의적이며 민중주의적인 지도자의 부상 현상을 검토할 필요가 있다.

　익히 알려져 있는 바와 마찬가지로 '제3의 물결(the Third Wave)'
에 의한 민주화가 진행된 이후 탈냉전과 함께 동유럽과 중앙아시아
등 구(舊)사회주의권을 중심으로 1990년대 제4의 민주화가 진행되면
서, 민주주의는 거부할 수 없는 시대의 대세로 자리를 잡은 것처럼 보

---

1) 민주주의의 주요 내용과 역사 그리고 각국에서 민중주의의 발현, 민주주의와의
　상호관계 등에 대해서는 서병훈(2008)을 참조하기 바란다. 서병훈은 민주주의를
　영어 그대로 '포퓰리즘'으로 사용하고 있다.

였다. 제4의 민주화 이후 세계화에 편승하여 신자유주의가 확산되면서 민주주의는 경제적 번영과 함께 항구적인 평화를 보장해 줄 보편적인 정치이념으로 전 세계로 확산되어 갔다. 시민이 선거를 통해서 정치에 참여하며 자신의 정치적 의견을 표현할 수 있는 대의 민주주의제도는 정규적 선거를 통한 정당경쟁과 이를 통한 대표의 선출로 민의를 대변한다고 여겨졌고, 따라서 여러 가지 결함과 부작용에도 불구하고 가장 이상적인 정치제도로 지속적으로 확산되고 발전되어 왔다. 물론 이러한 민주주의 이행과정에서 권위주의적인 요소가 다시 득세하여 '유사 민주주의(quasi-democracy)'가 등장하기도 했으나, 대의 민주주의로의 확장은 시대적인 대세로 자리 잡는 듯했다.

이러한 낙관적인 기대는 사실은 탈냉전과 함께 전개된 미국 중심의 단극체제의 형성과 미국 주도의 국제질서의 재편과 맞물려서 더욱 힘을 얻은 측면도 있었다. 적어도 이라크 전쟁의 후유증과 글로벌 금융위기가 심각하게 등장하기 이전까지만 해도 서구식 민주주의의 최종적인 승리는 자명한 것으로 보였고, 후쿠야마(Francis Fukuyama)식의 '역사의 종식론'이 상당히 설득력 있게 들렸다. 그러나 세계화의 부작용과 2007~08년 미국발 글로벌 경제위기, 그리고 이로 인한 소득 불평등의 심화와 중산층의 몰락, 유럽 복지국가의 실패와 남유럽 재정위기, 중국의 괄목할 만한 경제성장과 매력공세, 미국정치의 만성적 교착상태와 기득권 이익집단의 전횡과 로비로 인한 민주주의의 반응성 격감, '아랍의 봄'의 실패, 이민으로 인한 불안감의 증대 등의 현상이 등장하면서 대의 민주주의에 대한 신뢰가 떨어지고 그 효용성에 의문이 제기되기 시작했다. 이는 전반적인 민주주의의 퇴조현상을 의미했다.

이러한 민주주의 퇴조현상은 유권자의 일반적인 정서의 차원, 정치제도의 차원, 그리고 시민과 지도자 간의 관계에서 동시다발적으로 이루어졌다. 미국과 유럽의 보수주의적이고 고립주의 성향을 보이는 유권자들은 반이민주의, 인종주의, 권위주의의 성향을 보이면서, 과거 어느 때보다도 유럽계 백인중심의 문화적 정체성 회복에 집착하기 시작했다. 이와 동시에 민주국가의 유권자들은 대의 민주주의 제도의 문제해결 능력에 대해서 심각한 회의감을 표명하면서 자신들의 분노를 분출시킬 수 있는 직접적인 참여를 갈구하게 되었다.

한편 서유럽과 미국의 정치는 정치제도적인 차원에서 매우 병리적이고 퇴행적인 현상을 빈번히 드러내곤 했다. 극단적인 정당양극화, 의회 심의기능의 마비로 인해 대의 민주주의의 문제해결 능력에 의문이 제기되면서 극우정당 혹은 극좌정당이 등장하였고 주류정당 내에서 극단적 세력이 득세하는 경향이 나타났다. 이와 함께 이념적, 인종적, 민족주의적 성향을 보이는 정치세력이 활성화되기도 하였다. 이러한 제반요소가 동시다발적으로 등장하면서 의회와 대의 민주주의에 대한 불신과 함께 민주적 절차에 대한 경시풍조도 빈번히 출몰했다.

한편 시민과 정치인 간의 관계에서도 대의 민주주의에 우려가 될 만한 현상들이 등장하기 시작했다. 적지 않은 정치지도자들이 의회의 심의를 통해서 국정을 운영하려 하기보다는, 정치제도권 밖에서 국민들에게 직접적으로 호소하는 방식을 채택해 가기 시작했다. 또한 경제적 생존의 위기와 문화적 정체성에 대한 위협이라는 상황에 편승하여 권위주의적 지도자가 등장했고, 기존의 정치권에 식상한 유권자들은 이러한 새로운 부류의 정치인들에 대해서 호감을 보이기 시작했다. 안정과 질서를 희구하는 유권자들은 민주적 절차가 다소 희생되더라도 권위주의적 정치인의 단순무식한 강변(强辯)과 '셀럽(celebrity)' 스타일의 제스처에 열광하였다.

이러한 대의 민주주의에 대한 다중적인 불만과 회의 속에서 서유럽과 미국에 반엘리트주, 반지성주의, 반다원주의를 특징으로 하는 민중주의적 권위주의가 득세하기 시작했으며, 이러한 성향의 정치인들은 불안과 불만 속에서 생활하는 유권자들 사이에서 호소력을 발휘하기 시작했다. 이들 새로운 유형의 지도자들은 자신의 지지자들을 이기적인 엘리트에 의해서 무고하게 희생당하는 순수한 '인민(people)'으로 포장하고 자신이 이들의 보호자가 될 것임을 자처하였다. 미국의 경우를 보면 월가의 '탐욕스러운' 금융자본가와 워싱턴정가의 '부패하고 무능한' 정치인들이 바로 2016년 당시 트럼프 공화당 후보가 지속적으로 비판한 적대세력들이었다. 그는 이들을 청소하여 워싱턴으로부터 몰아내고('drain the swamp') 노동자들을 보호하겠다고 약속하면서 대통령에 당선될 수 있었다.

의회의 양극화가 표상하는 미국 대의 민주주의의 위기와 미국 민주주의의 탈선은 불법이민의 지속, 테러위협, 세계화의 폐해 등과 결부되어 미국 백인 유권자의 좌절과 분노를 극대화했고, 2016년 미처 예상하지 못했던 의외의 상황을 연출하면서 마침내 트럼프라는 아웃사이더를 대통령으로 당선시킬 수 있었다. 민중주의적 권위주의 지도자로서 트럼프는 워싱턴정가의 무능을 맹렬히 공격하면서 순식간에 여론과 미디어의 집중적인 주목을 받으면서 등장하여 마침내 대통령 자리를 거머쥐었고, 그 결과 미국의 국내정책뿐만 아니라 외교정책 전반이 불확실성 속에 놓이는 상황에 이르렀다. 미국의회의 지속적인 정파적 교착상태와 이념적 양극화를 포함한 미국 민주주의의 전반적인 탈선은 결국 트럼프 대통령의 당선을 가져왔으며, 이러한 현상은 곧 '민주주의의 작동불능 현상(dysfunction)'이 결국 민중주의와 권위주의의 득세를 가져온다는 주요한 전례가 되었다.

결국 정당에 의회 포획된 양극화된 미국의회는 적지 않은 심각한 문제를 노출하면서 미국의 민주주의가 궁극적으로 사회의 긴박한 문제를 선제적으로 해결할 능력을 상실하는 데에 기여했다고 볼 수 있다. 그리고 이러한 미국 민주주의의 문제는 세계화에 대한 반발, 반이민정서, 그리고 테러의 위협이라는 국내외 환경의 악화와 함께 미국 정체성의 훼손을 강조하는 민중주의의 득세를 초래하기에 이르렀다. 결국 미국 의회정치는 단순히 정당의 양극화에 의해서 포획되었을 뿐만 아니라, 미국정체성 위기와 맞물리면서 반엘리트적, 반글로벌리즘적 민중주의에 의해서도 포획되어가는 이중의 포획상태로 이동 중이라고 볼 수 있다. 그리고 이러한 현상은 미국의 현재 및 미래의 진로에 대해서 상당한 불확실성을 가져오고 있다.

참고문헌

1. 저서 및 논문

가상준. 2006. "미국 의회의 양극화를 통해 본 미국정치의 변화."『한국정치학회보』 40(3): 211-236.

가상준·정회옥·차동욱. 2013. "연방헌법." 미국정치연구회. 『미국 정부와 정치 2』. 서울: 도서출판 오름.

김 혁. 2013. "대통령." 미국정치연구회. 『미국 정부와 정치 2』. 서울: 도서출판 오름.

김준석. 2009. "미국 연방의회의 의사진행방해(filibuster) 제도의 실증적 접근: 의사진행방해란 무엇이며, 왜 발생하는가?"『한국과 국제정치』 25(4): 119-153.

_____. 2010. "필리버스터의 제도화 과정과 논란: 미국 상원의 사례를 중심으로."『오토피아』 25(1): 157-190.

남궁곤 편. 2005. 『네오콘 프로젝트: 미국 신보수주의의 이념과 실천』. 서울: 사회평론.

마상윤. 2005. "미국 신보수주의의 역사적 배경: 탈냉전에서 이라크 전쟁까지." 남궁곤 편. 『네오콘 프로젝트: 미국 신보수주의의 이념과 실천』. 서울: 사회평론: 57-78.

문우진. 2006. "선거운동, 선거자원, 민주주의 선거: 공간모형 분석."『국가전략』 12(2): 87-118.

미국정치연구회. 2003. 『전환기 미국정치의 변화와 지속성』. 서울: 도서출판
　　오름.

_____. 2005. 『2004년 미국대통령선거 부시 재집권과 미국의 분열』. 서울:
　　도서출판 오름.

_____. 2008. 『미국정치의 분열과 통합: 엘리트, 유권자, 이슈 양극화와 정치
　　과정』. 서울: 도서출판 오름.

_____. 2009. 『2008년 미국 대선을 말한다: 변화와 희망』. 서울: 도서출판
　　오름.

_____. 2011. 『미국의 선거와 또 다른 변화 2010년 중간선거』. 서울: 도서출
　　판 오름.

_____. 2013. 『미국 정부와 정치 2』. 서울: 도서출판 오름.

_____. 2017. 『트럼프는 어떻게 미국 대선의 승리자가 되었나?: 2016년 미국
　　대선과 아웃사이더 시대』. 서울: 도서출판 오름.

서병훈. 2008. 『포퓰리즘: 현대 민주주의의 위기와 선택』. 서울: 책세상.

손병권. 1998a. "다수당에 의한 미국 하원 규칙위원회 장악: 민주당에 의한
　　1961년 규칙위원회 구성원 확대에 관한 연구." 『국제·지역연구』
　　7(3): 87-108.

_____. 1998b. "정당이익이론과 1961년도 미국 하원 규칙위원회 확대에 관한
　　투표행태 분석." 『한국정치학회보』 32(4): 243-262.

_____. 2001. "미국의 이익집단정치와 이익대표체계의 불평등성." 『아세아연
　　구』 44(1): 99-122.

_____. 2002. "미국하원개혁의 비교연구." 『사회과학연구』 14: 141-168.

_____. 2003a. "2002년 미국 하원 중간선거와 공화당의 승리: 공화당 승리
　　에 대한 선거구 재조정의 영향을 중심으로." 『국제정치논총』 43(1):
　　361-384.

_____. 2003b. "직접 예비선거제도의 기원: 위스컨신주의 사례를 중심으로."
　　『한국정치학회보』 37(3): 197-217.

_____. 2003c. "2002년 미국 하원 중간선거와 공화당의 승리: 공화당 승리에
　　대한 선거구 재조정의 영향을 중심으로." 『국제정치논총』 43(3):
　　361-384.

_____. 2004a. "'연방주의자 논고'에 나타난 매디슨의 새로운 미국 국가: 광대

한 공화국." 『국제·지역연구』 13(4): 25-50.

_____. 2004b. "미국의 국가: 국가성(Stateness)의 문제와 국가성의 충족체로서 혁신주의 국가." 『미국학논집』 36(2): 173-198.

_____. 2005. "미국 신보수주의의 역사적 배경: 1930년대에서 레이건 시기까지." 미국정치연구회. 『네오콘 프로젝트: 미국 신보수주의의 이념과 실천』. 서울: 사회평론: 57-78.

_____. 2006a. "미국 건국초기 연합의회와 연방의회의 비교." 『한국정당학회보』 5(2): 159-181.

_____. 2006b. "미국의 강대국화와 중국에 대한 함의." 『중국의 강대국화: 비교 및 국제정치학적 접근』 서울: 도서출판 길: 111-150.

_____. 2007. "부시(George W. Bush) 대통령의 정당편향적 의회전략: 유권자 성향과 개인적 리더쉽 스타일을 중심으로." 『한국과 국제정치』 23(1): 33-65.

_____. 2009a. "대통령선거의 정당후보 선발제도." 『한국정당학회보』 8(1): 169-196.

_____. 2009b. "연방주의자 논고에 나타난 해밀턴의 대통령제 인식과 그 현대적 검토." 『현대정치연구』 2(2): 31-59.

_____. 2009c. "부시 공화당 단점정부 하에서 대통령-의회 관계의 양상과 성격." 『세계지역연구논총』 27(3): 297-320.

_____. 2011. "자율적 의회의 조건: 미국의회의 경우." 『미래정치연구』 1(1): 6-30.

_____. 2012a. "미국정치의 집단적 사회운동으로서 티파티 운동 참여자의 성격과 구성." 『세계지역연구논총』 30(3): 8-30.

_____. 2012b. "미국 의료보험 개혁법안의 최종 통과과정: 하원의 자동실행규칙의 폐기와 오바마 행정명령의 선택." 『의정연구』 18(3): 173-206.

_____. 2013a. "역사와 정치전통." 미국정치연구회. 『미국 정부와 정치 2』. 서울: 도서출판 오름: 19-45.

_____. 2013b. "미국정치학에서 국가개념의 위상과 역할: 다원주의 이전 미국 정치학의 실천적 성격을 중심으로." 『담론201』 16(1): 91-114.

_____. 2015a. "정당후보 선발에 관한 주정부 규제의 변천과정: 19세기 후반 이후 직접 예비선거 도입까지의 시기를 중심으로." 『한국정당학회보』 14(2): 33-54.

_____. 2015b. "미국예비선거제도의 운영과 현황." 중앙선관위 보고서.

_____. 2017. "'연방주의자 논고'에 나타난 내셔널리즘의 해석."『미국학』 40(1): 139-165.

손병권·김인혁. 2017. "트럼프시대 미국 민족주의 등장의 이해."『미국학논집』 49(3): 149-173.

유성진 외. 2007. "미국 이민법 개정 논쟁: 과정과 함의 그리고 미국의 다원주의."『미국학논집』 39(3): 139-172.

이봉철. 1995. "유럽과 미국의 보수주의."『한국정치학회보』 29(2): 549-568.

이옥연 외. 2012. "미국의회의 의회규범의 변화와 한국 의회정치에의 시사점." 서울: 국회사무처 연구용역보고서.

이옥연·조성대. 2013. "연방주의." 미국정치연구회.『미국 정부와 정치 2』. 서울: 도서출판 오름.

최준영. 2004. "조건부 정당정부 이론에 대한 경험적 고찰."『국제정치논총』 44(1): 373-391.

_____. 2007. "공화당의 남벌전략과 남부의 정치적 변화."『신아세아』 14(3): 154-177.

_____. 2015. "타협에서 대결로: 미국정치의 이념적 양극화."『시대정신』 66 (봄): 140-157.

캐스 선스타인(Cass R. Sunstein). 2011. "우리는 왜 극단에 끌리는가." 서울: 프리뷰(원제: *Going to Extremes: How Like Minds Unite and Divide*. Oxford: Oxford University Press, 2009).

토마스 프랭크(Thomas Frank). 2012.『왜 가난한 사람들은 부자를 위해 투표하는가?』서울: 갈라파고스(원제: *What's the Matter with Kansas?: How Conservatives Won the Heart of America*. New York: Metropolitan Books, 2004).

Abramowitz, Alan. 2010. *The Disappearing Center: Engaged Citizens, Polarization, and American Democracy*. New Haven: Yale University Press.

_____. 2013. "What If the Pundits Are Right After All? A Reply on Polarization and Sorting." *The Atlantic*. March 4. https://www. theatlantic.com/politics/archive/2013/03/what-if-the-pundits-are-right-after-all-a-reply-on-polarization-and-sorting/273690/

_____. 2015. "The New American Electorate: Partisan, Sorted, and Polarized." James A. Thurber and Antoine Yoshinaka, eds. *American Gridlock: The Sources, Character, and Impact of Political Polarization*. Cambridge: Cambridge University Press: 19-44.

Abramowitz, Alan, and Kyle L. Saunders. 2008. "Is Polarization a Myth?" *The Journal of Politics* 70(2): 542-555.

Abramowitz, Alan, and Steven Webster. 2015. "All Politics is National: The Rise of Negative Partisanship and the Nationalization of U.S. House and Senate Elections in the 21st Century." Annual Meeting of the Midwest Political Science Association, Chicago, Illinois, April 16-19.

_____. 2016. "The Rise of Negative Partisanship and the Nationalization of U.S. Elections in the 21st Century." *Electoral Studies* 41: 12-22.

Abrams, Samuel J., and Morris P. Fiorina. 2005. "Party Sorting: The Foundations of Polarized Politics." James A. Thurber and Antoine Yoshinaka, eds. *American Gridlock: The Sources, Character, and Impact of Political Polarization*. Cambridge: Cambridge University Press: 113-129.

Aldrich, John H. 1995. "A Model of a Legislature with Two Parties and a Committee System." Kenneth A. Shepsle and Barry R. Weingast, eds. *Positive Theories of Congressional Institutions*. Ann Arbor: The University of Michigan Press.

_____. 2011. *Why Parties?: A Second Look*. Chicago: The University of Chicago Press.

Aldrich, John H., and David W. Rohde. 1997-1998. "The Transition to Republican Rule in the House: Implications for Theories of Congressional Politics." *Political Science Quarterly* 112(4) (Winter): 541-567.

_____. 2000. "The Consequences of Party Organization in the House: The Role of the Majority and Minority Parties in Conditional Party Government." Jon R. Bond and Richard Fleisher, eds. *Polarized Politics: Congress and the Partisan Era*. Washington, D.C.: CQ Press: 269-292.

Alesina, Roberto, and Howard Rosenthal. 1995. *Partisan Politics, Divided Government, and the Economy*. New York: Cambridge University Press.

American Political Science Review on Political Parties. 1950. *Toward a More*

Responsible Two Party System. New York: Rinehart.

Andris, Clio, David Lee, Marcus J. Hamilton, Mauro Martino, Christian E. Gunning, and John Armistead Selden. 2015. "The Rise of Partisanship and Super-Cooperators in the U.S. House of Representatives." PLoS One. 2015; 10(4): e0123507. https://www.ncbi.nlm.nih.gov/pmc/artic les/PMC4405569/

Arter, David. 2006. "Introduction: Comparing the legislative performance of legislatures." *The Journal of Legislative Studies* 12(3-4): 245-257.

Asher, Herbert B. 1973. "The Learning of Legislative Norms." *American Political Science Review* 67(2): 499-513.

Axelrod, Robert. 1981. "Emergence of Cooperation Among Egoists." *American Political Science Review* 75(2): 306-318.

_____. 1984. *The Evolution of Cooperation.* New York: Basic Books, Inc., Publishers.

_____. 1986. "An Evolutionary Approach to Norms." *American Political Science Review* 80(4): 1095-1111.

Bafumi, Joseph, Robert S. Erikson, and Chritophe Wlezien. 2010. "Balancing, Generic Polls and Midterm Congressional Elections." *The Journal of Politics* 72(3): 705-719.

Bacevich, Andrew J. 2008. *The Limits of Power: The End of American Exceptionalism.* New York: Henry Holt and Company.

Bader, John B. 1997. "The Contract with America: Origins and Assessments." Lawrence Dodd and Bruce I. Oppenheimer, eds. *Congress Reconsidered.* Washington, D.C.: Congressional Quarterly Press.

Baer, Kenneth S. 2000. *Reinventing Democrats: The Politics of Liberalism From Reagan to Clinton.* Lawrence: The University Press of Kansas.

Bauer. Raymond A., Ithiel de Sola Pool, Lewis A. Dexter. 1972. *American Business and Public Policy: The Politics of Foreign Trade.* New York: Aldine-Atherton.

Bendix, William. 2016. "Bypassing Congressional Committees: Parties, Panel Rosters, and Deliberative Processes." *Legislative Studies Quarterly* 41(3): 687-714.

Bibby, John F. 1992. *Politics, Parties, and Elections in America.* Chicago: Nelson-Hall Publishers.

Binder, Sarah. 1995. "Partisanship and Procedural Choice: Institutional Change in the Early Congress, 1789-1823." *Journal of Politics* 57(4): 1093-1118.

_____. 1996. "The Partisan Basis of Procedural Choice: Allocating Parliamentary Rights in the House, 1789-1990." *American Political Science Review* 90(1): 8-20.

_____. 1997. *Minority Rights, Majority Rule: Partisanship and the Development of Congress*. Cambridge: Cambridge University Press.

_____. 2003. *Stalemate: Congress and Consequences of Legislative Gridlock*. Washington, D.C.: Brookings Institution.

Binder, Sarah, and Steven Smith. 1997. *Politics or Principle?: Filibustering in the United States Senate*. Washington, D.C.: Brookings Insitution Press.

Black, Earl, and Merle Black. 2002. *The Rise of Southern Republicans*. Cambridge: The Belknap Press of Harvard University.

_____. 2007. *Divided America*. New York: Simon and Schuster.

Bloom, Allan. 1987. *The Closing of the American Mind: How Higher Education Has Failed Democracy and Impoverished the Souls of Today's Students*. New York: Simon & Schuster.

Bond, Jon R., and Richard Fleisher, eds. 2000. *Polarized Politics: Congress and the President in a Partisan Era*. Washington, D.C.: C. Q. Press.

Brady, David. 1988. *Critical Elections and Congressional Policy Making*. Stanford: Stanford University Press.

Brady, David et al., eds. 2000. *Continuity and Change in House Elections*. Stanford: Stanford University Press.

Brady, David W., John F. Cogan, Morris P. Fiorina. 2000. "An Introduction to Continuity and Change in House Elections." David W. Brady, John F. Cogan and Morris P. Fiorina, eds. *Continuity and Change in House Elections*. Stanford: Stanford University Press.

Brady, David W., Robert D. D'Onofrio, Morris P. Fiorina. 2000. "The Nationalization of Electoral Forces Revisited." David W. Brady, John F. Cogan and Morris P. Fiorina, eds. *Continuity and Change in House Elections*. Stanford: Stanford University Press.

Brady, Henry E., Sidney Verba, Kay Lehman Schlozman. 1995a. *Voice and*

Equality: Civic Voluntarism in American Politics. Cambridge: Cambridge University Press.

_____. 1995b. "Beyond SES: A Resources Model of Political Participation." *American Political Science Review* 89(2).

Bullock III, Charles S. 2000. "Partisan Changes in the Southern Congressional Delegation and the Consequences." David W. Brady, John F. Cogan and Morris Fiorina, eds. *Continuity and Change in House Elections*. Stanford: Stanford University Press.

Bullock III, Charles S., and Mark J. Rozell, eds. 1998. *The New Politics of the Old South: An Introduction to Southern Politics*. Lanham: Rowman & Littlefield Publishers, Inc.

Burnham, W. Dean. 1971. *Critical Elections: And the Mainsprings of American Politics*. New York: W. W. Norton & Company.

Cain, Bruce, John Ferejohn, and Morris Fiorina. 1984. "The Constituency Service Basis of the Personal Vote." *American Political Science Review*. March: 110-125.

_____. 1987. *The Personal Vote: Constituency Service and Electoral Independence*. Cambridge, MA: Harvard University Press.

Calvert, Randall L. 1992. "Leadership and Its Basis in Problems of Social Coordination." *International Political Science Review* 13(1): 7-24.

Campbell, Angus. 1966. "Surge and Decline: A Study of Electoral Change." Angus Campbell, Philip E. Converse, Warren E. Miller and Donald E. Stokes, eds. *Elections and the Political Order*. New York: Wiley.

Campbell, James E. 1993. "The Theory of the Midterm Referendum." Chapter 4. *The Presidential Pulse of Congressional Elections*. Lexington: The University Press of Kentucky.

_____. 2008. "Presidential Politics in a Polarized Nation: The Reelection of George W. Bush." Colin Campbell, Bert A. Rockman and Andrew Rudalevige, eds. *The George W. Bush Legacy*. Washington, D.C.: CQ Press.

Campbell, Colin, Bert A. Rockman, and Andrew Rudalevige, eds. 2008. *The George W. Bush Legacy*. Washington, D.C.: CQ. Press.

Canes-Wrone, Brandice, David W. Brady, and John E. Cogan. 2002. "Out of Step, Out of Office: Electoral Accountability and House Members'

Voting." *American Political Science Review* 91(1): 127-140.

Carson, Jamie L., Gregory Koger, Matthew J. Lebo, Everett Young. 2010. "The Electoral Costs of Party Loyalty in Congress." *American Journal of Political Science* 54(3): 598-616.

Carter, Dan T. 1996. *From George Wallace to Newt Gingrich*. Baton Rouge and London: Louisiana State University Press.

Citrin, Jack, Green, Donald P., Muste, Christopher, and Cara Wong. 1997. "Public Opinion toward Immigration Reform: The Role of Economic Motivations." *Journal of Politics* 59(3): 858-881.

Cohen, Jeffrey E. 2007. "The Polls: Presidential Referendum Effects in the 2006 Midterm Elections." *Presidential Studies Quarterly* 37(3): 545-557.

Collie, Melissa P. 1984. "Legislative Voting Behavior." *Legislative Studies Quarterly* 9(1): 3-50.

Collie, Melissa P., and David W. Brady. 1985. "The Decline of Partisan Voting Coalitions in the House of Representatives." Lawrence D. Dodd and Bruce I. Oppenheimer, eds. *Congress Reconsidered*. Washington, D.C.: Congressional Quarterly Press.

Committee on the Constitutional System. 1985. *A Bicentennial Analysis of the American Political Structure: Report and Recommendations of the Committee on the Constitutional System*. Washington, D.C.: Committee on the Constitutional System.

Cooper, Joseph. 1970. "The Origins of Standing Committees and the Development of the Modern House." *Rice University Studies* 56(3): 1-167.

Cooper, Joseph, and David W. Brady. 1981. "Institutional Context and Leadership Style: The House from Cannon to Rayburn." *American Political Science Review* 75(2): 411-425.

Cooper, Joseph, and Cheryl Young. 1989. "Bill Introduction in the Nineteenth Century: A Study in Institutional Change." *Legislative Studies Quarterly* 14(1): 67-105.

Cover, Albert D. 1977. "One Good Term Deserves Another: the Advantage of Incumbency in Congressional Elections." *American Political Science Review*. August 21(3): 523-541.

Cox, Daniel, Rachel Lienesch, Robert P. Jones. 2017. "Beyond Economics: Fears of Cultural Displacement Pushed the White Working Class to Trump."

PRRI. https://www.prri.org/research/white-working-class-attitudes-econ
omy-trade-immigration-election-donald-trump/

Cox, Gary W., and Samuel Kernell. 1991. *The Politics of Divided Government.* Boulder: West View Press.

Cox, Gary W., and Matthew D. McCubbins. 1993. *Legislative Leviathan: Party Government in the House.* Berkeley: University of California Press.

_____. 1995. "Bonding, Structure, and the Stability of Political Parties: Party Government in the House." Kenneth A. Shepsle and Barry R. Weingast, eds. *Positive Theories of Congressional Institutions.* Ann Arbor: The University of Michigan Press.

Davidson, Roger H., Walter J. Oleszek, and Frances Lee. 2008. *Congress and Its Members.* Washington, D.C.: Congressional Quarterly Service.

Deering, Christopher J., and Steven S. Smith. 1997. *Committees in Congress.* Washington, D.C.: CQ Press.

Dion, Douglas, and John Huber. 1996. "Procedural Choice and the House Committee on Rules." *The Journal of Politics* 58(1): 25-53.

_____. 1997. "Sense and Sensibility: the Role of Rules." *American Journal of Political Science* 41(3): 945-957.

Dodd, L. C., and R. L. Schott. 1979. *Congress and the Administrative State.* New York: Wiley.

Downs, Anthony. 1957. *An Economic Theory of Democracy.* New York: Harper.

Dumas, Nicolas, and Charles Stewart III. 2017. "The Rise and Decline of Select Committees in Congress." MIT Political Science Department Research Paper. No. 2017-2.

Eckles, David L. Cindy D. Kam, Cherie L. Maestas, Brian F. Schaffner. 2014. "Risk Attitudes and the Incumbency Advantage." *Political Behavior* 36(4): 731-749.

Edwards III, George C., and Desmond King, eds. 2007. *The Polarized Presidency of George W. Bush.* Oxford: Oxford University Press.

Eldersveld, Samuel J. 1982. *Political Parties in American Society.* New York: Basic Books.

Epstein, Leon. 1986. *Political Parties in the American Mold.* Madison: University of Wisconsin Press.

Evans, C. Lawrence, and Walter J. Oleszek. 1997. *Congress Under Fire: Reform*

Politics and the Republican Majority. Boston: Houghton Mifflin Company.

Fallows, James. 2010. "How America Can Rise Again." The Atlantic (Jan/Feb.).

Farrand, Max, ed. 1966. The Records of the Federal Convention of 1787, Vol. 1 and 2. New Haven: Yale University Press.

Ferejohn, J. 1977. "On the Decline of Competition in Congressional Elections." American Political Science Review 71(1): 177-181.

Fenno, Richard F. 1962. "The House Appropriations Committee as a Political System: The Problem of Integration." American Political Science Review 56(2): 310-324.

_____. 1973. Congressmen in Committees. Boston: Little, Brown.

_____. 1978. Home Style. Boston: Little, Brown.

Fiorina, Morris. 1980. "The Decline of Collective Responsibility in American Politics." Daedalus 109(Summer): 25-45.

_____. 1989. Congress: Keystone of the Washington Establishment. New Haven: Yale University Press.

_____. 2012. "If I Could Hold a Seminar for Political Journalists." The Forum 10(4): 2-10.

_____. 2017. Unstable Majorities: Polarization, Party Sorting, and Political Stalemate. Stanford: Hoover Institution Press.

Fiorina, Morris, Samuel Abrams, and Jeremy C. Pope. 2004. Culture War: The Myth of a Polarized America. New York: Longman.

Foner, Eric. 1990. A Short History of Reconstruction, 1863-1877. New York: Harper & Row, Publishers.

Fortier, John C., and Norman J. Ornstein. 2003. "Congress and the Bush Presidency." paper prepared for delivery at the conference on "The Bush Presidency: An Early Assessment." at the Woodrow Wilson School. Princeton University. April 25-26.

Frank, Thomas. 2004. What's the Matter with Kansas?: Middle Class America's Thirty-Year War with Liberalism. New York: Henry Hold and Company.

Fraser, Steve, and Gray Gerstle, eds. 1989. The Rise and Fall of the New Deal Order, 1930-1980. Princeton: Princeton University Press.

Galderisi, Peter F. et al. 2001. Congressional Primaries and the Politics of

Representation. Lanham: Rowman & Littlefield Publishers.

Galderisi, Peter F., and Marni Ezra. 2001. "Congressional Primaries in Historical and Theoretical Context." *Congressional Primaries and the Politics of Representation*. Lanham: Rowman & Littlefield Publishers.

Gamm, Gerald, and Kenneth Shepsle. 1989. "Emergence of Legislative Institutions." *Legislative Studies Quarterly* 14(1): 39-64.

Garand, James C. 2010. "Income Inequality, Party Polarization, and Roll-Call Voting in the U.S. Senate." *The Journal of Politics* 72(4): 1109-1128.

Gingrich, Newt. 1995. *To Renew America*. New York: Harper Collins Publishers.

Gingrich, Newt et al. 1994. *Contract with America: The Bold Plan by Rep. Newt Gingrich, Rep. Dick Armey and the House Republicans to Change the Nation*. New York: Times Books.

Glaser, James M. 1996. *Race, Campaign Politics, and the Realignment in the South*. New Haven: Yale University Press.

Goodwyn, Lawrence. 1978. *The Populist Moment: A Short History of the Agrarian Revolt in America*. Oxford: Oxford University Press.

Graham, Jr. Otis L. 2004. *A History of American Immigration Crisis: Unguarded Gates*. Lanham: Rowman & Littlefield Publishers Inc.

Greenberg, Stanley B. 2004. *The Two Americas: Our Current Political Deadlock and How to Break It*. New York: St. Martin's Press.

Gronke, Paul, Jeffrey Koch, and J. Matthew Wilson. 2003. "Follow the Leader? Presidential Approval, Presidential Support, and Representatives' Electoral Fortunes." *Journal of Politics* 65(3): 785-808.

Hacker, Jacob S., and Paul Pierson. 2006. *Off Center: The Republican Revolution and the Erosion of American Democracy*. New Haven and London: Yale University Press.

_____. 2010. *Winner-Take-All Politics: How Washington Made the Rich Richer and Turned Its Back on the Middle Class*. New York: Simon & Schuster.

Hall, Richard L. 1987. "Participation and Purpose in Committee Decision Making." *American Political Science Review* 81(1): 105-127.

Hall, Richard L., and Bernard Grofman. 1990. "The Committee Assignment Process and the Conditional Nature of Committee Bias." *American Political Science Review* 84(4): 1149-1166.

Hamilton, Alexander, James Madison, and John Jay. 1787-1788. *The Federalist Papers*. Edited and with and Introduction by Garry Wills. New York: Bantam Books(1982).

Hanson, Peter. 2014. *Too Weak to Govern: Majority Party Power and Appropriations in the U.S. Senate*. New York: Cambridge University Press.

Hartz, Louis. 1955. *The Liberal Tradition in America: An Interpretation of American Political Thought since the Revolution*. New York: Harcourt Brace Jovanovich, Publishers.

Hetherington, Marc J., and Thomas J. Rudoph. 2015. *Why Washington Won't Work: Polarization, Political Trust, and the Governing Crisis*. Chicago: The University of Chicago Press.

Hethrington, Marc J., and Jonathan D. Weiler. 2009. *Authoritarianism and Polarization in American Politics*. Cambridge: Cambridge University Press.

Hinckley, Barbara. 1976. "Seniority 1975: Old Theories Confront New Facts." *British Journal of Political Science* 6(4): 383-399.

Hofstadter, Richard. 1956. *The Age of Reform*. New York: Vintage Books.

_____. 1963. *The Paranoid Style in American Politics and Other Essays*. Cambridge: Harvard University Press.

Hormats, Robert. 1991. "The Roots of American Power." *Foreign Affairs* (Summer) 70(3): 132-149.

House Committee on Rules. 1983. *A History of the Committee on Rules*. Washington, D.C.: U.S. Government Printing Office.

Huckabee, David C. 1995. "Reelection Rates of House Incumbents: 1790-1994." *CRS Report for Congress*. Washington, D.C.: Congressional Research Service.

Huitt, Ralph K. 1969. "The Morse Committee Assignment Controversy: A Study in Senate Norms." Huitt, Ralph K. and Robert L. Peabody, eds. *Congress: Two Decades of Analysis*. New York: Harper & Row, Publishers.

Huntington, Samuel, P. 1981. *American Politics: the Promise of Disharmony*. Cambridge: The Belknap Press of Harvard University Press.

Huntington, Samuel. 2004. *Who Are We?: The Challenges to American National*

Identity. New York: Simon and Schuster.

Jacobson, Gary, and Samuel Kernell. 1981. *Strategy and Choice in Congressional Elections*. New Haven: Yale University Press.

Jacobson, Gary C. 1996. "The 1994 House Elections in Perspective." *Political Science Quarterly* 111(2)(Summer): 203-223.

_____. 2000a. "Reversal of Fortune: The Transformation of U.S. House Elections in the 1990s." David W. Brady, John F. Cogan and Morris P. Fiorina, eds. *Continuity and Change in House Elections*. Stanford: Stanford University Press.

_____. 2000b. "Party Polarization in National Politics: The Electoral Connection." Jon R. Bond and Richard Fleisher, eds. *Polarized Politics: Congress and the President in a Partisan Era*. Washington, D.C.: CQ Press.

_____. 2001a. *The Politics of Congressional Elections*. New York: Longman.

_____. 2001b. "Congressional Campaigns," Chapter 4. *The Politics of Congressional Elections*. New York: Longman.

_____. 2001c. "A House and Senate Divided: The Clinton Legacy and the Congressional Elections of 2000." *Political Science Quarterly* 116(1): 5-27.

_____. 2008a. *A Divider, Not a Uniter: George W. Bush and the American People*. New York: Longman.

_____. 2008b. "George W. Bush, Polarization, and the War in Iraq." Colin Campbell, Bert A. Rockman and Andrew Rudalevige, eds. *The George W. Bush Legacy*. Washington, D.C.: CQ Press.

Jones, Charles. 1968. "Joseph G. Cannon and Howard W. Smith: An Essay on the Limits of Leadership in the House of Representatives." *Journal of Politics* 30(3): 617-646.

_____. 1970. *The Minority Party in Congress*. Boston: Little, Brown, and Company.

_____. 1997. "The American Presidency: A Separationist Perspective." Kurt von Mettenheim, ed. *Presidential Institutions and Democratic Politics: Comparing Regional and National Contexts*. Baltimore: Johns Hopkins University Press.

Jones, David R. 2010. "Partisan Polarization and Congressional Accountability in House Elections." *American Journal of Political Science* 54(2): 323-337.

Keller, Merton. 1977. *Affairs of State: Public Life in Late Nineteenth Century America.* Cambridge: The Belknap Press.

Kenyon, Cecelia M., ed. 1966. *The Antifederalists.* Indianapolis: The Bobbs-Merrill Company.

Kernell, Samuel. 1977. "Presidential Popularity and Negative Voting." *American Political Science Review* 71(1).

Kesler, Charles R. 2005. "The Crisis of American National Identity." *Heritage Lectures*(No. 906), Delivered July 20.

Key, V. O. 1955. "A Theory of Critical Elections." *Journal of Politics* 17(1): 3-18.

Kiewiet, Roderick D., and Mathew D. McCubbins. 1991. *The Logic of Delegation: Congressional Parties and the Appropriations Process.* Chicago: University of Chicago Press.

Kinder, Donald, and Cindy D. Kim. 2009. *US vs Them: Ethnocentric Foundations of American Opinion.* Chicago: The University of Chicago Press.

Kingdon, John. 1989. *Congressmen's Voting Decision.* Ann Arbor: University of Michigan Press.

Kramer, Gerald H. 1971. "Short-Term Fluctuations in U.S. Voting Behavior." *American Political Science Review* 65(1): 131-141.

Krehbiel, Keith. 1987. "Why Are Congressional Committees Powerful?" *American Political Science Review* 81(3): 929-935.

Krehbiel, Keith. 1988. "Spatial Models of Legislative Choice." *Legislative Studies Quarterly* 13(3): 259-319.

_____. 1990. "Are Congressional Committees Composed of Preference Outliers?" *American Political Science Review* 84(1): 149-163.

_____. 1992. *Information and Legislative Organization.* Ann Arbor: The University of Michigan Press.

_____. 1995a. "The Smoking Ban: A Case for Case Studies," *Manuscript of Graduate School of Business.* Stanford University.

_____. 1997a. "Restrictive Rules Reconsidered." *American Journal of Political Science* 41(3): 919-944.

_____. 1997b. "Rejoinder to 'Sense and Sensibility'." *American Journal of*

Political Science 41(4): 958-964.

Kuzenski, John C., Laurence W. Moreland, and Robert P. Steed, eds. 2001. *Eye of the Storm: The South and Congress in an Era of Change.* Westport, CT: Praeger.

Kymlicka, Will. 1996. *Multicultural Citizenship: A Liberal Theory of Minority Rights.* Oxford: Oxford University Press.

Ladewig, Jeffrey W. 2005. "Conditional Party Government and the Homogeneity of Constituent Interests." *The Journal of Politics* 67(4): 1006-1029.

Lee, Frances E.. 2009. *Beyond Ideology: Politics, Principles, and Partisanship in the U.S. Senate.* Chicago: The University of Chicago Press.

Lepore, Jill. 2010. *The Whites of Their Eyes: The Tea Party's Revolution and the Battle over American History.* Princeton: Princeton University Press.

Levendusky, Matthew. 2009. *The Partisan Sort: How Liberals Became Democrats and Conservatives Became Republicans.* Chicago: The University of Chicago Press.

_____. 2013. *How Partisan Media Polarize America.* Chicago: The University of Chicago Press.

McCarthy, Nolan, Keith T. Poole, Howard Rosenthal. 2003. "Political Polarization and Income Inequality." Working Paper.

_____. 2006. *Polarized Politics: the Dance of Ideology and Unequal Riches.* Cambridge. MA: MIT University Press.

McCormick, Richard L. 1973. *The Second Party System: Party Formation in the Jacksonian Era.* New York: W. W. Norton & Company, Inc.

_____. 1986a. "Political Parties in American History." *The Party Period and Public Policy: American Politics from the Age of Jackson to the Progressive Era.* New York: Oxford University Press.

_____. 1986b. "Progressivism." *The Party Period and Public Policy: American Politics from the Age of Jackson to the Progressive Era.* New York: Oxford University Press.

McGerr, Michael E. 1986. *The Decline of Popular Politics: The American North, 1865-1928.* New York: Oxford University Press.

Madison, James. 1787-1788. *The Federalist Papers, No's.* 10, 14, 18-20, 39, 47-51. Alexander Hamilton, James Madison and John Jay. *The*

Federalist Papers. Edited and with and Introduction by Garry Wills. New York: Bantam Books(originally published in 1787-1788)(1982).

Maltzman, Forest. 1997. *Competing Principals: Committees, Parties, and the Organization of Congress.* Ann Arbor: The University of Michigan Press.

Maltzman, Forrest, and Steven S. Smith. 1995. "Principals, Goals, Dimensionality, and Congressional Committees." Kenneth A. Shepsle and Barry R. Weingast, eds. *Positive Theories of Congressional Institutions.* Ann Arbor: The University of Michigan Press.

Manley, John F. 1969. "Wilbur D. Mills: a Study in Congressional Influence." *American Political Science Review* 63(2): 442-464.

_____. 1973. "Conservative Coalition in Congress." *American Behavioral Science* 17(2): 223-247.

Mann, Thomas, and Raymond Wolfinger. 1980. "Candidates and Parties in Congressional Elections." *American Political Science Review.* 74(3): 617-632.

Mann, Thomas, and Bruce Cain. 2005. *Party Lines: Competition, Partisanship, and Congressional Redistricting.* Washington, D.C.: Brookings Institution Press.

Mann, Thomas, and Norman Ornstein. 2006. *The Broken Branch: How Congress Is Failing America and How to Get It Back on Track.* Cambridge: Oxford University Press.

Matthews, Donald R. 1959. "The Folkways of the United States Senate: Conformity to Group Norms and Legislative Effectiveness." *American Political Science Review* 53(4): 1064-1089.

Matusow, Allen. 1986. *The Unraveling of America: A History of Liberalism in the 1960s.* New York: Harper and Row Publishers.

Mayhew, David. 1974a. *Congress: The Electoral Connection.* New Haven: Yale University Press.

_____. 1974b. "Congressional Elections: The Case of the Vanishing Marginals." *Polity* (Spring): 295-317.

Mebane, Walter. 2010. "Coordination, Moderation, and Institutional Balancing in American Presidential and House Elections." *American Political Science Review* 94(1): 37-57.

Mezey, Michael. 1990. "Classifying Legislatures." Philip Norton, ed. *Legislatures*. Oxford: Oxford University Press.

Meyers, Marvin, ed. 1973. *The Mind of the Founder: Sources of Political Thought of James Madison*. Indianapolis: The Bobbs-Merrill Company, Inc.

Monroe, Nathan W., and Gregory Robinson. 2008. "Do Restrictive Rules Produce Nonmedian Outcomes?: A Theory with Evidence from the 101st-108th Congress." *The Journal of Politics* 70(1): 217-231.

Moon, Woojin. 2004. "Party Activists, Campaign Resources and Candidate Position Taking in US Senate Elections, 1974-2000: Theory, Tests and Applications." *British Journal of Political Science* 34(4): 611-633.

Murray, Charles. 2012. *Coming Apart: The State of White America, 1960-2010*. New York: Crown Forum.

Mutz. Diana C. 2018. "Status threat, not economic hardship, explains the 2016 presidential vote." *Proceedings of the National Academy of Sciences of the United States of America*. April 23: 1-10.

Neustadt, Richard E. 1960. *Presidential Power and the Modern Presidents*. New York: The Free Press.

Nivola, Pietro S. 2005. "Thinking About Political Polarization." Policy Brief #139. Jan. The Brookings Institution.

Noel, Hans. 2014a. "Polarization is about more than just sorting, but sorting is polarization anyway." *Mischiefs of Faction*. June 26.

_____. 2014b. *Political Ideologies and Political Parties in America*. Cambridge: Cambridge University Press. http://www.mischiefsoffaction.com/2014/06/polarization-is-about-more-than-just.html

Norton, Philip, ed. 1990. *Legislatures*. Oxford: Oxford University Press.

Olson, Mancur. 1965. *The Logic of Collective Action: Public Goods and the Theory of Groups*. Cambridge: Harvard University Press.

Oppenheimer, Bruce I. 1977. "The Rules Committee: New Arm of the Leadership in a Decentralized House." Lawrence C. Dodd and Bruce C. Oppenheimer, eds. *Understanding Congress Reconsidered*. New York: Praeger.

_____. 1981. "The Changing Relationship Between House Leadership and the Committee on Rules." Chapter 7. Frank H. Mackaman, ed. *Under-*

standing Congressional Leadership. Washington, D.C.: Congressional Quarterly Press.

Oleszek, Walter J. 1989. *Congressional Procedures and the Policy Process.* Washington, D.C.: Congressional Quarterly Press.

Olson, Mancur. 1965. *The Logic of Collective Action: Public Goods and the Theory of Groups.* Harvard University Press.

Owens, John E., and Burdett A. Loomis. 2006. "Qualified Exceptionalism: The US Congress in Comparative Perspective." *The Journal of Legislative Studies* 12(3-4): 256-290.

Packer, George. 2011. "The Broken Contract: Inequality and American Decline." *Foreign Affairs* (Nov/Dec): 20-31.

Peabody, Robert L. 1976. *Leadership in Congress: Stability, Succession, and Change.* Boston: Little, Brown and Company.

Peterson, Mark. 1990. *Legislating Together.* Cambridge: Harvard University Press.

Polsby, Nelson. 1968. "The Institutionalization of the U.S. House of Representatives." *American Political Science Review* 62(1): 144-168.

_____. 1990. "Legislatures." Philip Norton, ed. *Legislatures.* Oxford: Oxford University Press.

_____. 2002. "Landmarks in the Study of Congress since 1945." *Annual Review of Political Science* 5: 333-367.

Poole, Keith, and Howard Rosenthal. 1985. "A Spatial Model for Legislative Roll Call Analysis." *American Journal of Political Science* 29(2): 352-384.

Preston, Jr., William. 1963. *Aliens and Dissenters: Federal Suppression of Radicals, 1903-1933.* New York: Harper & Row Publishers.

Prior, Markus. 2013. "Media and Political Polarization" *Annual Review of Political Science* 16: 101-127.

Price, H. Douglas. 1975. "Congress and the evolution of legislative professionalism." *Congress in Change.* New York: Praeger.

Ramirez, Mark D. 2009. "The Dynamics of Partisan Conflict on Congressional Approval." *American Journal of Political Science* 53(3): 681-694.

Ranney, Austin. 1954. *The Doctrine of Responsible Party Government: its Origin and Present State.* Urbana: University of Illinois Press.

_____. 1975. *Curing the Mischiefs of Faction: Party Reform in America.* Berkeley: University of Berkeley Press.

Read, James. H. 2000. *Power versus Liberty: Madison, Hamilton, Wilson, and Jefferson.* Charlottesville and London: University Press of Virginia.

Reimers, David. 1999. *Unwelcome Strangers: American Identity and the Turn Against Immigration.* New York: Columbia University Press.

Remini, Robert. 2006. *The House: The History of the House of Representatives.* New York: Harper Collins.

Rieder, Jonathan. 1989. "The Rise of the "Silent Majority." Steve Fraser and Gary Gerstle, eds. *The Rise and Fall of the New Deal Order, 1930-1980.* Princeton: Princeton University Press.

Rieselbach, Leroy N. 1986. *Congressional Reform.* Washington, D.C.: Congressional Quarterly Press.

Rieselbach, Leroy N., ed. 1978. *Legislative Reform: the Policy Impact.* Washington, D.C.: Heath and Company.

Ripley, Randall B. 1967. *Party Leaders in the House of Representatives.* Washington, D.C.: Brookings Institution.

Ripley, Randall B., and James M. Lindsay, eds. 1993. *Congress Resurgent: Foreign and Defense Policy on Capitol Hill.* Ann: Arbor: The University of Michigan Press.

Robinson, James A. 1963. *The House Rules Committee.* Indianapolis: The Bobbs-Merrill Company, Inc.

Rogin, Michael Paul. 1987. *Ronald Reagan: The Movie and the Other Episodes in Political Demonology.* Berkeley: University of California Press.

Rohde, David W. 1988. "Studying Congressional Norms: Concepts and Evidence." *Congress and the Presidency* 15(2): 139-146.

_____. 1991. *Parties and Leaders in the Postreform House.* Chicago: University of Chicago Press.

_____. 1995. "Parties and Committees in the House: Member Motivations, Issues, and Institutional Arrangements." Kenneth A. Shepsle and Barry R. Weingast, eds. *Positive Theories of Congressional Institutions.* Ann Arbor: The University of Michigan Press.

Rosenthal, Lawrence, and Christine Trost, eds. 2012. *Steep: The Precipitous Rise of the Tea Party.* Berkeley, CA: University of California Press.

Salisbury, Robert H., and Kenneth A. Shepsle. 1981. "U. S. Congressman as Enterprise." *Legislative Studies Quarterly* 6(4): 559-576.

Schlesinger, Jr., Arthur M. 1973. *The Imperial Presidency.* Boston: Houghton Mifflin Company.

_____. 1998. *The Disuniting of America: Reflections on a Multicultural Society.* New York: W. W. Norton & Company.

Schneier, Edward V. 1988. "Norms and Folkways in Congress: How Much Has Actually Changed?" *Congress and the Presidency* 15(2): 117-138.

Shaw, Malcolm. 1990. "Committees in Legislatures." Philip Norton, ed. *Legislatures.* Oxford: Oxford University Press.

Shepsle, Kenneth A. 1978. *The Giant Jigsaw Puzzle: Democratic Committee Assignments in the Modern House.* Chicago: The University of Chicago Press.

Shepsle, Kenneth A., and Barry R. Weingast. 1987. "The Institutional Foundations of Committee Power." *American Political Science Review* 22(1): 85-104.

_____. 1995a. "Positive Theories of Congressional Institutions." Kenneth A. Shepsle and Barry R. Weingast, eds. *Positive Theories of Congressional Institutions.* Ann Arbor: The University of Michigan Press.

_____. 1995b. *Positive Theories of Congressional Institutions.* Ann Arbor: The University of Michigan Press.

Simpson, Jonathan. 2011. "Midterm Wave Elections: The Effects of Candidate Quality and Ideology on Reelection." *Xavier Journal of Politics* 2(1) (Fall 2011): 53-66.

Sinclair, Barbara. 1983. *Majority Leadership in the U.S. House.* Baltimore and London: The Johns Hopkins University Press.

_____. 1995. *Legislators. Leaders, and Lawmaking: The U.S. House of Representatives in the Postreform House.* Baltimore and London: The Johns Hopkins University Press.

_____. 2006. *Party Wars: Polarization and the Politics of National Policy Making.* Norman: University of Oklahoma Press.

_____. 2007. *Unorthodox Lawmaking: New Legislative Processes in the U.S. Congress.* Washington, D.C.: CQ Press.

Sklar, Martin J. 1988. *The Corporate Reconstruction of American Capitalism,*

1890-1916: The Market, the Law, and Politics. Cambridge: Cambridge University Press.

Skocpol, Theda, and Vanessa Williamson. 2012. *The Tea Party and the Remaking of the Republican Conservatism.* Oxford: Oxford University Press.

Skowronek, Stephen. 1982. *Building a New American State: The Expansion of National Administrative Capacities, 1877-1920.* Cambridge: Cambridge University Press.

Slaughter, Louise M. 2005. "Broken Promises: The Death of Deliberative Democracy." *A Congressional Report on the Unprecedented Erosion of the Democratic Process in the 108th Congress.* Washington, D.C.: House Rules Committee Minority Office.

Smith, Steven S. 1988. "An Essay On Sequence, Position, Goals, and Committee Power." *Legislative Studies Quarterly* 13(2): 156-176.

_____. 1989. *Call to Order: Floor Politics in the House and Senate.* Washington, D.C.: The Brookings Institution.

Sohn, Byoungkwon. 2001. "The End of the Aid to Families with Dependent Children: Forces for Change and Implication for U.S. Federalism." *Journal of Asia-Pacific Affairs* 3(1): 103-129.

Stevens, Jr., Arthur G., Arthur H. Miller, and Thomas E. Mann. 1974. "Mobilization of Liberal Strength in the House, 1955-1970: The Democratic Study Group." *American Political Science Review* 68: 667-681.

Stonecash, Jeffrey M., Mark D. Brewer, and Mack D. Mariani. 2003. *Diverging Parties: Social Change, Realignment, and Party Polarization.* Boulder: Westview Press.

Storing, Herbert J. 1981. *What the Anti-Federalists Were For: the Political Thought of the Opponents of the Constitution.* Chicago: the University of Chicago Press.

Strom, Gerald S. 1990. *The Logic of Lawmaking: A Spatial Theory Approach.* Baltimore and London: The Johns Hopkins University Press.

Talyor, Charles. 1994. *Multiculturalism: Examining the Politics of Recognition.* Princeton: Princeton University Press.

Tenpas, Kathryn D. 2006. "The Veto-Free Presidency: George W. Bush (2001-Present)." *Issues in Governance Studies,* No. 4. Brookings Institution.

Theiss-Morse, Elizabeth. 2009. *Who Counts as American?: The Boundaries of National Identity*. Cambridge: Cambridge University Press.

Theriault, Sean M. 2013. *The Gingrich Senators: The Roots of Partisan Warfare in Congress*. New York: Oxford University Press.

Theriault, Sean M., and David W. Rohde. 2011. "The Gingrich Senators and Party Polarization in the U.S. Senate." *The Journal of Politics* 73(4): 1011-1023.

Thurber, James A., and Antoine Yoshinaka, eds. 2015. *American Gridlock: The Sources, Character, and Impact of Political Polarization*. Cambridge: Cambridge University Press.

Tufte, Edward R. 1975. "Determinants of the Outcomes of Midterm Congressional Elections." *American Political Science Review* 69(3): 812-826.

Uslaner. Eric M. 1993. *The Decline of Comity in Congress*. Ann Arbor: The University of Michigan Press.

Valentino, Nicholas A., Ted Brader, Eric W. Groenendyk, Krysha Gregorowicz, Hutchings, Vincent L. 2011. "Election Night's Alright for Fighting: The Role of Emotions in Political Participation." *The Journal of Politics* 73(1): 156-170.

Walker, Jack L. 1991. *Mobilizing Interest Group in America: Patrons, Professions, and Social Movements*. Ann Arbor: The University of Michigan Press.

Weingast, Barry R. 1979. "A Rational Choice Perspective on Congressional Norms." *American Journal of Political Science* 23(2): 245-262.

Weingast, Barry R., and W. J. Marshall. 1988. "The Industrial Organization of Congress: or Why Legislatures, Like Firms, Are Not Organized as Markets." *Journal of Political Economy* 96(1): 132-163.

Weinstein, James. 1968. *The Corporate Ideal in the Liberal State: 1900-1918*. Boston: Beacon Press.

Welsh, Michael. 2008. "An Overview of the Development of U.S. Congressional Committees." Working Paper originally published as a two-part article in *LAW LIBRARY LIGHTS* 47(3) and 47(4) in 2004.

White, John, K. 2003. *The Values Divide: American Politics and Culture in Transition*. New York: Seven Bridges Press.

Wiebe, Robert. 1967. *The Search for Order, 1877-1920*. New York: Hill and

Wang.

Wilson, Woodrow. 1885. *Congressional Government*. New York: Houghton Mifflin.

Winograd, Morley, and Michael Hais. 2011. *Millennial Momentum: How a New Generation Is Remaking America*. New Brunswick: Rutgers University Press.

Wolfinger Raymond E., and Steven J. Rosenstone. 2008. *Who Votes?* New Haven: Yale University Press.

Wood, Gordon. 1969. *The Creation of the American Republic, 1776-1787*. New York: W. W. Norton & Company.

Zakaria, Fareed. 2009. *Post-American World and the Rise of the Rest*. New York: Penguin Books.

Zernike, Kate. 2010. *Boiling Mad: Inside Tea Party America*. New York: Henry Holt and Company.

Zolberg, Aristide R. 2006. *A Nation by Design: Immigration Policy in the Fashioning of America*. Harvard: Harvard University Press.

2. 신문, 잡지 등 정기간행물

Brownstein, Ronald. 2007. "From a Uniter to a Divider." *National Journal*. Nov. 3.

_____. 2009. "The March of Diversity." *National Journal*. Dec. 19.

_____. 2010a. "Past as Prologue." *National Journal*. Nov. 6.

_____. 2010b. "An Education." *National Journal*. Nov. 13.

_____. 2011a. "Diversity Marches On." *National Journal*. Jan. 14.

_____. 2011b. "Pulling Apart." *National Journal*. Feb. 24.

_____. 2011c. "The Next America." *National Journal*. April 2.

_____. 2011d. "The Age of Volatility." *National Journal*. Oct. 29.

_____. 2011e. "The Great Divide." *National Journal*. November 12.

_____. 2012. "Nowhere To Hide." *National Journal*. April 14.

Brownstein, Ronald and Scott Bland. 2011. "Vulnerable House Republicans Embrace Ryan Plan." *National Journal*. April 23.

Bump, Philip. 2016. "The growing myth of the independent voter." *The Washington Post.* Jan. 1.

Cook, Charlie. 2010. "Why? Why? Why?" *National Journal.* Nov. 4.

Davis, Susan. 2010a. "Polarized Congress May Be Here to Stay." *National Journal.* Oct. 15.

_____. 2010b. "A Different Place." *National Journal.* Oct. 16.

Farrell, John Aloysius. 2012a. "Divided We Stand." *National Journal.* Feb. 25.

_____. 2012b. "Supping With the Devil?" *National Journal.* April 7.

Finn, Chester. 1982. "Affirmative Action Under Reagan." *Commentary.* April 1.

Page, Susan, and Naomi Jagoda. 2010. "What is the Tea Party? A growing state of mind." *USA Today.* July 2.

Tankersley, Jim, Ron Fournier, and Nancy Cook. 2011. "Diverging Dreams." *National Journal.* Oct. 8.

3. 1차 자료(문헌 및 인터넷 자료)

Best, Samuel J., and Brian S. Krueger 2012. *Exit Polls: Surveying the American Electorate, 1972-2010.* Washington, D.C.: CQ Press.

Bipartisan Policy Center. 2018. "Special Rules Providing for the Original Consideration of Legislation in the House, 103rd-115th Congresses (1993-2018)." Compiled by Don Wolfenberger, Resident Scholar, Bipartisan Policy Center.

Landsman, Theodore. 2017. "Shifts in Incumbency Advantage in the US House." http://www.fairvote.org/shifts_in_incumbency_advantage_in_the_us_house

Ornstein, Norman, J., Thomas E. Mann, and Michael J. Malbin, eds. 1994. *Vital Statistics on Congress, 1993-1994.* Washington, D.C.: Congressional Quarterly Press.

_____. 2008. *Vital Statistics on Congress.* Washington, D.C.: Brookings Institution Press.

Ragsdale, Lyn, eds. 1996. *Vital Statistics on the Presidency: Washington to Clinton.* Washington, D.C.: Congressional Quarterly Press.

Smith, Samantha. 2016. "5 facts about America's political independents." http://www.pewresearch.org/fact-tank/2016/07/05/5-facts-about-americas-political-independents/

Stanley, Harold W., and Richard G. Niemi, eds. 2000. *Vital Statistics on American Politics 1999-2000*. Washington, D.C.: Congressional Quarterly Press.

U.S. Census Bureau. 2008. "Percent of the Projected Population by Race and Hispanic Origin for the United States: 2010 to 2050"(NP 2008-T6). Population Division. Release Date: August 14, 2008.

• 하원 특별규칙의 활용

Bipartisan Policy Center. 2018. "Special Rules Providing for the Original Consideration of Legislation in the House, 103rd-115th Congresses (1993-2018)." Compiled by Don Wolfenberger, Resident Scholar, Bipartisan Policy Center. https://bipartisanpolicy.org/wp-content/uploads/2018/03/BPC-House-Rules-Data-115th-.pdf

• 의회신뢰도 하락

Kopicki, Allison. 2011. "Approval of Congress Matches Record Low." Sep. 16. http://thecaucus.**blogs**.nytimes.com/2011/09/16/approval-of-congress-matches-record-low/?pagemode=print

Jones, Jeffrey M. 2014. "Americans' Trust in Executive, Legislative Branches Down." Sep. 2014. http://news.gallup.com/poll/175790/americans-trust-executive-legislative-branches-down.aspx?_ga=2.9662908.849572090.1517723315-676535013.1510885827

Saad, Lydia. 2010. "Congress Ranks Last in Confidence in Institutions: Fifty percent "very little"/"no" confidence in congress reading is record high." July 22. http://www.gallup.com/poll/141512/congress-ranks-last-confidence-institutions.aspx

The New York Times/CBS News Poll. 2011. "Americans' Approval of Congress Matches Record Low." Nov. 16. http://www.nytimes.com/interactive/2011/09/16/us/approval-of-congress-at-lowest.html; http://www.cbsnews.com/htdocs/pdf/CBSNYTPoll_Congress_091611.pdf

• 2012년 선거에서의 세대차이

Pew Research Center for the People and the Press. 2011. Nov. 3. "Angry Silents, Disengaged Millennials: The Generation Gap and the 2012 Election." http://www.people-press.org/2011/11/03/the-generation-gap-and-the-20 12-election-3/

• 현직의원의 불안감 증대

Steinhauer, Jennifer. 2011. "Hating Incumbency and Incumbents Too." http://www.nytimes.com/2011/11/02/us/politics/voter-rage-has-congress-worried-about-job-security-its-own.html

• 의회선거 출구조사 결과

The New York Times/CBS News Poll. 2010. Sep. 10-14. http://documents.nytimes.com/new-york-timescbs-news-poll-new-york-timescbs-news-poll-mood-of-the-country-as-midterms-approach?ref=politics

• 뉴욕타임스지 1994년 중간선거 출구조사

Data from exit-poll surveys by Voter Research and Surveys and Mitofsky International published in the New York Times, November 13, 1994. https://en.wikipedia.org/wiki/United_States_House_of_Representatives_elections,_1994

• 2006년 하원 중간선거 CNN 출구조사

http://edition.cnn.com/ELECTION/2006/pages/results/states/US/H/00/epolls.0.html

• 2014년 하원 중간선거 CNN 출구조사

http://edition.cnn.com/election/2014/results/race/house/#exit-polls

• 제103대 및 제104대 하원의석 분포

https://en.wikipedia.org/wiki/United_States_House_of_Representatives_elections,_1994
https://en.wikipedia.org/wiki/104th_United_States_Congress

https://en.wikipedia.org/wiki/United_States_House_of_Representatives_elections,
_1992

http://history.house.gov/Institution/Party-Divisions/Party-Divisions/

• 제103대 및 제04대 상원의석 분포

https://en.wikipedia.org/wiki/104th_United_States_Congress
https://en.wikipedia.org/wiki/United_States_Senate_elections,_1992
https://en.wikipedia.org/wiki/United_States_Senate_elections,_1994
http://www.senate.gov/history/partydiv.htm

• 인종별 미국 인구

Percent of the Projected Population by Race and Hispanic Origin for the United
States: 2010 to 2050(NP 2008-T6)
Population Division, U.S. Census Bureau
Release Date: August 14, 2008

• 푸울(Keith T. Poole)과 로센탈(Howard Rosenthal)의 의회관련 데이터

http://pooleandrosenthal.com/party_unity.htm

• 의회의 대통령 지지도

DCCC/DSCC Rubberstamp Congress Report, November 17, 2005
http://www.dscc.org/img/rubberstampcongress.pdf

• 유권자의 정당 지지성향

"A Deep Dive Into Party Affiliation" http://www.people-press.org/2015/04/07/
a-deep-dive-into-party-affiliation/#party-affiliation-1992-2014
Bump, Philip. 2016. "The growing myth of the 'independent' voter." https://
www.washingtonpost.com/news/the-fix/wp/2016/01/11/independents-o
utnumber-democrats-and-republicans-but-theyre-not-very-independent/
?utm_term=.9610f8762f5f
Smith, Samantha. 2016. "5 facts about America's political independents." http://
www.pewresearch.org/fact-tank/2016/07/05/5-facts-about-americas-poli
tical-independents/

• 기타

"The House Freedom Caucus has good ideas on how the US House should operate." https://www.vox.com/polyarchy/2015/10/20/9570747/house-freedom-caucus-process-demands

Landsman, Theodore. 2017. (April 25). "Shifts in Incumbency Advantage in the US House." http://www.fairvote.org/shifts_in_incumbency_advantage_in_the_us_house

색인

지은이 소개

손병권

- 현재 중앙대학교 사회과학대학 정치국제학과 교수
  서울대학교 외교학과 학사 및 석사
  미시간대학교 정치학 박사
  미국정치연구회 회장, 한국정당학회 회장, 한국정치학회 부회장 및
    중앙대학교 국제대학원 원장 역임
  풀브라이트재단 아이오와대학교 방문학자(2011년)

  『기후변화 대처와 미국 패권의 딜레마』(2012), 『한국형 발전국가의 국가이념과 정치제도』(공저, 2018) 등의 저서와 "'연방주의자 논고'에 나타난 매디슨의 새로운 미국 국가"(2004), "미국정치의 집단적 사회운동으로서 티파티 운동 참여자의 성격과 구성"(2012), "정부조직법 개편의 비교를 통해서 본 축적부재의 한국 대통령제"(2015), "트럼프 시대 미국 민족주의 등장의 이해"(공저, 2017) 등의 논문이 있다.